证据科学技术译丛/丛书主编：李玉基　郑志祥/丛书主审：魏克强　郭武

Analytical and Practical Aspects of
Drug Testing in Hair

毛发中毒品检测分析与实践

〔法〕P. 金茨（Pascal Kintz）　编

任书芳　**主译**

郑志祥　**主审**

甘肃省证据科学技术研究与应用重点实验室　**组译**

科学出版社

北　京

图字：01 - 2021 - 6788 号

内 容 简 介

本书介绍了毛发中毒品进入机制、结合及代谢机理，阐述了毛发中阿片类毒品、可卡因、大麻素、苯丙胺、酒精、金属及其他镇静剂、兴奋剂等的分析与测试技术，详细介绍了毛发毒品分析中的筛查策略、定量检测程序和技术方法。重点强调了被动暴露、去污及提取程序、阈值设定和种族偏差等因素对毛发毒品检测结果及结果解释的影响。另外还介绍了毛发毒品分析在临床医学、尸检毛发毒理学、运动员兴奋剂检测、毒品犯罪证据、酒驾检测、驾驶证复核及工作场所毒品检测等实践中的应用。本书对公安、禁毒人员、司法鉴定人员、临床医学人员等都具有很强的学习和参考价值。

图书在版编目(CIP)数据

毛发中毒品检测分析与实践／（法）P. 金茨
(Pascal Kintz)编；任书芳主译；甘肃省证据科学技术
研究与应用重点实验室组译. —北京：科学出版社，
2023.6
（证据科学技术译丛／李玉基，郑志祥主编）
书名原文：Analytical and Practical Aspects of
Drug Testing in Hair
ISBN 978 - 7 - 03 - 075190 - 4

Ⅰ.①毛⋯ Ⅱ.①P⋯②任⋯③甘⋯ Ⅲ.①毛发—
毒物—法医物证检验学 Ⅳ.①D919.2

中国国家版本馆 CIP 数据核字（2023）第 046674 号

责任编辑：谭宏宇／责任校对：杨　赛
责任印制：黄晓鸣／封面设计：殷　靓

科 学 出 版 社 出版
北京东黄城根北街 16 号
邮政编码：100717
http://www.sciencep.com

南京展望文化发展有限公司排版
广东虎彩云印刷有限公司印刷
科学出版社发行　各地新华书店经销

*

2023 年 6 月第 一 版　开本：B5（720×1000）
2024 年 8 月第二次印刷　印张：24 1/4
字数：405 000

定价：200.00 元
（如有印装质量问题，我社负责调换）

编委会

丛书主编：李玉基　郑志祥

丛书主审：魏克强　郭　武

编　　委：(按姓氏笔画排序)

丁要军　史玉成　安德智

李玉基　郑永红　郑志祥

秦冠英　郭　武　魏克强

　　证据科学技术译丛之《毛发中毒品检测分析与实践》为甘肃省一流学科——证据科学学科建设成课之一。本书的翻译和出版得到了甘肃省科技重大专项项目(21ZD4FA032);甘肃省重点人才项目(2022RCXM085);国家自然科学基金项目(51862029,22164003);甘肃省高等学校产业支撑计划项目(2020C‑32);甘肃省教育厅"双一流"科研重点项目(GSSYLXM‑07)的支持。

丛　书　序

证据是"以审判为中心的刑事诉讼制度改革"的核心要素。证据科学是研究证据采集、物证鉴定、证据规则、证据解释与评价的一门证据法学与自然科学的交叉学科，其理论体系与应用研究是一个具有创新性和挑战性的世界性课题。证据科学是发现犯罪、证实犯罪的重要手段，是维护司法公正和公平正义的有力武器之一。随着科学技术的迅速发展和我国法治化进程的快速推进，我国证据科学技术研究、学科发展和人才培养取得了长足发展，国内专家也已出版多部证据科学技术领域的著作，并形成了一套相对完善的证据科学理论和方法体系。然而，相对欧美等国家对证据科学研究和应用，我国对于证据科学的研究仍处于起步阶段，对国外证据科学体系了解相对欠缺，在一定程度上限制了我国证据科学技术与国际前沿的有效衔接。为顺应学科交叉融合发展和司法实践需要，甘肃省证据科学技术研究与应用重点实验室以甘肃省级一流学科"证据科学"为依托，历时三年完成《证据科学技术译丛》系列丛书的编译工作，为我国证据科学技术注入了国外血液，有力推动了我国证据科学技术的发展与实践应用。

该译丛遴选了国外证据科学技术领域最前沿或影响力较大（多次再版）的经典著作，其内容涵盖了犯罪现场勘查技术、血迹模拟技术、枪伤法庭科学技术、文件检验技术、毒品调查技术、反恐程序与技术、火灾现场证据解读技术、网络及数字取证与调查技术、指纹技术、法医植物学、法医微生物学、法医毒理学、法医病理学、爆炸物识别调查与处理技术、法医影像技术、法医人类学、毒品物证信息解读技术、犯罪现场毛发和纤维、爆炸物和化学武器鉴定技术、法医埋葬学土壤分析技术、环境物证及犯罪心理学技术等多个领域。该译丛是我国第一套证据科学技术领域的译著，是一套物证信息解读技术研究与应用及我国法庭科学/司法鉴定高层次专业人才培养和科学研究工作非常有价值的国外参考资料，对推动我国证据科学学科发展、法学与自然科学的深度交叉融合发展具有十分重要的意义。该译丛汇集了领域多位知名专家学者的集体智慧,可供广大法庭科学/司法鉴定从业人员和相关研究人员借鉴和参考。

中国工程院院士,法医毒物分析学家

2023 年 1 月 16 日

序

　　毛发中毒药物分析历经四十余年的研究和实践,已在法医毒物学领域奠定了重要的证据地位和应用价值,而国际知名法医毒物学家 Pascal Kintz 因其在毛发分析领域的开创性工作,又被称为毛发分析之父(Father of Hair Testing)。

　　Pascal Kintz 教授现为法国斯特拉斯堡大学法医学系主任,法医学教授,是国际毛发分析协会(SoHT)的创始人之一。其 2008—2012 年任 SoHT 会长,2005—2008 年国际法医毒物学协会(TIAFT)会长,2015 年获得 TIAFT 终身成就奖。Pascal Kintz 在法医毒物学领域取得了卓越的学术成果,出版有学术专著14 本。2007 年出版的 *Analytical and Practical Aspects of Drug Testing in Hair* 是其第一本毛发分析的专著,介绍了毛发分析的基础理论、技术方法、质量控制以及结果解释,是法医毒物学工作者从事毛发分析研究和实践必读的经典、权威著作。因此,本书的中文译本在国内具有极高的科学价值和现实需求。

　　令人欣喜的是甘肃政法大学郑志祥教授带领的团队勇于承担起时代重任,翻译、编著了 Pascal Kintz 教授的专著 *Analytical and Practical Aspects of Drug Testing in Hair*,向国内更多的读者传播毛发中毒药物分析的基础理论和研究成果,为法医毒物鉴定工作者从事毛发分析提供理论依据和实践指导。

　　应丛书主编邀请,欣然提笔作序。并向甘肃政法大学郑志祥教授带领的团队表示敬意和谢意!

法医毒物化学家

2022 年 11 月 28 日

译者前言

通过毛发检测/监测毒品具有许多优势,如样本采集简便且非侵入性,样本稳定可在室温下长期保存等。最重要的是,毛发可以检测出数日、数月甚至数年的毒品使用情况,被称作是长期毒品使用史的优良记录介质。而且毛发中的毒品浓度与毒品的摄入量具有相关性。作为传统毒品检测液态介质(如血液、尿液、唾液等)的补充性检测介质,毛发毒品检测近几年受到越来越多的关注,这不仅体现在相关研究越来越多,也越来越深入全面,而且毛发在实际毒品检测中的应用也有了长足的发展,在法医学、交通医学、临床和兴奋剂控制等领域的应用正在逐步得到认可。例如,早在 2004 年,美国卫生与公众服务部物质滥用和心理健康服务管理局在对工作场所毒品检测计划强制性指南的修订中指出,检测介质除尿液之外,还包括替代基质毛发、口腔液和汗液;在法国,法国毒理学会和法律条文自 2004 年 12 月 8 日起授权使用毛发分析证明毒品消费或戒断;另外,德国的《驾驶许可证法》和意大利也有类似的规定。

在我国,随着毛发检测技术日趋成熟与稳定,相关标准陆续发布,毛发检测也被应用于吸毒成瘾判断。2009 年公安部发布的《吸毒检测程序规定》(公安部第 110 号)中,第六条规定:"检测样本为采集的被检测人员的尿液、血液或者毛发等生物样本",将毛发样本视为毒品检测有效样本。2016 年,公安部发布了公共安全类行业标准《法庭科学毛发、血液中氯胺酮气相色谱和气相色谱-质谱检验方法》(GA/T 1316 - 2016)。随后,2019 年至 2021 年公安部和司法部相继发布了多项毛发、血液等介质检测苯丙胺、吗啡和单乙酰吗啡、四氢大麻酚和四氢大麻酸、合成大麻素类新精神活性物质、色胺类新精神活性物质及其代谢物、地西泮等 18 种苯二氮卓类毒品及新型毒品的行业检测标准文件。2016 年,在公安部及国家卫生和计划生育委员会发布的《关于修改〈吸毒成瘾认定办法〉的决定》(第 142 号)中,将人体毛发样本检测出毒品成分认定为吸毒成瘾。由此,毛发样本检测毒品应用的有效性受到国家法律的认可。

  法国毒品检测领域著名专家 Pascal Kintz 编著的 *Analytical and Practical Aspects of Drug Testing in Hair* 是毛发毒品检测领域的权威著作,书中详细阐释了毒品与毛发结合机理及模型,介绍了毛发毒品检测前处理程序及质量控制,毛发中阿片类毒品、可卡因、大麻素、苯丙胺、酒精、金属及其他镇静剂、兴奋剂的分析与检测,详细介绍了毛发毒品分析中的筛查策略、定量检测程序和技术方法。重点强调了被动暴露、去污及提取程序、阈值设定和种族偏差等因素对毛发毒品检测结果及结果解释的影响。该书还介绍了毛发毒品分析在临床医学、尸检毒理学、运动员兴奋剂检测、毒品犯罪证据、酒驾检测、驾驶证复核及工作场所毒品检测等实践中的应用。该书对公安、禁毒人员、司法鉴定人员、临床医学人员、法医等都具有很高的学习和参考价值。希望该书能够推动我国在相关领域的发展。

  本书是在科学出版社的大力支持和帮助下出版的,对此表示诚挚的谢意和敬意!同时,感谢西北师范大学王庆涛副教授给予的校稿建议。由于译者水平有限,译著中难免有疏漏及偏颇之处,恳请各位专家及同仁给予包涵和雅正,欢迎读者提出宝贵意见。

译 者

原著前言

鉴于毒品使用自我报告的局限性,无论是评估中毒的现实情况还是评估毒品损害程度,毒品滥用检测对于大多数临床和法医毒理学来说都非常重要。

人们普遍认为,生物体液的化学检测是诊断毒品使用最客观的手段。生物样本中毒品分析物的存在可用于记录毒品暴露情况。毒品检测的标准是先进行免疫分析筛查,然后对尿样进行气相色谱-质谱确认。近年来,高灵敏分析检测技术的显著进步使毒品分析可以使用非常规生物样本,如毛发。与尿液和血液等传统介质相比,这种样本的优势显而易见:无创采集,操作相对容易,针对法医的情况,采样可以在执法人员的密切监督下进行,防止掺假或替代。此外,当检测毛发时,毒品检测的窗口可以延长到几周、几个月甚至几年。毛发样本在就业前筛查、法医学、交通医学、临床应用和兴奋剂控制等方面的应用越来越多,可以看出,毛发样本分析在鉴别吸毒方面的价值正在逐步得到认可。

自 1996 年第一版《毛发中的毒品检测》(*Drug Testing in Hair*)出版以来,这一特定的科学主题又有了许多新的进展。1995~1996 年为大麻检测年,1997~1998 年是苯二氮卓类毒品检测的黄金时期,随后是 1999~2000 年的兴奋剂控制。随着液相色谱-串联质谱(liquid chromatography-tandem mass spectrometry,LC-MS/MS)的发展,最近一个时期(2003~2005 年)的特点是单次暴露毛发检测以及将毛发检测应用于与毒品相关犯罪案件。本修订版《毛发中毒品检测分析与实践》(*Analytical and Practical Aspects of Drug Testing in Hair*),回顾了所有这些研究进展,总结了分析程序的验证和分析检测数据结果的解释。

1995 年,国际法医毒理学家协会(The International Association of Forensic Toxicologists,TIAFT)在阿布扎比(Abu Dhabi)举行了研讨会,会议决定成立毛发检测协会。1995 年 12 月底在法国斯特拉斯堡成立了毛发检测协会,此后,该协会每年都组织科学和实践会议。协会还负责向协会成员提出真实毛发样本的年度质量控制程序,也向社会公开发表协会所达成的各种共识。在历届主席

（Hans Sachs、Christian Staub）和现任主席（Carmen Jurado）的领导下，协会为该领域的重大进展做出了卓越贡献。

特别感谢所有参与本书写作的国际作者，我希望这是一本有价值的书。与第一版情况类似，不同作者之间也出现过各种意见，有时是有争议或矛盾的意见。但是，我发现本书的出版对于界定调查者之间达成共识的领域，以及对于解决那些需要进一步努力才能达成共识的问题是有积极帮助的。

Pascal Kintz，TIAFT 主席

你到哪里去了? 我几乎认不出你来了。这可能是一位导师对一个不常来的年轻同事的问候。这种情景同25年前对毛发分析检测的讨论非常相似。很少有毒物分析学家把毛发作为常规分析的理想样本。贝多芬或拿破仑的毛发是少数人的样本,获取样本不是问题,样本很容易得到,可如何获得可接受的结果却是一个挑战。

当时使用的分析技术[薄层色谱(thin-layer chromatography, TLC), 气相色谱(gas chromatography, GC), 高效液相色谱(high-performance liquid chromatography, HPLC)]也适用于现在的常规介质分析检测要求,但如果应用于毛发分析,这些技术的灵敏度不够。免疫分析法的出现为分析检测领域带来了巨大的变化,免疫分析法的高灵敏度适用于毛发分析。但是将免疫分析法应用于毛发分析也存在局限性和不足。虽然能够实现高敏感度,但免疫分析缺乏特异性。随后,人们发现质谱(mass spectrometry, MS)可以提供毛发检测所需的灵敏度和特异性。

随着从业人员专业知识不断增长,资金支持也越来越充裕,联用质谱分析程序,即气相色谱-质谱(GC - MS)、气相色谱-质谱/质谱(GC - MS/MS)和高效液相色谱-质谱/质谱(HPLC - MS/MS)得到了广泛应用和发展。将这些技术应用于毛发分析确保了所需的灵敏度和选择性。从此,人们对检测结果的准确性有了越来越高的要求。

当样本处理实现了自动化以后,毛发的常规分析也变为现实。毒理学家几乎没有意识到这种现在已经自动化的程序对他们的职业存在真正的威胁。随着毛发分析技术的发展,其应用也在不断发展。读者将从本书中找到作者的建议,并发现使用毛发分析解决的诸多问题。病人一直在服用毒品吗? 多久停用一次? 孕妇使用毒品会伤害未出生的孩子吗? 服用兴奋剂能提高运动员的成绩吗? 女性是否更容易因为被秘密给药而强制性发生性行为? 毒品是如何影响罪犯的? 毒品在什么时候、在多长时间内影响工作? 毛发分析可以为诸如此类的问题提供答案。

　　该书的作者通过这本书向读者传递他们的专业知识。这本书也许并不是最后的版本,但它确实反映了不断变化的科技进步的现状。毫无疑问,随着时间的推移,科学发展肯定会不断进步,但能够读到本书也是令人欣慰的。

Irving Sunshine 博士

目 录

第一章

毒品进入毛发

Robert Kronstrand, Karen Scott

1.1 毛发生理学

1.1.1 人类毛发的结构和生长

毛发是一种在毛囊中合成的复杂的表皮生长物。它由 65%～95% 的蛋白质、1%～9% 的脂质、0.1%～5% 的色素(黑色素)和少量微量元素、多糖及水构成[1]。人类毛发至少包含两种细胞类型:由重叠鳞片细胞构成的角质层和由纺锤形皮质细胞构成的皮层。在皮层的中心可能含有浓缩细胞形成的髓质,这些髓质可能是连续的也可能含有空气间隔[2]。毛囊的主要特征如图 1.1 所示。

毛囊由几个细胞层组成。作为表皮的一部分,外根鞘(outer root sheath, ORS)围绕着其他层。内根鞘(inner root sheath, IRS)包裹着不断增长的毛发纤维。毛囊球中大量的有丝分裂活动形成向上移动的细胞流,进而形成毛发主体纤维和 IRS。位于真皮乳头顶端的黑色素细胞在称为黑色素体的细胞器中合成黑色素,然后将这些黑色素从毛囊球转移到迁移的细胞中。对人类而言,男性和女性头皮毛发的生长速度约为 0.35 mm/d[3],但也存在很大的差别。Pötsch[4] 发现在 82% 的受检人群 0.32～0.46 mm/d 的生长速度中,存在 0.07 和 0.78 mm/d 的差别。

毛发生长周期包括生长期和休止期。对人类而言,每个毛囊都有独立于相邻毛囊的生长周期。人的毛发周期从生长期开始,在此期间卵泡发育并产生毛发。生长期的持续时间变化很大,通常持续 7～94 周,但也可能会持续数年,具体取决于解剖区域[5]。退化期是毛发退化阶段,当毛囊接近休止期,毛囊球的活动停止,真皮乳头收缩。在休止期之后,另一个生长周期开始,见图 1.2。

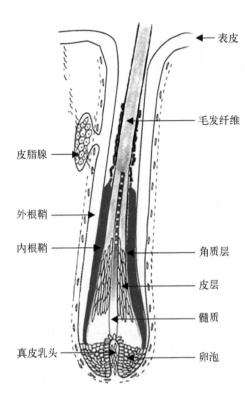

图 1.1　毛囊结构示意图。毛囊球中的细胞向上移动,形成皮层、角质层或内根鞘的一部分,也有可能形成髓质。当生长的毛发脱水和角化时,内根鞘退化。(修改自 Powell, B.C. and Rogers, G.E., in *Formation and Structure of Human Hair*, Jollès, P., Zahn, H., and Höcker, H., Eds., Birkhäuser Verlag, Basel, 1997, pp. 59–148. 经 Birkhäuser Verlag 许可出版)

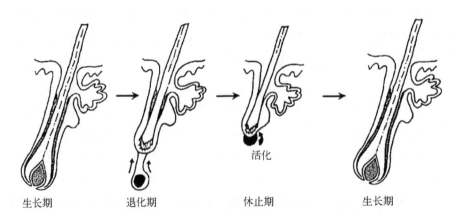

图 1.2　毛发生长周期的不同阶段。人类毛发的周期始于生长期,在此期间毛囊发育并形成毛发。退化期是毛发退化阶段,当毛囊接近休止期,毛囊球的活动停止,真皮乳头收缩。在休止期之后,另一个生长周期开始。(修改自 Powell, B.C. and Rogers, G.E., in *Formation and Structure of Human Hair*, Jollès, P., Zahn, H., and Höcker, H., Eds., Birkhäuser Verlag, Basel, 1997, pp. 59–148. 经 Birkhäuser Verlag 许可出版)

1.1.2 色素沉积

哺乳动物的黑色素是由一种叫作黑色素细胞的特殊细胞形成的,这种细胞包围着一种叫作黑素小体的独特细胞质。在黑素体中色素形成(滤泡黑色素生成)分四个阶段进行[6]。在第一阶段,基本结构单元由酪氨酸酶和蛋白质组成,然后形成内膜结构,黑色素在其中被生物合成和积累。最后,黑素体转变为均匀致密的色素颗粒。然后将黑色化的黑素体转移到皮质和髓质,形成细胞,进而形成有色毛干。在毛发生长周期中的生长期内,这种活性受一系列酶、结构和调节蛋白、转运蛋白和受体及其配体的调节[7]。毛球是毛干形成色素的唯一部位。活跃的黑色素细胞存在于生长期毛囊的上毛基质中,主要将黑色素转移到毛干皮层,少量转移到髓质,很少转移到毛发角质层。黑色素合成的部分方案如图 1.3 所示。Nicolaus 等[8]以及 Swan 和 Waggott[9]的早期研究揭示,真黑色素是由 5,6 -二羟基吲哚(5,6 - dihydroxyindole, DHI)和 5,6 -二羟基吲哚- 2 -羧酸(5,6 - dihydroxyindole - 2 - carboxylic acid, DHICA)组成的异质聚合物。褐色素的结构成分为苯并噻嗪、苯并噻唑和异喹啉。在初始阶段,合成褐色素需要半胱氨酸,但合成真黑色素不需要半胱氨酸[10,11]。

毛发颜色受基因控制,是多样化的色素沉着表型之一。以前人们认为存在两种化学性质不同的黑色素,黑色的真黑色素和黄色到红色的褐色素,人的毛发和皮肤的颜色主要由这两种黑色素的数量决定[12]。现在,四种类型的色素被认为是造成这种多样性的原因,即真黑色素、氧化真黑色素、褐色素和氧化褐色素[13]。氧化真黑色素和氧化褐色素是色素单体的氧化产物。在 2000 年发表的关于黑色素、黑色素生成和黑色素细胞的论文中,Prota[13]指出,必须重新考虑大多数关于人类毛发颜色多样性的传统概念。他提出了定义毛发颜色的四类体系,如表 1.1 所示。

从上述角度来看,黑色至深棕色毛发几乎包含完整的真黑色素。随着棕色的强度变浅,毛发含有更多真黑色素的氧化分解产物,即氧化真黑色素。氧化过程是由过氧化氢引起的。含有大量氧化真黑色素的毛发是金色的。该研究表明,传统观点认为由栗色/棕色毛发中的同一黑色素细胞产生的混合型黑色素是不正确的,因为实验仅检测到真黑色素和氧化真黑色素的存在。因此,白种人毛发颜色的变化可归因于两种色素,真黑色素和褐色素,但处于不同的结构完整性阶段。

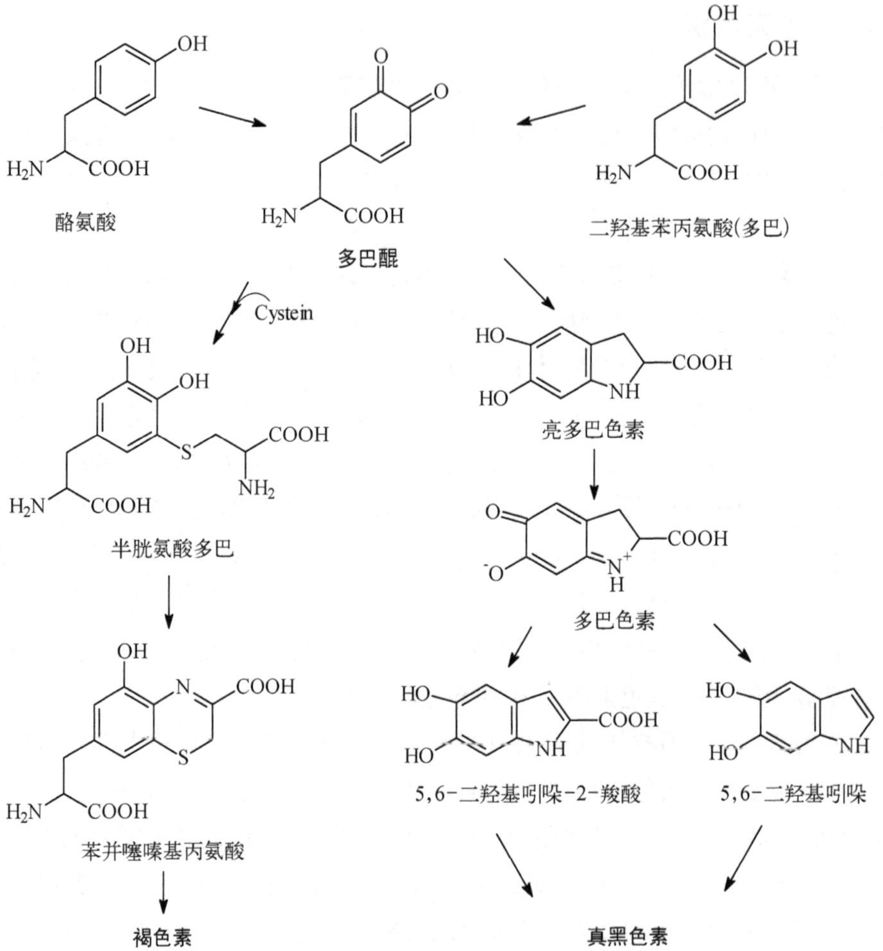

图 1.3 真黑色素和褐色素生物体内合成简化方案。

表 1.1 根据氧化分解产物含量对人类毛发色素沉积的分类

类型	色素沉积	颜　色	PTCA（ng/mg）	BTCA（ng/mg）	TTCA（ng/mg）
Ⅰ	真黑色素	黑色到褐色	100～300	—	—
Ⅱ	氧化真黑色素	棕色/栗色	50～80	—	≥200
Ⅲ	褐色素	火红/胡萝卜红	—	1 000～2 500	—
Ⅳ	氧化褐色素	其他红色	—	—	100～300

注：PTCA=吡咯-2,3,5-三羧酸；BTCA=苯并噻唑羧酸；TTCA=噻唑-2,3,5-三羧酸。

数据来源：改自 Prota, G., Pigment Cell Res., 13, 283-293, 2000.

1.2 毒品进入途径

人们已经进行了多项研究来解释影响毒品从血液系统进入毛发的因素[4,14~25]。关于毒品进入毛发的途径以及毒品与毛发的结合机制,人们已在科学文献中进行了大量讨论。图1.4显示了毒品进入毛发的途径。目前人们已经提出了三种进入模型:(1)从供给真皮乳头的血流主动或被动扩散进入毛发,(2)汗液和其他分泌物扩散到正在生长或成熟的毛发纤维上,(3)来自气态或粉末的外部毒品扩散到成熟的毛发纤维中。事实上,这些模型的组合可能是最接近真实情况的模型。尽管如此,目前人们尚未阐明不同途径的相对重要性,并

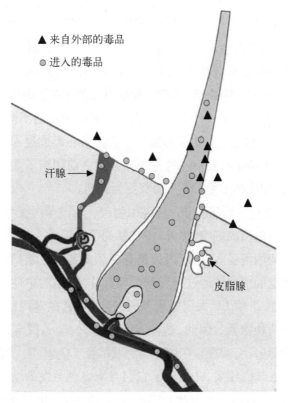

图1.4 毒品进入毛发的三种模型。毒品可以通过滋养真皮乳头的血液进入毛发,也可以通过汗液和皮脂进入毛发。气体或粉末状的外部毒品也可以进入成熟的毛发纤维中。

且这些模型可能因物质和个体而异。从解释的角度来看,最重要的途径是通过血液,例如当我们想要回答有关毒品摄入时间甚至剂量的问题时。

1.2.1　由血液进入

由于形成毛发的细胞快速分裂,毛囊有良好的血液供应,因此,血液中循环的毒品也会被输送到毛囊。毒品要进入生长的毛发基质细胞,首先要扩散穿过细胞膜。只有未与蛋白质结合的毒品分子才能参与这种转运,这与毒品的脂溶性有关。此外,血浆和细胞之间的 pH 梯度对于运输也很重要。许多毒品是弱碱或弱酸性的,可以通过质子化或去质子化来电离。血浆的 pH 为 7.3,而角质细胞和黑色素细胞的 pH 较低,在 3~6 之间变化[26]。因此,与酸性毒品相比,碱性毒品更有可能在角质细胞和黑色素细胞中积累,因为 pH 梯度有利于碱性毒品扩散到细胞中。一旦进入细胞质,毒品分子将被质子化,不能扩散回血浆中。毒品与细胞蛋白的结合也可以增强这种作用,因为当分子与细胞内的结构结合时,细胞质中的毒品浓度会降低(另请参见 1.3 节,结合机制)。Stout 和 Ruth[27]使用染料罗丹明和荧光素进行了进入机制的一系列评估实验。这两种化合物在结构上相似,但罗丹明是阳离子,而荧光素是阴离子。在 2 周内连续 3 天腹膜内施用染料后,他们在成熟毛发中观察到了代表每日剂量的不同的罗丹明带,如图 1.5 所示。体内沉积主要在皮质和髓质。荧光素在形成过程中也存在于基质细胞中,但不存在于角化毛发。这是角化发生之前阴离子荧光素从细胞流出的一种效应,因为酸性物质重新进入血浆更为有利。

Borges 等[28]使用苯丙胺和非碱性类似物(N-乙酰苯丙胺)在着色和非着色黑色素细胞以及角质形成细胞(体外)中观察到了这种进入和排出。中性 N-乙酰苯丙胺不被任何细胞吸收,而苯丙胺被有色细胞和无色素细胞吸收。这些数据表明有一个特定的细胞转运过程对苯丙胺起作用,但对中性结构类似物不起作用。该实验小组[14]给 LE 大鼠服用苯丙胺和 N-乙酰苯丙胺,并在新长出的毛发中发现了这两种物质。因此,尽管体外进入的 N-乙酰苯丙胺无法与背景信号区分开来,但是人们发现它在体内与毛发结合。Gygi 等[17]给大鼠服用弱碱性可待因和弱酸性苯巴比妥,并比较了它们与未染色毛发的结合。根据曲线下血浆面积的差异,可待因的浓度比苯巴比妥高 15 倍,这也与在生理 pH 下带正电荷的毒品主动转运假设一致。Nakahara 等[19,29]发现,可卡因及其代谢物苯甲酰爱康宁(又称苯甲酰芽子碱,benzoylecgonine,BE)进入大鼠毛发后,BE 的血

图 1.5　含有罗丹明条带的发丝照片。(经科罗拉多大学健康科学中心 James Ruth 博士和国际法医学中心 RTI 的 Peter Stout 博士友情许可出版)

浆浓度虽然比可卡因高约 4 倍,但其在毛发中的浓度却为可卡因的 1/10。显然,血浆浓度不是毒品进入毛发的主要因素。事实上,当给动物服用 BE 时,毛发中没有或几乎没有 BE。BE 具有两性离子(结构中含有羧酸和碱性氮基团)的物理特性,可能表现出与报道的荧光素相同的胞质外流特性。研究人员对使用可卡因后毛发中 BE 的来源进行了调查,他们得出的结论是,已经存在于毛干中的可卡因被转化降解为 BE。这再一次说明,毒品的物理化学性质比它们的血浆浓度更重要。

1.2.2　由汗液和其他分泌物进入

众所周知,毒品及其代谢物会通过汗液排出体外[30~33],有几篇相关报道讨论过这个问题。Henderson 等[34]报道称,单次给药后,在毛发多个片段中发现了氘代可卡因,证实了汗液或其他分泌物作为毒品在毛发中沉积的途径。Raul 等[35]发现皮质醇和可的松主要通过汗液扩散进入毛发而不是通过血液进入毛发。可的松和皮质醇都是中性物质,以大致相同的速度结合;但两者在毛发中的比例与在血液中的比例相反。这是因为皮质醇在进入毛发之前被汗液中的 2 型 HSD(11 – beta-hydroxysteroide-dehydrogenase,11 – β –羟基类固醇脱氢酶)转化为可的松,因此造成了含量的差异。

Stout 和 Ruth[25]对可卡因、氟硝西泮和尼古丁进入毛发进行了评估,并证明毒品从皮脂到毛发上的沉积微乎其微。他们还得出结论,物质越亲脂,在毛发中的积累就越高,因为它穿过细胞膜的能力更强。尽管由汗液进入的毒品也可以显示沉积的摄入毒品,但它可能使多节毛发的结果复杂化或使结果无效,因为它倾向于使单次(或多次)摄入剂量的毛发带宽化。也有研究者提出,亲脂性毒品有可能是从皮肤深层组织进入毛发的[36]。

1.2.3 由外部污染进入

有研究者在体外和体内都进行了区分内部或外部沉积的研究,例如,通过使用荧光化合物罗丹明和荧光素。Pötsch 和 Moeller[21]发现,将毛发浸泡在罗丹明溶液中,染料会在角质层连接处渗透进入毛发,并进一步沿着非角质细胞膜复合物渗透。Stout 和 Ruth[27]以及 DeLauder 和 Kidwell[37]都观察到,在外部使用染料时,荧光素和罗丹明与毛发的结合存在差异:荧光素的沉积高度依赖于 pH,而罗丹明则不显示 pH 依赖性。Stout 和 Ruth 还对小鼠进行了体内研究,发现荧光素和罗丹明的体内沉积与体外结果明显不同:体内沉积主要在皮质和髓质中,而浸泡时,沉积主要集中在角质层连接处。无论是哪种沉积途径,染料均不能通过大量洗涤而去除。这表明即使可以区分这些模型化合物的内源性和外源性沉积,但提取后的分析结果仍然存在分歧。Schaffer 等(2005 年)和 Cairns 等(2004 年)报道了使用新的提取程序来区分外部沉积和内源沉积[38~40],这些问题将在本书的其他部分进行深入讨论。

1.3 结 合 机 制

毛发中的某些成分被认为可能是毒品结合和相互作用的分子位点。其中,有关角蛋白和黑色素的研究详细评估了毒品结合机制。早在 20 世纪 60 年代人们就发现了毒品与黑色素的结合[41]。此后,人们对各种具有广泛物化特性的毒品进行了大量研究,以证实和评估毒品与黑色素的结合。研究发现,中性和带电物质都具有与黑色素结合的能力,这充分体现了黑色素作为体内毒素吸收剂的效率。而很少有研究关注毒品与角蛋白的结合机制,只有几篇论文报道过这种机制。黑色素结合各种化学物质的非凡能力已成为人体最强的物质保留机制之一[42]。这种结合的生理功能及结合机制尚不完全清楚。因为黑色素存在于非常敏感的组织中(靠近眼睛、耳朵和大脑中的受体等),黑色素可以作为局部调节剂,或作为保护性化学过滤器,结合和释放内源性和外源性物质。近年来,研究者已经在体外和体内充分研究了一些毒品和无机阳离子与黑色素的结合[43~49]。研究表明,这些化学物质在黑色素组织中的结合和积累是身体最显著的保留机制之一,但不同离子和化合物之间的亲和力差异很大。有机胺和金属离子对黑色素有很高的亲和力(例如 Ni^{2+},$K_1 = 5.2 \times 10^6$ L/mol)。这些物质在生理 pH 下带正电荷,这些物质正是通过其带正电荷的阳离子基团与黑色素聚合物表面的羧基阴离子之间的静电力而与黑色素聚合物产生相互作用。黑色素聚合物中的芳香吲哚环和有机胺的芳香环之间的范德瓦尔斯力加强了它们之间的静电结合。当给电子化合物与黑色素相互作用时,黑色素也可能参与电荷转移反应,这是由于黑色素聚合物的疏水核心与脂肪族分子的疏水相互作用广泛存在。然而,人们通常认为共价结合是氯丙嗪和氯喹与黑色素之间强烈且部分不可逆结合[49]。

1.3.1　黑色素和角蛋白的体外结合研究

近年来,通过体外实验,一些研究小组[46,50~53]在评估毒品与毛发结合机制方面取得了显著进展。他们使用的方法包括直接实验和间接实验,用于评估不同毒品结合的方式和程度。将这些体外实验结果与使用相同毒品的体内实验进行比较,可以评估黑色素在毒品进入毛发中发挥的作用。用这种方式评估的毒品包括氯丙嗪和其他吩噻嗪类、克仑特罗、沙丁胺醇、氯喹、氟哌啶醇、三环类抗抑郁药、苯二氮卓类和苯丙胺类等。

最初,Scatchard 分析是解释表面相互作用的首选方法。尽管这种方法仍然可以用于解释结合性质(例如,向上的凹度表示负协同性),但它在确定结合参数(例如结合位点的数量和平衡常数)方面的用途有限。Stepien 和 Wilczok[54]研究了 pH、离子强度和有机溶剂对氯喹与合成多巴黑色素相互作用的影响,以评估毒品与黑色素的结合机制。结果表明,静电、疏水和范德瓦尔斯力这些作用均参与了氯喹-黑色素复合物的形成。Scatchard 方法的数据解释表明,两类结合位点参与了复合物的形成。结合常数 K_1 为 10^5 的两个结合位点较强,这与氯喹质子化环系统和黑色素的邻半醌基之间的疏水相互作用和静电作用有关。10^4 数量级的 K_2 的较弱结合位点被认为是氯喹分子的质子化脂肪族氮与黑色素的羧基之间的离子键作用。范德瓦尔斯力发生在毒品的芳香环和黑色素的芳香吲哚核的结合处,也被认为是弱结合。

Larsson 研究小组[46]使用 Scatchard 方法研究了氯丙嗪、氯喹、百草枯和 Ni^{2+} 与黑色素的体外结合。Scatchard 分析表明,有机物质和 Ni^{2+} 与黑色素的结合包含不止一种结合类型。值得关注的是,离子环境对底物与黑色素的结合能力有明显影响,这表明物质的阳离子形式与黑色素聚合物上的阴离子位点之间的静电力对于复合物的形成尤为重要。在百草枯和 Ni^{2+} 结合数据之间发现了几项一致的数据,表明静电力对百草枯和黑色素结合产生主要影响。然而,也有一些现象表明,必须添加额外的非静电贡献才能形成氯丙嗪和氯喹的结合位点。这些贡献是由物质中的芳香环和黑色素的芳香吲哚核的连接处发生的范德瓦尔斯力提供的。氯丙嗪的实验表明,该物质的阳离子自由基对黑色素有很高的亲和力,说明黑色素可将氯丙嗪氧化成阳离子自由基,从而使该物质与黑色素牢固结合。

目前公认的黑色素结构模型是基于基体分子(包括 DHI 和 DHICA)的分级组织,它们共价结合并相互作用形成具有大而复杂表面的不规则颗粒[55]。因此,我们可以使用经典的朗缪尔(Langmuir)吸附等温线来评估中性分子的表面吸收。2005 年,Bridelli 等[50]研究了三种物理、化学和结构不同的药物[庆大霉素(mwt 462,水溶性,碱性)、甲氨蝶呤(mwt 454,几乎不溶于水,酸性)和氯丙嗪(mwt 319,水溶性,0.4 g/mL,pK_a 9.3)],以评估和解释药物与黑色素的表面结合[50]。Brunauer 分类系统将黑色素吸附等温线归类为 I 型。在此之后,人们研究了四种类型的结合吸附等温线,即 Langmuir、Freundlich、Tempkin 和 Dubinin-Radushkevich。简而言之,Langmuir 吸附等温线假设吸附发生在特定的均质位点;Freundlich 吸附等温线用于异质位点;Tempkin 吸附等温线考虑了间接吸附质/吸附质相互作用对吸附等温线的影响;Dubinin-Radushkevich 吸附等温线描述了各种物质在不同表面的吸附。

人们发现,使用不同模型可以更好地分析不同药物的结合,这表明发生相互作用的分子之间的物理化学或几何特征对相互作用机制起重要作用。三种药物中庆大霉素(碱性)显示出最高结合量,并且最符合 Freundlich 吸附等温线。甲氨蝶呤与 Langmuir 吸附等温线和 Dubinin-Radushkevich 吸附等温线最吻合，Langmuir 吸附等温线与使用 Scatchard 方法分析数据得出的结论一致。氯丙嗪同时符合 Langmuir 和 Tempkin 吸附等温线。

1.3.2　结合参数评估

Testorf 等[53]研究了[³H]-氟硝西泮与黑色素结合的时间过程，发现初始结合迅速，孵育约 10 min 后结合增加缓慢。这些数据很好地拟合了由扩散限制项（与时间呈平方根关系）和 Langmuir 结合项组成的理论曲线，如图 1.6 所示。将 0.04 mg/mL 的黑色素在 5 nmol/L[³H]-氟硝西泮中孵育 60 min 进行同组毒品置换实验，并且增加未标记毒品的量（图 1.7）。结果表明，苯二氮卓类药物地西泮和硝西泮都以与氟硝西泮非常相似的方式取代[³H]-氟硝西泮。这表明，苯二氮卓类药物与黑色素具有相似的结合特性。相比之下，虽然镇静剂佐匹克隆和唑吡坦也能置换[³H]-氟硝西泮，但置换程度较低。研究还发现，弱酸性毒品苯巴比妥置换[³H]-氟硝西泮的能力显著降低。这些结果表明，碱性和酸性较弱的毒品对黑色素的亲和力较低。

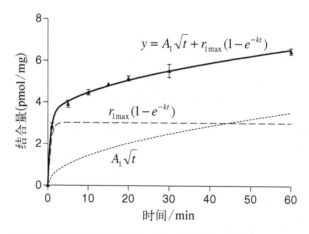

图 1.6　不同孵育时间下，5 nmol/L[³H]-氟硝西泮与黑色素的结合（$n = 3$，平均值±s.e.m）。非线性回归用于拟合曲线（实线）并得出 $A_1 = 0.45$、$r_{1max} = 3.03$ 和 $k_1 = 1.57$。该曲线分别显示了两项贡献（上虚线 = Langmuir 结合项，下虚线 = 扩散项）。在室温下将 20 nmol/L[³H]-氟硝西泮与 0.04 mg/mL 黑色素孵育 60 min 后，与黑色素关联的毒品的估计量为 15 pmol/mg 毛发。

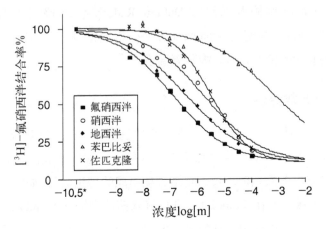

图 1.7 5 nmol/L[³H]-氟硝西泮与黑色素(0.04 mg/mL)在培养介质中与不同置换毒品的结合($n=6$,平均值±s. e. m.)。($*$)x 值- 10.5 是 100%[³H]-氟硝西泮,无置换毒品。数据拟合成 S 型剂量-反应曲线(实线)。

Gautam 等[51]的工作也证明了苯丙胺具有类似的初始快速结合以及随后的缓慢增加的结合过程。苯丙胺和甲基苯丙胺与棕褐色黑色素的结合如图 1.8 所示。最初是快速结合(苯丙胺 1 和甲基苯丙胺 1),随后是较慢但程度更高的结合(苯丙胺 2 和甲基苯丙胺 2)。考虑到 Scatchard 分析计算的局限性,计算出的

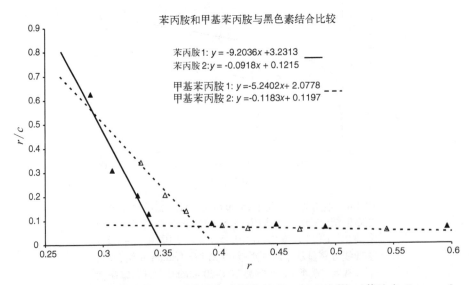

图 1.8 苯丙胺和甲基苯丙胺与棕褐色黑色素结合的 Scatchard 比较。(修改自 Gautam, L. et al., *J. Anal. Toxicol.*, 29, 339–344, 2005 和未发表的数据)

$Kd:s$ 表明,苯丙胺与初始位点的结合强度几乎是甲基苯丙胺的两倍;然而,两种毒品与第二个位点的结合程度大致相同(源自 Gautam 等未发表的实验结果)。苯丙胺结构中的伯胺与黑色素之间的离子相互作用比二级胺与黑色素之间的相互作用更强,这就是为什么苯丙胺具有更强更快的初始结合。

1.3.3　黑色素类型的影响

Borges 等[56]进行了一系列确定可卡因、苯甲酰爱康宁、苯丙胺和 N-乙酰苯丙胺与合成黑色素亚型体外结合的实验。黑色素包括两种黑色真黑色素亚型[5,6-二羟基吲哚(5,6-dihydroxyindole,DHI)和 5,6-二羟基吲哚-2-羧酸(5,6-dihydroxyindole-2-carboxylic acid,DHICA)衍生黑色素],一种红棕色褐色素[源自 5-半胱氨酰-S-多巴(5-cysteinyl-S-Dopa,5-CysDOPA)]和两种混合的黑色/褐色素共聚物。结果表明,碱性更强的毒品(可卡因和苯丙胺)与真黑色素和混合黑色/褐色素有不同程度的结合,但不与纯褐色素结合。苯甲酰爱康宁和 N-乙酰苯丙胺都是中性分子,不与任何类型的黑色素结合。除了确定结合程度之外,该研究小组还研究了真黑色素的化学官能团,以确定哪些基团与毒品结合。以苯丙胺作为目标,使用串联质谱法确定了二聚氧化儿茶酚的非共价加合物的存在。真黑色素聚合物上的类似官能团可能是重要的毒品结合位点。总之,研究小组发现,黑色素类型与毒品结合程度不同,这可能有助于解释为什么存在毛发颜色差别。Mårs 和 Larsson[57]在体内和体外评估了氯喹和氯丙嗪与褐色素的结合,发现毒品在毛囊和真皮黑色素细胞中积累,黄色小鼠的结合与黑色小鼠的结合相当。他们的体外研究表明,毒品与褐色素的结合动力学原则上与真黑色素的结合相当,但结合常数较低(与 $K_1 = 7.3 \times 10^6$ L/mol 相比,氯丙嗪的 $K_1 = 2.16 \times 10^4$ L/mol)。

1.3.4　黑色素生成期间的毒品结合

上述类型的体外研究证明了毒品与黑色素的表面结合。毒品的相对亲和力使得在常规分析中检测到特定毒品成为可能。在对毛发样本进行分解时,分析人员只是破坏了离子键和氢键,并破坏了黑色素颗粒形成后将毒品吸引并附着在黑色素颗粒上的范德瓦耳斯力。

Pötsch 等[23]在体外比较了氚化可卡因与黑色素颗粒和人类毛发的结合。他们发现 ^{3}H-可卡因对黑色素的吸附遵循 Langmuir 吸附等温线 I 型,并得出结论,即使毒品吸附在黑色素颗粒表面,这也只是解释了体内毒品与黑色素的一部分相互作用,黑色素生成过程中,其对毒品的结合和截留似乎有一定作用。同样,Larsson 等[58]发现,注射的[N-甲基-14C]尼古丁-d-酒石酸氢盐在孕中小鼠胎儿眼部黑色素中的积累量是母体眼部黑色素中积累量的五倍。这可能是由于尼古丁与黑色素的主要前体吲哚-5,6-醌(indole-5,6-quinone)的结构相似,从而使尼古丁被接受为形成新黑色素的前体。Harrison 等[59]研究了放射性标记的苯丙胺在动物毛发中的进入情况。尽管进行了彻底的分解,但仍有25%~80%的放射性标记毒品存在,这表明苯丙胺可能在黑色素生成过程中以生物合成方式进入黑色素中。

与氢氧化钠相比,硫化钠能够从着色的毛发中去除更多的放射物。Claffey 及其同事[60]研究了使用氢氧化钠或硫化钠去除有色毛发中的氟硝西泮和尼古丁。硫化钠分别溶解了35%和74%的氟硝西泮和尼古丁的放射性,其中,分别有12%和43%可以溶解到乙酸乙酯中。这一结果表明,部分进入的毒品与毛发共价结合。由于以这种方式结合的毒品必须在其生物合成过程中引入黑色素,因此可以推断,被动接触的毒品和所谓的环境暴露途径的毒品远小于表面结合毒品,即毒品是通过皮脂分泌物和角质层相结合的。此外,这些毒品不会通过洗涤和化学处理等过程而轻易去除。有几个研究小组在这方面的研究取得了进展。Palumbo 等[61,62]在硫尿嘧啶存在下体外合成黑色素的过程中,分离并检测出了黑色素中间体2-硫尿嘧啶加合物的存在。他们发现,加合物的形成依赖于酶促产生的多巴醌。研究小组还证明,毒品通过与多巴醌以外的生物合成中间体相互作用而影响黑素生成能力。这表明,毒品化学结合到正在生长的色素可能存在其他模式。Dehn 等[63]使用 MALDI-TOF MS(matrix-assisted laser desorption/ionization time-of-flight mass spectrometry,基质辅助激光解吸/电离飞行时间质谱法)检测尼古丁和可替宁与黑色素中间体的共价加合物,该小组[64]成功分离出苯丙胺-LDOPA 加合物。

1.3.5 毒品与毛发结合的体内研究

日本东京健康科学研究所(Institute of Health Science)的研究小组使用暗刺豚鼠(dark-agouti,DA)进行了多项体内实验,以评估仅从血液中吸收的毒品(DA 大鼠没有汗腺)。Nakahara 等[19]研究了可卡因及其代谢物苯甲酰爱康宁(benzoylecgonine,BE)进入大鼠毛发的情况,发现虽然 BE 的血浆浓度比可卡因高约 4 倍,但其在毛发中的浓度却为可卡因的 1/10[19]。显然,血浆浓度不是毒品进入毛发的主要因素,相反,毒品的理化特性似乎更重要。可卡因是弱碱性的,而 BE 结构中除了含碱性氮之外,还包括羧基基团,所以是两性离子。这些研究仅是日本研究人员进行的大量动物实验的开始,其中引入了进入率(或称掺入率,incorporation rate,ICR)的概念。ICR 定义为毛发中的毒品浓度除以血浆浓度-时间曲线下的面积。

1995 年,同一研究小组测定了 20 种不同理化性质的毒品对黑色素的亲和力和亲脂性[20]。图 1.9 显示了各种毒品及其代谢物之间的差异程度。1996 年,Nakahara 和 Kikura[18] 评估了 32 种苯丙胺结构类似物的 ICR。他们的主要发现总结如下:

1. N-烷基链越长,ICR 越高。

2. 烷基链上的三键降低了 ICR。

3. N-苯环增加了 ICR。

4. 在氮原子上添加基团以去除碱性,导致 ICR 几乎为零。

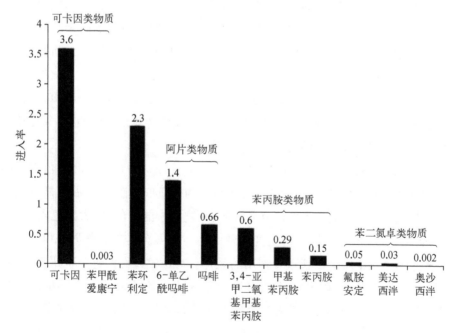

图 1.9　不同物质的进入率。

所有这些实验都是在有色素的大鼠 DA 上进行的,所以结论不能外推到无色素的毛发。DA 毛发中所含的黑色素是真黑色素。由于人类毛发的色素沉着更加复杂多样,因此不一定能从这些数据中得出关于人类毛发的结论。然而,ICR 与毒品酸碱性和黑色素亲和力之间的关系为有色动物和无色动物的其他体内研究提供了研究基础[14,17,22,24,25,60,65~67]。研究者使用苯丙胺及其类似物五氯苯酚、可待因、苯巴比妥、可卡因、美沙酮和尼古丁等毒品进一步评估了这些关系。所有这些论文的结果表明,碱性毒品显示出对有色毛发而非无色毛发的结合偏好。此外,Gygi 等[17]评估了弱酸(苯巴比妥)性毒品在毛发中的分布,发现同一动物的有色毛发和无色毛发之间没有差异。Borges 等[14]研究了苯丙胺和非碱性类似物 N-乙酰苯丙胺在大鼠中的进入。苯丙胺在有色和无色毛发中的平均浓度分别为 6.44±1.31 ng/mg 毛发和 2.04±0.58 ng/mg 毛发;而对于 N-乙酰苯丙胺,它们分别为 0.87±0.08 ng/mg 毛发和 0.83±0.15 ng/mg 毛发,这些结果支持了毒品对色素毛发的结合偏好。

1.3.6 角蛋白

除了 Appelgren 等[68]的一篇论文涉及毒品与毛发蛋白质结合的体外研究数据之外,相关研究较少。在牛的有色毛发和白色毛发中检测到瘦肉精后,他们对 ^{3}H-瘦肉精与真黑色素和角蛋白的结合进行了比较。Scatchard 分析显示,黑色素有不止一种结合方式,而角蛋白只有一种结合方式。分析还表明,角蛋白的结合常数与黑色素的第二结合方式处于同一量级,黑色素的 $K_1 = 2.0×10^4$ L/mol,角蛋白 $K_1 = 8.1×10^2$ L/mol。结果支持角蛋白与克伦特罗结合的假设,并支持了角蛋白在毒品与毛发结合的机制中起作用的假设。

Banning 和 Heard[69]研究了多西环素(doxycycline)与角蛋白和黑色素的结合,他们观察到了多西环素与角蛋白和黑色素的剂量依赖性结合,并且两者具有相似的量级。对白发受试者的研究还表明,在这些人的有色(富含黑色素)和白色(不含黑色素)毛干中均可检测到各种毒品。这再次支持了角蛋白和毛发蛋白在毒品与毛发中结合中起重要作用的观点。对白发人群的进一步研究表明,氯丙嗪[70]、可卡因[71]、阿米替林[72]和甲基苯丙胺[73]在有色毛发中的浓度明显高于老年白发。这种与有色毛发结合的偏好可能与白色毛发中不存在聚阴离子黑色素有关,因为带正电荷的毒品无法与之产生强离子相互作用。然而,由于可以在白发中检测到毒品,因此色素沉着并不是唯一的因素。如前所述,与毛发蛋白质(例如角蛋白)的结合可能是毛发中毒品积累的另一个重要因素。Kronstrand 等[73]评估了从 9 名受试者的有色和无色毛发中提取的苯丙胺和甲基苯丙胺的结果,发现毛发有色部分的浓度总是较高(表 1.2)。甲基苯丙胺($p<0.01$)和苯丙胺($p<0.02$)在有色毛发和白发中的浓度明显不同。

表 1.2 老年人的白发和有色毛发中的甲基苯丙胺和苯丙胺浓度

对象	有 色 毛 发		白 发		比值 有色/白色 甲基苯丙胺	比值 有色/白色 苯丙胺
	MA（ng/mg）	A（ng/mg）	MA（ng/mg）	A（ng/mg）		
1	0.25	0.15	0.10	0.07	2.50	2.14
2	3.65	1.43	0.89	0.37	4.10	3.86
4	1.90	0.6	0.46	0.18	4.13	3.33
7	2.64	0.65	0.33	0.12	8.00	5.42
8	1.05	0.32	0.28	0.11	3.75	2.91
10	0.31	0.09	0.11	0.03	2.82	3.00
12	0.85	0.25	0.20	0.11	4.25	2.27
14	1.25	0.46	0.68	0.26	1.84	1.77
15	1.62	0.52	0.88	0.28	1.84	1.86
平均± SD					3.69± 1.88	2.95± 1.16

数据来源：Kronstrand et al., J. Anal. Toxicol., 27, 135-141, 2003. 经许可。

1.4 一般讨论

1.4.1 途径

毒品主要通过三种途径进入毛发:血液、皮脂腺和外分泌物以及外部污染。直接从血液中沉积在毛发中的毒品会产生不同的毒品带,这些毒品带与摄入时间相关。虽然沉积在毛发外表面上的毒品可以通过去污程序去除,但研究表明,这些毒品的一小部分能够进入毛干的内部隔室,掩盖了毛发检测结果。因此,尽管受试者内部存在剂量-浓度关系,但在比较个体时,影响毒品进入的许多因素削弱了这种可能的关系。毒品从血液进入细胞的能力不同。最近的研究表明,被动扩散机制并不总适用于穿过细胞膜的毒品。因此,血浆曲线下的面积大不一定会造成高进入率。

1.4.2　结合

体外结合研究表明,毒品可以与角蛋白和黑色素结合,其中真黑色素是提供最高结合的结构。带正电的离子比中性或带负电的离子对黑色素的亲和力更大。研究者已经用实验证实了氟硝西泮、苯丙胺和甲基苯丙胺与黑色素的体外结合,这种结合动力学揭示了相关结合机制。

孵育时间变化的结果显示,最初是快速结合,随后是几乎呈线性的缓慢增加的结合。随着更多的毒品被结合,直至达到饱和点,表面的静电吸引力降低。事实上,这些数据与一个包含时间平方根的项加上一个 Langmuir 结合项的曲线的完美拟合证明了相关结合机制(图 1.6)。起初,Langmuir 结合占主导地位,反映出毒品与黑色素颗粒表面的表面结合。紧随其后的是受扩散控制的结合,正如对时间平方根的拟合。这种结合可能反映了毒品分子扩散到颗粒更深处的黑色素基质中。

Pötsch[4]认为毒品与黑色素最重要的关联发生在黑色素合成过程中,即毒品分子被黑色素聚合物包裹。他们的结论认为表面结合是次要的。Testorf等[53]的实验表明,毒品分子不仅可以结合到预先形成的黑色素表面,而且还可以迁移到颗粒中。一些论文中获得的指数关系还表明,毒品与黑色素细胞中的黑色素结合涉及多种机制[74,75]。碱性毒品进入毛发已显示出与黑色素的积极相关性。黑色素含量升高时毒品进入增加,这可以用毛发黑色素细胞中黑色素含量阈值来解释。除了带正电荷的毒品与聚阴离子黑色素之间的强离子相互作用外,黑色素含量阈值也有利于毒品在细胞内保留。因此,尽管毒品与黑色素的直接结合仅解释了部分保留机制,但毒品进入毛发可能与黑色素细胞中的黑色素含量有关。

置换实验表明,几种苯二氮卓类毒品以与氟硝西泮相似的方式置换[^{3}H]-氟硝西泮,表明这几种毒品具有相似的结合特性。另一方面,苯巴比妥是一种弱酸,其置换[^{3}H]-氟硝西泮的能力明显较低(图 1.7),这与 Gygi 等[17]的研究结果一致。他发现大鼠有色毛发和白化毛发之间的苯巴比妥进入没有差异。这些发现与毒品和黑色素之间的静电力有利于带正电离子结合的理论一致。

黑色素并不是导致毒品在毛发中积聚的唯一成分。毛发中的其他结构很丰富。黑色素仅占毛发总量的百分之几。有色毛发和白发的对比结果证实,毒品对有色毛发的结合具有偏好。然而,在白发中也可以检测到毒品,这证明与毛发蛋白质的结合或与其他毛发基质的结合是毛发中毒品积累的重要组成部分。毛发毒品浓度因毛发色素沉着的程度而变得复杂。在定量评估毛发分析结果时，必须考虑黑色素对毒品进入人毛发的影响。未来必须进一步研究和评估黑色素对毒品的吸附力以及毒品在黑色素生成过程中的截留。

1.5　结　　论

如前所述，毒品可以通过几种方式进入毛发。从解释的角度来看，当我们解释关于吸毒时间问题时，最重要的途径是通过血液进入。但是现实中还存在其他途径，使得通过血流形成的明显条带变得模糊。因此，为了最大限度地利用毛发分析的解释价值，未来还需要进行大量的研究来发展我们对相应的生物学机制的理解。

参考文献

1. Harkey, M.R., Anatomy and physiology of hair, Forensic Sci. Int., 1993, 63: 9 - 18.
2. Powell, B.C. and Rogers, G.E., The role of keratin proteins and their genes in the growth, structure and properties of hair, in Formation and Structure of Human Hair, Jollès, P., Zahn, H., and Höcker, H., Eds., Birkhäuser Verlag, Basel, 1997, pp. 59 - 148.
3. Pecoraro, V. and Astore, I.P.L., Measurement of hair growth under physiological conditions, in Hair and Hair Disease, Orphanos, C.E. and Happle, R., Eds., Springer Verlag, Berlin, 1990, p. 237.
4. Pötsch, L., A discourse on human hair fibers and reflections on the conservation of drug molecules, Int. J. Legal Med., 1996, 108: 285 - 293.
5. Castanet, J. and Ortonne, J.-P., Hair melanin and hair color, in Formation and Structure of Human Hair, Jollès, P., Zahn, H., and Höcker, H., Eds., Birkhäuser Verlag, Basel, 1997, pp. 209 - 225.
6. Prota, G., The role of peroxidase in melanogenesis revisited, Pigment Cell Res., Suppl. 1992, 2: 25 - 31.
7. Slominski, A., Wortsman, J., Plonka, P.M., Schallreuter, K.U., Paus, R., and Tobin, D.J., Hair follicle pigmentation, J. Invest. Dermatol., 2005, 124: 13 - 21.
8. Nicolaus, R.A., Prota, G., Santacrose, C., Scherillo, G., and Sica, D., Struttura ebiogenesi della feomelanine, nota VII: sulla struttura delle tricosiderine, Gazzetta Chimica Italiana, 1967, 99: 323 - 350.
9. Swan, G.A. and Waggott, A., Studies related to the chemistry of melanins, X: quantitative

   assessment of different types of units present in dopa-melanin, J. Chem. Soc. Perkin Trans. I,
   1970, 10: 1409 – 1418.

10. Prota, G., Structure and biogenesis of pheomelanins, in Pigmentation: Its Genesis and
    Biological Control, Riley, V., Ed., Appleton Century Crofts, New York, 1972, pp. 615 –
    630.

11. Thomson, R.H., The pigments of reddish hair and feathers, Angewandte Chemie Int. Ed. (in
    English), 1974, 13: 305 – 312.

12. Ozeki, H., Ito, S., and Wakamatsu, K., Chemical characterization of melanins in sheep
    wool and human hair, Pigment Cell Res., 1996, 9: 51 – 57.

13. Prota, G., Melanins, melanogenesis and melanocytes: looking at their functional significance
    from the chemist's viewpoint, Pigment Cell. Res., 2000, 13: 283 – 293.

14. Borges, C.R., Wilkins, D.G., and Rollins, D.E., Amphetamine and N-acetylamphetamine
    incorporation into hair: an investigation of the potential role of drug basicity in hair color bias,
    J. Anal. Toxicol., 2001, 25: 221 – 227.

15. Gygi, S. P., Joseph, R. E., Jr., Cone, E. J., Wilkins, D. G., and Rollins, D. E.,
    Incorporation of codeine and metabolites into hair: role of pigmentation, Drug Metab. Dispos.
    Biol. Fate Chem., 1996, 24: 495 – 501.

16. Gygi, S.P., Wilkins, D.G., and Rollins, D.E., Distribution of codeine and morphine into rat
    hair after long-term daily dosing with codeine, J. Anal. Toxicol., 1995, 19: 387 – 391.

17. Gygi, S.P., Wilkins, D.G., and Rollins, D.E., A comparison of phenobarbital and codeine
    incorporation into pigmented and nonpigmented rat hair, J. Pharm. Sci., 1997, 86: 209 – 214.

18. Nakahara, Y. and Kikura, R., Hair analysis for drugs of abuse, XIII: effect of structural
    factors on incorporation of drugs into hair: the incorporation rates of amphetamine analogs,
    Arch. Toxicol., 1996, 70: 841 – 849.

19. Nakahara, Y., Ochiai, T., and Kikura, R., Hair analysis for drugs of abuse, V: the facility
    in incorporation of cocaine into hair over its major metabolites, benzoylecgonine and ecgonine
    methyl ester, Arch. Toxicol., 1992, 66: 446 – 449.

20. Nakahara, Y., Takahashi, K., and Kikura, R., Hair analysis for drugs of abuse, X: effect
    of physicochemical properties of drugs on the incorporation rates into hair, Biol. Pharm.
    Bull., 1995, 18: 1223 – 1227.

21. Pötsch, L. and Moeller, M.R. On pathways for small molecules into and out of human hair
    fibers, J. Forensic Sci., 1996, 41: 121 – 125.

22. Pötsch, L., Skopp, G., and Moeller, M.R., Influence of pigmentation on the codeine
    content of hair fibers in guinea pigs, J. Forensic Sci., 1997, 42: 1095 – 1098.

23. Pötsch, L., Skopp, G., and Rippin, G., A comparison of ³H-cocaine binding on melanin
    granules and human hair in vitro, Int. J. Legal Med., 1997, 110: 55 – 62.

24. Stout, P.R., Claffey, D.J., and Ruth, J.A., Incorporation and retention of radiolabeled
    S –(+)– and R –(–)– methamphetamine and S(+)– and R(–)– N –(n-butyl) – amphetamine
    in mouse hair after systemic administration, Drug Metab. Dispos. Biol. Fate Chem., 2000,
    28: 286 – 291.

25. Stout, P. R. and Ruth, J. A., Deposition of [³H] cocaine, [³H] nicotine, and [³H]
    flunitrazepam in mouse hair melanosomes after systemic administration, Drug Metab. Dispos.

Biol. Fate Chem., 1999, 27: 731 – 735.

26. Robbins, C.R., Chemical and Physical Behavior of Human Hair, Springer Verlag, Berlin, 1994.

27. Stout, P.R. and Ruth, J.A., Comparison of in vivo and in vitro deposition of rhodamine and fluorescein in hair, Drug Metab. Dispos., 1998, 26: 943 – 948.

28. Borges, C.R., Martin, S.D., Meyer, L.J., Wilkins, D.G., and Rollins, D.E., Influx and efflux of amphetamine and N-acetylamphetamine in keratinocytes, pigmented melanocytes, and nonpigmented melanocytes, J. Pharm. Sci., 2002, 91: 1523 – 1535.

29. Nakahara, Y. and Kikura, R., Hair analysis for drugs of abuse, Ⅶ: the incorporation rates of cocaine, benzoylecgonine and ecgonine methyl ester into rat hair and hydrolysis of cocaine in rat hair, Arch Toxicol., 1994, 68: 54 – 59.

30. Cone, E.J., Hillsgrove, M.J., Jenkins, A.J., Keenan, R.M., and Darwin, W.D., Sweat testing for heroin, cocaine, and metabolites, J. Anal. Toxicol., 1994, 18: 298 – 305.

31. Kacinko, S.L., Barnes, A.J., Schwilke, E.W., Cone, E.J., Moolchan, E.T., and Huestis, M.A., Clin. Chem., 2005, 51: 2085 – 2094.

32. Kintz, P., Excretion of MBDB and BDB in urine, saliva, and sweat following single oral administration, J. Anal. Toxicol., 1997. 21: 570 – 575.

33. Kintz, P., Tracqui, A., and Mangin, P., Sweat testing for benzodiazepines, J. Forensic Sci., 1996, 41: 851 – 854.

34. Henderson, G.L., Harkey, M.R., Zhou, C., Jones, R.T., and Jacob P., Incorporation of isotopically labeled cocaine and metabolites into human hair, part 3: 1, doseresponse relationships, J. Anal. Toxicol., 1996, 20: 1 – 12.

35. Raul, J. S., Cirimele, V., Ludes, B., and Kintz, P., Detection of physiological concentrations of cortisol and cortisone in human hair, Clin. Biochem., 2004, 37: 1105 – 1111.

36. Pragst, F., Rothe, M., Spiegel, K., and Sporkert, F., Illegal and therapeutic drug concentrations in hair segments: a timetable of drug exposure? Forensic Sci. Rev., 1998, 10: 81 – 111.

37. DeLauder, S.F. and Kidwell, D.A., The incorporation of dyes into hair as a model for drug binding, Forensic Sci. Int., 2000, 107: 93 – 104.

38. Cairns, T., Hill, V., Schaffer, M., and Thistle, W., Removing and identifying drug contamination in the analysis of human hair, Forensic Sci. Int., 2004, 145: 97 – 108.

39. Schaffer, M., Hill, V., and Cairns, T., Hair analysis for cocaine: the requirement for effective wash procedures and effects of drug concentration and hair porosity in contamination and decontamination, J. Anal. Toxicol., 2005, 29: 319 – 326.

40. Schaffer, M.I., Wang, W.L., and Irving, J., An evaluation of two wash procedures for the differentiation of external contamination versus ingestion in the analysis of human hair samples for cocaine, J. Anal. Toxicol., 2002, 26: 485 – 488.

41. Potts, A.M., The concentration of phenothiazines in the eye of experimental animals, Invest. Ophthalmol., 1962, 1: 522 – 530.

42. Larsson, B.S., Interaction between chemicals and melanin, Pigment Cell Res., 1993, 6: 127 – 133.

43. Larsson, B., Oskarsson, A., and Tjalve, H., Binding of paraquat and diquat on melanin, Exp. Eye Res., 1977, 25: 353－359.

44. Larsson, B., Oskarsson, A., and Tjalve, H., On the binding of the bisquaternary ammonium compound paraquat to melanin and cartilage in vivo, Biochem. Pharmacol., 1978, 27: 1721－1724.

45. Larsson, B. and Tjalve, H., Studies on the melanin-affinity of metal ions, Acta Physiol. Scand., 1978, 104: 479－484.

46. Larsson, B. and Tjalve, H., Studies on the mechanism of drug-binding to melanin, Biochem. Pharmacol., 1979, 28: 1181－1187.

47. Tjalve, H., Nilsson, M., Henningsson, A.C., and Henningsson, S., Affinity of putrescine, spermidine and spermine for pigmented tissues, Biochem. Biophys. Res. Commun., 1982, 109: 1116－1122.

48. Tjalve, H., Nilsson, M., and Larsson, B., Binding of 14C-spermidine to melanin in vivo and in vitro, Acta Physiol. Scand., 1981, 112: 209－214.

49. Tjalve, H., Nilsson, M., and Larsson, B., Studies on the binding of chlorpromazine and chloroquine to melanin in vivo, Biochem. Pharmacol., 1981, 30: 1845－1847.

50. Bridelli, M.G., Ciati, A., and Crippa, Binding of melanins re-examined: Adsorption of some drugs to the surface of melanin particles, P.R., Biophys. Chem., Jan. 2006, 119(2): 137－145.

51. Gautam, L., Scott, K.S., and Cole, M.D., Amphetamine binding to synthetic melanin and Scatchard analysis of binding data, J. Anal. Toxicol., 2005, 29: 339－344.

52. Koeberle, M.J., Hughes, P.M., Wilson, C.G., and Skellern, G.G., Development of a liquid chromatography-mass spectrometric method for measuring the binding of memantine to different melanins, J. Chromatogr. B Biomed. Appl., 2003, 787: 313－322.

53. Testorf, M.F., Kronstrand, R., Svensson, S.P., Lundstrom, I., and Ahlner, J., Characterization of [^{3}H] flunitrazepam binding to melanin, Anal. Biochem., 2001, 298: 259－264.

54. Stepien, K.B. and Wilczok, T., Studies of the mechanism of chloroquine binding to synthetic DOPA-melanin, Biochem. Pharmacol., 1982, 31: 3359－3365.

55. Clancy, C.M. and Simon, J.D., Ultrastructural organization of eumelanin from Sepia officinalis measured by atomic force microscopy, Biochemistry, 2001, 40: 13353－13360.

56. Borges, C.R., Roberts, J.C., Wilkins, D.G., and Rollins, D.E., Cocaine, benzoylecgonine, amphetamine, and N-acetylamphetamine binding to melanin subtypes, J. Anal. Toxicol., 2003, 27: 125－134.

57. Mars, U. and Larsson, B.S., Pheomelanin as a binding site for drugs and chemicals, Pigment Cell Res., 1999, 12: 266－274.

58. Larsson, B.S., Olsson, S., Szutz, T., and Ullberg, S., Incorporation of 14C-nicotine into growing melanin, Toxicol. Lett., 1979, 4: 199－203.

59. Harrison, W.H., Gray, R.M., and Solomon, L.M., Incorporation of D-amphetamine into pigmented guinea-pig hair, Br. J. Dermatol., 1974, 91: 415－418.

60. Claffey, D.J., Stout, P.R., and Ruth, J.A., A comparison of sodium hydroxide and sodium sulfide digestion of mouse hair in the recovery of radioactivity following systemic

administration of [^{3}H]-nicotine and [^{3}H]-flunitrazepam, J. Anal. Toxicol., 2000, 24: 54-58.

61. Palumbo, A., d'Ischia, M., Misuraca, G., Iannone, A., and Prota, G., Selective uptake of 2-thiouracil into melanin-producing systems depends on chemical binding to enzymically generated dopaquinone, Biochim. Biophys. Acta, 1990, 1036: 221-227.

62. Palumbo, A., Napolitano, A., De Martino, L., Vieira, W., and Hearing, V.J., Specific incorporation of 2-thiouracil into biological melanins, Biochim. Biophys. Acta, 1994, 1200: 271-276.

63. Dehn, D.L., Claffey, D.J., Duncan, M.W., and Ruth, J.A., Nicotine and cotinine adducts of a melanin intermediate demonstrated by matrix-assisted laser desorption/ionization time-of-flight mass spectrometry, Chem. Res. Toxicol., 2001, 14: 275-279.

64. Claffey, D.J. and Ruth, J.A., Amphetamine adducts of melanin intermediates demonstrated by matrix-assisted laser desorption/ionization time-of-flight mass spectrometry, Chem. Res. Toxicol., 2001, 14: 1339-1344.

65. Gerstenberg, B., Schepers, G., Voncken, P., and Völkel, H., Nicotine and cotinine accumulation in pigmented and unpigmented rat hair, Drug Metab. Dispos. Biol. Fate Chem., 1995, 23: 143-148.

66. Green, S.J. and Wilson, J.F., The effect of hair color on the incorporation of methadone into hair in the rat, J. Anal. Toxicol., 1996, 20: 121-123.

67. Slawson, M.H., Wilkins, D.G., and Rollins, D.E., The incorporation of drugs into hair: relationship of hair color and melanin concentration to phencyclidine incorporation, J. Anal. Toxicol., 1998, 22: 406-413.

68. Appelgren, L.E., Larsson, B.S., and Torneke, K., Clenbuterol in hair: in vitro studies on its binding to melanin and keratin, J. Vet. Pharmacol. Ther., 1997, 20: 305-306.

69. Banning, T.P. and Heard, C.M., Binding of doxycycline to keratin, melanin and human epidermal tissue, Int. J. Pharmaceutics, 2002, 235: 219-227.

70. Sato, H., Uematsu, T., Yamada, K., and Nakashima, M., Chlorpromazine in human scalp hair as an index of dosage history: comparison with simultaneously measured haloperidol, Eur. J. Clin. Pharmacol., 1993, 44: 439-444.

71. Reid, R.W., O'Connor, F.L., Deakin, A.G., Ivery, D.M., and Crayton, J.W., Cocaine and metabolites in human graying hair: pigmentary relationship, J. Toxicol. Clin. Toxicol., 1996, 34: 685-690.

72. Rothe, M., Pragst, F., Thor, S., and Hunger, J., Effect of pigmentation on the drug deposition in hair of grey-haired subjects, Forensic Sci. Int., 1997, 84: 53-60.

73. Kronstrand, R., Ahlner, J., Dizdar, N., and Larson, G., Quantitative analysis of desmethylselegiline, methamphetamine, and amphetamine in hair and plasma from Parkinson patients on long-term selegiline medication, J. Anal. Toxicol., 2003, 27: 135-141.

74. Kronstrand, R., Andersson, M.C., Ahlner, J., and Larson, G., Incorporation of selegiline metabolites into hair after oral selegiline intake, J. Anal. Toxicol., 2001, 25: 594-601.

75. Kronstrand, R., Forstberg-Peterson, S., Kagedal, B., Ahlner, J., and Larson, G., Codeine concentration in hair after oral administration is dependent on melanin content, Clin. Chem., 1999, 45: 1485-1494.

第二章

被动暴露、去污程序、阈值和偏差:毛发分析结果解释可卡因使用中存在的缺陷

David A. Kidwell, *Frederick P. Smith*

2.1 引　言

　　细节决定成败,关于药物滥用的毛发分析和分析结果的解释存在很多细节。多年来,围绕这些分析的细节出现了一些争议。这些争议主要集中在三个广泛的领域:(1)滥用药物的存在和与毛发的结合机制,(2)去除外部污染,(3)偏差。从这三个方面得出的结论以及对科学事实的重视程度极大地影响了对任何毛发分析结果的解释。本章概述了近年来在这三个研究领域积累的证据,并讨论了对这些数据的解释产生的两种不同的毒品进入毛发和从毛发中去除模型。此外,我们还提供了一些新数据,以澄清一些有争议的问题,并揭示了阈值、偏差、被动暴露和清洁等一些变量之间的密切关系。了解数据及其解释对于正确应用毛发分析结果至关重要①。本章重点关注研究最多的毒品可卡因,并且由于其存在于环境中而最有可能污染毛发。随着甲基苯丙胺②、海洛因被广泛地滥用和吸食,这些毒品就像可卡因一样会污染环境。考虑到毒品与毛发的结

---

　　① 在本章中,按照1994年6月在意大利热那亚举行的第二届国际毛发测试会议的建议,所有毒品浓度都已转换为每毫克毛发中的纳克毒品(ng/mg)。当与其他作者的结果进行比较时,必须注意结果的度量单位。许多商业公司使用pg/mg或ng/10 mg为单位。当与这些公司的首席科学家讨论这些单位时,他们欣然承认这些单位是用来使数字看起来更大。单位不仅仅是语义,在对抗性法律制度的法律程序中,数字的大小更为重要,例如在美国,因为陪审团或法官不太可能理解单位。在法庭审判中,我一直是辩方的专家证人,并且提出了被动暴露的合理场景,要说服陪审团相信很多人可能源自被动暴露,则困难得多。他们可能同意0.000 5 μg可卡因/mg毛发,甚至0.5 ng可卡因/mg毛发可能是由于无意接触而导致被告无罪。然而,500 pg可卡因/mg毛发对于被动暴露来说似乎太多了,即使这三者的数量相同。

　　② 在美国西部和中西部,吸食甲基苯丙胺的人数似乎在增加。

合机制,其他含胺类毒品(PCP、苯丙胺和阿片类毒品)的作用应该与可卡因相似。

2.2　毛发分析中被动暴露的历史问题

人体有能力通过新陈代谢和排泄来清除毒品,因此,要在血液、唾液、汗液或尿液中检测到该毒品,必须是近期接触过这种毒品。另一方面,毛发是一种独特的基质,因为一旦沉积就没有活性代谢/排泄来去除毒品。毛发中的毒品有两种主要的去除机制:更换/切割毛发(时间为数月至数年)和缓慢地卫生清洁去除结合物质。广泛使用毛发分析,这既是好事也是坏事。好事是指,如果毒品仅因摄入而进入毛发,则它们可以在很长一段时间内被检测到。坏事是指,如果毒品与毛发结合,即使部分是通过被动(意外)暴露等其他机制结合的,它们可能难以去除并难以与实际使用区分开来。这一直是毛发中痕量金属分析的棘手问题。此外,虽然急性暴露可能是一种随机事件,但如果毛发吸收毒品迅速而毒品释放缓慢,则无法区分急性暴露和慢性暴露。从本质上讲,毛发是毒品暴露的整合者,即如果对该毛发样本进行分段分析,那么毒品将遍布整个毛发,而不是离散的条带。染发就是一个例子。一个人可以随机染发,染料的吸收需要几分钟,而染料的释放则需要几个月。在初次染色后的某个时候,个体可能会重复染色过程以获得统一的颜色(根部染色),而染料会随着时间的推移在毛发里进行整合。另一个例子是大麻中四氢大麻酚(tetrahydrocannabinol, THC),其代谢缓慢。因为 THC 是脂溶性的,身体的脂肪吸收很快,但脂肪的释放和最终的新陈代谢很慢。因此,一次使用(类似于任何材料的毛发暴露),THC 会产生缓慢的新陈代谢(类似于通过清洗对毛发进行净化),从而产生很长的检测窗口。

早在 1978 年,Lenihan[2] 就指出,毛发是环境的一面镜子。此外,许多研究人员还指出,虽然在某些情况下,血液/尿液中痕量金属的浓度与毛发中金属浓度升高有关,但情况并非总是如此。许多其他作者讨论了与环境被动暴露相关的痕量金属分析问题[3~7]。对重金属毛发分析文献的详细讨论超出了本章的范围,相关内容可以参考文献 Chatt 和 Katz[8],文献 Manson 和 Zlotkin[9] 中可以找到相关综述。Chatt 和 Katz[8] 描述了谨慎使用毛发分析来评估重金属和矿物质摄入的三个因素：（1）难以区分微量金属的外部沉积和摄入；（2）无法确定毛发中痕量金属浓度的正常范围；（3）缺乏关于微量元素进入毛发的机制信息。同样，Harkey 和 Henderson[10]对比了毛发的药物滥用检测和毛发的营养状况检测，并指出了许多相似之处。然而，也有一些科学家认为，使用毛发来检测营养状况是无稽之谈[11,12]。

一些研究认为，微量金属和滥用毒品没有可比性，因为微量金属在环境中无处不在，微量金属与角蛋白的巯基结合，并且微量金属比毒品扩散得更快[13]。但是这些论点有些言过其实。毒品存在于许多环境中（见下文），即使不是无处不在，也不排除偶尔接触。毒品也可以与蛋白质中的功能基团结合，例如天冬氨酸和谷氨酸。此外，毒品可以通过范德瓦尔斯力相互作用结合，这是离子所不具备的[14]。两种结合机制都可以非常强大。毒品（和其他物质）可以通过扩散进入毛发，但通过化学梯度（稍后会详细介绍）的扩散很难建模，并且仅部分取决于扩散常数。如果忽略化学梯度的复杂性（这同样适用于金属），毒品的扩散常数应该类似于金属离子的水合半径（适用于溶液中）。即使毒品的扩散常数较小，也只需要很短的延迟即可获得等效的扩散长度。此外，小分子扩散到毛发中也与先前的美发处理有关。例如，与未处理的毛发相比，十二烷基硫酸钠（一种带电的有机大分子）扩散到漂白毛发中的速度要高 10 倍[7]。因此，毛发中的痕量金属检测为毒品检测提供了一个很好的模型，但困扰痕量金属分析的已知问题仍未解决，这也将成为困扰毒品检测的问题。

环境暴露的可能性以及难以区分摄入和外部来源等问题，大大降低了毛发重金属分析作为采集血液水平与时间信息的工具的价值。然而，通过毛发分析评估重金属暴露的程度，或更重要的是评估未暴露情况，仍然是该技术的一个有价值的用途。有人可能会问：毒品在结合机制、去除机制或在环境中的存在是否与重金属有所不同？或者，金属离子是否可以与毒品相提并论？现有的证据支持毒品与重金属具有相似性的结论，因此，在评估滥用药品的毛发分析数据时可以参考毛发重金属分析的文献。

1986 年，我发起了几项研究，目的是验证毛发分析是一种有用的法医工具。一些初步研究的结果令人惊讶[15]，同时也获得了一些毒品进入毛发的替代性的解释[16,17]。这些研究得出的结论表明，毒品通过汗液进入毛发，但在数据解释时必须考虑外部污染问题。据我们所知，尽管在此之前已经发表了汗液中重金属在毛发中的沉积的相关报道[14]，但在这些报道之前，人们并未考虑将汗液作为滥用药物进入毛发的机制。这个概念使毛发检测领域两极分化。该实验室以及其他研究人员的最新发现支持了我最初的假设[14,18]。

2.3 毒品进入毛发机制

2.3.1 为什么要考虑毒品进入机制

毒品进入模型影响对分析结果的解释，也影响为达到这一结果所使用的程序。大多数情况下，法医科学家试图确定这个人是否吸毒？而不是，这个人接触过毒品吗？毛发分析（现在经常使用）只有在毛发中检测的毒品来自摄入而不是来自其他途径时才有价值。因此，必须在分析之前去除来自外部环境的毒品。如果无法做到这一点，法医科学家必须找到其他水平相当的证据，例如发现仅存在来自体内代谢的独特化合物。为了评估被动接触是否会导致毛发中进入毒品，必须了解来自外部（被动）来源和摄入的毒品与毛发结合的机制。此外，了解这些机制可能会为区分不同毒品沉积模式提供线索。

2.3.2 毒品进入模型

解释毒品进入毛发的早期理论受到了很多关注[19]。在该模型（称为包埋模型）中，在毛发生长过程中，血液中的毒品被毛发不可进入区域包埋（图 2.1）。毛发从头皮上长出来后，这些毒品形成的条带与毛发形成时毒品的浓度成正比。包埋的毒品受到毛发基质的保护，因此它们不会被外部环境清除或改变。由于毛发以相对恒定的速度生长，因此该模型预测，毛发分析可以提供毒品消耗时间和数量的历史记录。几乎没有直接的证据支持毛发中存在不可进入区域的结构。相反，有相当多的证据表明不存在不可进入区域。因此，此时包埋模型被认为是纯假设的。

基于简单暴露研究的结果使这一早期毒品进入的假设受到质疑。有证据支持另一种毒品进入模型[20]。在这个替代模型中（图 2.2），一些毒品是从毛发生长过程中血液中的化合物进入的。此外，分泌到汗液/皮脂中的水溶性毒品会在毛发从皮肤中长出后被吸收。在这个模型中，毒品有三个来源，第一个来源是血液，如图 2.1 所示。第二个来源是毒品或代谢物排泄到汗液中，随后进入毛发。

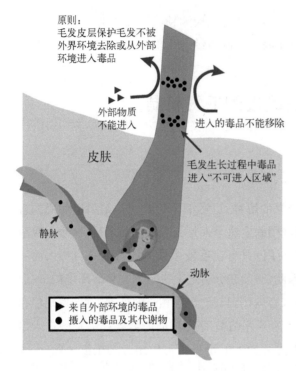

图 2.1　毒品进入毛发的包埋模型。在毛发生长阶段，毒品从血液中进入毛发的根部。它们在毛发中的浓度反映了其血液中的浓度。包埋模型的一个中心原则是，一旦进入，毒品就不会被环境移除或从环境中进入。

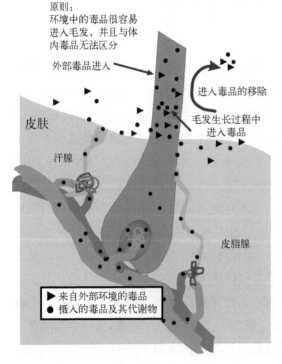

图 2.2　毒品进入的汗液模型。毒品从两个来源进入毛发：血液和汗液。因为汗液是外在的，所以可能会被外源的毒品污染。一旦进入就失去了毒品的来源信息。汗液模型的一个核心是，毛发中的毒品对环境的去除或吸收没有抵抗力。

第三个来源是毛发被动接触毒品，无论是气相（例如，烟雾）还是固相接触（例如，家具或衣服上的毒品或皮肤与毛发的接触），然后是毒品溶解在无毒品汗液或其他水性介质中。由于后两种毒品来源均在水溶液中，因此进入毛发后无法区分。

2.3.3 图2.1和图2.2模型的基础

查看提示包埋模型的数据，并了解这些数据是如何被误解的，可能会对理解模型有所助益。包埋模型的主要支持来自萃取动力学，下面将详细介绍。当吸毒者的毛发用溶剂（例如，磷酸盐缓冲液）提取时，毒品浓度会以指数方式降低并去除，如图2.3所示。Baumgartner 等[13]解释这种浓度指数下降是由毒品从毛发的各个区域去除引起的。这些区域被命名为：可进入、半可进入和不可进入区域。Baumgartner 等认为，不可进入区域是无法从外部环境进入的，因此如果毒品在毛发形成过程中被困在该区域，则无法通过洗涤将其去除。此外，来自外部环境的毒品也无法渗透到该区域。

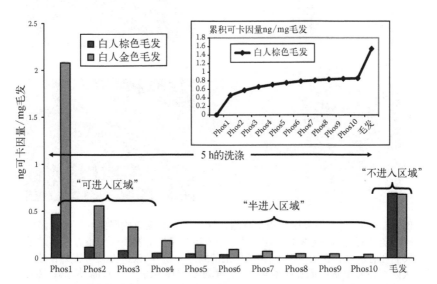

图 2.3 促使毒品进入毛发的包埋模型的数据示例。在这种情况下，两个毛发样本被可卡因溶液从外部污染，每 30 min 更换一次缓冲液进行彻底清洗。可卡因在洗涤溶液中的损失是指数级的（包埋模型的关键观察结果）。对毛发进行分析后，发现毛发中的含量比多次洗涤步骤中的含量都要多。区域的命名有点随意。通常，这些数据以累积曲线（插图）的形式呈现。但是，累积曲线会使步骤更难以观察，本章将不使用。

为了进一步支持这一概念,Baumgartner 等[13]称毛发的结构中含有微纤维(毛发肯定有),并声称这些纤维代表了毛发不可进入的区域(见图 2.4)。不可进入区域的概念可以在原子级别进行检测。微纤维是通过范德瓦尔斯相互作用而不是通过化学键交联的蛋白质链。因为这些发丝由蛋白质组成,而蛋白质由氨基酸组成,这提供了一种独特的方法来确定整个毛发结构对外部环境的接触程度。氨基酸含有酰胺键(见图 2.5),具有独特的红外光谱(IR)特征,并且可以发生置换。将毛发暴露于氘化水后,这些酰胺氢会置换氘,并将红外吸收频率从大约 $3\,300\ \text{cm}^{-1}$ 移至大约 $2\,416\ \text{cm}^{-1}$[21]。毛发中超过 90% 的酰胺氢[22]可以置换①。这种原子级别的进入表明绝对不存在不可进入区域。

理解图 2.3 中示例的另一种方法是考虑有限体积和化学梯度扩散。Holmes[23]

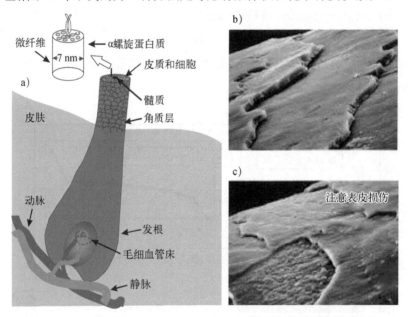

图 2.4 (a)毛发内部微纤维示意图。(b)正常毛发角质层照片。(c)湿发时因梳理而受损的毛发角质层照片。角质层在保护毛发免受污染方面非常重要。在有水分存在的情况下,角质层上的鳞片会抬升,这使得更物质更容易进入内部并为物质扩散提供载体。(毛发角质层照片来自 *Science News*,160,124,2001,经 K. Ramaprasad,TRI/Princeton,Princeton 许可使用)

---

① 我们独立地重复了 Bendit[21]的工作,通过 FTIR 跟踪 H‐D 置换,证明了酰胺氢与氘原子的大量置换。然而,置换酰胺氢[即使在溶解的蛋白质如牛血清白蛋白(BSA)中]也需要一些苛刻的时间、温度和酸性条件。我们的初步工作未发表,因为在普通卫生条件下不会出现这些置换条件,因此无法进入区域的支持者仍然可以声称它们在正常条件下无法进入。

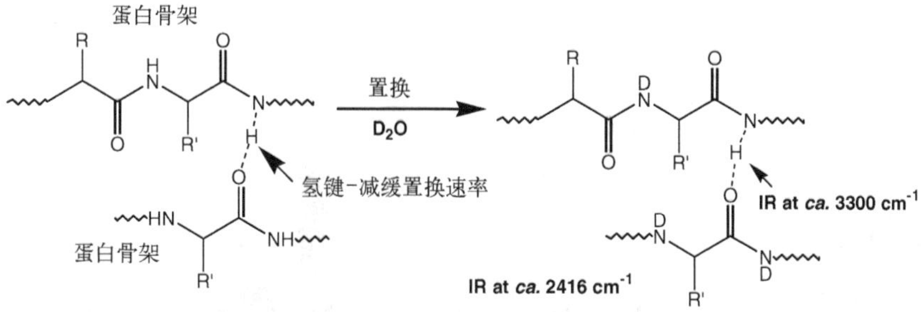

图 2.5　酰胺氢置换氘示意图。由于许多酰胺氢参与氢键，因此它们的置换需要酸性介质和高温。置换率可以提供有关酰胺键参与氢键的信息。这种置换是双向的，当将氘化的蛋白质放入水中时，氘会置换回质子。交换反应需要谨慎，因为氘化水很快就会被空气中的水分污染并被表面吸收，使得 100% 氘化变得困难。

用数学方法为羊毛染色这一重要的商业过程建模。这种数学超出了本书的范围，但是可以粗略地理解这个过程。毛发对毒品等阳离子分子有弱结合位点。由于这些结合位点，加上扩散受限，我们可以设想不触动"不可进入区域"的冲洗动力学。毛发中的毒品通过离子和范德瓦尔斯相互作用与蛋白质链结合，在透析图中，这些相互作用被建模为抗体，离子交换树脂可以起到同样的作用。图 2.6[24] 中给出了通过化学梯度进行有限扩散的简单示例。假如有一个装有过量毒品的透析袋，如果透析袋放在大量的水中，多余的毒品会从袋中扩散出来。如果每隔一段时间更换水并检测毒品量，就会观察到毒品释放量随时间呈指数下降。这是通过袋子孔隙的简单扩散：孔隙越小，速度越慢。这个速率也会受到表面积、孔数、袋子厚度（孔长）、温度等变化的影响。经过一段时间后，所有游离的毒品（没有与抗体结合的毒品）将从袋子中释放出来。此时，如上所述，去除速率将放缓，并与抗体的结合常数和影响简单扩散的因素成正比。任何情况下，理性的科学家都会认为这个多孔袋不存在不可进入区域，但经验结果与对吸毒者的毛发或暴露的毛发进行去污所观察到的结果相同（比较图 2.6 和图 2.3）。

　　扩散与许多因素成正比，如物质的浓度等，这些因素视物质的性质（孔径、面积等）而定。浓度可以任意改变，更大的浓度意味着更快地扩散。由于环境中的毒品数量可能比毛发中发现的数量大数百万倍，因此扩散可能非常迅速①。

---

　　①　考虑到毛发中可卡因的典型浓度约为 1 ng/mg。相比之下，单剂量可卡因一般为 50~100 mg，许多吸毒者可能使用多个剂量的可卡因。这种单次暴露（多次暴露也是可能的，例如反复接触受污染的手）的潜在的 1 亿倍或更多的浓度差异（当然不是所有的剂量都会施加在毛发上！）使得环境可卡因快速扩散到负性毛发中。另一方面，由于毒品与毛发的结合，从毛发向外扩散很慢。并且由于毛发中的浓度较低，毒品从毛发到环境的浓度梯度要小得多。

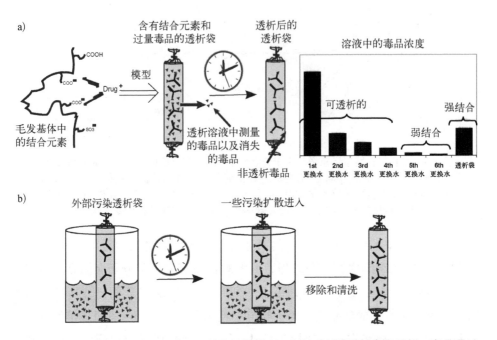

图 2.6　（a）在毛发中生成不可进入区域的扩散模型。（b）透析袋透析毒品示例。毒品通过离子和范德瓦尔斯相互作用与毛发基质结合。角质层（图 2.4b）和皮层为扩散提供了屏障。这种通过受限环境的扩散可以模拟为一个透析袋，其中包含结合元素和过量毒品。（图片模型源自 DeLauder, S.F. and Kidwell, D.A., The incorporation of dyes into hair as a model for drug binding, *Forensic Sci. Int.*, 107, 39, 2000.）

图 2.6b 还说明这个透析袋很容易受到外部环境的污染。如果将此透析袋置于毒品的浓缩溶液中，毒品会迅速扩散到袋中，从而产生上面讨论的初始图像。如果去除外部较大的毒品来源，并且在没有水的情况下，透析袋将无限期保留这些毒品，可以等待将来某个时间进行分析。

　　毛发中毒品来源的模型示意图如图 2.7 所示。毛发分析与摄入或暴露之间通常存在一些时间间隔。其间，松散地附着在毛发表面的毒品可以通过正常的卫生清洁被洗掉。此过程中，进行正常清洗处理，从去污动力学中可以得出正常卫生清洗这一过程的结论。毒品的去除取决于几个变量，其中最重要的是用于洗涤或处理毛发的溶液的特性。事实上，人们可以将清洁处理想象为滥用毒品的体内提取，并将其与实验室去污/提取程序进行比较。在毛发取样分析之前，对毛发进行清洁使外部污染变得非常复杂。本章的理论框架部分将详细讨论个人卫生如何影响毛发分析。

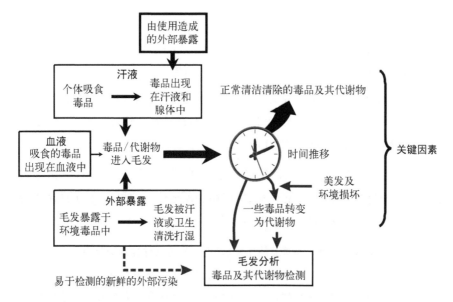

图 2.7　毒品进入毛发和从毛发中去除框架图。时间流逝和清洁处理是污染的重要组成部分。新污染的毛发比冲洗过的毛发更容易被检测为污染，因为外部的毒品浓度很高（图 2.6b）。随着时间的推移，表面松散结合的毒品会迁移到内部并变得更加紧密。此外，卫生清洗去除可以去除表面结合的毒品。（图片来自 Blank, D.L. and Kidwell, D.A., in *Drug Testing in Hair*, Kintz, P., Ed., CRC Press, Boca Raton, FL, 1996, p. 17.）

经验证据表明，汗液有助于将毒品带入毛发中。Henderson 等[26] 给一些受试者服用氘代可卡因，他们发现氘代可卡因在毛发中的分布通常不集中出现在条带中。并且在某些情况下，会出现在整个毛发中。此外，他们让受试者手握阴性毛发（检测结果为阴性的毛发），并通过运动出汗。氘代可卡因使阴性毛发变成了阳性。

Cone[27] 研究了毒品在毛发中出现的时间范围。他给几名受试者服用可待因，发现 24 h 后毛发中出现了这些毒品。这段时间对于根部毛发的初始形成以及毛发出现在皮肤上方的时间太短（通常被认为是 10 到 14 天）。更长时间后，更大剂量的可待因确实出现在正确的时间范围内，这将更有利于毒品与毛发在形成过程中结合。在给药时，汗液中的浓度最高。由于大多数给药研究是在医学监督下进行的，因此不太可能故意使受试者出汗，比如，现实生活中的职业劳动或剧烈运动。此外，大多数临床研究以某种方式（静脉内、片剂或特殊吸入装置）给药以减少或消除外部污染受试者的可能性。毒品进入汗液的一个重要途径是通过外部污染。吸毒者在控制污染方面缺乏经验，并可能在使用过程中或使用后使自己受到了污染。这种皮肤上的外部污染可以使汗液中的药物浓度升高到任意值,从而增强上面讨论的扩散。

不可进入区域假说的支持者承认,在实验室中,毛发可能会被外部毒品污染,并且污染毛发和吸毒者的毛发相仿[28],并指出:

> 将毛发长时间浸泡在浓缩的毒品溶液中可以制备符合所有吸毒者毛发样本特征的对照样本。然而,无论是通过汗液还是通过任何其他方式,制备这种受控样本所需的严苛条件不能被视为模仿现实的污染场景。

因此,至少在某些情况下,即使是那些不可进入区域的支持者也认为,被污染的毛发会模仿吸毒者的毛发。只是在这种情况发生的可能性方面存在分歧。在其他方面[13],支持者指出,这些情况并不罕见:

> 关于确定是污染而不是毒品使用,可以进一步将这种发现细分为:(a)轻微污染;(b)严重污染。轻微污染的特征是污染水平超过内源性暴露的阈值——由经验决定的微小差距——根据我们的经验,当一个不吸毒的人经常和吸毒者在一起时,这种类型的污染可能会出现。与此相反,严重污染的特征是污染水平大大超过内源性阈值水平。这种类型的污染在大量参与毒品流通的个体中发现,如不吸食毒品的毒品贩子或毒品制造商。

这些观点表明,来自非吸毒者的一些毛发样本可能会受到污染,并达到了吸毒者毛发样本的所有标准(超过各种阈值水平)。导致这种错误识别的原因是正常的卫生习惯:洗头。清洗污染后的毛发,去除毛发表面污染,会造成与吸毒者毛发无法区分的结果(比较图 2.3 和图 2.6),并且其方式类似于上述的污染透析袋。

总之,毛发中不可进入区域的观点几乎没有明确的证据支持。但该模型的基础数据可以通过简单的化学扩散来解释。由于毛发的多孔性(因美发处理和遗传而异),毛发可以迅速从环境中捕获毒品,并且毒品不容易被去除。在正常卫生清洁后,这些毛发携带的毒品与清理过程中吸毒者毛发中携带的毒品是一样的,所以对阳性结果必须谨慎解释,因为可能存在非吸毒者从环境中携带毒品的情况。

2.4　环境中的毒品

相对而言,环境中毒品的检测与调查存在一定难度,因为环境千差万别,环境样本获取途径有限,并且在排除非法毒品使用的同时,调查大量个体的暴露情况也是非常具有挑战性的工作。然而,公众接触非法毒品的一种衡量标准源自监测钱币[26~29]。众所周知,纸币表面会积累毒品,尤其是可卡因,这与毒品交易有关,或者来自吸毒者的汗液转移至钱币表面。对从当地金融机构随机挑选的55 份较旧钱币(被选中进行处理)的调查显示,可卡因的含量差异很大(图 2.8)。只有全新的钱币不含可卡因。我们还分析了 1 美元纸币,这些纸币比更高面额的钱币流通更广泛①。对于 1 美元的纸币,我们用来自该国不同地区的钱币来寻找污染的区域差异。

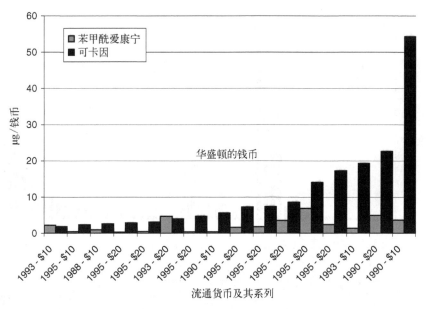

图 2.8 美国旧钱币中可卡因和苯甲酰爱康宁的含量。10 美元和 20 美元的钞票用 0.1 mol/L HCl 提取,利用 GC‑MS(气相色谱‑质谱法)对提取物进行分析。(数据来自 Kidwell, D. A. and Gardner, W. P. ONDCP International Technology Symposium, Washington, DC, 1999, p. 21‑1. 经许可使用)

尽管存在的可卡因含量远低于处理毒品后的预期水平,但人们是否会因钱币而受到污染?为了检测这种情况,两个人用干燥的手用力摩擦钱币 30 秒[32]。在每次检测之间从他们的手上取下皮肤擦拭物。钱币表面的毒品也同时进行分析,以确定污染程度。在 16 次检测中,发现有不到 15 ng 的可卡因从钱币转移到手上。由于液体可以增强毒品的转移,用模拟汗液喷洒双手后,检测毒品从钱币转移到手

① 1 美元钞票的平均寿命为 22 个月,而 100 美元钞票的平均寿命为 9 年(见 http://www.moneyfactory.gov/document.cfm/18/2232)。

上的情况[33]。喷洒双手后,将钱币紧紧握住 30 秒。发现模拟汗液增强了可卡因转移。在 11 次检测中,多达 197 ng 的可卡因发生了转移。在两组实验中,苯甲酰爱康宁(benzoylecgonine,BE,可卡因的一种代谢物)与转移的可卡因的比率与钱币上发现的浓度相关,但转移的总量却并不相关。由于这两种实验方案都可能对钱币进行了不寻常的处理,因此我们得出结论,将大量可卡因从钱币转移到非吸毒者手上的可能性不大,但当手或钞票潮湿且钞票污染程度更高时,仍存在这种可能。

污染的一个有趣方面是它在环境中分布并不均匀。例如,图 2.9a 显示了来

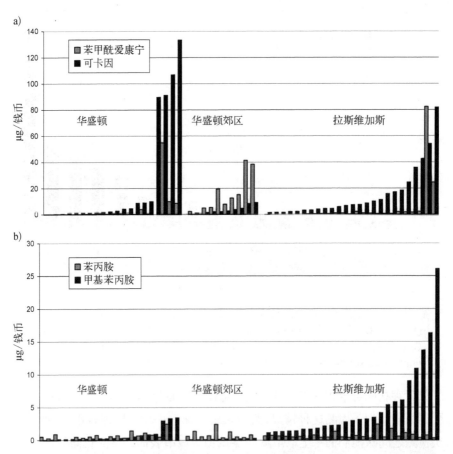

图 2.9 (a) 使用过的 1 美元钞票上的可卡因和苯甲酰爱康宁含量。(b) 使用过的 1 美元钞票上的甲基苯丙胺含量。按照图 2.8 中的描述提取钱币,并通过电子碰撞-GC - MS (electron impact - GC - MS,EI - GC - MS) 进行分析。这家位于华盛顿特区内城的银行从马里兰州巴尔的摩市的联邦储备银行接收钱币。这家郊区银行从里士满弗吉尼亚联邦储备银行接收钱币。毒品水平的差异非常明显。同样,区域毒品偏好也存在差异,美国西南部的甲基苯丙胺比东海岸更普遍。(作者和 Graham Beaber 的未发表数据)

自美国不同地点的 1 美元钞票上的可卡因浓度。华盛顿特区城区及其郊区存在显著差异。这种差异中一部分源自银行接收钱币的区域。位于华盛顿特区的市中心银行从马里兰州巴尔的摩的联邦储备银行接收钱币，而郊区银行则从位于弗吉尼亚州里士满的联邦储备银行接收钱币。众所周知，巴尔的摩的人均可卡因使用量很高。此外，研究人员对钱币上的其他毒品（如甲基苯丙胺）进行了筛查。与华盛顿特区和周边地区相比，内华达州拉斯维加斯的钱币上甲基苯丙胺含量较高（图 2.9b）。在进行这项研究时，甲基苯丙胺的滥用主要集中在美国西南部。

除了钱币之外，人们还处理过许多其他可以积累毒品的物品，部分原因是这些物品的挥发性非常低。例如，住在市中心的人是否会比住在郊区的人接触更多的可卡因。为了降低风险，我们检查了正在使用毒品的环境，评估了学童课桌上的污染情况。考虑到这些儿童（<9 岁）的年龄，他们不太可能自己食用可卡因，在课堂上的情况应该也是如此。研究发现，市中心学童课桌上的可卡因浓度远高于较富裕郊区的学童（图 2.10）。此外，研究还发现了苯甲酰爱康宁，其含量有时甚至高于可卡因。虽然可卡因在市中心学校的浓度更高，但在郊区的课桌上，苯甲酰爱康宁比可卡因浓度高。这反映了可卡因在郊区物体上可能发生了更多的分解，因为在郊区污染事件可能不那么频繁，或者化学方面的去污更具破坏性。

在已知环境存在毒品的情况下，很容易证明被动暴露产生阳性毛发。Haley 和 Hoffmann 对吸烟者和非吸烟者毛发中尼古丁和可替宁浓度进行了研究[34]，结果发现，未洗头的吸烟者毛发中的尼古丁平均含量较高（平均为 8.75 ng/mg）。此外，可替宁（尼古丁代谢物）是吸烟者使用烟草的标志。Kintz 及其同事[35]提出了以 2 ng/mg 的阈值来识别吸烟者，但即使在该阈值上，他们研究中的所有非吸烟者也并非都是阴性。这表明监测独特的代谢物（如果存在）和精心选择的阈值有助于减少假阳性，但这并不能消除假阳性。

有人可能会说，不吸烟者会吸入香烟烟雾，从他们尿液中可以检测到尼古丁和可替宁[36]。这可能是毛发呈阳性的原因之一。人们可能不认为吸烟者和不吸烟者的毛发中尼古丁和可替宁的含量相同，因为不可想象不吸烟者在同样的时间内吸入的尼古丁和可替宁量与故意吸入的吸烟者相同。许多人观察到，仅在短时间内靠近吸烟者或者待在吸烟者待过的房间，非吸烟者的衣服就会受到污染。因此，非吸烟者的毛发可能被烟雾携带转移的尼古丁污染。此外，如果吸

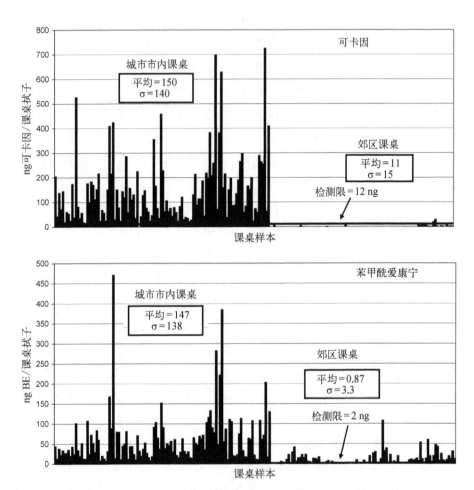

图 2.10 学童课桌上可卡因和苯甲酰爱康宁的含量。市中心和郊区的学童课桌上可卡因和苯甲酰爱康宁的含量明显不同。桌子用酒精棉片擦拭,然后将棉片干燥、提取并分析(见 Kidwell 等[82])。苯甲酰爱康宁来自可卡因分解或吸毒者的汗水。两个学校之间的清洁度差异也受到关注。(作者和 Janelle Baldwin 的未发表数据)

烟者和非吸烟者有密切的身体接触,可替宁可以通过汗液转移,从而可以解释尼古丁代谢物如何存在于非吸烟者的毛发中。

在两项独立的研究中,Smith 和 Kidwell[34]考察了可卡因使用者的子女和配偶。在这些研究中,孩子们生活在一个使用可卡因的家庭,因此环境中存在可卡因,但环境中存在的数量未知。该研究假设 1 至 13 岁的儿童不太可能自行服用可卡因,因此儿童毛发中的任何可卡因都来自被动接触。通过用棉签擦拭孩子的额头来评估外部接触。实验人群($n = 29$)中的所有皮肤擦拭棉签对可卡因呈阳性,这表明这些被考察者与可卡因有广泛的表面接触。在活跃的成年使用人群中,80%的毛发中可卡因呈阳性,本研究中85%的儿童可卡因呈阳性。这两组毛发中可卡因的浓度分布也相似。数据分析表明,与成人吸食者相比,可卡因吸食者的几个孩子的毛发中同时含有不同数量的可卡因和苯甲酰爱康宁。这些数值小于、大于或等于吸毒母体的数量(图 2.11)。一个家庭组内的可卡因浓度差异很大,这与被动接触是随机事件一致(图 2.11d)。因此,简单的阈值不能区分成人和生活在该环境中的儿童。此外,这项研究表明,某些代谢物,如苯甲酰爱康宁,可能不是毒品使用的指标。苯甲酰爱康宁在环境和毛发中存在,这在以前就已经注意到[38]。另外,可卡因一旦进入到毛发中,苯甲酰爱康宁也可能通过降解可卡因而生成[39]。

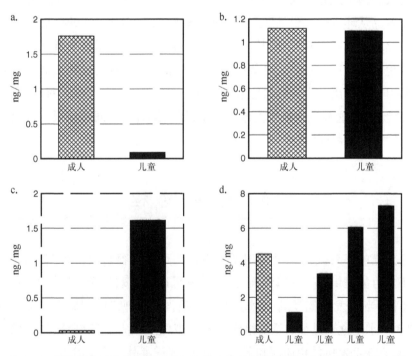

图 2.11　群体家庭毛发中的可卡因浓度,所有成年人使用可卡因,儿童不使用。(图片源自 Smith, F.P. and Kidwell, D.A., *Forensic Sci. Int.*, 83, 179, 1996. 经许可)

Smith 和 Kidwell 并不是唯一研究生活在吸毒环境中儿童的团体。Lewis 等[40]也检测分析了生活在吸毒环境中的儿童的毛发,以评估他们接触毒品的情况,并有可能将儿童带离这种环境。遗憾的是,Lewis 等没有报道他们在毛发样本中发现的毒品的浓度。除了在毛发中发现毒品外,他们还注意到了个体种族和阳性结果百分比之间的差异,这在下面的内容中会更详细地介绍。此外,De Giorgio 及其同事[41]报道了一个儿童毛发样本呈阳性的案例。因为有其他的直接证据,他们得出的结论是阳性结果源自摄入可卡因而不是接触可卡因。

总之,基于苯甲酰爱康宁的存在,钱币上的毒品是从处理毒品的个体手中转移过去的,这是一种从人到无生命物体的转移,符合从受污染的人手转移到非吸毒者毛发上的毒品模型。相反(无生命物体到人类的转移),汗液促进了毒品从钱币转移到人类,这强化了液体在毒品污染中的重要性。从这两个相反的毒品转移的例子中,很容易看出生活在使用可卡因(过去或现在)的环境中的人可能面临更大的污染风险。同样,通过研究生活在吸毒或受污染环境中的儿童,已经证明了毒品从环境转移到毛发上的事实。如图 2.11 及表 2.3 的分析,一些儿童符合毒品使用的所有标准,但其尿液仍呈阴性。此外,根据对学童课桌的研究,可以推论居住在市中心的人可能比郊区的人接触可卡因的风险更高。因此,污染风险可能反映出一个人的居住地点以及一个人的选择和交往。对于像毛发这样的整合介质,这种风险被极大地放大了,因为整合的时间窗口很宽,而且一旦整合,药物的去除比较缓慢。

2.5 去污过程

毛发上的毒品,在毛发干燥时或在有机溶剂中很容易被去除[42,43]。这项早期的工作可能提供了一种错误概念,即毛发可以被有效地净化。与干燥和有机溶剂不同,当毛发暴露于毒品水溶液时,毛发容易吸收毒品,并且很难去除(图 2.3)。水是这个过程的重要组成部分,因为它为毒品扩散到毛发中提供了一种介质,它使毛发中的角质层和蛋白质膨胀,促进毒品向毛发渗透。

在 20 世纪 90 年代初期,图 2.3 所示的数据使人们得出结论,对于几乎所有的污染,没有任何清洗程序能 100%有效地去除外部污染[44,45]。Schaffer 等[46,47]也得出了相同的结论,即 100%去除外部污染是不可能的。在最近的研究中,Schaffer 及其同事[48]得出的结论是,他们的污染实验"远远超过了现实生活中的任何可能的污染场景",这是基于在服用受控剂量可卡因的个体的 Pharmchek™

汗斑中发现的毒品浓度。但是这种比较是错误的，因为汗斑通常仅取样于皮肤上有限的区域（约 14 cm²），例如上臂，该位置出汗少于手掌，并且汗斑也没有真正将毒品整合到汗液中。此外，汗斑部分通常被膜层保护以免受外部污染，因此汗斑中的毒品量会大大低于受污染手部汗液中的毒品量。例如，如果毒品通过汗液（例如来自亲密接触）从吸毒者的手部转移到非吸毒者的毛发上，而汗液只对来自血液的毒品有贡献，则这种比较可能是有效的。但是，吸毒者经常在吸毒过程中使自己受到污染（这就是他们的毛发被污染的原因），因此他们手上可能有任何数量的毒品可转移给非吸毒者。如果吸毒者在与非吸毒者亲密接触之前不久（以调整他/她的情绪）而不是数小时或数天前使用了毒品，那么污染的程度会加剧，因为正常的清洁可以消除一些外部污染。一些吸毒者甚至对亲密伴侣隐瞒自己的吸毒习惯。

2.5.1 去污溶剂

目前还没有广泛认可的毛发去污方法[49]。一些研究者使用甲醇来去除污染和从毛发中提取毒品[43,50]。通常，溶剂的极性和含水量越低，溶剂对毛发的膨胀就越小，毒品的去除效果就越差[49]。因此，从水、甲醇到高级醇甚至二氯甲烷（或其他非氢键溶剂），对毛发外部污染物的去除效果较差。Schaffer 等[46] 将他们的商业磷酸盐缓冲洗涤程序与其他几位作者使用的甲醇洗涤程序进行了比较。与磷酸盐缓冲液相比，甲醇在去除外部污染方面的效果相当好，并且对亲脂性毒品（如 THC）具有优势。平均而言，甲醇从污染的毛发中去除了 48%（$n = 14, SD = 18$）的可卡因，三次磷酸盐缓冲液洗涤去除了 88%（$n = 14, SD = 4.6$）的可卡因。有趣的是，当等份毛发用更多磷酸盐缓冲液洗涤总共 5 h 时，几乎没有去除额外的可卡因（总共 92%，$n = 10, SD = 4.6$）。即使是采用商业程序，任何情况下都没有从污染毛发样本中去除所有的可卡因。

因为与环境污染的毒品相比，毛发中存在的毒品量较低，所以必须采用去污处理来去除潜在的外部环境污染。一般来说，去污过程中的判别标准越多，给定的去污程序区分污染和毒品使用的机会就越大[51]。一个较好的去污程序是 Baumgartner 和 Hill 开发的程序，该程序已被商业化使用。此程序的优点是必须满足几个标准才能将样本视为阳性。多年来，该技术不断发展，表 2.1 中给出了一些已发表的洗涤程序的简要说明。从表 2.1 中可以明显看出，这些年该程序在应用中也发生了很大变化，通常是没有依据洗涤标准而随意调整阈值。多数情况下,有些作者试图验证这些程序,但他们因为没有严格遵循程序而受到商业检测相关人员的批评。其中主要的批评是,大多数作者不像 Baumgartner 和 Hill 那样对毛发进行分解,因此没有正确定量毒品的量。但是这种批评似乎是不合理的。任何不分解毛发的程序只能"*低估*"毛发中残留的毒品量,毕竟分析程序不会"*产生*"可卡因。按照表 2.1(例如 Rew)中的标准,可以看到低估毛发中可卡因的含量往往会使 Rew 变小,易于将其视为受污染的毛发样本,而不是来自可卡因使用者的毛发。因此,如果研究人员使用表 2.1 中列出的检测程序,由于环境污染而发现了假阳性,则这一发现不能因为在毛发中检测出太少的可卡因而受到批评。

因为目前人们已经对毛发暴露进行了足够的研究,并利用商业程序对毛发进行了去污,那么可以使用他们的数据来评估他们的洗涤标准,而不是试图准确地复制该方法,并不能因为他们没有采用那些无关紧要的步骤而批评他们。Schaffer 等[46] 将 14 个毛发样本暴露于 1 μg/mL 的可卡因中 1 h。然后对选定的 10 个样本使用异丙醇和 3 次 30 min 磷酸盐清洗①(表 2.1 中的方法 D,但温度为 40℃②),或 3 次甲醇清洗或异丙醇和 3 次 30 min 磷酸盐清洗,然后进行两次 1 h 的磷酸盐清洗。(方法 E,表 2.1,在 40℃下)。据报道,甲醇去除了 16.7% ~ 77% 的污染物,磷酸盐(方法 D)去除了 76% ~ 93%,磷酸盐(方法 E)去除了 82.9% ~ 97.2%。如前所述[25],重要的不是去污过程中去除的可卡因的百分比,而是剩余的可卡因的百分比。所有 38 个毛发样本清洗后都存在可卡因。更重要的是,在洗涤过程中苯甲酰爱康宁(据称是最终代谢物)在一些样本中存在。尽管用磷酸盐缓冲液洗涤的所有毛发样本都低于通常用于确定阳性样本的 0.5 ng/mg 阈值,但鉴于可卡因的暴露水平较低,这样的结果也符合预期。更高或更长时间的暴露会在毛发中产生更多的残留毒品,这可能使阈值标准失效。早期的研究工作已经确定,可卡因暴露溶液的浓度越高或暴露时间越长,进入的毒品就越多[14]。Schaffer 等[48] 最近再次确认了暴露时间和毒品量的线性关系。

---

① Schaffer 等[46,48] 在几个报道中称,他们使用 0.5 mol/L pH 为 6.0 的磷酸盐来清洗毛发。这应该是印刷错误,应该是标准的 0.01 mol/L 的磷酸盐。如果不是印刷错误,那么这是程序中的又一个变化。较高的盐浓度可能会进一步削弱毒品与毛发的离子键,从而提高去除率。

② Schaffer 等[45,47] 报道使用 40℃ 使提取管内的温度保持在 37℃。尽管与玻璃相比,塑料管可能需要更长的温度平衡时间以达到管内溶剂和水浴温度平衡,但玻璃管可以不使用较高的水浴温度。如果遇到此类问题,只需预热提取缓冲区即可。

表 2.1 Baumgartner 等去污程序表

方法	步 骤	注 解	参考文献
A	10 min 洗发水和 10 次蒸馏水冲洗；毛发中提取；放射免疫分析（RIA）	最早的毛发去污描述；乙醇回流 4 h 提取可卡因；只用 RIA 分析可卡因	Baumgartner et al.[52]
B	乙醇清洗；30 min 磷酸盐洗涤两次；毛发分解；通过 RIA 分析消化结果	用磷酸盐缓冲液毛发去污的最早描述；5～10 mg 毛发用置于 1 mL 10 mmol/L 磷酸盐（pH 7，37℃）溶剂中；乙醇必须是"干燥"的；只有 Rew 计算，且必须高于 5[a]；水解仅用于 RIA。	Baumgartner and Berka[53]
C	乙醇清洗；30 min 磷酸盐洗涤三次；毛发分解，并利用 GC‑MS 分析	在 37℃，10 mmol/L 磷酸盐（pH 5.6，后期 5.5）使用 100 r/mm 的频率摇晃；摇晃的速度在不同研究人员之间有所不同；25 mg 毛发加入 2 mL 溶剂中；这个量已经下降到 12 mg；乙醇必须是"干燥"的。	Baumgartner, Hill, and Blahd[19]
D	异丙醇清洗；30 min 磷酸盐洗涤三次	异丙醇取代乙醇，因为在分析过程中可能会形成乙基苯酰爱康因，一种更明确的可卡因"待谢物"；这个程序一般用于常规分析；异丙醇必须是"干燥"的。	Baumgartner and Hill[13]
E	异丙醇清洗；30 min 磷酸盐洗涤三次；1 h 磷酸盐洗涤两次	对调查样本采用的扩展洗涤标准；据称可以清洁毛发的半可进入区域；Resz 现在使用。	Baumgartner and Hill[54]
F	异丙醇清洗；30 min 磷酸盐洗涤三次；1 h 磷酸盐洗涤两次；水解毛发，用 LC‑MS/MS 分析	除在磷酸盐缓冲液（现在的 pH 为 6）中加入 0.01% 的牛血清白蛋白（BSA）外，必须使用约 12 mg 的毛发[b]；只分析最后一次磷酸盐洗涤，Rc、Rsz、Resz 无法计算；取而代之的是一个新的标准（Rnc），其中从毛发（LC‑MS/MS 测量）中减去 5 倍的最后一次磷酸盐洗涤浓度（RIA 测量）[c]；如果结果高于阈值，则认为该样本为阳性。	Cairns et al.[47]

[a] 有时 Rew 也称为 Rtew，表示被缩减的扩展洗涤比。

[b] 牛血清白蛋白的加入有待进一步探讨。在洗涤过程中，如果毒品在用缓冲液和在毛发上的结合位点之间处于平衡状态，那么溶液中的任何结合元素都可以改变这种平衡。牛血清白蛋白能与毒品结合，因此加入牛血清白蛋白可以提高去污率。可以选择活性炭或离子交换树脂，它们也具有类似的优势，因为它们可以物理去除，并可以单独检测以检测去除率。

[c] 显然，洗涤液是使用免疫分析法测量的，并且从利用特定检测法，例如 LC‑MS/MS 测量的毛发中的值减去该值。这种减去可卡因的科学有效性仅对可卡乙烯（Cocaethylene，又称乙基苯酰爱康因）有效，而并不针对 BE，因为它的含量低于可卡因。如果没有精确的免疫分析，就不可能重现他们的方法。同样，如果免疫分析发生变化，不同的批次可能会产生略有不同的结果。

注意：这些程序多年来已被许多作者修改。方法 F 是目前商业上使用的程序。

注意：添加 BSA 很有趣，应该进一步探讨。在洗涤期间，如果毒品在缓冲液和毛发上的结合位点之间处于平衡状态，溶液中的任何结合元素都会改变该平衡。BSA 可以结合毒品。因此，它的添加可能会增加去污率。活性炭或离子交换树脂也可以替代 BSA，具有相同的作用，它们可以物理去除，并可以单独检测以测量去除率。

Baumgartner 和 Hill 最初定义了三个洗涤标准（称为 Rc、Rsz 和 Rew），通过这些标准可以在常规分析中区分外部污染和毒品使用[13]。后来，他们又添加了一个标准（称为 Resz），用于更多法医或质疑样本。表 2.2 对这些标准进行了定义。洗涤比是表面污染的量度。污染程度越高，这个数字就越高。扩展洗涤比和安全区比是衡量去污过程去除毒品程度的指标。

表 2.2　Baumgartner 和 Hill 的去污标准

标　准	符号	数　学　定　义	阈　值
洗涤比	Rc	三次磷酸洗涤剂中的毒品量 = 3×（最后一次磷酸洗剂中的毒品量）	1.3
扩展洗涤比	Rew[1]	毛发中的毒品量 = 最后一次磷酸盐洗涤剂中的毒品量	10
安全区比	Rsz	毛发中的毒品量 = 所有磷酸盐洗涤剂中的毒品量	0.33
扩展安全区比	Resz	毛发中的毒品量 = 所有磷酸盐洗涤剂中的毒品量	0.25
新标准	Rnc	毛发中毒品量 = 5×（最后一次磷酸盐洗涤剂中的毒品量）	0.5

注：Rc、Rew 和 Rsz 标准用于生产工作，并需要 30 min 磷酸盐洗涤三次。Resz 标准用于法医样本，需要进一步洗涤 2 h。要得到阳性结果，必须满足所有的标准。新的判据适用于方法 F，并在本章中给出符号 Rnc。

我们评估了来自非吸毒者的 110 个污染毛发样本的洗涤比、扩展洗涤比和安全区比[14]。基本上所有暴露的毛发样本都通过了这些标准，其中许多样本的差距很大，这表明这些方法不足以区分外部污染。我们还发现，在所有标准中，曲率比去除了大多数样本，因为这些实验室制备的阳性样本并未受到高度污染，而该比率依赖于新鲜污染。新鲜污染更能代表一贯的吸毒者，在这种情况下，个人卫生还没有去除松散结合的表面污染。

我们的早期工作因没有严格遵循指定的程序而受到批评，这意味着如果严格遵循程序，这些受污染的毛发样本就会被确定为受污染样本[28]。而我们认为只要遵循了这些程序的主要部分，那么其他任何小的修改不会改变结果[55]。为了更全面地评估洗涤动力学，消除正确程序遵循与否的怀疑，我们向我们自己的实验室和商业实验室分别（以盲样方式）发送了阴性毛发样本、已知吸毒者的毛发样本、吸毒者子女的毛发样本以及暴露于毒品的阴性毛发样本。结果如表 2.3 所示。反馈回来的结果是许多毛发样本被污染（这令人惊讶），或者无法确定使用情况。然而，在实验室中暴露的四个阴性毛发样本之一被报道为阳性。

表 2.3　送到商业实验室的盲样毛发样本

毛发样本	结果	商业结果	备　　注
实验室	0.35	负值	低于阈值
实验室	0.47	未测得	使用与未知污染
实验室	0.44	负值	低于阈值
实验室	2.1	1.1	应该是负值
实验室	0.54	负值	特殊程序下是负值,可能不存在 BE
已知在戒毒中心吸食可卡因	1.5	3.8	—
已知可卡因使用者 1	0.847	未测得	毛发量不足,不能检测污染或使用情况
儿童 1	5.58	40.6	—
已知可卡因使用者 2	0.089	负值	低于阈值
儿童 2	0.08	负值	低于阈值
儿童 2b	0.092	负值	低于阈值
已知可卡因使用者 3	0.137	未测得	使用与未知污染
儿童 3	14.4(103)	100.3	最初的分析很低;在使用改进的程序重新分析后,发现每毫克毛发中有 103 ng 可卡因
儿童 6	0.238	未测得	使用与未知污染
儿童 6b	2.27	未测得	使用与未知污染
已知可卡因使用者 4	0.572	未测得	使用与未知污染

注：这些样本包括阴性毛发、已知可卡因使用者的毛发、可卡因使用者的孩子的毛发以及实验室暴露的阴性毛发。所有阴性毛发样本均为阴性,未列于表中。结果报道为 ng/mg 毛发,阳性阈值为 0.5 ng/mg 毛发。

另一项对照研究中,Mieczkowski[56] 将暴露的毛发样本和真实样本送到商业实验室进行评估。Mieczkowski 没有公开报道检测结果(阴性、阳性或污染)。但他提供了应用各种去污程序后的检测数值以供比较和计算。图 2.12 显示了三个对照样本的归一化图。由于样本中毒品的含量不同,因此对数据进行了标准化处理,以便更好呈现出从毛发中洗出的毒品的数值。其中一个暴露对照样本还进行了所有的洗涤标准程序。但是,结果发现这些污染样本的值比真正的可卡因使用者的数值更高。

用洗涤动力学更容易检测新鲜污染样本。如图 2.7 所示,毛发检测之前,通常是在污染事件之后的一段时间。利用这个时间间隔可以通过正常的卫生清洁和水解将毒品降解为潜在的"代谢物"(对于可卡因来说是苯甲酰爱康宁)来清除表面污染。Cairns 等[47] 将 6 个毛发样本暴露在 10 μg/mL 的可卡因中

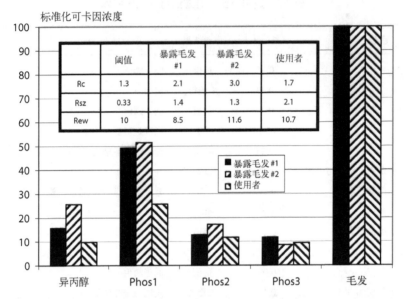

图2.12 两个暴露的毛发样本和一个来自可卡因使用者的标准化图。插图显示了计算的动力学标准。只有暴露样本 1 符合 Rew 标准。在视觉上，人们很难区分暴露样本 2 和真正的可卡因使用者的毛发。（数据来自 Mieczkowski, T., Distinguishing passive contamination from active cocaine consumption: assessing the occupational exposure of narcotics officers to cocaine, *Forensic Sci. Int.*, 84, 87–111, 1997. 经许可）

10 min, 使毛发受到污染。暴露后, 将毛发存放 3 天, 然后通过间歇性洗发来净化。在第 1、3、8 和 16 天进行分析。四种动态洗涤结果如图 2.13 所示。大多数样本不能达到扩展洗涤比（Rew）, 但可以通过增加暴露时间来提高 Rew。即使通过不合理的短暂暴露（10 min）来污染这些样本, 并且一个样本经过了所有旧的洗涤标准, 但结果仍高于 0.5 ng/mg 的阈值, 这个样本被称为阳性[1]。令人惊讶的是, 如果单独一个阈值是决定因素, 则许多样本都会超过 0.5 ng/mg 的阈值标准, 这进一步证明了多个标准是有益的[2]。

为了进一步评估时间和个人卫生是区分污染毛发与吸毒者毛发的重要因素, Romano 及其同事[39] 有意使 4 名受试者的毛发受到外物污染, 研究了清洁与时间的关系。图 2.14a 显示了在接触可卡因和用二氯甲烷和磷酸盐缓冲液净化

---

① 由于未通过阈值水平测试, 该样本无法通过新标准（Rnc, 方法 F）。一些商业测试, 例如 Safety Net 测试, 用检测限（LOD）作为阈值。对于此分析, 0.02 ng/mg 是 LOD, 并且多个样本将可以通过该标准。

② 溶液中毒品在毛发中的吸收与时间和浓度成正比, 因此增加任何一种因素都会使更多的毒品进入毛发。

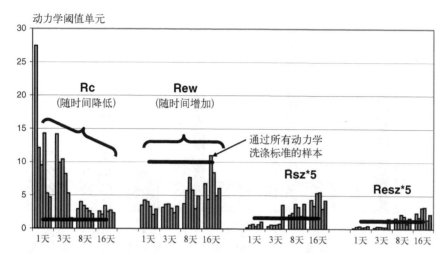

图 2.13 6 个毛发样本暴露于 10 μg/mL 可卡因中 10 min 后，计算得到的 Rc、Rew 和 Rsz。通过重建数据给出了精简的动力学分析结果。8 天后洗发 3 次，16 天后共 6 次。前 3 天，没有进行任何卫生清洁。注意，随着时间的推移和进行的卫生清洁，Rew 和 Rsz 增加并接近阳性毛发样本（阈值由实线表示）。污染的 Rc 随时间和卫生清洁情况而降低，但始终高于阈值。为了符合标尺将 Rsz 和 Resz 的阈值乘以 5。（数据来自 Cairns，T.et al. *Forensic Sci. Int.*，145，97，2004. 经许可）

后，4 名未吸毒受试者毛发中残留的毒品量。一种程序是 Kintz 和 Mangin[57] 使用二氯甲烷作为去污溶剂的程序，另一种程序类似于表 2.1 中的方法 F。二氯甲烷似乎只能去除松散黏附的可卡因。随着时间的推移，正常的卫生清洁也会去除毒品。以绝对值计算，清洁之后留给二氯甲烷去除的毒品更少。与剩余量相比，三次二氯甲烷洗涤去除的百分比如图 2.14b 所示。在去除松散结合的毒品方面，二氯甲烷与磷酸盐缓冲液同样有效。相比之下，磷酸盐缓冲液可以去除所有松散结合的毒品和一些结合更紧密的毒品。随着时间的推移和个人反复洗头，松散结合的毒品量会减少，磷酸盐缓冲液的有效性也会降低（图 2.14b）。磷酸盐缓冲液洗涤后留下的可卡因量似乎趋于稳定（达到非常一致的值），这反映了可卡因与毛发内部（可能与黑色素）的结合更高。从图 2.13 中也可以看到磷酸盐缓冲液的类似效果，其中较低的 Rc 值随时间的变化反映出磷酸盐缓冲液去除外部污染的能力较差。

Romano 等[39] 因在三个方面没有遵循适当的程序[47] 而受到批评：（1）使用过多的洗涤液。使用过多洗涤液似乎是因为他们试图复制旧程序，这并不是致命错误。Romano 提供了所有溶液的定量分析。由于没有被给定的洗涤液提取

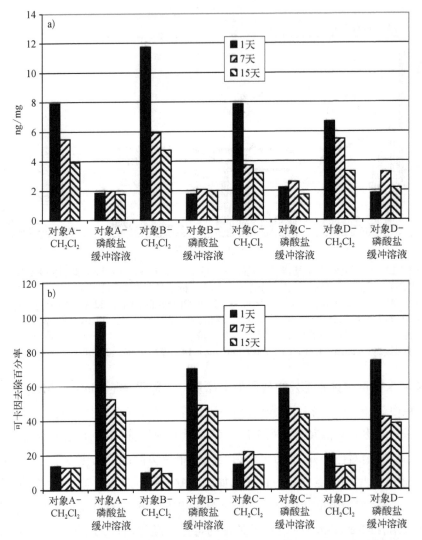

图 2.14 （a）用二氯甲烷或磷酸盐缓冲液清洗后，4 名受外部污染的受试者毛发中的可卡因含量。（b）与每个程序的总数相比，去除的百分比。4 名无毒受试者将 10 mg 盐酸可卡因（剂量的 1/10）放在手上并揉搓毛发而受到污染，在不同时间后采集毛发。毛发用三次二氯甲烷洗涤或多次磷酸盐洗涤（总共八次）进行去污。（数据来自 Romano, G.et al. *Forensic Sci. Int.*, 123, 119, 2001. 经许可）

的毒品必定留在毛发中，因此，所有额外的洗涤液中的检测毒品值可以合并在一起，以重现表 2.1 中描述的洗涤程序。（2）去污温度不当。Romano 报道在 45℃进行提取程序。尽管该温度比 37℃更接近用于个人卫生清洁的水温，但更高的温度可能会使提取率提高。我曾询问过这是否是出版时候的编辑错误，合作者

Barbera 回答说,温度实际上是提取所需的 37℃。此外,如表 2.1 所示,温度并非一成不变。(3) 相对于洗涤液的量,作者使用了过多的毛发。见表 2.1,使用 2 mL 缓冲液可以提取 25 mg 的毛发。Romano 在 5 mL 缓冲液中提取了 100 mg 的毛发。但是,因为毛发中毒品的浓度相对于缓冲液体积来说非常小,这种微小差异不可能将阳性样本变为阴性。因此,Romano 等受到批评似乎不太合理。

　　总之,毛发可能会被毒品溶液污染,这些外部进入的毒品无法通过任何去污程序去除。当受污染的毛发随着时间和卫生清洁而老化时,许多标准都不适用了。当然,样本可以在已通过所有相关标准的实验室中制备。仅界定给定去污方法起积极作用的方面是不够的,还需要清楚这些方法失效的地方。在确切知道某一程序的工作范围和失效范围之前,必须进行更多的污染/清洁实验。即使污染情景与现实条件无关,也需要进行这些实验。

2.6　阈值及其重要性

　　毛发中毒品的阈值是毛发检测过程的关键部分。阈值是一个数字(浓度),达到或高于该水平,样本被称为阳性。略低于此水平的样本必须报告阴性,即使可能存在毒品。阈值通常基于以下因素设置:

1. 仪器因素:在常规检测中,仪器检测必须具有可重复性。将阈值设置得太低会导致批次检测失败,因为给定批次的质量控制将无法正确量化。

2. 监管要求:药物滥用和心理健康服务管理局(SAMHSA,负责监管毒品检测方面的美国政府机构)要求检测实验室能够在阈值以下 40% 对样本进行定量。能够在阈值以下分析样本的监管要求可确保实验室具有在阈值水平检测和定量毒品所需的灵敏度和精确度。鉴于这个 40% 规则,在检测限(LOD)上设置阈值在科学上是不可能的。

3. 政策:毒品检测经常被认为是一种威慑,而不是用来识别吸毒者或者将其解除劳动关系。通常,实施毒品检测计划是因为劳动者中存在问题。雇主可能不会解雇大量员工,他们会选择淘汰最恶劣的吸毒者。阈值是识别经常吸毒人员的一种方法,因为生物基质中存在的毒品量越多,往往与更大的毒品使用量相关。这一概念对于毒品使用的整合基质(例如毛发)有一定的价值,但对于自洁基质

（例如尿液）就没有意义了，因为摄入毒品的时间是未知的。

4.科学和保护方面的考虑：较高的阈值可减少因环境暴露而造成假阳性的风险。

然而，较高的阈值往往降低了对毒品不频繁或低使用个体的检出。

从历史上看，分析设备和免疫分析筛查技术都得到了较大的改进，因此，如果仪器标准是唯一的决定因素，那么现在可以说较低的阈值是合理的。使用较低的阈值将识别出更多的吸毒者，但也存在识别出更多被动暴露者的风险。在没有科学支持的情况下，阈值不得随意降低。SAMHSA 与主要商业毛发检测公司协商后，提出了表 2.4 中列出的毛发检测阈值。毛发检测协会[58]提出了一些不同的阈值①，其标准也在表 2.4 中给出。

表 2.4　确认试验中各种毒品的建议阈值

毒品	溶剂	SAMHSA[a]阈值，ng/mg	SoHT[b]阈值 ng/mg	备注
大麻	δ-9-四氢大麻酚-9-羧酸	0.05	0.000 2（THC-COOH）0.05（THC）	虽然这是一种特定的代谢物，但建议测量 δ-9-THC 以确定污染水平和外部清除；达到这些微量水平需要提取相当数量的毛发
可卡因	可卡因	0.5	0.5	BE/可卡因比例必须大于5%，或必须存在 CE 或 NC；SoHT 并没有就 BE/可卡因的比例提出建议
	苯甲酰爱康宁（BE）	≥5%可卡因	0.05	
	乙基苯酰爱康因（CE）	0.05	0.05	
	去甲可卡因（NC）	0.05	0.05	
鸦片	吗啡	0.2	0.2	如果检测到 6-MAM，则吗啡必定存在
	可待因	0.2	0.2	
	6-乙酰吗啡（6-MAM）	0.2	0.2	
PCP	PCP	0.3	无数据	—
苯丙胺	苯丙胺	0.3	0.2	苯丙胺也必须存在于冰毒使用者的毛发中；可以进行"d、l"分析；见 Nystrom 等的报道[59]
	甲基苯丙胺	0.3	0.2	
	MDMA	0.3	0.2	
	MDA	0.3	0.2	
	MDEA	0.3	0.2	

[a] SAMHSA(物质滥用和心理健康服务管理局)阈值来自：Proposed Revisions to Mandatory Guidelines for Federal Workplace Drug Testing Programs, Federal Register(联邦工作场所毒品检测项目强制性指南的修订建议,联邦公报,)69, no. 71, 19673-19732 (13 April 2004).

[b] SoHT 阈值来自：the Society of Hair Testing, Recommendations for hair testing in forensic cases(毛发检测协会法医案例中毛发检测建议)*Forensic Sci. Int.*, 145, 83-84, 2004.

---

① 2003 年 10 月 6 日至 8 日，在克里特岛举行的第三届欧洲毛发分析会议上，有相当多的讨论涉及这些阈值，一些研究认为，阈值不足以防止被动暴露，而另一些人则认为，阈值太高则无法测量暴露量。

　　理想情况下，阈值的设置应尽量科学。阈值应该设置得足够低，这样可以检测出大多数使用毒品的个体；反过来，阈值设置得足够高，可以降低不使用毒品而被识别为阳性的概率。很多时候，在开发新技术时，由于未获得所需的假阳性数据（原因 4），会根据上述原因 1、2 和 3 设置阈值。相比之下，毒品阈值是在已知摄入毒品或在实验环境中故意给予毒品的个体中测量的，这些来自吸毒者的毒品水平被用来设置阈值，这种方法忽略许多现实生活环境中个体所面临的污染。

　　控制剂量研究（费用昂贵且受试者数量有限）的一种替代方法是检测一般人群中既定基质中的毒品水平（例如，来自就业毒品筛查数据）。有被动暴露的情况下，这种方法不能使用。例如，假设乙醇是一种非法物质（20 世纪 20 年代美国的禁酒令期间对饮酒进行了规定，但对酒精含量低于 0.5% 的产品、含有变性酒精的产品或用于宗教等其他目的产品除外），它在人体中存在的大量信息是未知的。此外，假设有人刚刚发明了酒精呼气检测方法，并希望用于检测酗酒者。他可能会检测许多人的呼吸，发现酒精含量水平差异很大。因为他对仪器充满信心，所以他相信可以可靠地检测出 10 mg/dl 血液当量的呼气酒精，因此将阈值设置为该值。但是，他是否已经检测了足够多的人来区分少数漱口水使用者、少数圣餐饮酒者或少数几个因食物消化而产生自然酒精的人呢？答案可能是否定的。即使检测了具有这些情况的人，那又如何将这些少数情况与那些故意饮酒以致醉酒的人区分开来？回答是否定的。尽管研究人群检测水平并获得可能值的分布是有价值的，但研究人群以证明毒品检测的有效性显然是错误的，因为有可能发生被动暴露的情况，这样人们无法知道阳性结果的来源。就酒精而言，检测将用于识别有意饮酒的人，而不是识别出无意中摄入微量酒精的人。这个假设的例子和毛发毒品检测之间有一个很大的区别，参加呼气检测的人需要以某种方式摄入酒精（尽管上述三种酒精来源在禁酒令时期是允许的），因此可以声称有一些生理影响。但在毛发检测的情况下，个体只需要毒品被动暴露就会产生假阳性。没有任何生理上的影响，即使有很小的影响，也可以声称是基于表面污染产生的影响。

　　从上面的例子可以清楚地看出，即使在广泛的临床试验和详尽的分析工作后设定了一个阈值，该阈值也可能无法避免某些人不被错误地贴上酒精使用者的标签，因为被动暴露量和严重程度是未知的。

　　因为阳性检测需要消耗酒精，对照研究可以定义达到该阈值的最低消耗水平(具有很大的不确定性)。如果该阈值水平能把正常饮食来源的酒精充分去除,那么该阈值可以防止误判,从而更加可靠。这种方法已用于尿液中的阿片类毒品分析,但其中罂粟籽检测可能会产生假阳性。在早期国防部(Department of Defense,DOD)尿液分析计划中,人们认为罂粟籽中吗啡含量太少,无法产生阿片类毒品的阳性结果。事实上,对几个食用罂粟籽的人的尿液进行检测未能检测到阿片类毒品。出于上述诸多原因,吗啡的阈值水平被设定为 300 ng/mL。但是由于未知的原因,1986 年观察到阿片类毒品阳性数量有所增加,而阳性结果的这些人否认使用阿片类毒品,并且,事实也证明他们的否认是可信的。后来了解到,根据原产国、种子清洗的彻底程度和制备方法,某些种类的罂粟种子含有大量鸦片制剂。要使个体呈阳性,必须个体对阿片类毒品具有高吸收率,而且要在进行尿检前不久食用足够数量的罂粟籽。鉴于这些假阳性结果,医学审查官制定了特定程序,用于评估阿片类毒品阳性结果的使用证据,而吗啡的阈值保持在 300 ng/mL,这往往需要进行足够数量的审查,以便引起疑似吸毒者(需面对面地进行医疗审查)、疑似吸毒者诉求处理人员(在审查进行时寻找替代工作)和医学界(提供训练有素的评论员)的关注。将阈值提高到 4 000 ng/mL 时,科学研究表明,即使是在这个水平上,人们也可以通过摄入罂粟籽达到这一阈值。然而,这种较高的阈值减轻了医学审查过程的负担,因此现在这种情况少有发生。值得注意的是,在此尿液分析示例中,调整阈值可以减少误报,但这也使得某些非法使用阿片类毒品的人被遗漏了。

针对毛发检测的情况,在真实环境中,毛发可以从环境中吸收毒品的条件仍然未知,目前缺乏相关实践研究,并且也难以在实验环境中建模。正如前面所讨论,人们已经从实验室暴露研究中确定了一些因素,这些因素会使毛发中的毒品吸收加重。暴露实验中,除毒品之外,暴露时间和水分的存在也是特别重要的因素。水分能使毛发蛋白质膨胀(在角质层外壳上打开孔),并为毒品通过扩散进入毛发提供运输工具。来自汗液、卫生清洁和空气湿度的水分的数量和接触时间变化很大,没有任何实验研究可以涵盖所有的可能性。研究人员已经进行了多次尝试来模拟真实条件下的环境暴露。在两组实验中,Romano 等[39]将可卡因或海洛因放在受试者的手上,并让他们用受污染的手擦拭毛发。然后检测毛发中的毒品及其代谢物。就可卡因而言,他们研究了 4 名受试者。70 天后,所有受试者的可卡因水平(范围为 0.8~2.5 ng/mg)以及苯甲酰爱康宁(范围为 0~0.9 ng/mg)均随时间增加,因为最初只存在可卡因,苯甲酰爱康宁的出现可能来自自然降解。由于清洗去除和新毛发生长，两者的含量呈指数下降（图 2.15）。海洛因被应用于 6 个受试对象。99 天后，可检测到的吗啡和 6 - MAM 的浓度范围为 0.15~1.2 ng/mg。与可卡因一样，毒品浓度随时间呈指数下降。这两项研究最终证明，单剂量毒品可以在很长一段时间内产生显著超过表 2.4 中的阳性毛发阈值的结果。

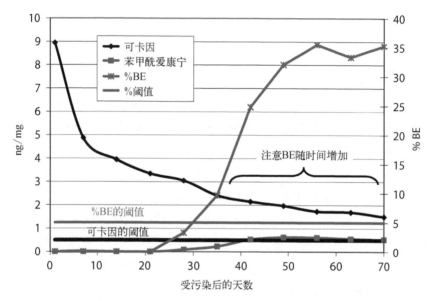

图 2.15　4 名受外部污染的受试者毛发中可卡因和苯甲酰爱康宁的平均浓度。正常卫生清洗是去污过程的一部分，因此，在实验室分析中严格地去污并不是那么重要。一名受试者经常用醋洗他/她的毛发，并没有生成苯甲酰爱康宁。众所周知，可卡因在酸性环境中更稳定。可能是醋去除了 BE，或者酸性条件减缓了可卡因水解。（这会发生在真正的吸毒者身上吗？）这个受试者被排除在 BE 平均线之外。在建议的 SAMHSA 阈值下，所有受试者在接触后至 70 天都呈阳性，如果 5% BE 的规则有效，那么在过去 40 天内，所有受试者都将呈阳性。（数据来自 Romano，G. et. al. *Forensic Sci. Int.*，123，119，2001. 经许可。）

应该考虑进行类似 Romano 等[39]的研究，以确定会引起关注的被动接触毒品用量（10 mg 肯定会引起关注）。类似 Smith 等的研究[37]，应该考虑测量毒品环境下的暴露，也可以使用皮肤拭子在一般人群中测量暴露。我们无法轻易确定被调查者的皮肤上是否有毒品，因为他们可能是吸毒者，并且需要进行尿检。此外，仅仅对毛发检测的人进行调查，就很有可能面临毛发中部分毒品来自外部接触的风险。

并非所有阳性的毛发分析结果都是源于被动暴露，也有许多是由于摄入毒品所致。本节的讨论说明,数据的解释必须考虑被动暴露,以确定任何一个阳性结果中的毒品来源;即使在去污后的毛发中,仅使用阈值来解释检测结果也是不够可靠的。

2.7 毛发检测的偏差

2.7.1 偏差的定义

在美国,令人担忧的一个问题是种族/族裔群体的平等待遇问题,尤其是针对那些一直处于历史劣势的群体。药物检测中的偏差可以定义为,当两组人都有类似的使用或接触时,发现一组人比发现另一组人的可能性高。毛发检测中的偏差有两种表现形式:(1) 两个人摄入相同数量的毒品,但由于生物学或遗传原因,一个人没有将尽可能多的毒品带入他/她的毛发中。经检测,该较低带入的个人逃脱了检测。(2) 两个人不是吸毒者,但他们的生活环境能接触到毒品,由于生物学、文化或遗传原因,与另一个人相比,一个人更容易将毒品从环境中吸收到毛发中,并且保留时间更长。实际上两个人都是被动暴露,但具有较高进入率的个人被指控为吸毒。

有几位研究人员已经证明,不同的毛发样本在相同的体外条件下暴露时,进入毒品数量不同[14,20,25,61~63]。如图 2.16 所示,可卡因的进入量因毛发样本而异。一般来说,高加索(白人)男性或女性的毛发比许多非裔美国人的毛发含有的毒品量少得多。当与图 2.16 类似的体外结果首次出现时,许多作者错误地得出结论,认为毒品进入与毛发颜色相关[65~70]。在有限的样本中,我们观察到可卡因和吗啡的进入与毛发颜色的相关性不是很好。例如,亚裔高加索男性的黑发比非裔美国女性的黑发吸收的可卡因或吗啡少得多,但检查时发现颜色相似。

Khumalo 等[71]将非洲黑发与高加索人和亚洲人的毛发进行了比较,并指出了它们在形态上的差异。其中的一些差异可能与不同毒品结合相关。例如,对 2 000 多份非洲黑毛发样本进行光学显微镜和扫描电子显微镜检查,发现了毛发中紧密交织的毛干垫。参与者的毛发至少一年没有剪过,他们也没有使用任何化学处理方法,只是洗发、吹干和梳理毛发。对非洲人毛发的检查表明,与白种人和亚洲人的毛发相比,许多毛发发干打结(10% ~ 16% 对 0.15%),并且毛发有

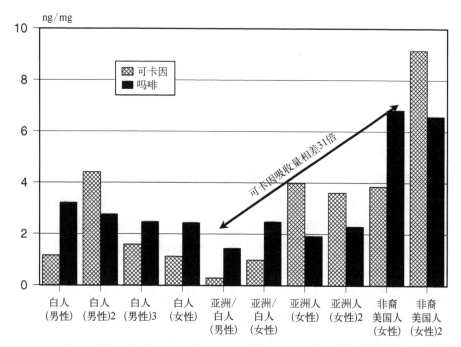

图 2.16 不同类型毛发中可卡因的进入量，在 37℃，将毛发样本暴露于含氚示踪剂的 5 µg/mL 可卡因磷酸盐缓冲液中 1 h（pH = 5.6）。用乙醇和三次磷酸盐缓冲液去污后，对毛发进行分解并检测其放射性。（图片来自 Kidwell, D.A. et al., *Forensic Sci. Int.*, 107, 93, 2000. 经许可）

断裂。此外，非洲毛发还表现出互锁特征。梳理和洗涤梳理会导致毛发的物理退化，暴露在风化中也是如此（参见图 2.4c 中湿梳理对角质层的损害示例）[72]。非洲黑人毛发的毛干断裂现象在美容文献[73]中也有详细记载，因为每个扭曲都是一个容易发生结构损坏的应力点。Joseph 等[63]观察到深色非洲人毛发的结合能力是浅色高加索人毛发的 5～43 倍，作者将这些结合能力归因于黑色素的结合位点。这种观察结果可能一部分取决于毛干损伤，尽管没有直接的表征证据，但毛干损伤会增加毒品结合，因为毒品必须首先穿透角质层，而角质损伤会辅助这种穿透。

非洲毛发的特性是其更容易受到梳理和洗涤等的损伤，也更容易受到美发处理和化学制品的损害，例如，热卷矫直[74]、烫发、游泳池水、漂白和染色[72,75]等。众所周知，烫发造成的损伤会增加可卡因的吸收[48]。化学拉直或卷发矫直的配方包括氢氧化钠溶液、巯基乙酸盐/过氧化氢和氢氧化胍[76]。拉直或烫发需要用还原剂(巯基乙酸)破坏蛋白质中的二硫键,并用氧化剂(过氧化氢)重新形成不同的键合模式[77]。当毛发在烫发过程中被重新氧化时,这些二硫键中只有一部分会重新形成(其余的往往被氧化成亚磺酸和磺酸)。由于这些化学原因,那些认为美发之前毛发中存在的不可进入区域在美发处理之后肯定就不存在了[33]。

其他对毛发产生严重影响的试剂包括漂白剂和化学染色品,这些试剂中含有6%的过氧化氢。含有过氧化氢的永久性染发剂会导致大量的角质层脱离,并使内角质层中形成各种大小的孔[78]。化学拉直还会破坏毛发的保护性角质层,使毛发更具多孔性和渗透性[79]。所有这些美发处理对非洲黑发造成的损害需要使用具有民族特色的护发素、凡士林或其他类似的产品来对受损毛发进行护理。由于这些产品在非洲裔美国人中很受欢迎,因此零售店在整个民族产品的货架上都有库存,广泛销售给非洲裔美国人[80]。其中有许多产品可以溶解毒品(如可卡因),或能够软化毛发,使毒品渗透性增强。表面处理会使处理过的非洲黑色毛发更易受外部环境污染的影响,因为民族护理剂能够将毒品捕获,并将其集中在毛发表面上,因此,仅短暂的污染便可以提供有效的长期暴露污染。此外,由于潜在的美发损伤和需要去除的皮脂量较低,非洲裔美国人不像其他人种那样经常洗头[14]。总的来说,对于非洲裔美国人,以下四个因素结合起来增加了被动暴露的偏差:(1)有助于可卡因结合的黑色素含量高,(2)允许进入结合位点的受损毛发,(3)促进毒品从环境转移到毛发表面的毛发表面处理,(4)不太频繁地正常卫生清除污染。

由于毛发颜色和质地差异,我们最初将图2.16中显示的偏差称为基质偏差或毛发类型偏差[81]。其他作者随后通过更具煽动性的种族偏差一词重新解释了这种偏差[66],在美国政策背景下,这种偏见对社会产生了强烈的影响[82]①。

———————

① 在可卡因的量刑指南中可以找到种族偏见及其引起争议的例子。1986年,随着媒体对克勒克可卡因(crack cocaine,易升华的可卡因碱)问题的广泛关注,美国国会通过了相关法律和对拥有克勒克可卡因的强制量刑指南。意图分发5 g或更多crack可卡因的初犯将面临5年的强制性最低刑期,而可卡因粉的相同刑期的持有量却达到500 g。这种1:100的差异引起了公众的广泛关注。法律和量刑指南的复杂相互作用的结果是,克勒克可卡因被告更有可能被判入狱,并且,平均而言,比粉末可卡因罪犯的刑期要长得多。可卡因的使用模式存在种族差异,黑人更喜欢克勒克可卡因,而白人更喜欢粉末可卡因。

美国量刑委员会指出:1993年,在所有被定罪的联邦毒品犯罪者中,白人占30.8%,黑人占33.9%,西班牙裔占33.8%。某些毒品的量刑模式显示出高度集中的特定种族或族裔群体。最引人注目的是,88.3%的可卡因罪犯是黑人。相反,甲基苯丙胺罪犯中有84.2%是白人。粉末可卡因案件涉及相当大比例的白人(32.0%)、黑人(27.4%)和西班牙裔(39.3%)。在被判犯有简单占有罪的被告中,58%的粉末被告是白人,26.7%是黑人,15%是西班牙裔。在犯罪嫌疑人中,白人占10.3%,黑人占84.5%,西班牙裔占5.2%。

公众对执法中这种明显的种族差异的不满达到了一定的程度,以至于美国国会指示美国量刑委员会重新审查量刑指南。这项研究的结果减少了对两种形式可卡因的判刑之间的区别,但并没有消除。有关此问题的更详细讨论,请参见[74]。

一般情况下，毛发对毒品的吸收和保留至少有四个方面可能在不同的文化群体中有差异：（1）受遗传影响的毛发的渗透性及其他一些特征不同；（2）毛发美发及护理习惯（可能受文化影响）不同；（3）个人卫生清洁期间去除毒品的情况不同；（4）毒品的给药途径（静脉内、鼻内、口服或吸食）不同，以及与环境和被动接触相关的毒品暴露。这些方面中有很多是受群体的个体习惯影响，而不是遗传特征的影响。因此，更好地描述毒品吸收和保留差异的术语是"文化差异"，而不是种族或基质差异[64]。如上所述，可以看出许多因素结合起来（取决于特定个人的情况）对非洲裔美国人是不利的。

对于在吸毒者毛发分析中观察到的偏差，有两个标准：（1）低剂量/暴露（高剂量时所有样本均为阳性）和（2）不同毛发样本的毒品进入率和对毒品的结合能力不同。图 2.17a 和图 2.17b 给出了任意两个浅色毛发和深色毛发种群的理论分布，并展示了偏差产生的缘由。在图 2.17a 中，假设该人群是低使用率人群，并且黑发人群将毒品进入毛发中的速度是浅发人群的两倍。根据阈值（样本判定为阳性的毒品浓度值），可以观察到几乎没有偏差（0.5%）到完全偏差（100%偏差）的情况。图 2.17b 显示了高使用人群的理论分布，其中深色毛发的平均值仅比浅色毛发高 16%。因为大多数人会高于指定的阈值，图 2.17b 中没有观察到偏差。

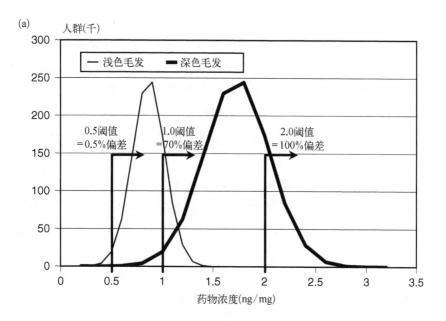

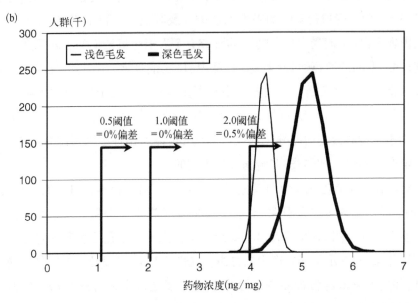

图 2.17 偏差原因。阈值与毛发摄取率相互作用产生明显的偏差。理论图表示（a）低使用/暴露的深色毛发水平的个体合并了 2 个浅色毛发水平,(b）高使用/暴露的深色毛发水平的个体只比浅色毛发水平高 16%。百分比偏差由公式计算（1-[%浅阳性]/[%深阳性]）×100。（图片来自 Kidwell, D.A.et. al. *Forensic Sci. Int.*, 107, 93, 2000. 经许可）

　　一些作者仅比较了高于阈值的毛发样本及其分布,来证明不存在可卡因使用造成的偏差[83]。然而,这样的比较可能会产生误导,因为使用毒品但未被发现的人数未知。图 2.18 展示了两个理论分布,深色毛发人群的平均值比浅色毛发人群的平均值高 12%。因为未被发现的吸毒者人数（阴影区域下）是未知的,所以不会有明显的偏差。但是,如果将这些缺失的个体计算在内,则偏差会增加到 45%。除非可以在对照研究中验证吸毒者的数量并确定毛发的吸收量,否则无法计算绝对偏差。

　　只有当两个群体的毒品进入率和毒品结合能力不同时,阈值才会对偏差的产生起重要作用。为避免这种类型的偏差,必须设置能够检测到所有吸毒者的阈值。但遗憾的是,如果不能检测到更多被动暴露的个体,即仅接触毒品而不是主动摄入毒品的个体,阈值就不能被随意降低[37,84~88]。因此,必须调整阈值以减少对被动暴露个体的识别,同时还要识别大量真正的吸毒者。由于阈值高于零（或任意低）,在大多数技术中误差是固有的,所以在相同的使用中也会检测

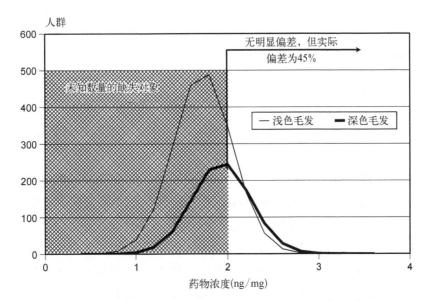

图 2.18 理论分布说明需要毒品浓度的完全分布确定偏差。浅色毛发的人群是黑色毛发人群的两倍，平均浓度低 12%。两组数据具有相同的高斯分布和标准偏差。但是任何形状不同的分布都可能引入偏差。（图片源自 Kidwell, D.A. et al. *Forensic Sci. Int.*, 107, 93, 2000. 经许可）

出不同的毒品浓度。但在尿液中检测可卡因的情况似乎并非如此[89]①。

　　另一种可能的假设是，在毛发检测中出现的偏差可能是由于使用了不同的模式而不是分析过程。比如，黑色毛发人群与浅色毛发人群的毒品进入率相似，但黑发人群使用的毒品量是浅色毛发人群的两倍。在这个例子中，不应该声称有偏差，因为差异可能是由个人的控制因素（他/她的毒品使用量）造成的。没有数据显示不同种族的人群的使用率不同（而不是不同的使用偏好）。

　　对于在人群中观察到的偏差，另一个假设是不同群体对毒品的给药途径也存在偏好。例如，如果图 2.18a 和图 2.18b 中的黑发人群更喜欢克勒克可卡因，而浅色毛发的人群则更喜欢粉状可卡因盐酸盐，如果根据毒品的化学形式，在进入率和结合能力上存在差异，那么即使在相同的剂量率下，也可能观察到偏差。然而，没

---

　　① 一些人认为，因为女性对可卡因的代谢率可能与男性不同（参见：Kouri, E.M., et al., Effects of oral contraceptives on acute cocaine response in female volunteers, *Pharmacol. Biochem. Behav.*, 74, 173, 2002；另见：Lukas, S.E., et al., Sex differences in plasm a cocaine levels and subjective effects after acute cocaine administration in human volunteers, *Psychopharmacology*, 125, 346, 1996），尿检也可能显示出偏差，这忽略了决定偏差的阈值。一个好的偏差可能来自实验室按毒品浓度与肌酐比例进行生理稀释。这可能对女性（除以较小的数字）有偏差，因为她们的平均尿肌酐水平低于男性。

有证据表明强效纯可卡因与粉末可卡因的生物利用度有任何不同。相反,在研究可卡因的不同给药途径时,Henderson 等[26] 发现毛发中的可卡因水平与毒品的生物利用度之间没有很好的相关性。

2.7.2　在常规性研究中未发现偏差

Mieczkowski 等[92~94] 在他们的"便利研究"①中没有发现任何偏差。但是,他们的分析使用了一家商业公司的数据,尽管 Mieczkowski 的分析需要准确的毛发颜色,但该公司没有提供清晰客观的测量颜色。此外,毛发颜色与种族关系并不密切。在最近的一篇论文中,Kelley 及其同事[83] 试图通过获取志愿者的种族来解决种族偏差问题。他们没有发现种族或毛发颜色差异。他们确实在研究中观察到毒品使用偏好,其中白种人倾向于使用苯丙胺,而非洲裔美国人倾向于使用可卡因。然而,这也是一个非随机的个体样本,因为只有当个体在药检中没有带有照片的身份证件时,才会有照片记录下来。从记录下来的照片中可以识别种族和毛发颜色。这项研究似乎没有客观地监测毛发颜色,比如,染过的毛发会影响结果。作者未能检测到偏差的另一种解释是,接受检测的人使用了大量的毒品,因此所有检测都是阳性的。其中许多样本来自最近被捕或接受就业前筛查的个人。在这两种情况下,如果一个人第　次吸毒就被逮捕,或者在已知的就业前毒品检测前不能停止吸毒,那他就非常不幸了。从逻辑上讲,这些人是经常吸毒的人,在这些情况下,足够低的阈值就不会检测到偏差(图 2.18)。因此,这些研究得出的毛发检测中不存在种族偏差的结论是值得怀疑的。

2.7.3　在控制剂量研究中观察到偏差

与这些便利性研究相反,人们已经进行了一些控制剂量研究。比如,动物研究结果表明,根据动物毛发颜色,毒品进入毛发是有差异的[95~98]。有些研究者可能忽略了这一点,因为动物的毛发与人类的毛发差别并不太大[99]。有报道对门诊维持治疗的吸毒者进行了检查,称非洲裔美国人的可卡因含量明显高于白人[100,101]。Henderson 等[18,102,103] 完成了同位素标记可卡因在人体内控制剂量研究。比较平均加入量时,Henderson 等[102] 得出结论,非白种人毛发样本中 d5 -可

---

①　便利研究是一个社会学术语,指的是为其他目的或未以受控方式选择的一组个体而获得数据。举个例子,选择每个走过超市门口的人进行一些调查,然后尝试将该样本外推到一般人群。如著名的报纸标题"杜威胜利"所示(1948 年美国总统大选对阵哈里·杜鲁门),这种抽样可能会偏差。

卡因的平均加入量与白种人毛发样本中 d5-可卡因的平均加入量之间存在统计学上的显著差异（当一个非白种人被排除在数据集外时）。然而，由于个体数量有限，加上个体的差异性，种族间的差异在统计上一直很小。另外，有些人用不同的数学方法研究相同的数据集，并没有发现种族之间存在显著的统计学关联[93,94]。对于其他毒品，人们在控制剂量研究中已经注意到毛发颜色起作用的明确迹象[104~106]。

2.7.4　暴露引起的偏差

　　假设有两个人，一个非洲裔美国女性和一个白人男性。他们都吸毒，而且由于吸毒程度和阈值的差异，非洲裔美国女性在毛发检测中被确定为吸毒者，而白人男性则未被确定为吸毒者。同样是这两个人，他们都暴露于毒品中（可能在不知不觉中），暴露量是相同的，但由于吸收和阈值的差异，在毛发检测中再次确定了非洲裔美国女性为吸毒者，而白人男性则不是。第一种情况，使用毒品，当然这种结果是不公平的（但吸毒者确实会被识别），如果这种情况发生的频繁程度足够高，这可能成为不能使用毛发进行检测的客观理由。对于后一种毒品暴露的情况，这是一种永远不应该发生的情况，因为一个无辜的人的生命、自由或生计或将为此而处于危难之中。

　　在所谓的大 N 研究中，人们从未研究过暴露偏差的问题，但在实验室环境中已经有相关研究。从图 2.16 中可以明显看到一种偏差，不同的毛发含有不同数量的可卡因。在物理化学中，有两个概念适用于毛发暴露实验：动力学（反应速率）和平衡（无限时间内的产物-反应物比率）。毛发被污染的条件是毒品首先必须扩散到毛发中，然后是毒品与毛发结合。图 2.16 中的实验实际上是速率测量而不是平衡测量，因为曝光时间短且扩散速率慢。图 2.3 中讨论了一个速率示例。如果扩散速度很快，Kidwell 和 Blank[17] 以及 Schaffer 等[48] 就不会观察到毒品摄取随时间的线性增加。相反，速度快，则进入的毒品量将趋于稳定，该稳定状态对应于毛发的结合能力平衡。Joseph 等[107] 的研究报道了毛发类型之间存在显著的统计学差异。在"平衡状态"下，非洲裔美国人的毛发比白种人的毛发结合更多的可卡因（约 2 倍）。更重要的是，据 Joseph 观察，非洲裔美国人毛发的吸收速度更快。动力学和平衡都与偏差有直接关系[98]①。

---

　　①　Joseph 等[107] 同时测量了速率和平衡。非洲裔美国女性的毛发吸收毒品的速度远快于相同发色的白人女性。这可能是由于毛发外表的损害和我们所说的文化差异。对于大多数暴露，达到平衡状态需要几天的时间，所以一般比较难以达到平衡状态。

我们假设了几个因素：遗传、毛发颜色和美发处理等等来解释图 2.16 中观察到的偏差。要使毛发对毒品呈阳性，首先必须有发生污染的机会。然后毒品必须穿透角质层并进入含有黑色素颗粒的皮质。虽然黑色素（即毛发的颜色）在最终的结合量中起着作用（如果达到平衡），但是第一步是穿过角质层。如上所述，水（或汗水）对角质层膨胀有重要作用，有助于毒品渗透到毛发中。此外，美发处理会损坏角质层（见图 2.4c），并降低对水的需求[108]①。一些用于处理毛发增加光泽和防止断裂的美发护理可以增强毒品的转移和结合。而非裔美国女性经常护理她们的毛发[109]。大多数情况下，这些处理使用到含有油和甘油的物质。甘油作为水的替代品，有助于毒品从角蛋白转移到惰性物质[110]②。此外，油还会吸收可卡因。因此，将这种材料涂抹在毛发上的人就具备了一个很好的毛发污染系统：油从环境中吸收和浓缩可卡因；甘油使毛发膨胀并提供毒品转移的载体；毛发处理并不频繁更换，提供较长的暴露时间（如 48~72 h）；受损的毛发对毒品转移的抵抗力较差；毒品的结合发生在皮质内部，黑色素发挥作用，如下所述③。

我们提出了两种方法对毛发的损伤进行确认，并纠正了不同类型毛发对毒品的吸收[64]。一种方法是，在洗涤过程中将毛发暴露于含毒品替代物（例如氘代毒品或卤化衍生物）洗涤溶液中，替代物会以与毒品暴露实验类似的方式进入毛发中。在分析过程中，对替代物进行定量，从而可以确定该毛发类型的孔隙率和结合能力的一些数值。该方法的优点是可以很容易地与商业筛查系统相结合。另一种方法比较复杂，是在受控条件下检测染料的吸收。商业实验室使用亚甲基蓝染色技术来测量化妆品损伤，这种方法的使用至少有 15 年了，但并没有获得经常性使用[65]。④

---

　　① 有趣的是，Sagal[108] 观察到，治疗过的非洲裔美国人的毛发（用拉直剂）比未治疗过的毛发有更多的酸结合能力，但白种人的毛发没有类似的差异。

　　② 在这种情况下，毒品从含有与毛发相似蛋白质的皮肤转移到放置在皮肤表面的油垫子上。在垫内甘油的转移效果大约是单用汗液的两倍。因为甘油会长时间残留（不会变干），而汗水的存在是短暂的。在一项尚未发表的研究中我们证实：在现实生活中，很多的群体都会发生这种转移。

　　③ 大多数作者，包括我们在内，在实验室污染实验完成之前就排除了这种美发处理。这在一定程度上是为了更好地控制程序。不同的实验室对毛发的预处理可以解释毛发中毒品摄取的差异。此外，由于毛发无法提供标准，很难在实验室之间进行比较。

　　④ 未指定确切的程序，例如，在显微镜下如何确定摄取似乎有点主观。以下资料给出了概述：Baumgartner, W.A. and Hill, V.A., Hair analysis for drugs of abuse: decontamination issues, in *Recent Developments in Therapeutic Drug Monitoring and Clinical Toxicology*, Sunshine, I., Ed., Marcel Dekker, New York, 1992, p. 577.

尽管许多研究表明毒品与黑色素是选择性结合，但 Baumgartner 等[28,111]认为：（1）毒品并不是优先与黑色素结合，（2）即使它们结合，黑色素也只是毛发的次要成分，（3）黑色素在分析前已经被去除了，（4）研究人员没有正确地检测黑色素的种类。该实验室和其他实验室一样，都观察到了可卡因与黑色素的结合[25,107,112]。然而，在十二烷基硫酸钠存在的条件下，当毛发用蛋白酶 K 消化时，结合的毒品会被释放，部分黑色素中残留的毒品很少（表 2.5）。还有一点经常被忽视，如果黑色素与可卡因结合，而可卡因在毛发处理过程中被释放出来，那么去除黑色素并不会减少黑色素的结合偏差。释放的可卡因可用于分析，而不是与黑色素一起被去除。阴离子蛋白（可以通过离子相互作用与可卡因结合）可能与毛发黑色素有关。用蛋白酶 K 消化角蛋白基质也会消化相关蛋白质并从两个消化池中释放出可卡因。理论上，用溶剂或缓冲液提取毛发（通用做法[49]）可以减少偏差，因为这能使黑色素–蛋白质成分保持完整。

表 2.5 不同水解技术后可卡因进入黑色素的情况

样 本	氢氧化钠水解		酶 解	
	亚洲黑色毛发	高加索棕色毛发	亚洲黑色毛发	高加索棕色毛发
无黑色素毛发水解	0.998	0.6	0.75	0.61
单独黑色素组分	0.069	1.03	0.015	1

注：可卡因是在暴露 1 h 后加入的。数值用放射性同位素技术测量，单位为 ng/mg。少量的可卡因与黑色素成分有关。

数据来源：Kidwell, D.A. and Blank, D.L., in Hair Testing for Drugs of Abuse: International Workshop on Standards and Technology, Cone, E.J. et al., Eds., National Institutes of Health, Publ. 95 – 3727, U.S. Government Printing Office, Washington, DC, 1995, p. 19。

总而言之，关于偏差，每个人应该受到公平的对待。然而，偏差仍然是毛发检测的一个悬而未决的问题。毒品必须有结合的机会（由速率定义）和结合的强度（由平衡定义）才能构成污染。不同的毛发"类型"具有不同的环境污染率。受损伤和残留化学物质的影响，经过美发处理的毛发比未经处理的毛发吸收毒品的速度更快。毒品一旦进入毛发必须与毛发结合，否则它们将在毛发检测过程中的清洁或去污过程中被去除。黑色素或与黑色素相关的蛋白质能促进这种结合。出于文化或其他原因，非裔美国人等毛发更容易受到环境污染，也更容易因污染而造成结果误报。因此，由误报引起的偏差值得关注。

2.8　结　　论

过去和当前的数据表明,可卡因很容易因环境暴露而进入毛发中,并且无法通过常见的去污技术去除。有几位作者提出一项将洗涤比率作为区分主动暴露和被动暴露的标准。对经过正常卫生洗涤的受污染样本进行检测时,一些毛发样本通过了所有衡量标准,即使它们是被动暴露的,但结果表明这些样本来自吸毒者。毛发中的代谢物可以区分某些毒品的主动使用和被动暴露。然而,对于可卡因而言,苯甲酰爱康宁也可以在环境中降解生成,其他代谢物可能来自可卡因中的污染物或吸毒者的汗水。来自各个实验室的证据强化并放大了人们对滥用毒品很容易来自外部污染的担忧。环境污染并不单一,一组可能比另一组经历更多的暴露或更高的急性暴露,并增加毛发污染的机会。因此,对毛发数据分析的任何解释都应考虑并评估样本受到外部污染的可能性。

尽管毛发检测中的单一阈值有助于在识别吸毒者和错误识别吸毒者之间取得平衡,但它并不能严格定义吸毒者与非吸毒者。将阈值级别设置得太高会漏掉很多吸毒者(假阴性)。设置得过低又将错误地指控太多受污染个体(假阳性)。由于外部污染可能以任何数量存在,并可能根据一个人的生活方式和毛发类型而变化,因此没有一个标准能够满足不同的人群。在生活方式的问题得到更好的回答之前,更高的阈值在道德上似乎更合理。

目前的研究已经对毒品进入多个组织的药代动力学进行了很好的阐述,大多数科学家至少在一定程度上接受了毛发中汗液与毒品结合的假说。然而,这三种物质(血液、汗水和环境)的比例并不清楚,而且个体之间肯定存在差异。部分原因可能是因为缺乏坚实的科学基础,因此,1990 年法医毒理学会(the Society of Forensic Toxicology,SOFT)一致认为,"如果有其他毒品使用证据的支持,毛发可能是法医调查中有用的样本。"SOFT 从未撤销过对毛发检测的保留意见。

有句熟悉的谚语说,细节决定成败。关于毛发分析的许多细节问题仍然没有答案。商业公司应通过控制暴露的大规模验证研究解决因被动暴露而导致各种标准失败的细节问题,例如,毛发类型、浓度、时间等。其他细节,如暴露率和不同人群之间的差异结合,也需要投入更多的工作。在毛发检测被政府法规认可之前,还需要付出努力和代价去解决这些细节问题,以免损害某些人的利益。

致谢

感谢所有为本章数据总结做出贡献的人。特别感谢 Janelle Baldwin 在对学童课桌进行抽样方面所做的出色工作,以及 Graham Beaber 对 1 美元钞票的分析。这项工作的部分资金来自美国海军水面作战中心管理的国家司法研究所的支持。本章内容所表达的观点可能不反映海军部或美国政府的观点。

参考文献

1. Anonymous, Society of Hair Testing, Forensic Sci. Int., 1997, 84: 3.

2. Lenihan, J., Measuring and Monitoring the Environment, Lenihan, J. and Fletcher, W.W., Eds., Academic Press, New York, 1978, p. 66.

3. Wilhelm, M., Ohnesore, F. K., Lombeck, I., and Hafner, D., Uptake of aluminum, cadmium, copper, lead, and zinc by human scalp hair and elution of the adsorbed metals, J. Anal. Toxicol., 1989, 13: 17.

4. Valkovi, V., Human Hair Fundamentals and Methods for Measurement of Elemental Composition, Vol. I, CRC Press, Boca Raton, FL, 1988.

5. Valkovi, V., Human Hair Trace Element Levels, Vol. II, CRC Press, Boca Raton, FL, 1988.

6. Hopps, H.C., The biologic basis for using hair and nail for analysis of trace elements, Sci. Total Environment, 1977, 7: 71.

7. Breuer, M.M., The binding of small molecules and polymers to keratin and their effects on the physicochemical and surface properties of hair fibers, in Hair Research Status and Future Aspects, Orfanos, C.E., Montahna, W., and Stuttgen, G., Eds., Springer-Verlag, New York, 1981, p. 96.

8. Chatt, A. and Katz, S.A., Hair Analysis: Applications in the Biomedical and Environmental Sciences, VCH Publishers, New York, 1988, pp. 14 and 77.

9. Manson, P. and Zlotkin, S., Hair analysis: a critical review, J. Can. Med. Assoc., 1985, 133: 186.

10. Harkey, M.R. and Henderson, G.L., Hair analysis for drugs of abuse, Adv. Anal. Toxicol., 2, 298, 1989.

11. Barrett, S., Commercial hair analysis: science or scam? JAMA, 1985, 254: 1041.

12. Hambridge, K.M., Hair analysis: worthless for vitamins, limited for minerals, Am. J. Clin. Nutr., 1982, 36: 943.

13. Baumgartner, W. A. and Hill, V. A., Sample preparation techniques, Forensic Sci. Int., 1993, 63: 121.

14. Blank, D.L. and Kidwell, D.A., External contamination of hair by drugs of abuse: an issue in forensic interpretation, Forensic Sci. Int., 1993, 63: 145.

15. Kidwell, D. A., Analysis of drugs of abuse in hair by tandem mass spectrometry, in Proceedings of the 36th American Society of Mass Spectrometry Conference on Mass Spectrometry and Allied Topics, San Francisco, June 6 - 10, 1988, p. 1364.

16. Blank, D.L. and Kidwell, D.A., Screening of hair for drugs of abuse: is passive exposure a complication? 41st Annual Meeting of the American Academy of Forensic Sciences, Las Vegas, NV, Feb. 1989.

17. Kidwell, D.A. and Blank, D.L., Deposition of drugs of abuse into human hair, Society of Forensic Toxicology Conference on Hair Analysis, May 26, 1990.

18. Henderson, G.L., Harkey, M.R., and Jones, R., Hair analysis for drugs of abuse, final report on grant NIJ 90 - NIJ - CX - 0012 to National Institutes of Justice, Sept. 1993.

19. Baumgartner, W.A., Hill, V.A., and Blahd, W.H., Hair analysis for drugs of abuse, J. Forensic Sci., 1989, 34: 1433.

20. Kidwell, D. A. and Blank, D. L., Mechanisms of incorporation of drugs into hair and the interpretation of hair analysis data, in Hair Testing for Drugs of Abuse: International Workshop on Standards and Technology, Cone, E.J., Welch, M.J., and Grigson Babecki, M.B., Eds., National Institutes of Health Publ. 95 - 3727, Superintendent of Documents, U. S. Government Printing Office, Washington, DC, 1995, p. 19.

21. Fogolari, F., Esposito, G., Viglino, P., Briggs, J.M., and McCammon, J.A., pKa shift effects on backbone amide base-catalyzed hydrogen exchange rates in peptides, J. Am. Chem. Soc., 1998, 120: 3735.

22. Bendit, E.G., Infrared absorption spectrum of keratin 2: deuteration studies, Biopolymers, 1996, 4: 561.

23. Holmes, A.W., Some aspects of diffusion into human hair, in Proceedings 3rd International Wool Research Conference, Paris, 1965, 3: 79.

24. DeLauder, S.F. and Kidwell, D.A., The incorporation of dyes into hair as a model for drug binding, Forensic Sci. Int., 2000, 107: 39.

25. Blank, D. L. and Kidwell, D. A., Environmental exposure: the stumbling block of hair testing, in Drug Testing in Hair, Kintz, P., Ed., CRC Press, Boca Raton, FL, 1996, p. 17.

26. Henderson, G.L., Harkey, M.R., and Jones, R., Hair analysis for drugs of abuse, final report on grant NIJ 90 - NIJ - CX - 0012 to National Institutes of Justice, Sept. 1993.

27. Cone, E.J., Testing human hair for drugs of abuse, 1: individual dose and time profiles of morphine and codeine in plasma, saliva, urine, and beard compared to drug-induced effects on pupils and behavior, J. Anal. Toxicol., 1990, 14: 1.

28. Baumgartner, W. A. and Hill, V. A., Comments on the paper by D. L. Blank and D. A. Kidwell: external contamination of hair by cocaine: an issue in forensic procedures, Forensic Sci. Int., 1993, 63: 157.

29. Hudson, J.C., Analysis of currency for cocaine contamination, Can. Soc. Forensics J., 1989, 22: 203.

30. Oyler, J., Darwin, W.D., and Cone, E.J., Cocaine contamination of United States paper currency, J. Anal. Toxicol., 1996, 20: 213.

31. Ulvick, S., Cui, J., Kunz, T., Demirgian, J., Hwang, E., Tani, B., Roche, C., Su, C., and Rigdon, S., Cocaine contamination on currency, in Proceedings of the Counter Drug Law Enforcement: Applied Technology for Improved Operational Effectiveness International Technology Symposium, Office of Nation Drug Control Policy, Executive Office of the President, Part 2, Oct. 24 – 27, 1995, Nashua, NH, p. 9 – 49.

32. Kidwell, D.A. and Gardner, W.P., Testing for illicit drugs via sweat and saliva analysis: application to the detection of body packers, 1999 ONDCP International Technology Symposium, March 8 – 10, Washington, DC.

33. Skopp, G., Pötsch, L., and Moeller, M.R., On cosmetically treated hair: aspects and pitfalls of interpretation, Forensic Sci. Int., 1997, 84: 43.

34. Haley, N.J. and Hoffmann, D., Analysis for nicotine and cotinine in hair to determine cigarette smoker status, Clinical Chem., 1985, 31: 1598.

35. Kintz, P., Ludes, B., and Mangin, P., Evaluation of nicotine and cotinine in human hair, J. Forensic Sci., 1992, 37: 72.

36. Sepkovic, D.W., Haley, N.J., and Hoffmann, D., Elimination from the body of tobacco products by smokers and nonsmokers, JAMA, 1986, 256: 863.

37. Smith, F.P. and Kidwell, D.A., Cocaine in hair, saliva, skin swabs, and urine of cocaine users' children, Forensic Sci. Int., 1996, 83: 179.

38. Janzen, K., Concerning norcocaine, ethylbenzoylecgonine, and the identification of cocaine use in human hair, J. Anal. Toxicol., 1992, 16: 402.

39. Romano, G., Barbera, N., and Lombardo, I., Hair testing for drugs of abuse: evaluation of external cocaine contamination and risk of false positives, Forensic Sci. Int., 2001, 123: 119.

40. Lewis, D., Moore, C., Morrissey, P., and Leikin, J., Determination of drug exposure using hair: application to child protective cases, Forensic Sci. Int., 1997, 84: 123.

41. De Giorgio, F., Strano-Rossi, S., Rainio, J., and Chiarotti, M., Cocaine found in a child's hair due to environmental exposure? Int. J. Legal Med., 2004, 118: 310.

42. Welch, M.J., Sniegoski, L.T., Allgood, C.C., and Habram, M., Hair analysis for drugs of abuse: evaluation of analytical methods, environmental issues, and development of reference materials, J. Anal. Toxicol., 1993, 17: 389.

43. Koren, G., Klein, J., Forman, R., and Graham, K., Hair analysis of cocaine: differentiation between systemic exposure and external contamination, J. Clinical Pharmacol., 1992, 32: 671.

44. Kidwell, D.A. and Blank, D.L., Hair analysis: techniques and potential problems, in Recent Developments in Therapeutic Drug Monitoring and Clinical Toxicology, Sunshine, I., Ed., Marcel Dekker, New York, 1992, p. 555.

45. Kidwell, D.A. and Blank, D.L., Mechanisms of incorporation of drugs into hair and the interpretation of hair analysis data, in Hair Testing for Drugs of Abuse: International Workshop on Standards and Technology, Cone, E.J., Welch, M.J., and Grigson Babecki, M.B., Eds., National Institutes of Health Publ. 95 – 3727, Superintendent of Documents, U.S. Government Printing Office, Washington, DC, 1995, p. 19.

46. Schaffer, M., Wang, W.-L., and Irving, J., An evaluation of two wash procedures for differentiation of external contamination versus ingestion in the analysis of human hair samples for cocaine, J. Anal. Toxicol., 2002, 26: 485.

47. Cairns, T., Hill, V., Schaffer, M., and Thistle, W., Removing and identifying drug contamination in the analysis of human hair, Forensic Sci. Int., 2004, 145: 97.

48. Schaffer, M., Hill, V., and Cairns, T., Hair analysis for cocaine: the requirement for effective wash procedures and effects of drug concentration and hair porosity in contamination and decontamination, J. Anal. Toxicol., 2005, 29: 319.

49. Wang, W.-L. and Cone, E.J., Testing human hair for drugs of abuse, IV: environmental cocaine contamination and washing effects, Forensic Sci. Int., 1995, 70: 39.

50. Chiarotti, M., Overview on extraction procedures, Forensic Sci. Int., 1993, 63: 161.

51. Kidwell, D.A. and Riggs, L.A., Comparing two analytical methods: minimal standards in forensic toxicology derived from information theory, Forensic Sci. Int., 2004, 145: 85.

52. Baumgartner, W.A., Black, C.T., Jones, P.F., and Blank, W.H., Radioimmunoassay of cocaine in hair: Concise communication, J. Nuclear Med., 23, 1982, p. 790 – 792.

53. Baumgartner, W.A. and Berka, C., American Association for Clinical Chemistry, Inc. - In service Training and Continuing Education, 1989, 10: 7.

54. Baumgartner, W. A. and Hill, V. A., Hair analysis for organic analytes: Methodology, reliability issues, and field studies, in Drug Testing in Hair, Kintz, P., Ed., CRC Press, Boca Raton, FL, 1996, pp. 224 – 265.

55. Kidwell, D.A. and Blank, D.L., Comments on sample preparation techniques, Forensic Sci. Int., 1993, 63: 137.

56. Mieczkowski, T., Distinguishing passive contamination from active cocaine consumption: Assessing the occupational exposure of narcotics officers to cocaine, Forensic Sci. Int., 1997, 84: 87.

57. Kintz, P and Mangin, P., What constitutes a positive result in hair analysis: Proposal for the establishment of cut-off values, Forensic Sci. Int., 1995, 70: 3.

58. Anon., Society of Hair Testing, Recommendation for hair testing in forensic cases, Forensic Sci. Int., 2004, 145: 83.

59. Nystrom, I., Trygg, T., Woxler, P., Ahlner, J., and Kronstrand, R., Quantitation of R –(–)– and S – (+) – amphetamine in hair and blood by gas chromatography-mass spectrometry? An application to compliance monitoring in adult-attention deficit hyperactivity disorder treatment, J. Anal. Toxicol., 2005, 29: 682.

60. Kidwell, D. A., Analysis of phencyclidine and cocaine in human hair by tandem mass spectrometry, J. Forensic Sci., 1993, 38: 272.

61. Blank, D.L. and Kidwell, D.A., Decontamination procedures for drugs of abuse in hair: are they sufficient? Forensic Sci. Int., 1995, 70: 13.

62. Joseph, R.E., Jr., Su, T.-P., and Cone, E.J., In vitro binding studies of drugs to hair: influence of melanin and lipids on cocaine binding to Caucasoid and Africoid hair, J. Anal. Toxicol., 1996, 20: 338.

63. Joseph, R. E., Jr., Tsai, W.-J., Tsao, L.-I., Su, T.-P., and Cone, E. J., In vitro characterization of cocaine binding sites in human hair, J. Pharm. Exp. Ther., 1997, 282: 1228.

64. Kidwell, D.A., Lee, E.H., and DeLauder, S. F., Evidence for bias in hair testing and procedures to correct bias, Forensic Sci. Int., 2000, 107: 93.

65. Baumgartner, W.A. and Hill, V.A., Hair analysis for drugs of abuse: no evidence for racial bias, technical memorandum to the National Institutes of Justice, June 1991; Hair analysis for drugs of abuse: forensic issues, in Proceedings of the International Symposium on Forensic Toxicology, Federal Bureau of Investigation, Quantico, VA, June 15 - 19, 1992, p. 75.

66. Mieczkowski, T. and Newel, R., An evaluation of patterns of racial bias in hair assays for cocaine: black and white arrestees compared, Forensic Sci. Int., 1993, 63: 85.

67. Cone, E.J., Mechanisms of drug incorporation into hair, Ther. Drug Monit., 1996, 18: 438.

68. Gygi, S. P., Joseph, R. E., Jr., Cone, E. J., Wilkins, D. G., and Rollins, D. E., Incorporation of codeine and metabolites into hair: role of pigmentation, Drug Metab. Dispos., 1996, 24: 495.

69. Mieczkowski, T. and Newel, R., An analysis of the racial bias controversy in the use of hair assays, in Drug Testing Technology: Assessment of Field Applications, Mieczkowski, T., Ed., CRC Press, Boca Raton, FL, 1999, p. 313.

70. Slawson, M.N., Wilkins, D.G., and Rollins, D.E., The incorporation of drugs into hair: relationship of hair color and melanin concentration to phencyclidine incorporation, J. Anal. Toxicol., 1998, 22: 406.

71. Khumalo, N.P., Doe, P.T., Dawber, R.P., and Ferguson, D.J., What is normal black African hair? A light and scanning electron-microscopic study, J. Am. Acad. Dermatol., 2000, 45: 814.

72. Mitu, A.M., Damage Assessment of Human Hair by Electrophoretical Analysis of Hair Proteins, doctoral dissertation, German Wool Research Institute, RSTH Aachen University, Germany, 2004.

73. Love, T., The World of Wigs, Weaves, and Extensions, Thomas Learning, Albany, NY, 2002.

74. LoPresti, P., Papa, C.M., and Kligman, A.M., Hot comb alopecia, Arch. Dermatol., 1968, 98: 234.

75. Scott, D.A., Disorders of the hair and scalp in blacks, Dermatol. Clin., 6, 387, 1988.

76. Hatton, L. and Hatton, P., Perming and Straightening: A Salon Handbook, Longman Publishing Group, London, 1993.

77. Corbett, J.F., The chemistry of hair-care products, J. Soc. Dyers Colour, 1976, 92: 285.

78. Hyund, J.A. and Lee, W.-S., An ultrastructural study of hair fiber damage and restoration following treatment with permanent hair dye, Int. J. Dermatol., 2002, 41: 88.

79. Wickett, R.R., Permanent waving and straightening of hair, Cutis: Cutaneous Med. Practitioner, 39, 496, 1987.

80. Holloway, V.L., Ethnic cosmetic products, Dermatol. Clin., 2003, 21: 743.

81. Kidwell, D.A. and Blank, D.L., Hair Analysis: Techniques and Potential Problems, paper presented at the Conference on Hair Analysis, Society of Forensic Toxicology, May 27 - 29, 1990, Washington, DC.

82. Anon., special report to the Congress: Cocaine and Federal Sentencing Policy, Feb. 1995; available on-line at: http://www.ussc.gov/crack/exec.htm.

83. Kelly, R.C., Mieczkowski, T., Sweeney, S.A., and Bourland, J.A., Hair analysis for drugs of abuse: hair color and race differentials or systematic differences in drug preferences? Forensic Sci. Int., 2000, 107: 63.

84. Cone, E.J., Yousefnejad, D., Darwin, W.D., and Maguire, T., Testing human hair for drugs of abuse, II: identification of unique cocaine metabolites in hair of drug abusers and evaluation of decontamination procedures, J. Anal. Toxicol., 1991, 15: 250.

85. Cone, E.J., Yousefnejad, D., Hillsgrove, M.J., Holicky, B., and Darwin, W.D., Passive inhalation of cocaine, J. Anal. Toxicol., 1997, 19: 399.

86. Wang, W.-L. and Cone, E.J., Testing human hair for drugs of abuse, IV: environmental cocaine contamination and washing effects, Forensic Sci. Int., 1995, 70: 39.

87. Goldberger, B.A., Caplan, Y.H., Maguire, T., and Cone, E.J., Testing human hair for drugs of abuse, III: identification of heroin and 6 – acetylmorphine as indicators of heroin use, J. Anal. Toxicol., 1991, 15: 226.

88. Kidwell, D.A., Blanco, M.A., and Smith, F.P., Cocaine detection in a university population by hair analysis and skin swab testing, Forensic Sci. Int., 1997, 84: 75.

89. Preston, K.L., Goldberger, B.A., and Cone, E.J., Occurrence of cocaine in urine of substance-abuse treatment patients, J. Anal. Toxicol., 1998, 22: 580.

90. Kouri, E.M., Lundahl, L.H., Borden, K.N., McNeil, J.F., and Lukas, S.E., Effects of oral contraceptives on acute cocaine response in female volunteers, Pharmacol. Biochem. Behav., 2002, 74(1): 173.

91. Lukas, S.E., Sholar, M., Lundahl, L.H., Lamax, X., Kouri, E., Wines, J.D., Kragie, L., and Mendelson, J.H. Sex differences in plasma cocaine levels and subjective effects after acute cocaine administration in human volunteers, Psychopharmacology, 1996, 125(4): 346.

92. Mieczkowski, T. and Newel, R., An evaluation of patterns of racial bias in hair assays for cocaine: Black and white arrestees compared, Forensic Sci. Int., 1993, 63: 85.

93. Mieczkowski, T. and Newel, R., Statistical examination of hair color as a potential biasing factor in hair analysis, Forensic Sci. Int., 2000, 107: 13.

94. Mieczkowski, T., Assessing the potential of a "color effect" for hair analysis of 11 – nor –9 – carboxy – 9 – tetrahydrocannabinol: analysis of a large sample of hair specimens, Life Sciences, 2003, 74: 463.

95. Nakahara, Y. and Kikura, R., Hair analysis for drugs of abuse, VII: the incorporation rates of cocaine, benzoylecgonine and ecgonine methyl ester into rat hair and hydrolysis of cocaine in rat hair, Arch. Toxicol., 1994, 68: 54.

96. Nakahara, Y., The effects of physiochemical factors on incorporation of drugs into hair and behavior of drugs in hair root, in Drug Testing Technology: Assessment of Field Applications, Mieczkowski, T., Ed., CRC Press, Boca Raton, FL, 1999, p. 49.

97. Wilkins, D.G., Valdez, A.S., Nagasawa, P.R., Gygi, S.P., and Rollins, D.E., Incorporation of drugs for the treatment of substance abuse into pigmented and nonpigmented hair, J. Pharm. Sci., 1998, 87: 435.

98. Hubbard, D.L., Wilkins, D.G., and Rollins, D.E., The incorporation of cocaine and metabolites into hair: effects of dose and hair pigmentation, Drug Metab. Disposition, 2000, 28: 1464.

99. Baumgartner, W.A., Hill, V.A., and Kippenberger, D., Workplace drug testing by hair analysis: advantages and issues, in Drug Testing Technology: Assessment of Field Applications, Mieczkowski, T., Ed., CRC Press, Boca Raton, FL, 1999, p. 283.

100. Cone, E.J., Darwin, W.D., and Wang, W.-L., The occurrence of cocaine, heroin and metabolites in hair of drug abusers, Forensic Sci. Int., 1993, 63: 55.

101. Cone, E.J. and Joseph, R.E., Jr., The potential for bias in hair testing for drugs of abuse, in Drug Testing in Hair, Kintz, P., Ed., CRC Press, Boca Raton, FL, 1996, p. 69.

102. Henderson, G. L., Harkey, M. R., Zhou, C., Jones, R. T., and Jacob, P., III, Incorporation of isotopically labeled cocaine into human hair: race as a factor, J. Anal. Toxicol., 1998, 22: 156.

103. Henderson, G. L., Harkey, M. R., Zhou, C., Jones, R. T., and Jacob, P., III, Incorporation of isotopically labeled cocaine and metabolites into human hair, 1: dose-response relationships, J. Anal. Toxicol., 1996, 20: 1.

104. Borges, C.R., Wilkins, D.G., and Rollins, D.E., Amphetamine and N-acetylamphetamine incorporation into hair: an investigation of the potential role of drug basicity in hair color bias, J. Anal. Toxicol., 2001, 25: 221.

105. Rollins, D.E., Wilkins, D.G., Krueger, G.G., Augsburger, M.P., Mizuno, A., O'Neal, C., Borges, C.R., and Slawson, M.H., The effect of hair color on the incorporation of codeine into human hair, J. Anal. Toxicol., 2003, 27: 545.

106. Wilkins, D.G., Mizuno, A., Borges, C.R., Slawson, M.H., and Rollins, D.E., Ofloxacin as a reference marker in hair of various colors, J. Anal. Toxicol., 2003, 27: 149.

107. Joseph, R.E., Tsao, W.-J., Su, T.-P., and Cone, E.J., In vivo characterization of cocaine binding sites in human hair, J. Pharmacol. Exp. Ther., 1997, 282: 1241.

108. Sagal, J., Acid and base binding behavior of white and pigmented hair, Textile Res. J., 1965, 35(7): 672.

109. Rocafort, C.A., Formulating for the ethnic marketplace, Soap Cosmetics, 2000, 76: 72.

110. Kidwell, D. A. and Smith, F.P., Susceptibility of PharmChek^{TM} drugs of abuse patch to environmental contamination, Forensic Sci. Int., 2001, 116: 89.

111. DuPont, R. L. and Baumgartner, W. A., Drug testing by urine and hair analysis: complementary features and scientific issues, Forensic Sci. Int., 1995, 70: 63.

112. Nakahara, Y., Takahashi, K., and Kikura, R., Hair analysis for drugs of abuse, X: effect of physicochemical properties on incorporation rates into hair, Bio. Chem. Bull., 1995, 18: 1223.

113. Baumgartner, W.A., Black, C.T., Jones, P.F., and Blahd, W.H., Radioimmunoassay of cocaine in hair: concise communication, J. Nucl. Med., 1982, 23: 790.

第三章

毛发中阿片类毒品检测

Michel Yegles，*Robert Wennig*

3.1 引　　言

阿片类毒品是与中枢神经系统(central nervous system, CNS)中特定阿片受体结合的天然或合成物质的总称。尽管阿片一词通常用于指所有吗啡类毒品，但将其限于天然鸦片生物碱及其衍生的半合成物更为恰当(见表 3.1，从 Kintz[1] 修改而来)。

表 3.1　阿 片 类 毒 品

天然鸦片生物碱	吗啡	激动剂
	可待因	
半合成鸦片制剂	海洛因	激动剂
	福尔可定	
	可可碱	
半合成阿片类毒品	丁丙诺啡	激动剂-拮抗剂
	纳洛酮	激动剂
	纳曲酮	激动剂
合成阿片类毒品	美沙酮	激动剂
	右丙氧芬	激动剂(弱拮抗剂)
	右啡烷	激动剂
	哌替啶	激动剂
	苯哌啶	激动剂
	芬太尼	激动剂
	阿芬太尼	激动剂
	舒芬太尼	激动剂
	瑞芬太尼	激动剂
	LAAM	激动剂
	喷他佐辛	激动剂-拮抗剂
	纳布啡	激动剂-拮抗剂

数据来源：表格改自 Kintz, P., Toxicologie et pharmacologie médicolé-gales, in *Collection option Bio*, *Editions scientifiques et médicales*, Elsevier, New York, 1998. 经许可。

麻醉性激动剂包括天然鸦片生物碱和半合成鸦片。混合激动剂-拮抗剂,包括部分激动剂,在某些受体上表现为激动剂活性,在其他受体上表现为拮抗活性。麻醉拮抗剂在任何阿片受体位点上都没有激动剂活性。拮抗剂阻断阿片类受体,抑制激动剂的药理活性,并促进阿片类依赖患者的戒断。

已经鉴定出的四种类型的阿片受体:μ 受体(包括 $\mu 1$ 受体),对脊髓和椎管上的镇痛发挥作用;$\mu 2$ 受体,对呼吸、欣快、呕吐、肠道运动和生理依赖性均有抑制作用;δ 用于脊髓镇痛;κ 用于脊髓镇痛和椎管镇痛;σ 引起焦虑、幻觉和心脏刺激。

长期以来,阿片类药物一直被用于治疗急性疼痛。它们在保守治疗中也非常有用,可以缓解癌症患者的慢性和严重疼痛。近年来,阿片类药物在治疗非恶性慢性疼痛方面的应用有所增加。

当口服、静脉注射或鼻吸时,一些阿片类药物因其产生兴奋快感的特性而被广泛滥用。兴奋快感是形成心理依赖的主要原因之一。人体对这种效果的耐受性会迅速发展,因此人体需要快速增加剂量以寻求达到兴奋状态。对初次使用阿片类药物,相对较小剂量即可产生强烈的兴奋,但一旦产生耐受性,即使非常大的剂量也可能根本不会产生兴奋感。

3.2 阿片类毒品

3.2.1 阿片类毒品代谢

海洛因在注射后很容易被吸收,它在肝脏中具有重要的首过效应,在血液中迅速水解为 6-单乙酰吗啡(6-monoacetylmorphine, 6-MAM),然后缓慢地代谢为吗啡,它是主要的活性代谢物。在吸毒者的尿液中可能会检测到少量的可待因,一般认为是非法海洛因样本中存在乙酰可待因。所有代谢物都可以与葡萄糖醛酸结合,在 24 h 内有高达 80% 的剂量通过尿液排泄,主要以吗啡-3-葡萄糖醛酸的形式排出,其中约 5%~7% 为游离吗啡,1% 为 6-MAM,0.1% 为原形毒品以及其他微量的代谢物;吸入后,14%~20% 的剂量出现在尿液中;吗啡代谢物则通过胆汁排出[2]。

口服后可待因吸收良好,1 h 后血浆浓度达到峰值。之后,可待因在肝脏中通过 CYP2D6 的 O-去甲基化形成吗啡,通过 CYP3A4 的 N-去甲基化形成去甲可待因,并通过偶联形成原药及其代谢物的葡萄糖醛酸和硫酸盐。口服给药后,约86%在24 h内随尿液排出;排泄物的40%~70%是游离或结合的可待因,5%~15%是游离或结合的吗啡,10%~20%是游离或结合的去甲可待因,痕量游离或结合的去甲吗啡。在尿液中也检测到少量氢可酮、双氢可待因和氢吗啡酮[1,3]。

3.2.2　毛发分析

大多数非法海洛因样本还含有乙酰可待因。因此,滥用海洛因也可以检测到可待因及其代谢物吗啡。然而,在服用可待因后,也可能检测到可待因和吗啡。因此,毛发分析时,建议使用两种毒品的比例来区分可待因和海洛因滥用[4]。如果毛发中可待因浓度高于吗啡,则可以确定摄入了可待因。然而,为了明确区分海洛因使用者和接触其他吗啡生物碱的个体,必须在毛发中识别海洛因或6 - MAM[5~7]。

3.2.2.1　检测方法

与其他毒品一样,毛发中的阿片类毒品分析分四个步骤进行:去污、提取、纯化和分析。本书中已有几位作者详细描述过这个主题[8,9],因此,下面仅对这些步骤进行简单概述。

3.2.2.1.1　去污

由于正常的清洗措施不能充分去除外部沉积的毒品,因此大家一致认为在提取和分析毒品之前必须在实验室中用去污程序处理毛发样本[10,11]。用于清洗毛发的试剂包括清洁剂[12,13]和有机溶剂,如丙酮[14]、甲醇[15,16]、乙醇[17]和二氯甲烷[18,19]。由于用水或甲醇等有机溶剂清洁不会使毛发膨胀,因此可能无法去除所有外部进入的毒品。

然而,在一项比较不同洗涤程序对毛发中吗啡含量的研究中,没有推荐单一程序[20]。应该是在强力洗涤和提取毒品的风险之间做了折中处理。

3.2.2.1.2　提取

为了量化洗涤后残留在毛发中的毒品量,必须将毛发基质中的进入毒品释放。这种释放必须防止(针对阿片类毒品的情况)6 - MAM转化为吗啡,如此才不会改变或丢失分析物。

检测前,毛发样本可以在球磨机中粉碎,或切成约1 mm的片段,也可以处理整根毛发进行提取。在水性缓冲液中孵育毛发样本尤其适用于放射免疫分析(RIA)等免疫学技术[12]。Kronstrand等也提出了在水浴中孵育。在37℃下保持

18 h[21]，而 Romolo 等[16]建议在 pH 为 5 的情况下使用 0.1 mol/L 磷酸盐缓冲液。甲醇孵育是指在 45℃甲醇浴中超声处理毛发样本数小时[5,6,22~27]。Eser 等[28]指出，甲醇孵育是一种很好的提取方法，因为甲醇会使毛发膨胀，从而促进毒品从毛发中释放出来。也有作者使用两种酶促毛发处理方法，包括蛋白酶[29]或葡萄糖醛酸酶芳基硫酸酯酶[14]。几位作者还建议使用 0.1 mol/L HCl 进行过夜酸水解[18,19,30,31]。在氢氧化钠中孵育毛发也是一种很好的提取方法，主要是因为蛋白质基质被完全破坏了。然而，这种毛发处理不适用于化学不稳定的化合物，如 6 - MAM。

Balikova 等[32]的一项研究对孵育程序进行了评估。使用 1 mol/L NaOH 或 0.1 mol/L HCl 的方法可获得更高的吗啡或可待因的回收率，而在 Soerensen 缓冲液中孵育并没有改变原始样本中不稳定代谢物和母体化合物的比例。

3.2.2.1.3　纯化

以下提取方法可用于定量毛发中的阿片类毒品：液/液提取[5,18,19,33]和使用不同类型色谱柱的固相提取[13,14,22,26,27,29~32,34~36]。甲醇提取后[5,6,22~25]将甲醇蒸发至干。如果分析方法的选择性足够，可以直接分析残留物[37]。为了提高信噪比，可能还需要进行样本纯化程序。二氧化碳超临界流体萃取也已用于纯化[38,39]。这种萃取技术的优点包括萃取速度快（30 min），并且可以与气相色谱-质谱联用（gas chromatography-mass spectrometry，GC - MS）进行在线连接。最近，也有研究者提出了表面活性剂增强液相微萃取（surfactant enhanced liquid-phase microextraction，SE - LPME）技术[40]。

3.2.2.1.4　分析技术

Baumgartner 等首先通过 RIA 在海洛因滥用者的毛发中检测到阿片类毒品[12]。此后，使用免疫分析［RIA 或 ELISA（enzyme-linked immunosorbent assay）（酶联免疫吸附分析）］或色谱技术的多种方法被报道。免疫分析方法因相对好的灵敏度、速度和便利性而被用作筛查检测。然而，免疫分析很难量化，因为大多数试剂盒的特异性针对的是一组毒品和毒品代谢物，而不是单一物质。因此，通过免疫分析推测检测到的分析物必须通过色谱法或其他能提供等效特异性的独立技术进行鉴定。鉴于分离能力、检测灵敏度和特异性，特别是与 MS 结合使用时，色谱方法已被证明是鉴定和定量毛发中毒品的有力工具。

RIA 是最常见的毛发筛查手段。为尿液设计的试剂盒通常在 pH 高于 7 时使用。有一项研究通过特定 RIA 分析了已知海洛因滥用者的毛发样本中的吗啡[41]，并显示出对吗啡的高度特异性。Sachs 等的一项比较研究[4]观察到，RIA 和 GC－MS 对于毛发中高于 1 ng/mg 水平的吗啡的定性和定量相当。使用 RIA 试剂盒检测 6－MAM 表明，所检测毛发样本的 GC－MS 和 RIA 结果之间具有良好的相关性[42]。此外，荧光偏振免疫分析（Abbott FPIA TDX）的结果似乎与 GC－MS 分析的结果相关[43]。在 Segura 等[44]的一项研究中，通过简单的 ELISA 方法筛查检测阿片类毒品，然后对阳性样本中的分析物进行 GC－MS 分析，获得了令人满意的结果。Cooper 等[45]将 Cozart 微孔板 ELISA、微孔板酶免疫分析（EIA）与 GC－MS 对毛发中的阿片类毒品进行了比较，检测使用了 20 mg 毛发样本和 200 pg/mg 毛发的阈值。与 GC－MS 相比，结果的灵敏度为 98%±2%，特异性为 92.7%±3.5%。GC－MS 证实，自动化 ELISA 检测是检测毛发中阿片类毒品的有效筛查程序[46]。使用口腔流体微孔板酶免疫测定法（Orasure Technologies, Inc.）的 ELISA 方法提供了检测毛发或其他基质中的毒品的快速且廉价的自动化预检测程序。

色谱方法如高效液相色谱（high-performance liquid chromatography，HPLC）、GC－MS、GC－MS/MS 或 LC－MS/MS 已被用作筛查和确认检测。此外，它们可以对毒品和毒品代谢物进行量化。这些方法已通过了 Sachs 和 Kintz 审查[47]。

最常用的色谱方法是气相色谱与质谱联用（gas chromatography coupled to mass spectrometry，GC－MS）。为达到必要的灵敏度，通常在选择离子监测（selected-ion monitoring，SIM）模式下进行分析。有许多衍生程序也已经投入了使用，包括五氟丙酸酐（pentafluoropropionic anhydride，PFP）－五氟丙醇（pentafluoropropanol，PFPOH）[14,26]、七氟丁酸酐（heptafluorobutyric anhydre，HFBA－HFPOH）[18]、BSTFA－1% TMCS[19,22,24,34]和甲肟－BSTFA[27]。此外，串联质谱（tandem mass spectrometry，MS/MS）具有出色的选择性和灵敏度，不需要复杂的样本制备，也成了一种非常强大的检测手段[25,48]。已有研究者提出用甲硅烷基化溶液直接处理甲醇洗过的毛发，提取海洛因、6－MAM、吗啡、乙酰可待因和可待因，同时衍生化羟基化代谢物，从而减少潜在的样本污染[48]。气相色谱-质谱联用（GC－MS/MS）是一种检测毛发中极低浓度毒品的高灵敏度和特异性技术[24,49~52]。离子喷雾 LC－MS/MS 也显示出高灵敏度，易于操作，适合于筛查滥用毒品[21,53]。

使用荧光法和库仑法检测器的 HPLC 方法已显示出足够的灵敏度来检测低

浓度毒品[47]。毛细管电泳已被提议用于定量检测毛发中的吗啡[54,55]。此外,额外使用场放大样本叠加可提高检测灵敏度[56,57]。

3.2.2.2　结果解释

3.2.2.2.1　阈值

阈值是毛发分析中一个重要但有争议的热点。表 3.2 总结了文献中服用阿片类毒品的检测阈值。

表 3.2　服用阿片类毒品的检测阈值

方　　法	6 - MAM 阈值(ng/mg)	参　考　文　献
GC - MS	存在	Goldberger et al. (1991)[5]
GC - MS	存在	Moeller et al. (1993)[7]
GC - MS	0.5	Kintz and Mangin (1995)[8]
GC - MS	0.5	Pepin and Gaillard (1997)[9]
RIA	0.1	Tagliaro et al. (1997)[55]
GC - MS/MS	0.5	Uhl (2000)[52]
GC/MS	0.1	Montagna et al. (2000)[30]
ELISA	0.2	Cooper et al. (2003)[45]
层析法	0.2	SoHT (2004)[10]

在 20 名记录在案的海洛因使用者的毛发样本中,检测到 6 - MAM 超过海洛因、吗啡和可待因[5]。平均浓度为 0.90 ng/mg(6 - MAM)、0.17 ng/mg(海洛因)、0.26 ng/mg(吗啡)和 0.18 ng/mg(可待因)。6 - MAM 被认为是吸食海洛因的证据,其浓度通常高于吗啡和可待因。

为了确认海洛因的使用,Moeller 等[7]建议,对于低浓度的吗啡,吗啡/可待因的比例(1 ng/mg 毛发)应设定为 5∶1,对于高于 1 ng/mg 毛发的吗啡浓度,吗啡/可待因的比例应设定为 2∶1。此外,作者建议可以使用 6 - MAM 进行区分。因此,6 - MAM 与吗啡的比率应在 1.3 和 10 之间变化。

Gaillard 和 Pepin[60]还发现 6 - MAM 的浓度高于吗啡。作者建议 6 - MAM/吗啡和 6 - MAM/可待因的比率应分别大于 7.14 和 50,以记录海洛因滥用。在 Kauert 和 Röhrich 进行的一项研究中[23],他们分析了 141 份疑似毒品滥用者的毛发样本,确定 6 - MAM 的平均浓度为 5.46 ng/mg,而吗啡的平均浓度为 0.86 ng/mg。他们还评估了毒品使用行为:低于 1 ng/mg 的 6 - MAM 浓度表明

每周使用一次,1～10 ng/mg 之间的浓度对应于每周至每天使用,而高于
10 ng/mg 的浓度表明每天多次使用或极高使用剂量。

在涉及法医的 135 个案例中,确定 6 - MAM 的平均浓度为 11.3 ng/mg[59]。
通过问询,将毛发中 6 - MAM 的测量水平与使用者声称的习惯使用情况进行了
比较[59](表 3.3)。

表 3.3   6 - MAM 浓度与使用频率

海洛因的吸食水平 [g/w(周)]	毛发中 6 - MAM 浓度(ng/mg)						
<1	0.8	0.9	1				
1—3	1.1	1.9	3.6	5.4			
3—10	0.8	1.2	2.0	3.9	5.6	6.1	17.2 26.2
>10	25.6	27.6	29.9	30.9	35.6	43.2	

数据来源: Pepin, G. and Gaillard, Y., *Forensic Sci. Int.*, 84, 37 - 41, 1997. 经许可。

根据这些数据,作者提出了三个水平(低、中、高)的吸食量与毛发中 6 - MAM
标志物的浓度有关(表 3.4)。

表 3.4   6 - MAM 水平的建议解释

结　论	无	阳　性		
使　用	阴性	低	中	高
6 - MAM (ng/mg)	<0.5	<2	2—10	>10

数据来源: Pepin, G. and Gaillard, Y., *Forensic Sci. Int.*, 84, 37—41, 1997. 经许可。

在第一个建议中,毛发检测协会(SoHT)提出[61],当 6 - MAM 和吗啡的比
率大于 1.3 时,必须假设使用了海洛因。在最近的 SoHT 声明中[10],协会建议必
须通过毛发中 6 - MAM 的存在将海洛因的使用与可待因或吗啡的使用区分开
来,建议使用色谱技术的定量限为 0.2 ng/mg。

Kintz 等[62]评估了乙酰可待因(acetylcodeine, AC)(一种非法合成海洛因
的杂质)作为人类毛发中非法海洛因的特定标志物的用途。他们对阿片类毒品
过量致死的 50 份毛发样本进行了分析。在 22 个样本中发现了 AC,平均浓度为
1.04 ng/mg。6 - MAM 也以 7.79 ng/mg 的平均浓度存在于这些样本中。在 28
个 AC 阴性的样本中,发现 21 份对 6 - MAM 呈阳性。AC 浓度和 6 - MAM 浓度

之间存在正相关($r=0.915$,$p=0.001$)。在同一项研究中,从 20 名在瑞士参加海洛因维持计划并每天接受纯药用海洛因盐酸盐的受试者收集的毛发样本中,未发现 AC 和可待因。作者的结论是,尽管 AC 的存在可以表明非法使用海洛因,但这种物质不能作为 6 - MAM 的合适生物标志物,因为与 6 - MAM 相比,AC 在毛发中的浓度较低,而且在 6 - MAM 检测呈阳性的样本中约 50% 不存在 AC。

在 Girod 和 Staub 的一项研究中[63],在 92% 的海洛因滥用者($n=73$)的毛发样本中检测到 AC,而在参加海洛因维持计划的受试者($n=43$)的毛发样本中,只有 12% 检测到 AC。在非法海洛因使用者中,6 - MAM 的中位浓度为 3.3 ng/mg,而 AC 的中位浓度为 0.3 ng/mg。作者认为 AC 和 6 - MAM 可以作为合适的标志物。

然而,在 Musshoff 等[64]的一项研究中,在对毒品海洛因 - HCl 进行受控静脉给药后,在 12 个月的海洛因维持计划后,10.9% 的样本($n=46$)中发现了 AC,而在阿片类毒品相关死亡人数中,仅 16.7% 的样本($n=24$)中发现 AC。作者的结论是,在大多数与阿片类毒品有关的死亡中并没有发现 AC,因此,作者质疑它作为非法海洛因消费特征标志的适用性。

3.2.2.2.2　剂量/毛发浓度关系

在毛发分析中,摄入剂量与毛发浓度的关系也是一个关键问题。因此,在长期滥用的情况下,每天的剂量可能有很大的差异,建立剂量对应关系需要大量的数据来考虑个体差异。

在 Kintz 等[65]的一项研究中,从参与海洛因维持计划的 20 名受试者中收集了 65 份毛发样本。在受控条件下,受试者每天静脉注射两到三剂盐酸海洛因,自我给药的海洛因剂量范围为 30~800 mg/d。对所有样本,分析了近端区域(毛发根部)4 cm 的毛发,对应于大约 100 天生长的毛发。未观察到海洛因给药剂量与毛发中总阿片类毒品浓度之间存在相关性($r=0.346$)。然而,当考虑单一分析物时,观察到相关系数似乎与其血浆消耗半衰期有关。

Girod 和 Staub[63]证实,每日海洛因剂量与 6 - MAM 浓度之间没有关系($r=0.01$)。然而,Musshoff 等[64]发现,在控制海洛因给药后,剂量与毛发中阿片类毒品的总浓度之间存在相关性($r=0.66$)。他们还表明,这种相关性受分析物血浆消耗半衰期的影响。

3.2.2.2.3　美发处理

毛发中毒品分析的一个重要问题是毛发美发处理引起的毒品浓度变化。在正常情况下,完整的角质层是防止毒品流失的强大屏障。然而,一些美发处理可能会损坏角质层、改变毛发色素的分子结构或降解进入的毒品。通常,这会导致毛发中的毒品含量减少。

研究发现,反复清洗毛发对毛发的毒品含量没有显著影响[66]。Pötsch 和 Skopp[67]用商业烫发产品(Poly Lock®)在体外处理标准加入法毛发和原始阳性毛发。毛发处理后吗啡、可待因和二氢可待因浓度降低;原始毛发的减少比标准加入法毛发的减少更明显(表 3.5)。

表 3.5　烫发剂对毛发中阿片含量的影响

	降低(%)		
	吗　啡	可待因	二氢可待因
标准加入法毛发	79	79	70
原始阳性毛发	100	94	100

Jurado 等[68]比较了吸毒者染过的毛发和未染过的毛发。在染色的毛发段中,发现可待因、6-MAM 和吗啡的浓度降低(分别为 29.5%、41.3% 和 61.2%)。

漂白对毛发中阿片类毒品浓度的影响列于表 3.6。毛发漂白后,可待因、6-MAM 和吗啡的浓度都降低了。

表 3.6　漂白对毛发中阿片浓度的影响

降低(%)			参考文献
可待因	6-MAM	吗　啡	
75	86	89	[69]
94	—	94	[67]
69	66	81	[68]
57	89	67	[35]

Tanaka 等[70]表示,过氧化氢也可以改变毒品的化学结构。可待因和吗啡在过氧化物(30%)处理后转化为羟基可待因和羟基吗啡。

最后,关于毛发美发处理的不同研究表明,美发处理对毒品检测很重要,尤其是染色、漂白和烫发。这些毛发处理可能会将原始毒品浓度降低到分析方法的检测限以下,从而产生假阴性结果。

3.2.3 美沙酮

美沙酮(Methadone,MTD)是一种合成的阿片类毒品,用作镇痛药,其药学特性与吗啡相似,主要用于缓解疼痛。现在主要用于海洛因成瘾者的维持治疗。选择美沙酮用于毒品滥用治疗计划的部分原因是,与其他阿片类毒品相比,美沙酮在抑制戒断方面的作用持续时间相对较长。主要的代谢途径是 N -去甲基化,产生自发环化,形成主要代谢物 2 -亚乙基- 1,5 -二甲基- 3,3 -二苯基吡咯烷(2 - ethylidene - 1,5 - dimethyl - 3,3 - diphenylpyrrolidine,EDDP)和 2 -乙基- 5 -甲基- 3,3 -二苯基- 1 -吡咯烷(2 - ethyl - 5 - methyl - 3,3 - diphenyl - 1 - pyrrolidine,EMDP),两者都没有活性。目前大多数方法描述了 MTD 及其代谢物 EDDP 的定量,次生代谢物 EMDP 的量化比较少见。

3.2.3.1 检测方法

3.2.3.1.1 去污

针对不同的接触时间,用于清洗毛发的试剂包括水 +丙酮[14,71~74]、甲醇[5,75]、二氯甲烷[76]、二氯甲烷+水和甲醇[31]、水+石油醚和二氯甲烷[77]和己烷+甲醇和丙酮[52]。

3.2.3.1.2 提取

目前有多种毛发提取溶液,包括 β -葡萄糖醛酸酶/芳基硫酸酯酶(β - glucuronidase/arylsulfatase)磷酸盐缓冲液(pH 7.6)[14,73]、链霉蛋白酶 E 的 Tris 缓冲液[71]、甲醇孵育[5,52,75,76,78]、磷酸盐缓冲液[74],0.01 mol/L HCl[31] 和 NaOH 孵育[72,77,79]。

3.2.3.1.3 纯化

毛发萃取程序也有很多,包括固相萃取(SPE)[5,31,74,75]、使用氯丁烷和乙腈的液/液萃取(liquid/liquid extraction,L/L)[79],固相动态萃取(solid-phase dynamic extraction,SPDE)[77]、固相微萃取(solid-phase microextraction,SPME)[71,72,80]和表面活性剂增强液相微萃取(surfactant enhanced liquid-phase microextraction,SE - LPME)[40]。

3.2.3.1.4 分析

对于阿片类毒品,GC - MS 是检测毛发中 MTD 及其代谢物的黄金标准。

因此常用的是 GC－MS SIM[5,14,71,72,75,76,78,81]正化学电离离子阱 MS[79,82]和 GC－MS/MS[52,77]。RIA 技术[83~85]也用于电化学库仑阵列的高效液相色谱技术。利用 LC－MS 技术的手性柱[73,86]或毛细管电泳配备光电二极管阵列检测器,DIMEB 作为环糊精[74,87]已被用于分离美沙酮的对映体。

3.2.3.2　毛发中的美沙酮

在 MTD 治疗方案的 5 名受试者(n=96)的 15 个分段毛发样本中,95%为 MTD 阳性(平均值为 10.9 ng/mg),76%为代谢物 EDDP 阳性(平均值为 1.2 ng/mg)[14]。Wilkins 等[79]发现两名受试者 MTD 浓度范围为 10.1~21 和 21 ng/mg,EDDP 的浓度为 2.6 ng/mg。在 Goldberger 等[75]的另一项研究中,从海洛因使用者(n=20)收集的毛发样本中研究了 MTD 及其代谢物。发现 18 个阳性毛发样本,浓度高达 15 ng/mg;在 13 个样本中发现了 EDDP,而在 1 个样本中发现了 EMDP。Lucas 等[71]分析了 8 名 MTD 维持计划患者的毛发。毛发中 MTD 的浓度范围为 2.45~78.10 ng/mg,而 EDDP 的浓度范围为 0.98~7.76 ng/mg。在 26 例毒品死亡病例中,19 例 MTD 呈阳性,MTD 的浓度范围为 0.36~11.8 ng/mg,EDDP 的浓度范围为 0.19~10.8 ng/mg。仅在两种情况下发现了 EMDP,浓度分别为 0.18 和 0.84 ng/mg[72]。

在 MTD 维持计划的 26 名患者的毛发样本中,每个毛发样本检测 MTD 的平均浓度为 8.2 ng/mg(范围:0.7~43.0 ng/mg)[82]。作者无法建立 MTD 剂量与毛发中发现的浓度之间的关系。在大约 50%的病例中,毛发中 EDDP 的量化是可能的。作者的结论是,测定毛发中的 MTD 和 EDDP 不足以确认治疗的依从性。Paterson 等[78]证实,在 60 名接受 MTD 长期维持计划的患者的毛发中,MTD 的处方剂量和浓度之间不存在相关性。

由于(R)-对映异构体在药理学上比(S)-对映异构体更具活性,已有报道描述了立体选择性检测 MTD 的方法。Frost 等[87]通过毛细管电泳确定了一名患者在接受(R)－MTD 治疗后毛发中的(R)－MTD。Kintz 等[73]使用带有 α1－酸性糖蛋白柱的 LC－MS/MS 检测了外消旋 MTD 治疗计划下患者的 9 个毛发样本中的 MTD 和 EDDP 对映异构体。(R)－MTD、(S)－MTD、(R)－EDDP 和(S)－EDDP 的浓度范围分别为 0.58~10.22、1.89~9.53、0.42~1.73 和 0.40~2.10 ng/mg。他们的结果证明了(R)-对映异构体的优势。Berens 等[74]利用毛细管电泳在来自 MTD 治疗计划的 5 名患者的毛发样本中证实了这些结果。(R)-MTD 在 5 例中有 3 例占主导地位,平均比例为 1.25(0.87~1.70)。Kelly

等[86]也在 MTD 治疗项目的 20 名患者的毛发样本中证实了这一结果。采用 LC‐MS/MS‐α‐糖蛋白(AGP)色谱柱,在每个样本中均显示了 R‐MTD 的检测优势。

3.2.4 丁丙诺啡

肌内注射丁丙诺啡(buprenorphine,BUP)后迅速达到峰值血浆浓度。它主要通过细胞色素 P450 CYP3A4 的 N‐脱烷基化作用代谢为 N‐脱烷基丁丙诺啡(去甲丁丙诺啡[nBUP])和偶联代谢。丁丙诺啡主要从粪便中排出,小部分以代谢物形式从尿液中排出。丁丙诺啡口服后首过代谢强烈,因此是一种舌下片剂。

3.2.4.1 检测方法

毛发中丁丙诺啡及其代谢物去甲丁丙诺啡的检测方法和浓度范围见表 3.7。

表 3.7 毛发中丁丙诺啡及其代谢物的定量方法和浓度范围

去 污	提 取	纯化	检 测	浓 度 范 围	参考文献
二氯甲烷	HCl 0.1 mol/L	L/L	HPLC‐库仑检测	$n=3$ BUP: 0.48~0.59 nBUP: 0.06~0.15	[88]
二氯甲烷	HCl 0.1 mol/L	L/L	RIAHPLC‐库仑检测器 GC‐MS	BUP: 0.02 ~ 0.59 nBUP: 0.02~15	[89]
二氯甲烷	HCl 0.1 mol/L	SPE	甲硅烷基化后 GC‐MS	$n=5$ BUP: 0.47~2.4 nBUP: 0.03~0.72	[90]
二氯甲烷	HCl 0.1 mol/L	L/L	LC‐MS	$n=6$ BUP: 0.004~0.140 nBUP: 0~0.167	[91]
未提及	NaOH 1 mol/L	L/L	LC‐MS	$n=12$ BUP: 0.003~0.124 nBUP: 0.005~1.518	[92]
二氯甲烷	HCl 0.1 mol/L	L/L	LC‐MS	$n=1$ BUP: 23 pg/mg nBUP: <LOD	[93]
二氯甲烷	Soerensen 缓冲液	L/L	One‐Step™ ELISA 检测 LC‐MS	$n=18$,BUP: 0.04~0.36	[94]

注:L/L=液‐液萃取;SPE=固相萃取。

3.2.4.2 毛发中丁丙诺啡的检测

在 2 或 3 个月前进入戒毒中心的 14 名受试者的毛发样本中,丁丙诺啡的浓度范围为 0.02~0.59 ng/mg,nBUP 的浓度范围为 0.02~0.15 ng/mg[89]。所有毛发样本中均可以检测到丁丙诺啡,但在三个样本中无法检测其代谢物 nBUP。这些结果表明,毛发中丁丙诺啡的浓度与给药剂量之间存在对应关系。

在舌下使用 8 mg 丁丙诺啡 180 天的 12 名受试者中,nBUP 在毛发中的浓度高于母体化合物,只有一个例外[92]。毛发段中的丁丙诺啡浓度范围为 3.1~123.8 pg/mg,而 nBUP 的浓度范围为 4.8~1 517.8 pg/mg。此外,在一些受试者中,在与毒品治疗时间不匹配的毛发段中检测到丁丙诺啡和 nBUP,表明毒品的运动可能是通过汗液扩散等机制发生的。这项研究的数据还表明,即使受试者接受相同剂量、相同治疗天数,毛发段中丁丙诺啡和 BUP 的检测浓度在受试者之间也存在高度可变性。

3.2.5 芬太尼及芬太尼类物质

芬太尼在肝脏中代谢迅速。在血浆中可以检测到芬太尼的两种代谢物,去甲芬太尼和去丙酰芬太尼,浓度与芬太尼相似。约 70% 的剂量在 72 h 内以代谢物的形式通过尿液排出,约 10%~20% 的剂量在 48 h 内以毒品原形的形式排出。大约 9% 的剂量从粪便排出。

表 3.8 描述了测定芬太尼、舒芬太尼和阿芬太尼的不同方法(RIA[95]、GC - MS[96,97] 和 GC - MS/MS[25,98,99])和浓度范围。

表 3.8 毛发中芬太尼、舒芬太尼和阿芬太尼的定量方法和浓度范围

去 污	提 取	纯 化	检 测	浓 度 范 围	参考文献
			芬太尼		
EtOH	稀盐酸	L/L	GC - NPD GC - MS	$n = 1$ 0.02	[96]
MeOH	磷酸缓冲溶液	SPE	GC - MS	$N = 5$(鼠毛发) 0.025~0.050	[97]
			舒芬太尼		
MeOH	甲醇	未提及	RIA	$n = 13$,芬太尼 0.013~0.048	[95]

去　污	提　取	纯化	检　测	浓度范围	参考文献
MeOH 丙酮	磷酸缓冲溶液	SPE	GC‐MS/MS	$n=2$ 约 0.01	[98]
MeOH 丙酮	磷酸缓冲溶液	SPE	GC‐MS/MS	$n=1$,芬太尼 0.10 舒芬太尼 0.01	[25]
		芬太尼、舒芬太尼、阿芬太尼			
二氯甲烷	磷酸缓冲溶液	L/L	GC‐MS/MS	$n=4$,芬太尼 0.008~0.64 舒芬太尼 0.002 阿芬太尼 0.002~0.030	[99]

注：L/L=液‐液萃取;SPE=固相萃取;NPD=氮磷探测器。

Wang 等[95]检测了 13 名手术患者在接受芬太尼麻醉的毛发样本中的芬太尼。通过放射免疫分析法(Coat‐A‐Count Fentanyl 分析法)分析芬太尼。给药后经过的时间为 7~273 天。8 名芬太尼患者的毛发样本在近端毛发中的芬太尼浓度为 0.013~0.048 ng/10 mg。未发现毛发芬太尼浓度与给药剂量之间存在相关性。

在 Kintz 等[99]的一项研究中,他们利用 GC‐MS/MS 分析了芬太尼衍生物。给出了以下案例:案例 1: 50 岁的麻醉师,芬太尼阳性(644 pg/mg);案例 2: 42 岁麻醉师,芬太尼(101 pg/mg)和舒芬太尼(2 pg/mg)阳性;案例 3: 40 岁麻醉师,阿芬太尼阳性(30 pg/mg);案例 4: 46 岁护士,死亡,阿芬太尼(2 pg/mg)和芬太尼(8 pg/mg)呈阳性。

3.2.6　其他阿片类毒品

表 3.9 中列出了氢可酮、氢吗啡酮和羟考酮[27]、1‐a‐乙酰美沙酮(LAAM)[100]、氟罗定[111]、喷他佐辛[14,101]、右旋丙氧芬[102,103]、曲马多[25,104~107]、氰苯双哌酰胺[108]、哌替啶[101]、右旋吗酰胺[109]、纳布啡[110]、替利定[104]检测方法和浓度范围。大多数使用的技术是色谱法(GC‐MS 和 LC‐MS)。一般来说,关于这些阿片类毒品在毛发中的浓度范围的数据很少。对于大多数案例,除了右丙氧芬和曲马多外,仅有少数案例报道。

表 3.9 毛发中部分阿片类毒品的定量方法

去 污	提 取	纯化	检 测	浓度范围(ng/mg)	参考文献
氢可酮、氢吗啡酮和氧可酮					
未提及	磷酸缓冲溶液	SPE	GC-MS 甲肟/BSTFA 衍生化	定性结果	[27]
LAAM					
不同洗涤时间	蛋白酶Ⅷ型	L/L	GC-MS PCI	N=6(鼠毛)0.88~1.27	[100]
吗啉乙基吗啡					
丙酮	磷酸缓冲溶液	L/L	RIA,GC-MS	毛发(n=1)0.5~0.6 胡须(n=1)0.6~1.7	[111]
戊唑辛					
水/丙酮	β-葡萄糖醛酸酶 芳基硫酸酯酶	SPE	GC-MS	200	[7]
水/丙酮	磷酸缓冲溶液	SPE	LC-MS/MS	n=1, 0.057	[101]
右丙氧基苯(DPX)去丙氧基苯(DPX)					
水/丙酮	β-葡萄糖醛酸酶, 芳基硫酸酯酶	SPE	HPLC-UV	n=11 DPX: 1.2~26.6 NPX: 2.6~71.0	[102]
二氯甲烷 磷酸缓冲溶液	HCl 0.1 mol/L	SPE	GC-MS	n=13 DPX: 0.2~27.4 NPX: 0.3~68.0	[103]
曲马多					
MeOH/丙酮	磷酸缓冲溶液	SPE	GC-MS/MS CI	残余	[25]
水/丙酮	β-葡萄糖醛酸酶, 芳基硫酸酯酶	SPE	GC-MS	n=1 片段 0~3 cm: 3.7 片段 3~6 cm: 0.3	[104]
水/丙酮,汽油	MeOH	SPE	GC-MS	n=1, 80	[105]
水/丙酮	HS-SPME 碱性水解	未提及	GC-MS	n=0.78 和 1.14	[106]
SDS/MeOH	HCl 3 mol/L	SPE	GC-MS	n=11 0.18~16.30	[107]

续 表

去 污	提 取	纯化	检 测	浓度范围(ng/mg)	参考文献
		吡他胺			
未提及	MeOH	未提及	LC – MS/MS	$n=2$ 0.64 和 0.004	[108]
		哌替啶			
未提及	HCl 0.1 mol/L	SPE	GC – MS	$n=11.9$	[112]
丙酮/水	磷酸缓冲溶液	SPE	LC – MS/MS	$n=1$ 0.017	[101]
		右旋吗酰胺			
二氯甲烷	HCl 0.1 mol/L	L/L	GC – MS	$n=1$ 1.09~1.48	[109]
		环丁甲羟氢吗啡			
未提及	磷酸缓冲溶液	L/L	LC – MS	$n=1$ 3 个片段 5.07~7.06	[110]
		替立定			
水/丙酮	β-葡萄糖醛酸酶 芳基硫酸酯酶	SPE	GC/MS	$n=1$ 片段 0~3 cm: 5.6 片段 3~6 cm: 9.1	[104]

注意:L/L=液液提取;SPE=固相提取;BSTFA=双(三甲基甲硅烷基)三氟乙酰胺;SDS=十二烷基磺酸钠。

3.3 结 论

关于阿片类毒品,毛发分析主要集中在阿片类毒品的检测上,尤其是吗啡、6-MAM 和可待因。

针对美沙酮、丁丙诺啡和一些芬太尼类物质,已有几种毛发检测方法和浓度范围的报道。然而,对于 LAAM 和丙氧芬等阿片类毒品,公开的研究报道很少。

对于某些阿片类毒品,如某些芬太尼类物质,尚未有任何发表的方法或案例报道。除了这些阿片类激动剂外,研究毛发中的镇静剂(如纳洛酮),以及动物实验研究中的新物质也很有趣,它们是具有吗啡介导镇痛作用的有效、持久、选择性镇痛剂[113-115]。

　　GC – MS/MS 和 LC – MS/MS 等技术持续发展,灵敏度越来越高。在不久的将来,新的特种技术的开发和应用有助于进一步识别毛发中的阿片类毒品。

参考文献

1. Kintz, P., Toxicologie et pharmacologie médicolégales, in Collection option Bio, Editions scientifiques et médicales, Elsevier, New York, 1998.

2. Moffat, A., Osselton, M., and Widdop, B., Clarke's Analysis of Drugs and Poisons, Pharmaceutical Press, London, 2003.

3. Kolber, I., Labarthe, A., Schneider, S., Yegles, M., and Wennig, R., LC/MS/MS and GC/MS Determination of Codeine Disposition in Classical and Alternative BiologicalMatrices, communication at TIAFT Meeting, Paris, 2002.

4. Sachs, H. and Arnold, W., Results of comparative determination of morphine in human hair using RIA and GC/MS, J. Clin. Chem. Clin. Biochem., 1989, 27: 873 – 877.

5. Goldberger, B.A., Caplan, Y.H., Maguire, T., and Cone, E.J., Testing human hair for drugs of abuse, III: identification of heroin and 6 – acetylmorphine as indicators of heroin use, J. Anal. Toxicol., 1991, 15: 226 – 231.

6. Nakahara, Y., Takahashi, K., Shimamine, M., and Saitoh, A., Hair analysis for drugs of abuse, IV: determination of total morphine and confirmation of 6 – acetylmorphine in monkey and human hair by GC/MS, Arch. Toxicol., 1992, 66: 669 – 674.

7. Moeller, M.R., Fey, P., and Sachs, H., Hair analysis as evidence in forensic cases, Forensic Sci. Int., 1993, 63: 43 – 53.

8. Kintz, P., Drug Testing in Hair, CRC Press, Boca Raton, FL, 1997.

9. Madea, B. and Musshoff, F., Haaranalytik, Deutscher Aerzte-Verlag, Köln, 2003.

10. Anon., Recommendations for hair testing in forensic cases, Forensic Sci. Int., 2004, 145: 83 – 84.

11. Garside, D.G.B., Determination of Cocaine and Opioids in Hair, CRC Press, Boca Raton, FL, 1996.

12. Baumgartner, A. M., Jones, P. F., Baumgartner, W. A., and Black, C. T., Radioimmunoassay of hair for determining opiate-abuse histories, J. Nucl. Med., 1979, 20: 748 – 752.

13. Nakahara, Y., Kikura, R., and Takahashi, K., Hair analysis for drugs of abuse, VIII: effective extraction and determination of 6 – acetylmorphine and morphine in hair with trifluoroacetic acid-methanol for the confirmation of retrospective heroin use by gas chromatography-mass spectrometry, J. Chromatogr. B Biomed. Appl., 1994, 657: 93 – 101.

14. Moeller, M.R., Fey, P., and Wennig, R., Simultaneous determination of drugs of abuse (opiates, cocaine and amphetamine) in human hair by GC/MS and its application to a

methadone treatment program, Forensic Sci. Int., 1993, 63: 185－206.

15. Goldberger, B.A., Cone, E.J., Grant, T.M., Caplan, Y.H., Levine, B.S., and Smialek, J. E., Disposition of heroin and its metabolites in heroin-related deaths, J. Anal. Toxicol., 1994, 18: 22－28.

16. Romolo, F.S., Rotolo, M.C., Palmi, I., Pacifici, R., and Lopez, A., Optimized conditions for simultaneous determination of opiates, cocaine and benzoylecgonine in hair samples by GC－MS, Forensic Sci. Int., 2003, 138: 17－26.

17. Kintz, P., Tracqui, A., and Mangin, P., Detection of drugs in human hair for clinical and forensic applications, Int. J. Legal Med., 1992, 105: 1－4.

18. Jurado, C., Gimenez, M.P., Menendez, M., and Repetto, M., Simultaneous quantification of opiates, cocaine and cannabinoids in hair, Forensic Sci. Int., 1995, 70: 165－174.

19. Kintz, P. and Mangin, P., Simultaneous determination of opiates, cocaine and major metabolites of cocaine in human hair by gas chromatography/mass spectrometry (GC/MS), Forensic Sci. Int., 1995, 73: 93－100.

20. Marsh, A., Carruthers, M.E., Desouza, N., and Evans, M.B., An investigation of the effect of washing upon the morphine content of hair measured by a radioimmunoassay technique, J. Pharm. Biomed. Anal., 1992, 10: 89－93.

21. Kronstrand, R., Nystrom, I., Strandberg, J., and Druid, H., Screening for drugs of abuse in hair with ion spray LC－MS－MS, Forensic Sci. Int., 2004, 145: 183－190.

22. Cone, E.J., Darwin, W.D., and Wang, W.L., The occurrence of cocaine, heroin and metabolites in hair of drug abusers, Forensic Sci. Int., 1993, 63: 55－68.

23. Kauert, G. and Röhrich, J., Concentrations of delta 9－tetrahydrocannabinol, cocaine and 6－monoacetylmorphine in hair of drug abusers, Int. J. Legal Med., 1996, 108: 294－299.

24. Pichini, S., Pacifici, R., Altieri, I., Pellegrini, M., and Zuccaro, P., Determination of opiates and cocaine in hair as trimethylsilyl derivatives using gas chromatographytandem mass spectrometry, J. Anal. Toxicol., 1999, 23: 343－348.

25. Uhl, M., Determination of drugs in hair using GC/MS/MS, Forensic Sci. Int., 1997, 84: 281－294.

26. Skender, L., Karacic, V., Brcic, I., and Bagaric, A., Quantitative determination of amphetamines, cocaine, and opiates in human hair by gas chromatography/mass spectrometry, Forensic Sci. Int., 2002, 125: 120－126.

27. Jones, J., TomLinson, K., and Moore, C., The simultaneous determination of codeine, morphine, hydrocodone, hydromorphone, 6－acetylmorphine, and oxycodone in hair and oral fluid, J. Anal. Toxicol., 2002, 26: 171－175.

28. Eser, H.P., Pötsch, L., Skopp, G., and Moeller, M.R., Influence of sample preparation on analytical results: drug analysis (GC/MS) on hair snippets versus hair powder using various extraction methods, Forensic Sci. Int., 1997, 84: 271－279.

29. Hold, K.M., Wilkins, D.G., Rollins, D.E., Joseph, R.E., Jr., and Cone, E.J., Simultaneous quantitation of cocaine, opiates, and their metabolites in human hair by positive ion chemical ionization gas chromatography-mass spectrometry, J. Chromatogr. Sci., 1998, 36: 125－130.

30. Montagna, M., Stramesi, C., Vignali, C., Groppi, A., and Polettini, A., Simultaneous

hair testing for opiates, cocaine, and metabolites by GC – MS: a survey of applicants for driving licenses with a history of drug use, Forensic Sci. Int., 2000, 107: 157 – 167.

31. Girod, C. and Staub, C., Analysis of drugs of abuse in hair by automated solid-phase extraction, GC/EI/MS and GC ion trap/CI/MS, Forensic Sci. Int., 2000, 107: 261 – 271.

32. Balikova, M. A. and Habrdova, V., Hair analysis for opiates: evaluation of washing and incubation procedures, J. Chromatogr. B Anal. Technol. Biomed. Life Sci., 2003, 789: 93 – 100.

33. Cingolani, M., Scavella, S., Mencarelli, R., Mirtella, D., Froldi, R., and Rodriguez, D., Simultaneous detection and quantitation of morphine, 6 – acetylmorphine, and cocaine in toenails: comparison with hair analysis, J. Anal. Toxicol., 2004, 28: 128 – 131.

34. Wang, W.L., Darwin, W.D., and Cone, E.J., Simultaneous assay of cocaine, heroin and metabolites in hair, plasma, saliva and urine by gas chromatography-mass spectrometry, J. Chromatogr. B Biomed. Appl., 1994, 660: 279 – 290.

35. Yegles, M., Marson, Y., and Wennig, R., Influence of bleaching on stability of benzodiazepines in hair, Forensic Sci. Int., 2000, 107: 87 – 92.

36. Montagna, M., Polettini, A., Stramesi, C., Groppi, A., and Vignali, C., Hair analysis for opiates, cocaine and metabolites: evaluation of a method by interlaboratory comparison, Forensic Sci. Int., 2002, 128: 79 – 83.

37. Chiarotti, M., Overview on extraction procedures, Forensic Sci. Int., 1993, 63: 161 – 170.

38. Edder, P., Staub, C., Veuthey, J.L., Pierroz, I., and Haerdi, W., Subcritical fluid extraction of opiates in hair of drug addicts, J. Chromatogr. B Biomed. Appl., 1994, 658: 75 – 86.

39. Brewer, W.E., Galipo, R.C., Sellers, K.W., and Morgan, S.L., Analysis of cocaine, benzoylecgonine, codeine, and morphine in hair by supercritical fluid extraction with carbon dioxide modified with methanol, Anal. Chem., 2001, 73: 2371 – 2376.

40. Sarafraz-Yazdi, A. and Es'haghi, Z., Surfactant enhanced liquid-phase microextraction of basic drugs of abuse in hair combined with high-performance liquid chromatography, J. Chromatogr. A, 2005, 1094: 1 – 8.

41. George, S. and Braithwaite, R.A., The measurement of morphine in the hair of heroin abusers, Ann. Clin. Biochem., 1997, 34: 375 – 383.

42. Moeller, M.R. and Mueller, C., The detection of 6 – monoacetylmorphine in urine, serum and hair by GC/MS and RIA, Forensic Sci. Int., 1995, 70: 125 – 133.

43. Tagliaro, F., Marigo, M., Dorizzi, R., and Rigolin, F., Detection of morphine in the hair of opiate addicts with the Abbott TDx: a note of caution, Clin. Chem., 1988, 34: 1365 – 1366.

44. Segura, J., Stramesi, C., Redon, A., Ventura, M., Sanchez, C.J., Gonzalez, G., San, L., and Montagna, M., Immunological screening of drugs of abuse and gas chromatographic-mass spectrometric confirmation of opiates and cocaine in hair, J. Chromatogr. B Biomed. Sci. Appl., 1999, 724: 9 – 21.

45. Cooper, G., Wilson, L., Reid, C., Baldwin, D., Hand, C., and Spiehler, V., Validation of the Cozart microplate ELISA for detection of opiates in hair, J. Anal. Toxicol., 2003, 27: 581 – 586.

46. Lachenmeier, K., Musshoff, F., and Madea, B., Determination of opiates and cocaine in hair using automated enzyme immunoassay screening methodologies followed by gas chromatographic-mass spectrometric (GC‑MS) confirmation, Forensic Sci. Int., in press.

47. Sachs, H. and Kintz, P., Testing for drugs in hair: critical review of chromatographic procedures since 1992, J. Chromatogr. B Biomed. Sci. Appl., 1998, 713: 147‑161.

48. Polettini, A., Groppi, A., and Montagna, M., Rapid and highly selective GC/MS/MS detection of heroin and its metabolites in hair, Forensic Sci. Int., 1993, 63: 217‑225.

49. Curcuruto, O., Guidugli, F., Traldi, P., Sturaro, A., Tagliaro, F., and Marigo, M., Ion-trap mass spectrometry applications in forensic sciences, I: identification of morphine and cocaine in hair extracts of drug addicts, Rapid Commun. Mass Spectrom., 1992, 6: 434‑437.

50. Gambelunghe, C., Rossi, R., Ferranti, C., Rossi, R., and Bacci, M., Hair analysis by GC/MS/MS to verify abuse of drugs, J. Appl. Toxicol., 2005, 25: 205‑211.

51. Traldi, P., Favretto, D., and Tagliaro, F., Ion trap mass spectrometry, a new tool in the investigation of drugs of abuse in hair, Forensic Sci. Int., 1993, 63: 239‑252.

52. Uhl, M., Tandem mass spectrometry: a helpful tool in hair analysis for the forensic expert, Forensic Sci. Int., 2000, 107: 169‑179.

53. Klys, M., Rojek, S., Kulikowska, J., Bozek, E., and Scislowski, M., Usefulness of multi-parameter opiate analysis in hair of drug users and victims of fatal poisonings. Przegl Lek, 2005, 62: 585‑590.

54. Tagliaro, F., Poiesi, C., Aiello, R., Dorizzi, R., Ghielmi, S., and Marigo, M., Capillary electrophoresis for the investigation of illicit drugs in hair: determination of cocaine and morphine, J. Chromatogr., 1993, 638, 303‑309.

55. Tagliaro, F., De Battisti, Z., Lubli, G., Neri, C., Manetto, G., and Marigo, M., Integrated use of hair analysis to investigate the physical fitness to obtain the driving licence: a casework study, Forensic Sci. Int., 1997, 84: 129‑135.

56. Tagliaro, F., Manetto, G., Crivellente, F., Scarcella, D., and Marigo, M., Hair analysis for abused drugs by capillary zone electrophoresis with field-amplified sample stacking, Forensic Sci. Int., 1998, 92: 201‑211.

57. Manetto, G., Tagliaro, F., Crivellente, F., Pascali, V.L., and Marigo, M., Field-amplified sample stacking capillary zone electrophoresis applied to the analysis of opiate drugs in hair, Electrophoresis, 2000, 21: 2891‑2898.

58. Kintz, P. and Mangin, P., What constitutes a positive result in hair analysis: proposal for the establishment of cut-off values, Forensic Sci. Int., 1995, 70: 3‑11.

59. Pepin, G. and Gaillard, Y., Concordance between self-reported drug use and findings in hair about cocaine and heroin, Forensic Sci. Int., 1997, 84: 37‑41.

60. Gaillard, Y. and Pepin, G., Simultaneous solid-phase extraction on C18 cartridges of opiates and cocainics for an improved quantitation in human hair by GC‑MS: one year of forensic applications, Forensic Sci. Int., 1997, 86: 49‑59.

61. Anon., Statement of the Society of Hair Testing concerning the examination of drugs in human hair, Forensic Sci. Int., 1997, 84: 3‑6.

62. Kintz, P., Jamey, C., Cirimele, V., Brenneisen, R., and Ludes, B., Evaluation of acetylcodeine as a specific marker of illicit heroin in human hair, J. Anal. Toxicol., 1998,

22: 425 – 429.

63. Girod, C. and Staub, C., Acetylcodeine as a marker of illicit heroin in human hair: method validation and results of a pilot study, J. Anal. Toxicol., 2001, 25: 106 – 111.

64. Musshoff, F., Lachenmeier, K., Wollersen, H., Lichtermann, D., and Madea, B., Opiate concentrations in hair from subjects in a controlled heroin-maintenance program and from opiate-associated fatalities, J. Anal. Toxicol., 2005, 29: 345 – 352.

65. Kintz, P., Bundeli, P., Brenneisen, R., and Ludes, B., Dose-concentration relationships in hair from subjects in a controlled heroin-maintenance program, J. Anal. Toxicol., 1998, 22: 231 – 236.

66. Baumgartner, W. and Hill, V., Hair Analysis for Drugs of Abuse: Decontamination Issues, Marcel Dekker, New York, 1992, p. 577 – 597.

67. Pötsch, L. and Skopp, G., Stability of opiates in hair fibers after exposure to cosmetic treatment, Forensic Sci. Int., 1996, 81: 95 – 102.

68. Jurado, C., Kintz, P., Menendez, M., and Repetto, M., Influence of the cosmetic treatment of hair on drug testing, Int. J. Legal Med., 1997, 110: 159 – 163.

69. Cirimele, V., Kintz, P., and Mangin, P., Drug concentrations in human hair after bleaching, J. Anal. Toxicol., 1995, 19: 331 – 332.

70. Tanaka, S., Iio, R., Chinaka, S., Takayama, N., and Hayakawa, K., Analysis of reaction products of morphine and codeine with hydrogen peroxide by high-performance liquid chromatography/mass spectrometry, Anal. Sci., 2003, 19: 163 – 165.

71. Lucas, A.C., Bermejo, A.M., Tabernero, M.J., Fernandez, P., and Strano-Rossi, S., Use of solid-phase microextraction (SPME) for the determination of methadone and EDDP in human hair by GC – MS, Forensic Sci. Int., 2000, 107: 225 – 232.

72. Sporkert, F. and Pragst, F., Determination of methadone and its metabolites EDDP and EMDP in human hair by headspace solid-phase microextraction and gas chromatography-mass spectrometry, J. Chromatogr. B Biomed. Sci. Appl., 2000, 746: 255 – 264.

73. Kintz, P., Eser, H.P., Tracqui, A., Moeller, M., Cirimele, V., and Mangin, P., Enantioselective separation of methadone and its main metabolite in human hair by liquid chromatography/ion spray-mass spectrometry, J. Forensic Sci., 1997, 42: 291 – 295.

74. Berens, G., Yegles, M., and Wennig, R., Study of the methadone and EDDP enantiomeric ratio in hair, urine and serum by capillary electrophoresis, Proceedings TIAFT, Paris, Aug. 26 – 30, 2003.

75. Goldberger, B.A., Darraj, A.G., Caplan, Y.H., and Cone, E.J., Detection of methadone, methadone metabolites, and other illicit drugs of abuse in hair of methadone-treatment subjects, J. Anal. Toxicol., 1998, 22: 526 – 530.

76. Paterson, S., McLachlan-Troup, N., Cordero, R., Dohnal, M., and Carman, S., Qualitative screening for drugs of abuse in hair using GC – MS, J. Anal. Toxicol., 2001, 25: 203 – 208.

77. Lachenmeier, D.W., Kroener, L., Musshoff, F., and Madea, B., Application of tandem mass spectrometry combined with gas chromatography and headspace solid-phase dynamic extraction for the determination of drugs of abuse in hair samples, Rapid Commun. Mass Spectrom., 2003, 17: 472 – 478.

78. Paterson, S., Cordero, R., McPhillips, M., and Carman, S., Interindividual dose/concentration relationship for methadone in hair, J. Anal. Toxicol., 2003, 27: 20 – 23.

79. Wilkins, D.G., Nagasawa, P.R., Gygi, S.P., Foltz, R.L., and Rollins, D.E., Quantitative analysis of methadone and two major metabolites in hair by positive chemical ionization ion trap mass spectrometry, J. Anal. Toxicol., 1996, 20: 355 – 361.

80. Gentili, S., Cornetta, M., and Macchia, T., Rapid screening procedure based on headspace solid-phase microextraction and gas chromatography-mass spectrometry for the detection of many recreational drugs in hair, J. Chromatogr. B Anal. Technol. Biomed. Life Sci., 2004, 801: 289 – 296.

81. Balabanova, S., Arnold, P.J., Brunner, H., Luckow, V., and Wolf, H.U., Detection of methadone in human hair by gas chromatography/mass spectrometry, Z. Rechtsmed., 1989, 102: 495 – 501.

82. Girod, C. and Staub, C., Methadone and EDDP in hair from human subjects following a maintenance program: results of a pilot study, Forensic Sci. Int., 2001, 117: 175 – 184.

83. Balabanova, S. and Wolf, H. U., Determination of methadone in human hair by radioimmunoassay, Z. Rechtsmed., 1989, 102: 1 – 4.

84. Marsh, A. and Evans, M. B., Radioimmunoassay of drugs of abuse in hair, part 1: methadone in human hair, method adaptation and the evaluation of decontamination procedures, J. Pharm. Biomed. Anal., 1994, 12: 1123 – 1130.

85. Marsh, A., Evans, M.B., and Strang, J., Radioimmunoassay of drugs of abuse in hair, part 2: the determination of methadone in the hair of known drug users, J. Pharm. Biomed. Anal., 1995, 13: 829 – 839.

86. Kelly, T., Doble, P., and Dawson, M., Chiral analysis of methadone and its major metabolites (EDDP and EMDP) by liquid chromatography-mass spectrometry, J. Chromatogr. B Anal. Technol. Biomed. Life Sci., 2005, 814: 315 – 323.

87. Frost, M., Köhler, H., and Blaschke, G., Enantioselective determination of methadone and its main metabolite 2 – ethylidene – 1,5 – dimethyl – 3,3 – diphenylpyrrolidine (EDDP) in serum, urine and hair by capillary electrophoresis, Electrophoresis, 1997, 18: 1026 – 1034.

88. Kintz, P., Determination of buprenorphine and its dealkylated metabolite in human hair, J. Anal. Toxicol., 17, (7), 443 – 4, 1993.

89. Kintz, P., Cirimele, V., Edel, Y., Jamey, C., and Mangin, P., Hair analysis for buprenorphine and its dealkylated metabolite by RIA and confirmation by LC/ECD, J. Forensic Sci., 1994, 39: 1497 – 1503.

90. Vincent, F., Bessard, J., Vacheron, J., Mallaret, M., and Bessard, G., Determination of buprenorphine and norbuprenorphine in urine and hair by gas chromatographymass spectrometry, J. Anal. Toxicol., 1999, 23: 270 – 279.

91. Tracqui, A., Kintz, P., and Mangin, P., HPLC/MS determination of buprenorphine and norbuprenorphine in biological fluids and hair samples, J. Forensic Sci., 1997, 42: 111 – 114.

92. Wilkins, D.G., Rollins, D.E., Valdez, A.S., Mizuno, A., Krueger, G.G., and Cone, E. J., A retrospective study of buprenorphine and norbuprenorphine in human hair after multiple doses, J. Anal. Toxicol., 1999, 23: 409 – 415.

93. Kintz, P., Villain, M., Tracqui, A., Cirimele, V., and Ludes, B., Buprenorphine in drugfacilitated sexual abuse: a fatal case involving a 14 – year-old boy, J. Anal. Toxicol., 2003, 27: 527 – 529.

94. Cirimele, V., Etienne, S., Villain, M., Ludes, B., and Kintz, P., Evaluation of the OneStep ELISA kit for the detection of buprenorphine in urine, blood, and hair specimens, Forensic Sci. Int., 2004, 143: 153 – 156.

95. Wang, W.L., Cone, E.J., and Zacny, J., Immunoassay evidence for fentanyl in hair of surgery patients, Forensic Sci. Int., 1993, 61: 65 – 72.

96. Selavka, C.M., Mason, A.P., Riker, C.D., and Crookham, S., Determination of fentanyl in hair: the case of the crooked criminalist, J. Forensic Sci., 1995, 40: 681 – 685.

97. Stout, P.R., Claffey, D.J., and Ruth, J.A., Fentanyl in hair: chemical factors involved in accumulation and retention of fentanyl in hair after external exposure or in vivo deposition, Drug Metab. Dispos., 1998, 26: 689 – 700.

98. Sachs, H., Uhl, M., Hege-Scheuing, G., and Schneider, E., Analysis of fentanyl and sufentanil in hair by GC/MS/MS, Int. J. Legal Med., 1996, 109: 213 – 215.

99. Kintz, P., Villain, M., Dumestre, V., and Cirimele, V., Evidence of addiction by anesthesiologists as documented by hair analysis, Forensic Sci. Int., 2005, 153: 81 – 84.

100. Wilkins, D.G., Valdez, A.S., Krueger, G.G., and Rollins, D.E., Quantitative analysis of l-alpha-acetylmethadol, l-alpha-acetyl-N-normethadol, and l-alpha-acetyl-N,Ndinormethadol in human hair by positive ion chemical ionization mass spectrometry, J. Anal. Toxicol., 1997, 21: 420 – 426.

101. Yegles, M., unpublished data, 2005.

102. Mersch, F., Yegles, M., and Wennig, R., Quantification of dextropropoxyphene and its metabolite by HPLC in hair of overdose cases, Forensic Sci. Int., 1997, 84: 237 – 242, 1997.

103. Gaillard, Y. and Pepin, G., Gas chromatographic-mass spectrometric quantitation of dextropropoxyphene and norpropoxyphene in hair and whole blood after automated on-line solid-phase extraction: application in twelve fatalities, J. Chromatogr. B Biomed. Sci. Appl., 1998, 709: 69 – 77.

104. Asselborn, G., Yegles, M., and Wennig, R. Chronic multiple drugs abuse with suicidal endpoints: Hair and Tissue Findings. Proceedings TIAFT Padova, Aug. 24 – 28, 1997, pp. 56 – 59.

105. Rickert, A. and Daldrup, T., Nachweis von Tramadol in Haaren, in Proceedings GTFCH Mosbach, Germany, April 22 – 24, 1999, pp. 308 – 314.

106. Sporkert, F. and Pragst, F., Use of headspace solid-phase microextraction (HS – SPME) in hair analysis for organic compounds, Forensic Sci. Int., 107, 129 – 148, 2000.

107. Hadidi, K.A., Almasad, J.K., Al-Nsour, T., and Abu-Ragheib, S., Determination of tramadol in hair using solid phase extraction and GC – MS, Forensic Sci. Int., 2003, 135: 129 – 136.

108. Sachs, H., Thieme, D., and Anielski, P., LC – MS – MS Screening auf Piritramid und andere Opiode in Haaren, in Proceedings GTFCH Mosbach, Germany, April 03 – 05, 2003, pp. 392 – 396.

109. Kintz, P., Cirimele, V., Edel, Y., Tracqui, A., and Mangin, P., Characterization of dextromoramide (Palfium) abuse by hair analysis in a denied case, Int. J. Legal Med., 1995, 107: 269 – 272.

110. Vinner, E., Klinzig, F., Brassart, C., Houdain, E., Houdret, N., and Lhermitte, M., Dosage de la nalbuphine dans les cheveux par LC/MS, communication at 3e Journées Internationales de Toxicologie Hospitalière, Liège, Nov. 24 - 25, 2005.

111. Maurer, H.H. and Fritz, C.F., Toxicological detection of pholcodine and its metabolites in urine and hair using radio immunoassay, fluorescence polarisation immunoassay, enzyme immunoassay, and gas chromatography-mass spectrometry, Int. J. Legal Med., 1990, 104: 43 - 46.

112. Gaillard, Y. and Pepin, G., Screening and identification of drugs in human hair by high-performance liquid chromatography-photodiode-array UV detection and gas chromatography-mass spectrometry after solid-phase extraction: a powerful tool in forensic medicine, J. Chromatogr. A, 1997, 762: 251 - 267.

113. Barrett, A.C., Smith, E.S., and Picker, M.J., Use of irreversible antagonists to determine the relative efficacy of mu-opioids in a pigeon drug discrimination procedure: comparison of beta-funaltrexamine and clocinnamox, J. Pharmacol. Exp. Ther., 2003, 305: 1061 - 1070.

114. Broadbear, J.H., Sumpter, T.L., Burke, T.F., Husbands, S.M., Lewis, J.W., Woods, J. H. and Traynor, J.R., Methocinnamox is a potent, long-lasting, and selective antagonist of morphine-mediated antinociception in the mouse: comparison with clocinnamox, beta-funaltrexamine, and beta-chlornaltrexamine, J. Pharmacol. Exp. Ther., 2000, 294: 933 - 940.

115. Kogel, B., Christoph, T., Strassburger, W., and Friderichs, E., Interaction of mu-opioidreceptor agonists and antagonists with the analgesic effect of buprenorphine in mice, Eur. J. Pain, 2005, 9: 599 - 611.

第四章

毛发中可卡因检测

Carmen Jurado

4.1 引 言

可卡因是天然存在的最有效的中枢神经系统兴奋剂。因此,它的使用和滥用具有悠久的历史。

研究吸毒成瘾者滥用毒品类型随时间的演变会发现两种不同的行为。一方面,可以观察到毒品消费的显著变化。例如,海洛因消费在过去几年中大幅下降,与此同时,新一代合成苯丙胺或"特制毒品"的使用急剧增加;另一方面,其他毒品的消费情况没有太大的实质性变化。例如,大麻和可卡因就是这种情况。本章重点关注可卡因的滥用。

由于可卡因一直并将继续是最广泛的滥用毒品之一,因此许多毛发分析研究人员将他们的研究和实验重点放在了这种物质上。因此,迄今为止已有大量毛发样本可卡因相关的文献报道。

本章主要回顾、总结和讨论毛发样本中可卡因的相关分析检测。本章讨论的第一个主题是毛发样本中可卡因的不同分析方法。这些分析方法比较成熟,几乎所有实验室都可以用来分析毛发样本。然而,也有一些新问题需要进行探讨。

除了分析方法和技术的挑战之外,实验室对分析结果的含义及对结果解释也同样存在挑战。当在毛发分析中获得可卡因阳性结果时,第一个问题是,"阳性结果意味着什么?"其次是,"是否会有其他因素影响这个结果?"在给出最终结果报告之前,必须考虑这两个问题。

最后,质量保证和质量控制显著影响分析方式和结果的可靠性,因此也是必须考虑的问题。

4.2 分析方法

与其他生物体液(如尿液或血液)分析相比,毛发分析的主要缺点之一是分析程序的复杂性。毛发样本中任何物质(包括可卡因)的分析包括以下步骤:

- 样本去污或清洗,以消除任何可能的外部污染。
- 提取毒品及其代谢物:在这一步中,毒品从毛发基质中释放出来,然后进行纯化和浓缩。
- 仪器分析:可以使用多种检测方法,包括筛查技术以及用于确认和定量的方法。

结果的质量取决于这些步骤中每个步骤的正确性,表 4.1 对这些步骤进行了总结,在接下来的内容中将根据已发表的论文进行详细地讨论,并强调和比较不同方法的优劣。由于关于可卡因毛发分析的文献非常多,因此本章仅对 1996 年之后发表的论文进行综述。另一个原因是 Garside 和 Goldberger 已经在"毛发中的可卡因和阿片类毒品"一章[1]中对 1996 年以前的研究进行了详细的讨论。相关内容包含在前一本书(该书的英文第一版)中关于毛发中的毒品检测中[2]。

表 4.1 毛发样本中可卡因分析方法

参考文献	清 洗	提 取	纯 化	衍生化	分析方法
[3]	MeOH	MeOH, 7℃,18 h	SPE	无	GC - MS - EI
[19]	CH_2Cl_2+H_2O+ CH_2Cl_2	0.1 mol/L HCl, 56℃,15 h	SPE Isolute Confirm HCX	无	HPLC - FL
[36]	—	蛋白酶 K 三缓冲液, pH 6.5, pH 6.5	SPE	MSHBA, MBHFBA, TMSIM	GC - MS - PCI
[7]	CH_2Cl_2	MeOH, 56℃,18 h	无	BSTFA	GC - MS - EI
[6]	CH_2Cl_2	MeOH:TFA (9:1), 37℃,过夜	SPE BondElut	HFBA+HFPIOH	GC - MS - EI
[28]	—	SFE	无	—	—
[33]	未报道	0.1 mol/L HCl, 45℃,过夜	SPE Clean Screen	TFA+HFPIOH	GC - MS/MS

参考文献	清　洗	提　取	纯　化	衍生化	分析方法
[15]	SDS+acetone	磷酸缓冲溶液,pH 6.0	SPE Chromabond-Drug	TFA+HFPIOH	GC – MS – EI
[17]	CH_2Cl_2+H_2O+MeOH	0.01 mol/L HCl, 60℃,12 h	自动 SPE	Py+PAA	GC – MS – EI and CI
[14]	正己烷+丙酮	MeOH,超声 1 h, 40℃+过夜	无	PFPA+HFPIOH	GC – MS/MS
[4]	MeOH	0.1 mol/L HCl, 45℃,过夜	SPE BondElut	MSTFA	GC – MS – EI
[35]	Tween+H_2O	0.12 mol/L HCl, 45℃,过夜	Toxi-Tube A	无	RIA, HPLC – Fl, CE
[34]	—	0.1 mol/L HCl,室温水浴中搅拌过夜	SPE BondElut	无	HPLC/MS
[13]	H_2O+MeOH	SFE	—	PFPA	GC – MS – EI
[8]	CH_2Cl_2	MeOH, 45℃,18 h	无	MTBSTFA	GC – MS – EI
[21]	异丙醇+0.01 mol/L 磷酸缓冲液	蛋白酶 K,二硫苏糖醇和清洁剂	Isolute™ SPE	无	HPLC – MS/MS
[9]	CH_2Cl_2	MeOH, 40℃,18 h	SPE BondElut	Py+PAA	GC – MS – EI
[10]	CH_2Cl_2	MeOH 50℃,18 h	HS – SPME	乙腈+Py+氯甲酸正丁酯	GC – MS – EI
[5]	MeOH	磷酸缓冲溶液, pH 5, 45℃,18 h	SPE BondElut	MSTFA/TMCS	GC – MS – EI
[22]	异丙醇+0.01 mol/L 磷酸缓冲液+异丙醇	乙腈:MeOH:20 mmol/L 甲酸盐缓冲液,pH 3, 37℃,18 h	无	无	LC – MS/MS
[11]	CH_2Cl_2	HCl 37%, 100℃, 30 min	SPE, BondElut Certify	PAA	GC – MS – EI
[16]	H_2O+丙酮	1 mol/L HCl, 60℃, 60 min	HS – SPME	无	GC – MS – EI
[37]	—	MeOH,超声,37℃, 3 h	SPE Clean Screen	无	LC – APCI – MS/MS
[18]	CH_2Cl_2+H_2O+MeOH	0.01 mol/L HCl, 60℃,12 h	自动 SPE	Py+PAA	GC – CI – MS/MS
[12]	CH_2Cl_2	MeOH, 2 h 超声+56℃过夜	无	MSTFA:NH_4I:DTE	GC – MS/MS

注:表 4.1 只包括 1996 年后公开报道的文献。

4.2.1　去污程序

　　毛发位于身体外部,易与环境接触并因此受到污染。某些毒品(如可卡因)很可能会污染非使用者的毛发。因此,由环境污染引起的假阳性证据的可能性已经引起了很大的争议,即实验室能否可靠地区分毛发中的内源性和外源性毒品。因此,用适当的溶液彻底清洗毛发样本至关重要。从事毛发毒品检测的实验室目前采用多种去污程序从毛发表面去除环境污染。

　　自毛发分析开始以来,许多作者提出过多种去污程序。其中包括用甲醇[3~5]和二氯甲烷(CH_2Cl_2)洗涤[6~12]。也有作者依次用水和甲醇洗涤[13]或先用丙酮洗涤,然后用正己烷[14]、十二烷基硫酸钠[15]或水洗涤[16]。其次还有使用CH_2Cl_2、水和甲醇[17,18]或先使用CH_2Cl_2,然后再使用水和CH_2Cl_2[19]。Baumgartner提出了更复杂的洗涤程序[20],包括第一次用乙醇洗涤,然后用 0.5 mol/L 磷酸盐缓冲液连续洗涤 3 次。该方法也已被其他作者使用[21,22]。许多分析实验室在分解前采用这些不同的程序从毛发样本中去除外部环境毒品污染物。然而,这些去污程序的重要性和有效性一直是许多争论的主题[23~26]。

　　也有作者将他们的实验重点放在研究不同去污程序的效率上。例如,Schaffer 等[21]比较了三种洗涤方法在毛发可卡因分析中区分外部污染与摄入的作用。他们用高度浓缩的可卡因溶液(1 000 ng/mL)浸泡空白毛发,并将其分成三等份。其中一份用甲醇洗涤 3 次,另一份依次用异丙醇和 0.01 mol/L 磷酸盐缓冲液(pH 6)洗涤 3 次,而最后一份样本由异丙醇和 5 次磷酸盐缓冲液洗涤。一方面,他们发现甲醇洗涤去除了 16.7% ~ 77.5% 的可卡因,剩余的可卡因量为0.12 ~ 2.42 ng/mg,从而证实了 Wang 和 Cone 先前获得的结果[24]。另一方面,用缓冲液洗涤 3 次或 5 次时能分别去除 76.0% ~ 93% 和 82.9% ~ 97.2% 的可卡因;并且在这两种情况下,毛发中的可卡因都降低到了 0.5 ng/mg 的阈值以下,这表明两次额外的洗涤是不必要的。虽然作者认识到他们的污染程序的苛刻条件有些不切实际,但他们得出结论,在这种污染程度下有效的洗涤方法可能足以应对现实中不太严重的污染。

　　在开发用于分析毛发样本中所有类型滥用毒品(包括可卡因)的去污过程期间,不仅需要评估从毛发表面去除的污染物量,还需要评估去污过程从毛发上去除内部进入的毒品量。理想情况下,洗涤程序使内部进入的毒品保留在原位,在去污过程中不会从毛发上去除。

　　关于去污程序对毒品最终回收率的影响，Segura 等[6]对服用阿片制剂、可卡因和苯二氮卓类毒品的两名志愿者的 6 个毛发样本进行了研究，发现用二氯甲烷洗涤后，仅提取了 1.36±0.22% 的内部可卡因。

　　Paulsen 等[27]评估了四种简单的实验室清洗程序对定量检测大鼠毛发中可卡因和代谢物的影响。他们比较了四种洗涤方法：A：用甲醇洗 3 次；B：用 0.1 mol/L 磷酸盐缓冲液（pH 6）洗涤 3 次；C：用 0.1 mol/L 磷酸盐缓冲液（pH 8）洗涤 3 次；D：异丙醇清洗，然后用 0.1 mol/L 磷酸盐缓冲液（pH 5.5）洗涤 3 次。使用方法 B、C 和 D 时，可卡因浓度比对照分别降低了 18%、14% 和 37%，而洗涤方法 A 增加了 13%。代谢物去甲可卡因和爱康宁甲酯（EME）呈现出相似的特征。作者认为，使用洗剂方法 A 时可卡因浓度增加的原因是用甲醇处理毛发使后续酸水解的提取效率更高了，因此检测量增加了。

　　Morrison 及其同事[28,29]用纯二氧化碳超临界流体萃取（SFE）对毛发进行去污处理，用相同的方法（SFE）从毛发基质中提取可卡因化合物之前，先将蒸汽沉积的可卡因从毛发中去除。他们将这种方法与其他去污方法进行了比较，包括用甲醇和乙醇洗涤各 6 次，以及 Baumgartner 和 Hill 报道的洗涤方案的修改版本[20]：用乙醇洗涤一次，然后用 0.01 mol/L pH 6 的磷酸盐缓冲液连续洗涤 3 次。SFE 的去污效率优于所有液体洗涤方法，SFE 的去污效率为 84%，其次是甲醇洗涤 76%，缓冲溶液洗涤 62%，乙醇为 58%。

　　1997 年，毛发检测协会（SoHT）[30]建议采用有机溶剂顺序洗涤程序，然后用水或水性缓冲液洗涤，最后再用有机溶剂洗涤。在怀疑存在高度污染的情况下，也应考虑分析洗涤液中的目标毒品。随后，SoHT 在法医案件中毛发检测建议中[31]指出，外部污染必须通过多种方法而不能仅用单一方法来解决。建议在分析之前和分析期间要避免工作区域可能出现的污染。关于去污策略，必须用有机溶剂进行初始洗涤以去除油脂，然后用水溶液。并且这些洗涤液要储存起来，以备以后需要分析时使用。当毛发样本特别不干净时，例如在尸检或挖掘案例中，可能需要对毛发进行其他额外的预处理。

4.2.2　提取

　　在去污步骤之后，可以使用多种提取方法从毛发中提取"基质结合"毒品[32]。从毛发基质中提取毒品无疑是最困难、最复杂和最耗时的。一旦毒品进入毛发，就会形成稳定的复合物，化学不稳定化合物的长时间检测证明了这一点。参与结合和捕获毒品的毛发成分是蛋白质、黑色素和脂质。显然,在分析之前必须从所有这些结合中分离出目标毒品。

目前,研究者已经提出了多种从毛发基质中提取可卡因化合物的方法。总结如下:

- 用各种浓度的酸处理,但不是强酸。例如,多位作者使用了 0.1 mol/L HCl[4,19,33~35] 和 0.01 mol/L HCl[17,18]。然而,较高浓度的 HCl 会导致可卡因水解为苯甲酰爱康宁(BE)和 EME。

- 用链霉蛋白酶、蛋白酶[21,36]、葡萄糖醛酸酶等酶处理。它们适用于所有化合物。与其他方法相比,酶类物质的应用受限于其价格。此外,Clauwaert 等[19]观察到两种不同的酶消化方法(蛋白酶和链霉蛋白酶)在溶解毛发方面表现非常好,但高效液相色谱-荧光检测器分析(HPLC - FL)得到的色谱图在整个运行过程中出现了较大的干扰峰。

- 用溶剂处理,例如甲醇[3,7~10,12,14,37]或缓冲溶液[5,15]等。它们能够提取所有类型的毒品,但与其他提取方法相比,回收率较低。向甲醇中添加三氟乙酸(TFA)可提高萃取回收率。Nakahara 等[38]首次使用该方法分析阿片类毒品。随后该方法扩展到可卡因、美沙酮和苯二氮卓类毒品[6]。与 MeOH/TFA 相比,可卡因与甲醇(MeOH)的平均提取率仅为 41±14.7%。

可卡因在碱性条件下会水解,提取可卡因时应避免用碱处理。

毛发分析的一个问题是毒品是否从真实毛发样本中定量提取。为此,几位作者比较了不同提取程序的效率。

Cirimele 及其同事[39]研究了四种不同程序提取可卡因、海洛因及其代谢物的效率。他们在不同条件下从吸毒者身上提取了 19 份毛发样本:A:在 56℃下用 0.1 mol/L HCl 孵育 16 h;B:1 mol/L NaOH 在 100℃碱中孵育 10 min;C:用含有 β-葡萄糖醛酸酶芳基硫酸酯酶的磷酸盐缓冲液在 40℃下酶水解 2 h;D:在 45℃下用 MeOH 超声处理 5 h,直接甲醇提取。结果表明,对于可卡因,酸孵育获得的浓度高 5 倍,而酶促水解的浓度仅高 1 倍。对于 BE,方法 A、C 和 D 是相似的。当毒品浓度升高时,回收率的差异更大。与方法 D 相比,方法 A 和 C 总是显示出更高的浓度。

Romolo 等[5]研究了四种培养介质对可卡因和海洛因滥用者的真实毛发样本的提取率。孵育条件如下:甲醇、0.1 mol/L pH 5 和 6 磷酸盐缓冲液,45℃下过夜,以及 MeOH/TFA(9∶1)室温下过夜。后一种方法(MeOH/TFA)的回收率最高(100%);缓冲液 pH 5 对可卡因(98.5%)和 BE(96.2%)有非常好的回收率;但在缓冲液 pH 为 6 时,可卡因和 BE 的回收率分别降至 84.7%和 82.7%。与甲醇一起孵育可抑制化合物的水解,但与许多论文报道类似,所有分析物的回收率都较低[6,14,40]。

在我们实验室,我们也比较了三种从毛发中提取可卡因和阿片类化合物的方法的效率。海洛因和可卡因使用者的 6 个毛发样本进行三种提取方法实验:A:45℃下用 0.1 mol/L HCl 弱酸性提取过夜;B:用 MeOH/TFA(9∶1)的混合物在室温下超声处理 1 h;C:用甲醇超声处理 1 h,并在室温下保持溶液过夜。三种方法的效率如图 4.1 所示。对可卡因,使用 0.1 mol/L HCl 提取的回收率最高,但与使用 MeOH/TFA 混合物获得的回收率非常接近。也许某些情况下,两种方法获得的浓度相同,而 MeOH 在所有样本中的回收率最低。

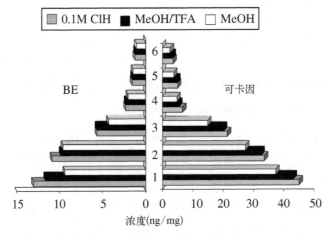

图 4.1 采用三种不同方法提取后,6 个毛发样本中可卡因和苯甲酰爱康宁的浓度分布。

某些分析物的稳定性可能会在提取过程中受到影响。例如,可卡因很容易被化学水解成 BE 和 EME,尤其是在碱性环境下。因此,在提取过程中需要平衡。一方面,提取条件必须能够提取样本中存在的 100% 的化合物;另一方面,提取过程必须在目标分子没有明显降解的情况下进行。

Romolo 及其同事[5]还研究了可卡因和 6-单乙酰吗啡(6-MAM)在 9 种不同孵育介质中的稳定性:MeOH、0.1 mol/L HCl、0.01 mol/L HCl、0.1 mol/L PBS(pH 5、6、7、8),pH 9 的碳酸盐/碳酸氢盐缓冲液和 MeOH/TFA(9∶1)。所有样

本在45℃下孵育过夜,最后的混合物也在室温下孵育。结果表明,当使用MeOH或pH为5和6的缓冲液时,降解非常低,从1.3%到4.2%。对于含水酸性介质,使用0.1 mol/L HCl发生显著降解(12.1%),而使用0.01 mol/L HCl仅降解3.0%的可卡因。对于pH为7到9的缓冲溶液,降解百分比非常高,为44.9%到100%,并且随着pH的增加而增加。在室温下使用MeOH/TFA未发现降解(1.4%)。

4.2.2.1　超临界流体萃取

在过去的15年(2006年之前的15年)中,超临界流体萃取(SFE)作为传统萃取技术的替代方法引起了广泛关注。它代表了从毛发中提取毒品的新技术。超临界流体良好的质量传输特性和高效的溶剂化能力,使研究人员将SFE作为目前毛发毒品检测的液-溶剂基程序的替代方法[41,42]。

Cirimele及其同事[43]使用为阿片类化合物开发的SFE程序同时提取可卡因和大麻素以及阿片类毒品。他们用超临界二氧化碳和甲醇三乙胺-水(MeOH/TEA/水)(2:2:1)的改性剂溶液萃取毒品。

Morrison等[28]研究了SFE作为从毛发中提取可卡因及其主要代谢物BE的化学方法的替代方法,同时,他们评估了区分环境污染与活性毒品的技术可靠性。首先,比较了用水/TEA(85/15)改性的超临界二氧化碳(CO_2)和0.1 mol/L HCl酸孵育的提取能力。结果表明,虽然相对于酸提取,可卡因的SFE回收率为80%~90%,但BE的SFE回收率很差,约为酸提取的11%,这表明SFE无法从毛发上解吸BE。作者提出了根据SFE差异区分毛发基质中不同结合域中存在的可卡因的可能性[28]。可以使用纯CO_2回收毛发表面进入的可卡因,而从未受污染的吸毒者毛发中分离可卡因需要添加TEA/水改性剂。因此,SFE方法包括使用纯CO_2进行预提取,然后使用经TEA/水改性的CO_2进行两次连续提取。作者假设CO_2可提取部分为因环境污染而存在于表面的物理吸附可卡因,而CO_2/TEA/水则可以提取毛发基质内的活性位点化学吸附的可卡因。用纯CO_2对毛发样本进行预提取也可用于去除可能干扰后续色谱分析的表面油和蜡。

Brewer等[13]在他们的SFE方法中使用CO_2改性甲醇从人的毛发中提取可卡因。他们比较了用0.1 mol/L HCl与SFE提取的毛发标准品的可卡因回收率。研究发现,SFE(800 pg/mg)检测到的可卡因量是酸提取(350 pg/mg)的两倍,因此,即使提取时间更短(75 min与24 h),SFE方法比0.1 mol/L HCl更有效。他们还使用NIST(National Institutes of Standards and Technology, Gaithersburg,

MD;美国国家标准与技术研究院,盖瑟斯堡,马里兰州)毛发标准验证了 SFE 方法,其定量结果(可卡因: 4.74±0.36 ng/mg;BE: 4.32±0.65 ng/mg)与 NIST 值一致(可卡因: 5.40±0.44 ng/mg;BE: 5.40±0.41 ng/mg)。

4.2.2.2　纯化

从毛发基质中提取毒品后获得的含有目标分析物的溶液通常不纯净,需要进行纯化步骤以消除可能的物质干扰,浓缩并稳定样本中存在的分析物,最后使样本达到仪器分析的最佳条件,尤其是在进行 GC－MS 分析时。该净化步骤可以采用实验室中用于从其他生物基质(如尿液)中提取可卡因和代谢物的任何通用方法。

首先,采用液-液萃取(liquid-liquid extraction,LLE)从水溶液中分离可卡因和代谢物。一些实验室在可卡因毛发样本的常规分析中常常应用这种方法[44]。从生物基质中提取有机化合物的固相萃取(solid-phase extraction,SPE)具有优于传统 LLE 的诸多优势,包括更干净的提取物、更高的选择性、更高的重现性和避免形成乳液等等。因此,大量毒理学实验室在其常规分析中使用 SPE。事实上,如表 4.1 所示,大多数毛发样本中可卡因分析程序在纯化步骤中使用 SPE。最常见的萃取柱为 Bond Elut Certify[4~6,9,11,17,18,34],但 Isolute™[21]、Isolute Confirm HCX[19]、Clean Screen[33,37] 和 Chromabond-Drug[15] 也被使用。Clauwaert 等[19]发现,当使用 HPLC－FL 进行仪器分析时,Bond Elut Certify 色谱柱会导致色谱图出现严重干扰。当这些色谱柱被 Isolute Confirm HCX 色谱柱取代时,提取物的最终纯度显著提高。

固相微萃取(solid-phase microextraction,SPME)是一种相对较新的技术,在毒理学分析领域引起了极大的关注。它是将样本中的分析物直接吸附到涂有适当固定相的熔融石英纤维上。将纤维插入样本溶液(SPME)或样本上方的顶部空间(headspace above the sample,HS－SPME)。随后将纤维放入气相色谱仪的进样口并加热,使分析物可以热解吸。

与 SPE 相比,该技术的优势在于使用的溶剂更少;因此,产生的残留物更少,分析时间更短。这两种情况在分析毒理学中都具有重要价值。许多作者已将 SPME 用于分析生物样本(主要是体液、尿液和血液)中的挥发性和非挥发性化合物。SPME 在毛发分析中的应用时间较短;尽管如此,在使用 GC－MS 分析毛发中的可卡因之前,可以利用 SPME 纯化提取物。有两位作者通过将纤维浸入毛发的水解物中进行 SPME。Strano-Rossi 和 Chiarotti[45] 用链霉蛋白酶和

SPME 对毛发进行了酶消化。由于未进行衍生化,仅检测到可卡因和乙基苯甲酰爱康宁(ethyl benzoylecgonine,EBE)。为了确认阳性结果,作者建议对剩余溶液进行提取和衍生化,以确定主要代谢物 BE 和 EME。为了不仅可以检测母体,也检测代谢物,de Toledo 等[10]使用氯甲酸丁酯作为衍生试剂,在 SPME 之前将 BE 转化为极性较小的化合物丁基苯甲酰爱康宁,后者通过直接浸渍聚二甲基硅氧烷纤维进入衍生化溶液。

Gentili 及其同事[16]开发了一种基于 HS‑SPME 的快速筛查程序,用于分析可卡因、苯丙胺相关化合物、氯胺酮和美沙酮。用 1 mol/L HCl 酸提取后,加入碳酸钾后将瓶子密封。然后将 SPME 纤维在 90℃下暴露于顶空 5 min。由于未进行衍生化[45],仅检测到可卡因,而未检测到极性代谢物。

4.2.3　仪器分析

分析毛发样本滥用毒品的许多实验室直接进行 GC‑MS 分析,无需任何事先筛查。事实上,在毛发检测协会每年组织的能力检测中,只有 18% 到 20% 的参与者进行了筛查。例如,在 2003 年,22 名参与者中只有 4 人应用了 RIA(1 个实验室)或 ELISA(3 个实验室)筛查技术。然而,正确的毒理学分析程序包含两个不同的步骤:筛查和确认。第一步可以在短时间内对大量样本进行初步检测,而确认则提供所需的特异性。

4.2.3.1　筛查方法

筛查的主要目的是快速、低成本地剔除大量样本中的许多阴性样本,从而节省时间和金钱。因此,这些方法主要应用于进行工作场所或流行病学分析的商业实验室,这些实验室每天分析大量样本;而这些检测的利润并不高,因此,它们在法医实验室中并不经常使用。筛查的另一个目的是在报道阳性结果之前使用两种独立的方法来提高结果的质量。

免疫分析在毛发样本的常规筛查方法中占有重要地位。它们可供最小或最大的实验室使用,每天可以分析数千个样本。免疫学方法必须满足三个要求[46]:

1. 在毛发中发现与母体毒品和亲脂性代谢物的特异性和交叉反应性的。使用可卡因后在毛发中发现的主要分析物是母体毒品可卡因。因此,用于分析可卡因的免疫分析必须对可卡因本身具有高度特异性。
2. 基质干扰。一个重要的要求是从毛发基质中提取分析物获得的溶液不得使免疫分析试剂的抗体蛋白变性。

3. 灵敏度和阈值。这些技术必须具有足够的灵敏度和特异性,其灵敏度范围为 1 pg/mg~100 ng/mg。但不能将阈值设置为检测限,否则会产生非常大的假阳性率。2004 年,SAMHSA(Substance Abuse and Mental Health Services Administration,毒品滥用和心理健康服务管理局)和 SoHT(Society of Hair Testing,毛发检测协会)这两个组织同意确定每毫克毛发 0.5 ng 可卡因的阈值用于毛发样本中可卡因的筛查。

抗体与固体载体结合的免疫分析方法,如包管放射免疫分析或包板 ELISA 试验,与使用其他分离结合和游离组分的方法相比,受到的基质干扰较少。历来放射免疫分析(radioimmunoassays, RIA)是最早用于检测毛发中可卡因的技术[47~49],并且它们一直被大型商业实验室使用,取得了非常好的结果。RIA 是一种常见、灵敏且可靠的免疫学技术,但使用放射性标记材料禁止在安全区域外使用。因此,通常首选非放射性方法。目前,常规使用酶联免疫吸附检测(enzyme-linked immunosorbent assay, ELISA)和微孔板酶免疫检测(microplate enzyme immunoassay, EIA),因为它们是很好的替代方法,安全、简单、便宜且非常灵敏。

Segura 等[6]在吸毒者样本中将 ELISA 筛查与 GC‐MS 确认进行了比较。鉴于 ELISA 的半定量性质,按可卡因浓度进行分组 0~0.5、0.5~5、5~10 和 >10 ng/mg。所有具有高 GC‐MS 浓度的样本都包含在 ELISA 的高浓度组中,GC‐MS 的低浓度样本也归入各自的 ELISA 浓度组别。这些结果表明 ELISA 不仅是一种很好的筛查方法,而且能够进行准确的半定量分析。

Moore 等[50]比较了两种免疫分析法检测毛发中可卡因:微孔板免疫分析法(microplate immunoassay, EIA)和荧光偏振免疫分析法(microplate immunoassay, FPIA),GC‐MS 检测结果为真阳性和真阴性的检测标准。一般而言,EIA 比相应的 FPIA 更灵敏(75%)、更具特异性(97.4%)和更有效(91.4%),其灵敏性、特异性和效率分别为 67.8%、80.5% 和 77.1%。作者将这些差异归因于对母体毒品可卡因的交叉反应。FPIA 是为尿液分析而设计的,主要与 BE(100%)发生交叉反应,而对于可卡因则降低到 1.0%。EIA 设计用于口腔液检测,因此与母体可卡因的交叉反应性更高,为 102%,主要代谢物 BE 为 100%。EIA 的另一个优点是可以轻松实现自动化,可以同时分析多个板,包括孵育、洗涤、读数和打印步骤等。

到目前（2006 年）为止，只有一篇论文报道了在 GC‐MS 确认之前利用色谱法进行筛查。Kronstrand 等[22] 开发了一种 LC‐MS/MS 方法，作为免疫学方法的替代方法用于同时分析毛发中的几种滥用毒品（阿片类毒品、可卡因、苯二氮卓类、苯丙胺相关化合物和尼古丁）。通过将 10~50 mg 毛发与流动相（乙腈∶甲醇∶20 mmol/L pH 3 甲酸盐缓冲液）一起从毛发基质中提取毒品。将等分试样注入 LC‐MS/MS。GC‐MS 在一组新样本中证实了可卡因的阳性结果。

通常，使用筛查方法是因为它们提供了快速、廉价和自动化的程序将阴性样本与阳性样本分开。但是，毛发检测协会建议[30]，所有阳性筛查检测都应利用替代方法确认，例如 GC‐MS 或任何其他具有可比性或更高特异性和选择性的技术。

4.2.3.2　确认方法

用于确认筛查方法获得的结果以及对毛发样本中存在的毒品进行充分定量分析的黄金标准是质谱法，它可以与气相色谱仪（GC‐MS）或液相色谱仪（LC‐MS）联用，或 MS/MS 甚至 MS/MS/MS 串联技术。

自从 1996 年以来（本章中我们关注的文献时间框架），几乎所有作者都使用 MS 仪器进行检测。但也有少数例外，例如 Tagliaro 等[35] 提出了一种基于 RIA 筛查和 HPLC‐FL 确认的策略，以调查驾驶执照申请人长期接触滥用毒品的情况。毛发样本通过 RIA 筛查阿片类毒品、可卡因和摇头丸，所有阳性样本和约 10% 的阴性样本利用 HPLC‐FL 确认。只有在复杂情况下，当长期不用药却发现阳性结果时，才利用毛细管电泳进行进一步确认[51,52]。

Clauwaert 等[19] 提出了一种类似的 HPLC‐FL 检测方法，用于毛发中可卡因、BE 和 EBE 的常规分析。毛发样本用 0.1 mol/L HCl 水解，SPE 纯化。将残留物溶解在 HPLC 洗脱液中并注入 HPLC‐FL 系统。但由于毒理学分析中必须进行明确确认，因此他们通过将相同样本注入 LC/ESI‐MS/MS 来验证结果。同时，他们对可卡因及其代谢物的存在进行了补充确认，以防万一。

如上所述，自 1996 年以来公布的确认方法都是基于 MS 技术，更具体地说是 GC‐MS，如表 4.1 所示。GC‐MS 的一个缺点是极性化合物需要一个衍生化步骤才能使其适合色谱分析。因此，虽然可卡因和 EBE 不需要也不能进行任何衍生化程序，但对于其他极性更强的代谢物，如 BE 或 EME，衍生化是 GC‐MS 分析的必要前提。在 Segura 等[53] 审查的几种衍生程序中，三甲基甲硅烷基或全氟衍生物已是最广泛使用的衍生物。

硅烷化是 GC－MS 分析中使用最广泛的衍生化程序。这些衍生物结合了热稳定性和化学稳定性以及高挥发性的特点;易于制备并显示出出色的 GC 行为[53]。多种甲硅烷基化试剂被广泛使用,包括 N,O－双(三甲基甲硅烷基)三氟乙酰胺[N,O-bis(trimethylsilyl)trifluoroacetamide,BSTFA][7]、N－甲基－N 三甲基甲硅烷基三氟乙酰胺(N-methyl-N-trimethylsilyltrifluoroacetamide,MSTFA)[5,4,12] 和 N－甲基－N－叔丁基二甲基甲硅烷基三氟乙酰胺(N－methyl－N－tert, -butyldimethylsilyltrifluoroacetamide,MTBSTFA)[8]。

其他常用的衍生方法包括全氟酸酐和醇进行酰基化和烷基化。通常使用衍生酸性官能团的全氟醇和衍生醇官能团的全氟酸酐的组合来确保所有含有羧基或醇基的化合物都被衍生化。该过程获得的卤代酯增加了化合物的电子亲和力,这对于特殊检测技术如负化学电离模式(negative chemical ionization mode,NCI)来说是一个重要优势。

Segura 等[6] 使用七氟丁酸酐(heptafluorobutyric anhydride,HFBA)和 $1,1,1,3,3,3$－六氟异丙醇($1,1,1,3,3,3$－hexafluoroisopropanol,HFPIOH)的混合物来衍生可卡因和阿片类化合物。Uhl[14] 更改了酸酐,他用五氟丙酸酐(pentafluoropropionic anhydride,PFPA)和 HFIPOH 的混合物衍生化,然后利用 GC－MS/MS 同时分析阿片类、可卡因、苯丙胺相关化合物和美沙酮。也有作者使用三氟乙酸酐(trifluoroacetic anhydride,TFAA)和 HFIPOH 的组合[33,15]。除此之外,还有其他程序,如在吡啶作催化剂[9,17,18]或不使用任何催化剂[11]的情况下,用丙酸酐(propionic anhydride,PAA)进行丙酰化反应。

Brewer 等[13] 比较了 SFE 提取的毛发样本和用 BSTFA 或 PFPA/HFIPOH 混合物衍生后的毛发样本的色谱图。硅烷化后,他们观察到许多干扰峰,可能是其他成分(如脂肪酸)的衍生化所致。相反,使用 PFPA/HFIPOH 衍生化产生的干扰可以忽略不计。

Segura 等[53] 在分析尿液中的可卡因和 BE 等物质时,比较了硅烷化和全氟化衍生物,但他们的结果可以转化为毛发样本。色谱图显示,当使用可卡因作为参比时,由于未衍生化,使用 HFBA/HFIPOH 衍生化时 BE 的丰度高于使用 BSTFA 衍生化后的 BE 的丰度。

最近,质谱联用高效液相色谱(high-performance liquid chromatography,LC－MS)已开始成为毒理学实验室的常规仪器。其中一些使用 LC－MS[34],也有的使用 LC－MS/MS[21,22,37]。与 GC－MS 相比,LC－MS 的主要优点是可以直接分析极性化合物,无需任何衍生化程序,节省了时间,这在常规分析中非常重要。另一个优势是新型 LC‐MS/MS 仪器的高灵敏度,它可以检测每毫克毛发皮克范围内的浓度。

尽管如此,LC‐MS 设备比 GC‐MS 昂贵,而且并不是所有的实验室都能负担得起。因此,GC‐MS 仍然是毛发分析中应用最广泛的仪器方法。

4.3　质　量　控　制

在毒理学分析中正确应用分析方法的要求之一是保证结果。因此,质量控制必须是任何分析实验室的首要目标,以消除系统误差并最大限度地减少意外错误的可能性。"质量保证"是用来表示为确保实现指定的质量目标而进行的实践术语。它包括内部质量控制和外部质量控制[54]。

4.3.1　内部质量控制

在常规毛发分析程序之前,必须确认几个参数,包括:线性、灵敏度、检测限、定量限、回收率、精密度等。

与均质的体液分析相比,毛发分析的问题在于样本的制备,因为加标对照样本不能替代吸毒者的真实毛发。理想的情况是用足够数量的真实吸毒者毛发制备一个均匀的样本池,所有的检测都在样本池里进行。然而,这是非常困难的,如果准备得当,吸毒者的毛发可以用浸泡过的对照品代替。SoHT 提出的一种技术[31]是将不含毒品的毛发暴露在高浓度毒品水溶液中数天,然后在干燥和分析之前彻底清洗毛发。另一种是遵循美国国家标准与技术研究院(National Institutes of Standards and Technology, NIST)使用的方案来制备参考样本。如 Welch 等所述[55],简言之,该方案如下:将已知数量的待研究分析物放入烧杯中,溶解在水中并进行超声处理。然后,让毛发在含有二甲亚砜中的 0.02 mol/L HCl 中浸泡 16.5 天。倾析母液后,用甲醇冲洗毛发数次。

一旦获得足够的对照样本,验证检测的执行与使用生物体液进行的检测类似。

4.3.2　外部质量控制或实验室间比较研究

对于外部质量控制,实验室应参加能力验证计划,将真实的标准毛发样本送去检测[31]。实验室必须以与常规样本相同的方式分析样本。

一些机构和实验室组织过一些实验室间的能力比较和验证（proficiency tests，PT），这种活动也在继续进行。1995 年，Kintz[56] 进行过实验室间比较，将阿片类毒品和可卡因过量致死的毛发样本分发给 14 个实验室，其中 4 个来自法国，其他来自世界各地。所有法国实验室都使用相同的方法[44]，包括用 0.1 mol/L HCl 提取和 GC - MS 分析。其他参与者使用了不同的提取方法，主要是酸性提取（3 个实验室）、溶剂提取（4 个实验室）和酶消化提取（3 个实验室）。大多数参与者在识别目标化合物方面没有任何困难。获得的可卡因定量结果表明，没有一种方法能够提供更高或更精确的结果。

19 世纪 90 年代，NIST 组织了一系列实验室间的比较研究，以确定实验室检测和量化毛发中滥用毒品的能力[57,58]。20 个实验室参加过一次或多次训练。第一个训练包括粉状毛发，而在随后的训练中，使用的是切成小段的样本。样本包括吸毒者的毛发、未吸毒的毛发和浸泡过毒品的毛发。不同研究的结果表明，实验室在定性方面的表现非常好，阴性报告的假阳性率很低。一些实验室在所有训练中始终表现良好，证明其可以提供准确的结果报告。定量结果则非常分散，部分原因是参与者使用了不同的分析程序，也有经验上的差异。使用不同方法从毛发中释放毒品，最常用的方法（稀盐酸和甲醇提取以及缓冲酶消化）都产生了类似的结果。关于分析中使用的仪器的影响，LC - MS 获得的结果与 GC - MS 获得的结果没有区别。

Montagna 和她的同事[59] 也组织过实验室间的比较研究，以评估所提出的作为标准化方案的分析程序的性能[16]。16 个在毛发检测方面有不同经验的法医和临床实验室参与了这项研究。每个参与者都收到三个真实样本（一个阴性，一个低浓度，一个高浓度），要求使用相同的方法，包括用 0.1 mol/L HCl 提取、SPE 纯化、MSTFA 衍生和 GC - MS 分析。结果表明，由具有毛发检测经验的实验室实施时，所提出的方法提高了结果的质量和一致性。因为变异系数低于应用不同方法的其他研究得出的系数[58,60,61]。

几个与毒理学和/或毛发检测有关的协会也实施过能力验证计划。自 1992 年以来，法国分析毒理学学会（French Society of Analytical Toxicology，SFTA）一直在组织实施能力验证计划，以提高实验室在法医案件中毛发分析的能力。最初，4 个实验室参与了三项训练，并于 1994 年就阿片类毒品和可卡因达成共识[44]。该程序包括用二氯甲烷去污、用 0.1 mol/L HCl 提取、液/液萃取纯化和

GC‐MS 分析。目前,大约有 10 个实验室参与了每次的训练,该训练计划每年进行一到两次。每项调查都针对一种滥用毒品或一个药理学体系[62]。对于可卡因,定性结果非常好,没有假阳性,只有 1% 的假阴性。定量结果似乎很好,与其他国际调查相比差距较小[57]。这可能是因为所有参与者都使用了联合分析程序。

　　SoHT 的目标之一是举行能力检测(proficiency tests,PT),以便所有毛发分析实验室都能产生可比较的结果,或至少能检测到相同的化合物。因此,自1995 年创建 SoHT 以来,SoHT 已经组织了几次 PTs,1995 年[60]举行了第一次,1997 年举行了第二次。2001 年以后每年组织一次 PT[63,64]。参与者每年或多或少都差不多,大约有 20 个(从 2001 年的 18 个到 2004 年的 25 个),其中三个是参考实验室。阳性样本取自吸食不同类型毒品的吸毒者,并以短片段的形式发送。实验室被要求分析阿片制剂、可卡因、苯丙胺和大麻。全部的参与者在所有练习中分析了阿片类毒品和可卡因化合物,但并非所有实验室都分析苯丙胺和大麻。总的来说,所有练习的定性结果都非常好且相似。对阳性样本,每年约有5% 的假阴性报道,其中大部分来自经验不足的参与者,对阴性样本,MAM 在 4年内仅有一个假阳性报道。

　　所有的参与者同时从毛发中提取可卡因和阿片类化合物。他们采用了不同的提取方法,包括酸提取、酶消化、甲醇提取和不同类型的缓冲液。但大多数采用酸性和甲醇提取。图 4.2a 显示了在 2004 年的检测中,参与者在其中一个样本中进行甲醇和酸性提取时所报道的可卡因浓度。根据图 4.2a 中显示的结果,无法得出一种方法优于另一种方法的结论,因为两种方法都提供了相似且非常分散的回收率。根据实验室的经验(每年分析次数少于或多于 100 次),图 4.2b显示了不同经验对同一样本结果的影响。在这种情况下,有经验的参与者报告了类似和相同的结果,与应用的提取方法无关;而另一组则相反,数据非常分散。不同练习的结果表明,与提取选择的特定方法相比,良好的实验室技术和高水平的经验对于获得良好结果更为重要。

　　毛发检测经验的重要性得到了"HAIRVEQ"结果的佐证,HAIRVEQ 是一项对头发进行质量控制的项目,目的是评估意大利实验室对滥用药物毛发检测的表现[65]。有 23 名参与者来自意大利卫生系统(20 个实验室)和法医学研究所(3 个实验室)。大多数参与者在这些分析中没有或只有很少的经验。结果假阳性结果的发生率很高。在全球范围内,当评估定性结果时,23 名参与者中的 19

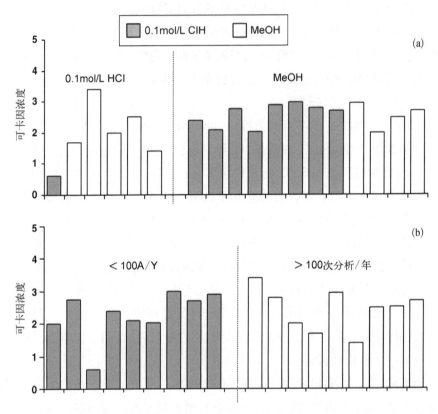

图 4.2　2004 年 SoHT 组织的 PT 实验参与者报告的可卡因浓度。（a）提取方法的影响,酸性提取与甲醇提取;（b）毛发分析经验的影响(每年少于或多于 100 次分析)。

个实验室(约 82%)报告了错误结果(6 个假阴性,6 个假阳性,7 个假阳性和假阴性)。

　　通过对实验室间比较研究或能力测验项目的讨论,我们得出的主要结论是:毛发检测的具体和广泛的经验对于提供可靠的定性和定量结果至关重要,而与分析程序无关。

4.4　检测结果解释

　　毛发检测中最关键的问题之一是对分析结果的解释。毫无疑问,人与人之间的检测结果存在很大差异。不确定性或未知因素可能导致这种差异,下面将讨论其中的一些因素。在下面的小节中,我们将讨论为定义阳性结果而建立恰当的阈值的必要性。此外,根据文献,我们还将考虑一些经常遇到的问题,例如是否有可能建立(a)毒品消耗量与毛发中发现的浓度之间的关系,(b)可卡因消耗与它在毛发中的检测浓度之间的时间延迟。最后,我们将考虑毛发美发处理的影响,并试图确定偏差是否归因于个人的毛发颜色。

4.4.1　毛发样本中可卡因检测的阈值

在毛发分析检测早期,由于毛发分析的可行性很大程度上取决于如何避免由环境污染造成的阳性结果的错误解释,因为这种情况造成了相当大的困惑。环境暴露通常涉及的毒品浓度非常低,但这些检测中使用的仪器的灵敏性越来越高,一些 MS/MS 设备能够在芬克每毫克范围内检测毒品。因此,建立适当的阈值,即阳性阈值非常重要[66]。

毛发检测中最具争议、讨论最广泛的一个问题是建立适当的阈值。不同的情况会导致不同的问题,需要不同的阈值。生活在受毒品污染环境中的毒贩与试图获得驾驶执照的人的情况不同;毛发对不同毒品的吸收是不同的。例如,可卡因的进入能力是 THC – COOH 的 3 600 倍[67]。因此,这两种化合物需要不同的阈值。分析方法也需要有不同的阈值,因为并非所有仪器或所有技术都具有相同的灵敏度。

1993 年,在美国国家标准与技术研究院(National Institutes of Standards and Technology,NIST)的一次会议上,学者们提议将可卡因的阈值设为 1 ng/mg。此后,有几位作者提出了不同的阈值,具体取决于国家、分析目的和所采用的分析方法。在意大利,首先是 Tagliaro 等[68] 和后来的 Montagna 等[4] 提出驾驶执照的阈值为 0.1 ng/mg。Montagna 解释道,选择如此低的阈值源于 GC/MS 方法的高选择性和敏感度以及研究人群毛发中较低的毒品浓度。向慕尼黑的巴伐利亚州调查局[14] 报告可卡因阳性结果的标准是可卡因浓度超过 0.5 ng/mg 以及可检测到 BE 和偶尔检测到 EBE。Pépin 和 Gaillard[66] 根据他们在司法案件中的经验确定了 1 ng/mg 的上限。Kintz 和 Mangin[69] 根据被分析者的特征提出了两个阈值 0.5 和 1 ng/mg。Quintela 等在评估西班牙大学生对可卡因和其他毒品的使用时,报道了最高的阈值,2 ng/mg。在美国,Baumgartner 和 Hill[71] 提出工作场所毒品检测的下限为 0.5 ng/mg,以防止被动内源性毒品暴露,而毛发检测工作组[72] 通过 GC/MS 对所有类型的样本建立的下限为 1.0 ng/mg。

2004 年,SoHT[31] 和 SAMHSA 两个组织[73]提出的阈值见表 4.2。SoHT 建议,对法医样本,用免疫化学检测时,阳性可卡因的阈值为 0.5 ng/mg。SAMHSA 对工作场所药物检测的筛查方法提出了相同的阈值。关于确认技术,利用质谱法,两个组织都同意他们提议的阈值:可卡因及其代谢物的浓度分别低于或等于 0.5 和 0.05 ng/mg。此外,SoHT 建议,对于阳性结果,色谱分析应包括可卡因和以下至少一种代谢物:BE、EBE、去甲可卡因或 EME。要将样本报道为可卡因阳性,SAMHSA 规定可卡因浓度应大于或等于确认阈值,此外,必须满足以下要求之一:BE/可卡因的比率必须大于或等于 0.05,或 EBE 或去甲可卡因必须大于或等于 0.05 ng/mg。

表 4.2　可卡因分析的筛查和确认方法的阈值

	筛查方法(pg/mg)		确认方法(pg/mg)		
毒品	SAMHSA	SoHT	复合物分析	SAMHSA	SoHT
可卡因	500	500	可卡因	500	500
/	/	/	可卡因代谢物[a]	50	50

[a] 可卡因代谢物:苯甲酰爱康宁,乙基苯甲酰爱康宁,去甲可卡因或爱康宁甲酯。

4.4.2　剂量-浓度关系

在解释毛发分析结果时,最常见的一个问题是研究对象的毛发中最终检测到的毒品量与消费的毒品量之间是否存在可预测的关系。迄今为止,已经发表的关于这个问题的论文表明,存在正反两面争议。目前已有针对滥用毒品和其他毒品的毛发浓度与日剂量之间的关系的论文发表,但这里我们集中讨论可卡因。

有些作者称两者之间没有任何关系。Puschel 等[74]将 13 名吸毒者毛发中的滥用毒品浓度与自我报告的消费量进行了比较,但他们无法建立任何正相关关系。Henderson 等[75]在实验室临床条件下以 0.6~4.2 mg/kg 的剂量向 25 名志愿者施用可卡因- d_5。发现当增加可卡因的剂量时,毛发中通常存在更多毒品。但进入毛发的毒品量与受试者接受的剂量之间的相关性较差(相关系数范围为 0.5 至 0.6),因为剂量的大幅增加导致进入的可卡因量仅略有增加。

我们实验室研究剂量浓度关系时获得了相反的结果[76],每批 9 只大鼠腹腔注射 40 mg/kg 或 60 mg/kg 可卡因。结果表明,较高的剂量对应于较高的浓度。此外,施用的可卡因剂量与毛发中发现的浓度之间的相关系数非常好($r^2 = 0.86$),

表明可卡因进入毛发是剂量依赖性的。类似地,Ferko 等[77] 在 28 天的时间里给老鼠增加剂量的可卡因,观察到剂量越高可卡因在毛发中积累的浓度就越高。

Ropero-Miller 等[78] 证明了受控皮下注射可卡因后,人毛发中可卡因和代谢物的浓度与剂量相关。8 名志愿者参加了为期 10 周的住院临床研究。在低剂量周,他们隔天服用 75 mg/70 kg,而在高剂量周,他们服用 150 mg/70 kg。在低剂量(1.7~5 ng/mg)和高剂量(5.1~27 ng/mg)的最大浓度方面,受试者间存在相当大的差异。然而,在同一个人身上,低剂量给药后毛发中的平均峰值浓度大约是高剂量给药后观察到的浓度的一半。

对居住在安全研究病房中的 10 名志愿者进行的类似设计的实验中,Scheidweiler 等[79] 观察到毛发样本中存在显著的剂量-浓度关系。在低剂量和高剂量后 1 至 3 周发现可卡因和代谢物浓度最大。在可卡因和代谢物浓度中观察到受试者间相当大的差异性;然而,十名受试者中有九名的剂量-浓度关系是一致的。

这些研究证实了之前的动物和人类研究报道的毛发中可卡因浓度与剂量相关。Hubbard 等[80] 发现,在连续五天每天腹膜内注射可卡因 5 mg/kg、10 mg/kg 和 20 mg/kg 后 2 周,收集的大鼠毛发中可卡因、EME、BE 和去甲可卡因的浓度与剂量相关。

到目前为止,毒品摄入量和毛发含量之间的关系只在受控毒品管理和在内部安全区域进行的前瞻性研究中观察到。显然,这是一种不现实的情况,其他的研究未能建立任何关系也不足为奇,特别是如果我们考虑到许多可能影响这种相关性的因素,例如,当回顾性研究中的毒品量是根据自我报告的消费量而进行估计的。这种选择有几个缺点,例如街头毒品的纯度(这是未知的),或消费量不确定性(可能过高或过低),因为可卡因是一种非法化合物。

一些个体情况也可能或多或少地成为造成剂量-浓度关系偏差的干扰因素,包括毛发生长周期(不均匀)、毛发颜色和美发处理。最后,汗液和皮脂分泌物的差异也可能会产生一定的影响,因为可卡因是一种非电离的脂溶性毒品,可以通过与这些分泌物接触的方式进入毛发。

总之,从毛发分析中得到的结果可以推断,对同一个人,高浓度的可卡因对应较高的消费量,反之亦然。然而,在毛发中使用定量毒品测量来确定毒品消耗量的想法是不可行的。

4.4.3　毛发样本中可卡因的检测窗口

不同的情况会导致不同的问题。一方面,从可卡因第一次被吸食到从毛发中检测到可卡因需要多长时间是人们感兴趣的一个问题。另一方面,被监禁的人或参加戒毒计划的人想确定服用毒品后多久才能从毛发中检测到母体毒品或代谢物。这些问题很难回答,因为很少有研究关注毛发样本中可卡因的检测窗口。

由于给健康的志愿者服用可卡因等非法毒品存在伦理问题,大多数实验都是在动物身上进行的。因此,Ferko 等[77]在 28 天的时间里给大鼠腹腔注射 5 mg/kg、10 mg/kg、20 mg/kg 的可卡因,收集毛发样本直到检测不到可卡因和 BE。这两种化合物都是在首次给药 4 天后的第一次采样中检测到,而在结束最高剂量给药后,需要 25 到 30 天才能从毛发中去除这两种化合物。此外,本研究还确定毒品消失遵循一级动力学规律。

Jurado 和他的同事在先用兔子[81]后用大鼠[76]的实验中也得到了类似的结果。兔子接受了单次腹腔注射可卡因 5 mg/kg 的剂量,而大鼠分成两批,每批分别服用 40 mg/kg 和 60 mg/kg 的可卡因。在三周内每天收集毛发。第一次取样时(即给药后一天)开始检测到可卡因,在兔子中持续检测了 9 天。在大鼠实验中,检测时间随着给药剂量的增加而增加。在接受 40 mg/kg 可卡因的批次中,毒品被检测到 11 天,而在施用 60 mg/kg 的大鼠中,可卡因在 14 天内仍可检测到。

Hubbard 等进行的另一项研究与先前描述的研究一致[80]。他们对 Long-Evans 大鼠腹腔注射可卡因剂量为 5 mg/kg、10 mg/kg、20 mg/kg,持续 5 天。每天收集毛发,持续 14 天。在单次给药后 1 h 检测到可卡因,并在整个 14 天的研究期间持续检测到可卡因。

Henderson 等对人类志愿者进行了一项内部研究[75]。受试者接受了 0.3 mg/kg、0.6 mg/kg、1.2 mg/kg 的静脉注射剂量以及 0.6 mg/kg 和 1.2 mg/kg 的可卡因-d_5 鼻内剂量。尽管发现受试者间存在相当大的变异性,但他们能够在给药后 8 h(一名受试者)和其他四名受试者给药后 1~3 天检测到可卡因。结果证实了之前的研究,因为更高的剂量会导致更长的检测时间,甚至在单次和多次给药后 2~6 个月。

总之,所有的研究都一致认为,可卡因会很快进入毛发中,而且消失是剂量依赖性的,剂量越大,在毛发中检测到可卡因的时间越长。

4.4.4　毛发颜色的影响

在检测毛发中的滥用毒品时,针对是否存在毛发颜色偏差的问题存在一些争论。黑色素是负责色素沉着的毛发成分。黑色素有两种类型,在深色毛发中占主导地位的真黑色素,以及黄红色褐色素。黑色素共聚物的总量和真黑色素/褐色素比率会导致毛发颜色发生变化。黑色毛发中真黑素与褐色素的比例最高,其次是棕色和金色毛发,最后是红色毛发。与真黑色素相比,红色毛发含有大量的褐色素[82]。Nakahara 等[67]通过体外实验证明毒品进入毛发的比率与毒品与黑色素亲和力相关($r^2 = 0.947$)。

研究人员已经证明黑色素确实与滥用毒品结合。动物模型研究和其他使用体外技术的研究表明,浓度差异似乎与毛发颜色有关。Reid 等[83]在 BE 存在下孵育不同类型的毛发,发现黑色毛发的进入程度更高,其次是棕色毛发,最后是金色毛发。Joseph 等[84]研究了可卡因- d_3在体外进入不同颜色的毛发,并观察到非洲黑毛发进入的可卡因- d_3量是白种人金发的十倍。

这些发现也得到了多项体内研究的证实。通过这种方式,Scheidweiler 等[79]报道了在对人类施用低剂量和高剂量可卡因控制后,总黑色素含量和可卡因最大浓度之间的线性关系。这项研究扩展到可卡因代谢物,并揭示了这种相关性不仅适用于可卡因母体毒品,也包括代谢物(BE、EME、去甲可卡因、EBE)。这些发现与之前报道的 BE 不与黑色素结合的体外研究不一致[82]。Borges 等[82]进行了一项实验,记录可卡因和 BE 与合成黑色素亚型的体外结合:两种黑色真黑色素亚型和两种混合真黑色素/褐色素共聚物。结果表明,可卡因与真黑色素和混合共聚物有不同程度的结合,但不与纯褐色素结合。而 BE 不与任何类型的黑色素结合。结果表明,碱性毒品对黑色素的亲和力大于中性代谢物。

在毒品分析之前从毛发分解物中去除黑色素,理论上可以通过排除与色素结合的毒品来降低黑色素对总毒品浓度的影响。Höld 等[85]得出结论,通过离心从毛发分解物中去除黑色素并不能消除毛发颜色偏差。他们用蛋白酶 K 消化了五个可卡因使用者的毛发。离心后,分别分析沉淀物和上清液。黑色素颗粒中只剩下平均 8.8%±7.0%的可卡因。

一些研究发现,不同毛发色素沉着模式的人在药物浓度上没有差异。Hill 和同事[86]没有发现任何证据证明毛发颜色对可卡因及其代谢物 BE 的浓度有影响。该研究包括来自工作场所就业前分析的 5 352 份黑色毛发样本和 3 600 份棕色金发样本。然而,他们指出,这些分析是通过使用积极的去污方案[20]然后对毛发进行酶消化来进行的。同样,Mieczkowski 和 Newel[87]考察了 8 个不同的数据集,以评估由于毛发颜色而导致的毛发分析解释中可能存在的系统偏差。他们得出结论,颜色对毒品在毛发中的积累起作用。然而,它可能只占毒品积累复杂过程的很小一部分,因为迄今为止在统计上无法检测到这种影响。

4.4.5　美发处理对毒品浓度的影响

　　毛发中毒品分析的一个重要问题是毛发美发处理引起的毒品浓度变化。最流行的美发方法是漂白、染发和烫发。漂白和染色配方是过氧化氢与一种含有氢氧化铵的试剂,再加上乙醇或用于漂白或染色的天然色素的混合物。漂白的目的是将天然色素部分或全部降解,以使毛发颜色更浅,为毛发染色做准备。漂白过程包括两个阶段:黑色素颗粒的降解和色素的脱色[88]。在染色的情况下,脱色后,染色配方中所含的颜料提供所需的颜色。烫发过程分为两个阶段:首先是还原阶段,通常使用碱性巯基乙酸盐,然后使用酸性过氧化氢溶液进行再氧化。

　　因为可卡因是一种非常不稳定的化合物,在这种强处理条件下,它会被降解或变成其他化合物。Tanaka 和同事[89]研究了在过氧化氢(H_2O_2)存在下可卡因化学结构的变化。他们将 100 μg/mL 可卡因溶液和 30% H_2O_2 的混合物在 39℃下孵育 24 h。在 LC - MS 分析中发现了 6 种反应产物(EME、BE、邻羟基可卡因、间羟基可卡因、对羟基可卡因和二羟基可卡因)。这些产物在可卡因和 H_2O_2 混合后立即形成,它们的含量随着时间的推移而增加,而可卡因的含量随着孵化时间的推移而减少。

　　根据文献报道,无论是从吸毒者获得的毛发样本,还是接受不同治疗的毛发样本,大多数关于美发处理对可卡因浓度影响的研究都是在体外进行的。Welch 等[90]将可卡因和 BE 检测阳性的毛发样本分成 8 份,其中两份未经处理用作参考。其他 6 份用下列物质之一进行 20 h 处理:无水乙醇、30% H_2O_2、碱性烫发、去屑洗发水、1% NaCl 水溶液或染发剂。所有处理后观察到毒品浓度降低,碱性溶液和 30% H_2O_2 的降低幅度最大(80%~95%)。染发剂、模拟汗液(1% NaCl)和乙醇浓度仅略微降低,而去屑洗发水中等。因为所采用的条件非常极端(20 h 的处理时间比通常用于美容的处理时间长得多),作者[90]在更现实的条件下用古柯浸泡过的毛发进行了一项新实验,接触时间为 0 min、10 min、20 min 和 30 min。在这些条件下,不同处理没有产生大的结果差异。30 min 后,毛发保留了原始可卡因含量的 20%~40%。

Cirimele 等[91]首次报道了美发处理后体内可卡因浓度的差异。他们分别挑选和分析了一名用 H_2O_2 处理过毛发的女性的漂白和未漂白毛发。在漂白的毛发中发现可卡因浓度降低了 65%。类似地,Jurado 等[92]通过分析漂白或染色处理过的毛发样本,研究了美发处理在体内的效果。他们发现,接受过美发处理的毛发数量大幅下降,而且这种下降趋势在漂白毛发中倾向更高(可卡因和 BE 的平均降幅分别为 66.2% 和 61.2%),而染色的毛发(可卡因和 BE 的平均降幅分别为 43.4% 和 36.6%)。对比可卡因和 BE,毒品的减少与代谢产物的减少有较好的一致性。在研究毛发损伤程度的影响时,作者得出结论,毛发受损越严重,毒品浓度水平的差异越大[92]。Yegles 等对过量服用致命毒品的毛发进行的研究表明,体外漂白降低了毛发中的毒品含量。可卡因、BE 和 EBE 分别减少了34.2%、60.4% 和 38.4%。

美发处理的另一个问题是在环境污染的条件下,经过美发处理的毛发可能会吸收可卡因(另见第 2 章)。有两项研究得出了相反的观点。Kidwell 和Blank[23]用 Clairol® Nice'n Easy® 染发剂处理毛发,时间长度,从 20 min 到80 min 不等。之后,将毛发暴露于 1 μg/mL 的可卡因溶液中。结果表明,处理时间越长,可卡因在毛发样本中的进入量就越大。

相比之下,Skopp 等[94]声称,漂白和烫发的假阳性结果的风险确实存在,但并不是特别严重。他们准备了四套深金色的毛发。一个保持原始状态,其他的则接受三种不同的治疗:烫发、轻度和重度漂白。之后,将它们在含有人工汗液或皮脂的 2.0 g 毒品中孵育。可卡因的进入浓度范围为 0.33~0.90 ng/mg,具体取决于毛发处理方式,严重漂白后浓度更高。就 BE 而言,未在原始毛发和烫发中检测到,而在两种漂白样本中均检测到 BE(1.35 ng/mg 和 1.15 ng/mg)。一般来说,与经过美发处理的毛发相比,原始毛发中的毒品浓度略低;然而,数量非常少,接近阈值。

总之,在解释毛发样本中的毒品滥用分析时,必须考虑美发处理对毛发的影响,尤其是在毛发严重受损的情况下。

致谢

作者感谢 Manuel Menéndez 博士在文献综述方面的合作以及 Glenn Figueroa 在语言风格方面的帮助。

缩写

APCI	大气压化学电离
BE	苯甲酰爱康宁
BSTFA	N,O-双三甲基甲硅烷基-三氟乙酰胺
CH_2Cl_2	二氯甲烷
CO_2	二氧化碳
DTE	二硫苏糖醇
EBE	乙基苯甲酰爱康宁或乙基苯酰爱康因
EI	电子冲击
EIA	微孔板酶联免疫分析
ELISA	酶联免疫吸附检测
EME	芽子碱甲酯
FPIA	荧光偏振免疫分析
GC-MS	气相色谱-质谱联用
HCl	盐酸
HFBA	七氟丁酸酐
HFPIOH	1,1,1,3,3,3-六氟异丙醇
HPLC	高效液相色谱
HPLC-FL	带荧光检测器的高效液相色谱
HS-SPME	顶空-固相微萃取
LC-MS	高效液相色谱-质谱
LLE	液液萃取
MeOH	甲醇
MS	质谱
MSTFA	N-甲基-N-三甲基甲硅烷基三氟乙酰胺
MTBSTFA	N-甲基-N-叔丁基二甲基甲硅烷基三氟乙酰胺
NCI	负化学电离
NIST	美国国家标准与技术研究院
PAA	丙酸酐
PCI	正化学电离
PFPA	五氟丙酸酐
PT	能力检测
Py	吡啶
r.t.	室内温
RIA	放射免疫分析
SFE	超临界流体萃取
SFTA	法国分析毒理学学会
SoHT	毛发检测协会
SPE	固相萃取
SPME	固相微萃取

TEA	三乙胺
TFA	三氟乙酸
TFAA	三氟乙酸酐

参考文献

1. Garside, D. and Goldberger, B.A., Determination of cocaine and opioids in hair, in Drug Testing in Hair, Kintz, P., Ed., CRC Press, Boca Raton, FL, 1996, chap. 6.

2. Kintz, P., Drug Testing in Hair, CRC Press, Boca Raton, FL, 1996.

3. Goldberger, B., Darraj, A.G., Caplan, Y.H., and Cone, E., Detection of methadone, methadone metabolites, and other illicit drugs of abuse in hair of methadone-treatment subjects, J. Anal. Toxicol., 1998, 22: 526.

4. Montagna, M., Stramessi, C., Vignale, C., Groppi, A., and Polettini A., Simultaneous hair testing for opiates, cocaine and metabolites by GCMS: a survey of applicants for driving licences with a history of drug use, Forensic Sci. Int., 2000, 107: 157.

5. Romolo, F.S., Rotolo, M.C., Palmi, I., Pacifici, R., and Lopez, A., Optimized conditions for simultaneous determination of opiates, cocaine and benzoylecgonine in hair samples by GC – MS, Forensic Sci. Int., 2003, 138: 17.

6. Segura, J., Stramesi, C., Redon, A., Ventura, M., Sanchez, C.J., Gonzalez, G., San, L., and Montagna, M., Immunological screening of drugs of abuse and gas chromatographic-mass spectrometric confirmation of opiates and cocaine in hair, J. Chromatogr. B, 1999, 724: 9.

7. Pichini, S., Pacifici, R., Altieri, I., Pellegrini, M., and Zuccaro, P., Determination of opiates and cocaine in hair as trimethylsilyl derivatives using gas chromatographytandem mass spectrometry, J. Anal. Toxicol., 1999, 23: 343.

8. Paterson, S., McLachlan-Troup, N., Cordero, R., Dohnal, M., and Carman, S., Qualitative screening for drugs of abuse in hair using GC – MS, J. Anal. Toxicol., 2001, 25: 203.

9. Skender, L., Karai, V., Bri, I., and Bagari, A., Quantitative determination of amphetamines, cocaine and opiates in human hair by gas chromatography/mass spectrometry, Forensic Sci. Int., 2002, 125: 120.

10. De Toledo, C.P.F., Yonamine, M., Lucia de Moraes Moreau, R., and Alves Silva, O., Determination of cocaine, benzoylecgonine and cocaethylene in human hair by solidphase microextraction and gas chromatography-mass spectrometry, J. Chromatogr. B, 2003, 798: 361.

11. Cingolani, M., Scavella, S., Mencarelli, R., Mirtella, D., Froldi, R., and Rodriguez, D., Simultaneous detection of morphine, 6 – acetylmorphine, and cocaine in toenails: comparison with hair analysis, J. Anal. Toxicol., 2004, 28: 128.

12. Gambelunghe, C., Rossi, R., Ferranti, Ch., Rossi, R., and Bacci, M., Hair analysis by GC/MS/MS to verify abuse of drugs, J. Appl. Toxicol., 2005, 25: 205.

13. Brewer, W.E., Galipo, R.C., Sellers, K.W., and Morgan, S.L., Analysis of cocaine, benzoylecgonine, codeine and morphine in hair by supercritical fluid extraction with carbon dioxide modified with methanol, Anal. Chem., 2001, 73: 2371.

14. Uhl, M., Tandem mass spectrometry: a helpful tool in hair analysis for the forensic expert, Forensic Sci. Int., 2000, 107: 169.

15. Sporkert, F. and Pragst, F., Determination of lidocaine in hair of drug fatalities by headspace solid-phase microextraction, J. Anal. Toxicol., 2000, 24: 316.

16. Gentili, S., Cornetta, M., and Macchia, T., Rapid screening procedure based on headspace solid-phase microextraction and gas chromatography-mass spectrometry for the detection of many recreational drugs in hair, J. Chromatogr. B, 2004, 801: 289.

17. Girod, C. and Staub, C., Analysis of drugs of abuse in hair by automated solid-phase extraction, GC/EI/MS and GC ion trap CI/MS, Forensic Sci. Int., 2000, 107: 261.

18. Cognard, E., Rudaz, S., Bouchonnet, S., and Staub, C., Analysis of cocaine and three of its metabolites in hair by gas chromatography-mass spectrometry using ion-trap detection for CI/MS/MS, J. Chromatogr. B, 2005, 826: 17.

19. Clauwaert, K.M., Van Bocxlaer, J.F., Lambert, W.E., Van den Eckhout, E.G., Lemière, F., Esmans, E.L., and De Leenheer, A.P., Narrow-bore HPLC in combination with fluorescence and electrospray mass spectrometric detection for the analysis of cocaine and metabolites in human hair, Anal. Chem., 1998, 70: 2336.

20. Baumgartner, W.A. and Hill, V.A., Sample preparation techniques, Forensic Sci. Int., 1993, 63: 121.

21. Schaffer, M.I., Wang, W.L., and Irving, J., An evaluation of two wash procedures for the differentiation of external contamination versus ingestion in the analysis of human hair samples for cocaine, J. Anal. Toxicol., 2002, 26: 485.

22. Kronstrand, R., Nyström, I., Strandberg, J., and Druid, H., Screening for drugs of abuse in hair with ion spray LC − MS − MS, Forensic Sci. Int., 2004, 145: 183.

23. Kidwell, D.A. and Blank, D.I., Environmental exposure: the stumbling block of hair testing, in Drug Testing in Hair, Kintz, P., Ed., CRC Press, Boca Raton FL, 1996, chap. 2.

24. Wang, W.L. and Cone, E.J., Testing human hair for drugs of abuse, IV: environmental cocaine contamination and washing effects, Forensic Sci. Int., 1995, 70: 39.

25. Blank, D.I. and Kidwell, D.A., External contamination of hair by cocaine: an issue in forensic interpretation, Forensic Sci. Int., 1993, 63: 145.

26. Blank, D.L. and Kidwell, D.A., Decontamination procedures for drugs of abuse in hair: are they sufficient? Forensic Sci. Int., 1995, 70: 13.

27. Paulsen, R.B., Wilkins, D.G., Slawson, M.H., Sahw, K., and Rollins, D.E., Effect of four laboratory decontamination procedures on the quantitative determination of cocaine and metabolites in hair by HPLC − MS, J. Anal. Toxicol., 2001, 25: 490.

28. Morrison, J.F., Chesler, S.N., Yoo, W.I., and Selavka, C.M., Matrix and modifier effects in the supercritical fluid extraction of cocaine and benzoylecgonine from human hair, Anal. Chem., 1998, 70: 163.

29. Morrison, J.F., Sniegoski, L.T., and Yoo, W.I., Evaluation of Analytical Methodologies for Non-Intrusive Drug Testing: Supercritical Fluid Extraction of Cocaine from Hair, NIJ Report

601, U.S. Department of Justice, National Institute of Justice, Dec. 1998.

30. Anon., Society of Hair Testing, Statement of the Society of Hair Testing concerning the examination of drugs in human hair, Forensic Sci. Int., 1997, 84: 3.

31. Anon., Society of Hair Testing, Recommendations for hair testing in forensic cases, Forensic Sci. Int., 2004, 145: 83.

32. Möller, M.R. and Eser, H.P., The analytical tools for hair testing, in Drug Testing in Hair, Kintz, P., Ed., CRC Press, Boca Raton, FL, 1996, chap. 4.

33. Bourland, J. A., Hayes, E. F., Kelly, R. C., Sweeney, S. A., and Hatab, M. M., Quantitation of cocaine, benzoylecgonine, cocaethylene, methylecgonine and norcocaine in human hair by positive ion chemical ionization (PICI) gas chromatography-tandem mass spectrometry, J. Anal. Toxicol., 2000, 24: 489.

34. Paulsen, R.B., Wilkins, D.G., Slawson, M.H., Shaw, K., and Rollins, D.E., Quantitation of cocaine and metabolites in hair via API – ES LC – MSD, Abstract. J. Anal. Toxicol., 2001, 25: 363.

35. Tagliaro, F., Valentini, R., Manetto, G., Crivillente, F., Carli, G., and Marigo, M., Hair analysis by using radioimmunoassay, high-performance liquid chromatography and capillary electrophoresis to investigate chronic exposure to heroin, cocaine and/or ecstasy in applicants for driving licenses, Forensic Sci. Int., 2000, 107: 121.

36. Höld, K. M., Wilkins, D. G., Rollins, D. E., Joseph, R. E., Jr., and Cone, E. J., Simultaneous quantitation of cocaine, opiates, and their metabolites in human hair by positive ion chemical ionization gas chromatography-mass spectrometry, J. Chromatogr. Sci., 1998, 36: 125.

37. Scheidweiler, K.B. and Huestis, M.A., Simultaneous quantification of opiates, cocaine and metabolites in hair by LC – APCI – MS/MS, Anal. Chem., 2004, 76: 4358.

38. Nakahara, Y., Kikura, R., and Takahashi, K., Hair analysis for drugs of abuse, VIII: effective extraction and determination of 6 – acetylmorphine and morphine in hair with trifluoroacetic acid-methanol for the confirmation of retrospective heroin use by gas chromatography-mass spectrometry, J. Chromatogr. B, 1994, 657: 93.

39. Cirimele, V., Kintz, P., and Mangin, P., Comparison of different extraction procedures for drugs in hair of drug addicts, Biomed. Chromatogr., 1996, 10: 179.

40. Eser, H.P., Pötsch, L., Skopp, G., and Möller, M.R., Influence of sample preparation on analytical results: drug analysis (GC/MS) on hair snippets versus hair powder using various extraction methods, Forensic Sci. Int., 1997, 84: 271.

41. Staub, C. and Edder, P., Importance of supercritical fluid extraction (SFE) in hair analysis, in Drug Testing in Hair, Kintz P., Ed., CRC Press, Boca Raton, FL, 1996, chap. 5.

42. Maxwell, R.J. and Morrison J.F., in Handbook of Analytical Therapeutic Drug Monitoring and Toxicology, Wong S. and Sunshine I., Eds., CRC Press, Boca Raton, FL, chap. 5.

43. Cirimele, V., Kintz, P., Majdalani, R., and Mangin, P., Supercritical fluid extraction of drugs in drug addict hair, J. Chromatogr. B, 1995, 673: 173.

44. Kintz, P., Analyses des opiaés et de la cocaine dans les cheveaux par couplage CG – MS: consensus sur l'analyse des substances organiques dans les cheveaux, Toxicorama, 6, 1994.

45. Strano-Rossi, S. and Chiarotti, M., Solid phase microextraction for cannabinoids analysis in

hair and its possible application to other drugs, J. Anal. Toxicol., 1999, 23: 7.

46. Spiehler, V., Hair analysis by immunological methods from the beginning to 2000, Forensic Sci. Int., 2000, 107: 249.

47. Balabanova, S., Brunner, H., and Nowak, R., Radioimmunological determination of cocaine in human hair, Z. Rechtsmed., 1987, 98: 229.

48. Baumgartner, W.A., Black, C.T., Jones, P.F., and Blahd, W.H., Radioimmunoassay of cocaine in hair: concise communication, J. Nucl. Med., 1982, 23: 790.

49. Valente, D., Cassani, M., Pigliapochi, M., and Vansetti, G., Hair as the sample in assessing morphine and cocaine addiction, Clin. Chem., 1981, 27: 1952.

50. Moore, C., Deitermann, D., Lewis, D., Feeley, B., and Niedbala, R.S., The detection of cocaine in hair specimens using micro-plate enzyme immunoassay, J. Forensic Sci., 1999, 44: 609.

51. Tagliaro, F., Poiesi, C., Aiello, R., Dorizzi, R., Ghielmi, S., and Marigo, M., Capillary electrophoresis, a new tool for the investigation of illicit drugs in hair: determination of cocaine and morphine, J. Chromatogr., 1993, 638: 303.

52. Tagliaro, F., Manetto, G., Aiello, R., Crivellente, F., Scarcella, D., and Marigo, M., Hair analysis for abused drugs by capillary-zone electrophoresis and field-amplified sample stacking, Forensic Sci. Int., 1998, 92: 259.

53. Segura, J., Ventura, R., and Jurado, C., Derivatization procedures for gas chromatographic-mass spectrometric determination of xenobiotics in biological samples, with special attention to drugs of abuse and doping agents, J. Chromatogr. B Biomed. Appl., 1998, 713: 61.

54. Ferrara, S.D., Importance of quality assurance in testing drugs of abuse, Forensic Sci. Int., 1993, 63: 305.

55. Welch, M.J., Sniegoski, L.T., and Tai, S., Two new standard reference materials for the determination of drugs of abuse in human hair, Anal. Bioanal. Chem., 2003, 376: 1205.

56. Kintz, P., Interlaboratory comparison of quantitative determinations of drugs in hair samples, Forensic Sci. Int., 1995, 70: 105.

57. Welch, M.J., Sniegoski, L.T., and Allgood, C.C., Interlaboratory comparison studies on the analysis of hair for drugs of abuse, Forensic Sci. Int., 1993, 63: 295.

58. Sniegoski, L.T. and Welch, M.J., Interlaboratory studies on the analysis of hair for drugs of abuse: results from the fourth exercise, J. Anal. Toxicol., 1996, 20: 242.

59. Montagna, M., Polettini, A., Stramesi, C., Groppi, A., and Vignali, C., Hair analysis for opiates, cocaine and metabolites: evaluation of a method by interlaboratory comparison, Forensic Sci. Int., 2002, 128, 79.

60. Sachs, H., Quality control by the society of hair testing, Forensic Sci. Int., 1993, 84: 145.

61. Sachs, H. and Möller, M.R., Interlaboratory comparison of quantitative GC/MS methods for drugs in hair, Proceedings of the 30th TIAFT International Meeting, Fukuoka, Japan, Oct. 19 – 23, 1992, p. 33.

62. Deveaux, M., Kintz, P., Goullé, J.P., Bessard, J., Pepin, G., and Gosset, D., The hair analysis proficiency testing program of the French Society of Analytical Toxicology, Forensic Sci. Int., 2002, 107: 389.

63. Anon., Proficiency test for the analysis of hair for drugs of abuse, organized by the Society of

Hair Testing, Forensic Sci. Int., 2002, 133: 175.

64. Jurado, C. and Sachs, H., Proficiency test for the analysis of hair for drugs of abuse: the three years experience of the Society of Hair Testing, presented at Third European Meeting on Hair Analysis, Heraklion, Crete, Oct. 6 – 8, 2003, p. 14.

65. Pichini, S., Ventura, M., Pujadas, M., Ventura, R., Pellegrini, M., Zuccaro, P., Pacifici, R., and de la Torre, R., HAIRVEQ: an external quality control scheme for drugs of abuse analysis in hair, Forensic Sci. Int., 2004, 145: 109.

66. Pépin, G. and Gaillard, Y., Concordance between self-reported drug use and findings in hair about cocaine and heroin, Forensic Sci. Int., 1997, 84: 37.

67. Nakahara, Y., Takahashi, K., and Kikura, R., Hair analysis for drugs of abuse, X: effect of physicochemical properties of drugs on the incorporation rates into hair, Biol. Pharm. Bull., 1995, 18: 1223.

68. Tagliaro, F., De Battisti, Z., Lubli, G., Neri, C., Manetto, G., and Marigo, M., Integrated use of hair analysis to investigate the physical fitness to obtain the driving licence: a case work study, Forensic Sci. Int., 1997, 84: 129.

69. Kintz, P. and Mangin, P., What constitutes a positive result in hair analysis: proposal for the establishment of cut-off values, Forensic Sci. Int., 1995, 70: 3.

70. Quintela, O., Bermejo, A. M., Tabernero, M. J., Strano-Rossi, S., Chiarotti, M., and Lucas, A.C.S., Evaluation of cocaine, amphetamines and cannabis use in university students through hair analysis: preliminary study, Forensic Sci. Int., 2000, 107: 273.

71. Baumgartner, W. A. and Hill, V. A., Hair analysis for organic analytes: methodology, reliability issues, and field studies, in Drug Testing in Hair, Kintz, P., Ed., CRC Press, Boca Raton, FL, 1996, chap. 10.

72. Anon., HTWG: final consensus after the third meeting of the Hair Testing Working Group in Texas, May 1999.

73. SAMHSA, Department of Health and Mental Services, Substance Abuse and Mental Health Services Administration, Proposed Revisions to Mandatory Guidelines for Federal Workplace Drug Testing Programs, Federal Register, 69, no. 71, 19673 – 19732 (13 April 2004).

74. Puschel, K., Thomasch, P., and Arnold, W., Opiate levels in hair, Forensic Sci. Int., 1983, 21: 181.

75. Henderson, G. L., Harkey, M. R., Zhou, C. H., Jones, R. T., and Peyton, J., III, Incorporation of isotopically labeled cocaine and metabolites in human hair, 1: dose-response relationships, J. Anal. Toxicol., 1996, 20: 1.

76. Jurado, C., El pelo como matriz biológica en el diagnóstico toxicológico, doctoral thesis, University of Sevilla, Spain, 1999.

77. Ferko, A.P., Barbieri, E.J., DiGregorio, G.J., and Ruch, E.K., The accumulation and disappearance of cocaine and benzoylecgonine in rat hair following prolonged administration of cocaine, Life Sci., 1992, 51: 1823.

78. Ropero-Miller, J.D., Goldberger, B.A., Cone, E.J., and Joseph, R.E., Jr., The disposition of cocaine and opiate analytes in hair and fingernails of humans following cocaine and codeine administration, J. Anal. Toxicol., 2000, 24: 496.

79. Scheidweiler, K. B., Cone, E. J., Moolchan, E. T., and Huestis, M. A., Dose-related

distribution of codeine, cocaine and metabolites into human hair following controlled oral codeine and subcutaneous cocaine administration, J. Pharmacol. Exp. Ther., 2005, 313: 909.

80. Hubbard, D. L., Wilkins, D. G., and Rollins, D. E., The incorporation of cocaine and metabolites into hair: effects of dose and hair pigmentation, Drug Metab. Dispos., 2000, 28: 1464.

81. Jurado, C., Rodriguez-Vicente, C., Menéndez, M., and Repetto, M., Time course of cocaine in rabbit hair, Forensic Sci. Int., 1997, 84: 61.

82. Borges, Ch. R., Roberts, J. C., Wilkins, D. G., and Rollins, D. E., Cocaine, benzoylecgonine, amphetamine and N-acetylamphetamine binding to melanin subtypes, J. Anal. Toxicol., 2003, 27: 125.

83. Reid, R. W., O'Connor, F. L., and Crayton, J. W., The in vitro differential binding of benzoylecgonine to pigmented human hair samples, J. Toxicol. Clin. Toxicol., 1994, 32: 405.

84. Joseph, R.E., Jr., Su, T.P., and Cone, E.J., In vitro binding studies of drugs to hair: influence of melanin and lipids on cocaine binding to Caucasoid and Africoid hair, J. Anal. Toxicol., 1996, 20: 338.

85. Höld, K.M., Hubbard, D.L., Wilkins, D.G., and Rollins, D.E., Quantitation of cocaine in human hair: the effect of centrifugation of hair digests, J. Anal. Toxicol., 1998, 22: 414.

86. Hill, V., Schaffer, M., and Cairns, T., Absence of Hair Color in Hair Analysis Results for Cocaine, Benzoylecgonine, Morphine, 6 – Monoacetylmorphine, Codeine and 11 – nor – 9 – THC in Large Workplace Populations, presented at the meeting of the Society of Hair Testing, Strasbourg, 28 – 30 Sept. 2005.

87. Mieczkowski, T. and Newel, R., Statistical examination of hair color as a potential biasing factor in hair analysis, Forensic Sci. Int., 2000, 107: 13.

88. Wolfram, L., Hall, K., and Hui, J., The mechanism of hair bleaching, J. Soc. Cosm. Chem., 1970, 21: 875.

89. Tanaka, S., Lio, R., Chinaka, S., Takayama, N., and Hayakawa, K., Analysis of reaction products of cocaine and hydrogen peroxide by high-performance liquid chromatography/mass spectrometry, Biomed. Chromatogr., 2002, 16: 390.

90. Welch, M.J., Sniegoski, L.T., Allgood, Ch., and Habram, M., Hair analysis for drugs of abuse: evaluation of analytical methods, environmental issues, and development of reference materials, J. Anal. Toxicol., 1993, 17: 389.

91. Cirimele, V., Kintz, P., and Mangin, P., Drug concentrations in human hair after bleaching, J. Anal. Toxicol., 1995, 19: 331.

92. Jurado, C., Kintz, P., Menendez, M., and Repetto, M., Influence of the cosmetic treatment of hair on drug testing, Int. J. Legal Med., 1997, 110: 159.

93. Yegles, M., Marson, Y., and Wenning, R., Influence of bleaching on stability of benzodiazepines in hair, Forensic Sci. Int., 2000, 107: 87.

94. Skopp, G., Pötsch, L., and Moeller, M.R., On cosmetically treated hair: aspects and pitfalls of interpretation, Forensic Sci. Int., 1997, 84: 43.

第五章

毛发中大麻素检测

Michael Uhl

5.1 引 言

大麻起源于中亚,是最古老的栽培植物之一[1]。它不仅是生产绳索和织物的原材料,而且这种植物的精神和生理作用也众所周知。4 000 多年以来,人们一直了解大麻的欣快作用[2,3],并且在 3 400 年前,印度已经有了使用这种毒品的记录[4]。在当时,萨满巫师(shamans)在仪式中使用大麻的精神作用[4]。

植物学家现在普遍认同,大麻是一个具有单一物种(大麻)的科属,该物种已经多样化为大量生态型(例如,印度大麻)和栽培型[1]。

大麻有三种制剂。北美大麻(Marijuana)是一种由干燥的一年生草本植物大麻纤维(*Cannabis sativa*)制成的生药,是美国最常食用的形式[5]。印度大麻(Hashish)是一种树脂型大麻,在非洲和亚洲占主导地位[6],这两种形式的大麻在欧洲都很普遍。大麻油(Hash oil)是大麻的一种特殊形式,它是由印度大麻蒸馏产生的药效非常强的大麻制品。

大麻中的主要精神活性成分是 Δ^9-四氢大麻酚(Δ^9- tetrahydrocannabinol,THC)。不同植物和制剂的浓度差异很大。有一项长达 20 多年的研究[7,8]确定了不同制剂中 THC 的浓度。据报道,2004 年北美大麻中 THC 的平均水平为 5.8%,印度大麻中为 11.2%,大麻油中为 42%。高能量芽型精育无籽大麻含量为 13.3%。1999 年对荷兰咖啡店销售的大麻制剂的质量进行了检查,其中北美大麻的 THC 平均含量为 7.5%,印度大麻为 12.6%,从荷兰大麻中提取的大麻含量为 20.9%[9]。

许多国家和地区都有关于种植、所属、供应和使用大麻的法律。在允许种植纤维植物的国家,栽培的品种要经过检测,使其精神活性低于一定水平[10]。

　　尽管在南美洲(哥伦比亚、乌拉圭)和欧洲(荷兰、葡萄牙)的一些国家和地区,个人使用少量大麻并不违法[11],但大麻通常是使用最广泛的非法毒品[2,12,13]。

5.2　代谢及大麻进入毛发

　　大麻通常的摄入方式为吸食,也有口服形式[2,5]。大麻含有420多种不同的化合物,包括60多种大麻素[2,14]。其中三种主要成分具有特殊作用:THC,是大麻的主要精神活性成分[5],它的 pKa 为10.6,非常亲脂,并且能在血浆中与蛋白质广泛结合[15~17]。大麻酚(Cannabinol, CBN)由 THC 氧化形成,而大麻二酚(cannabidiol, CBD)是 THC 的生物前体,没有精神活性。

　　在主要代谢途径中,THC 的羟基化主要产生活性代谢物 11 -羟基- Δ^9 -四氢大麻酚(11 - hydroxy - Δ^9 - tetrahydrocannabinol, 11 -羟基 THC)[18]和非活性代谢物 8 -羟基- Δ^9 -四氢大麻酚[19]。进一步氧化产生非活性代谢物 11 -诺 -9 -羧基 -9 -四氢大麻酚(11 - nor - 9 - carboxy - 9 - tetrahydrocannabinol, 9 - carboxy - THC)。

　　吸食过程 THC 的生物利用度约为18%,偶尔吸食者为12%,经常吸食者甚至超过25%[20,21]。口服情况下,大麻生物利用度较低,平均值为10%[22]。

　　大麻素等毒品可以通过亨德森(Henderson)提出的复杂多室模型转移或进入毛发[23]。在毛囊形成过程中大麻素从血液中沉积下来,随后从毛囊周围的组织,如皮脂腺和汗腺,沉积到完整的毛干中。此外,毒品还可随汗液排出,汗液浸湿或覆盖毛发,扩散到毛发基质中[2,24]。在汗液中可以检测到 THC,但检测不到代谢产物 11 -羟基- THC 和 9 -羧基- THC[3,24]。人们认为角质细胞和黑色素细胞的 pH 比血液的酸性更强[24]。只有毒品的非电离部分,即不与蛋白质结合的部分,才能穿透细胞膜。由于皮脂的成分是非极性的,它应该优先含有亲脂性毒品,这些毒品可能沿着角质化毛细胞的细胞膜复合物迁移。

　　THC 与血浆中的蛋白质高度结合[5],THC 与黑色素没有亲和力[24,25],像 9 -羧基- THC 这样带负电荷的化合物会被毛发基质排斥[26],这些都是毛发中大麻素浓度较低的原因。

5.3 大麻素分析检测技术

由于酸性代谢物在毛发基质中的进入率较低,9-羧基-THC 的浓度甚至更低[3,13]。选择合适的检测方法具有一定的困难,但已有文献描述了解决这个问题的不同方法。

首先,必须找到一种灵敏的大麻筛查方法;然后必须确定特定分析物的确认程序。

免疫分析、GC-MS 和 GC-MS/MS 均可用作筛查方法;色谱法结合质谱法或串联质谱法通常用作大麻及其代谢物的特异性确认鉴定。

免疫分析通常用于筛查试验,以确定假定的毒品阳性结果,如大麻阳性的毛发样本。其中,大麻素酶免疫检测板 EIA(Orasure Technologies Inc.)、大麻素免疫分析 RIA(放射免疫分析)以及科扎特(Cozart)大麻素微板 EIA 与 THC 似乎具有一定的交叉反应性[27~29]。

目前检测毛发中大麻成分最常用的分析技术仍然是 GC-MS[30],且主要用电子撞击(electron impact,EI)模式。负化学电离(negative chemical ionization,NCI)和不同方法修正的程序也已用于一些特殊检测应用[13,31~36]。

现在已经出现了使用顶空固相微萃取(headspace solid-phase microextraction,HS-SPME)、纤维衍生化和 GC-MS-EI 对大麻中的成分进行自动检测的报道[37~39]。该程序运行速度很快。THC 的检测限(limit of detection,LOD)为 0.05 ng/mg,CBD 为 0.08 ng/mg,CBN 为 0.14 ng/mg。但是,该方法无法检测到 9-羧基-THC。

Monsanto 等[13]利用 GC-MS-EI 技术检测到毛发样本中存在 THC、CBN 和 CBD。9-羧基-THC 的检测只能通过液-液萃取后的负化学电离模式(GC-MS-NCI)来实现。作者报道的平均浓度为 28 pg/mg。

Sachs 和 Dressler[33]通过液/液萃取(LLE)、高效液相色谱(HPLC)以及 GC-MS-NCI 检测,获得了 9-羧基-THC 的 LOD 为 0.3 pg/mg,定量限(limit of quantification,LOQ)为 1.1 pg/mg。

Moore、Guzaldo 和 Donahue[34]描述了使用大容量进样和 GC-MS-NCI 检测 9-羧基-THC。他们使用具有快速加热和冷却功能的 ProSep 进样器将多达

25 μL 的毛发提取物注射到 GC 柱上。测得的 LOD 为 0.3 pg/mg，LOQ 为 0.4 pg/mg。

有一种二维气相色谱与质谱联用(Agilent 6890N – 5973)[35]的新方法用于测定 9–羧基 THC。固相萃取(solid-phase extraction, SPE)后，将毛发提取物注入气相色谱。迪恩开关系统(Dean's Switch System)(GC/GC)将氦气从主柱转移到分析柱。使用低温聚焦，分析物在通过分析柱时被冷捕获。在 NCI 模式下使用氨作为反应气进行检测。该方法使用单四极杆仪器检测 9–羧基–THC 获得了 0.05 pg/mg 的 LOD。

检测低浓度 9–羧基–THC 的常规技术是 GC – MS/MS[12,40~46]。Baumgartner[40]、Cairns[41] 和 Mieczkowski[42] 发表了开创性的研究工作，称对大麻素 RIA 阳性的毛发样本应使用 GC – MS/MS 对 9–羧基–THC 进行鉴定。该方法最初是单独检测特定代谢物，随后证明该方法也适用于筛查大麻的主要成分[12,43,45]。通过实验，该检测方法的受监管阈值确定为 0.05 pg/mg[41]。一种新的检测方法往往是通过集体检测来验证其可用性，而不能通过特殊的程序来检测大麻成分或多种代谢物。Wicks 和 Tsanaclis[46] 描述了同时提取 THC、CBN、CBD、9–羧基–THC 和 11–羟基–THC 的方法，获得了毛发代谢物的 LOD 为 1.0 pg/mg。提取方法适用于 GC – MS/MS 分析。

LC – MS 或 LC – MS/MS 常被用作毛发中特定违禁毒品和催眠药的筛查和确认检测仪器。其中 LC – MS/MS 是一种非常有用的检测设备，可用于检测尿液样本和血浆中的大麻素及其代谢物[47~49]，但它却不能检测毛发中的大麻素。在 2004 年和 2005 年 SoHT 能力测验的 25 名和 22 名参与者中，每年只有一个实验室使用基于液相色谱的方法[50]。目前尚无关于使用 LC – MS 或 LC – MS/MS 检测毛发中大麻素的文献报道，说明该仪器目前尚不能与 GC – MS 或 GC – MS/MS 等同。

其他分析仪器如毛细管电泳[51,52]也已用于检测大麻素，但它们在毛发分析这种特殊应用中还不太普遍。

表 5.1 总结筛选出一些用于鉴定毛发中大麻素的分析方法及其相关信息，包括用于筛查和确认方法的分析仪器、纯化步骤、提取方法、待检测的分析物。

表 5.1　分析方法举例

检测	去污	提取/水解	纯化	分析物 （LOD/LOQ, pg）	参考 文献
筛查：GS-MS-EI	十二烷基硫酸钠、水、	β-葡萄糖醛酸酶、芳基硫酸酶、	LLE	THC/CBD 20 CBN 50	[13]
确认：GS-MS-NCI	十二烷基硫酸钠、水	β-葡萄糖醛酸酶、芳基硫酸酶	LLE	9-羧基-THC 500 9-羧基-THC 5	
确认：GC-MS/MS-EI	N/A	NaOH	LLE	9-羧基-THC	[44]
筛查：GC-MS-EI	二氯甲烷	1 mol/L NaOH	LLE	THC 100； CBD 20； CBN 10	[32]
筛查：GC-MS-EI	水,丙酮 石油醚	甲醇	—	THC 100（LOD）	[53]
确认：GC-MS-NCI	二氯甲烷	1 mol/L NaOH	SPE	9-羧基-THC 0.3	[34]
确认：GC/GC-NCI	N/A	甲醇,乙酸乙酯,NaOH	SPE	9-羧基-THC 0.05	[35,36]
筛查：GC-MS-EI	水,石油醚,二氯甲烷	1 mol/L NaOH	HS-SPME	CBD 80；THC 50； CBN 140	[37]
确认：GC-MS-NCI	N/A	2 mol/L NaOH	LLE, HPLC	9-羧基-THC 0.32	[33]
确认：GC-MS/MS-NCI	—	10 mol/L NaOH	SPE	9-羧基-THC 0.05	[41]
筛查：GC-MS/MS-CI	n-己烷,丙酮	甲醇	—	THC/CBN 100	[54]
确认：GC-MS/MS-NCI	—	甲醇/10 mol/L KOH	SPE	9-羧基-THC 0.1	
ELISA[a]				THC/CBN 100	[12]
筛查 2：GC-MS	水,石油醚,甲醇	甲醇	—		
确认：GC-MS/MS-NCI	—	甲醇/10 mol/L KOH			
筛查和确认：GC-MS/MS-NCI	N/A	N/A	SPE	CBN/CBD/THC 10 9-羧基-THC 1.0 11-羟基-THC 1.0	[46]

[a] ELISA=酶联免疫吸附试验。

5.4　去污过程

Baumgartner[55]认为毒品分布在毛发中三个区域：可进入、半可进入和不可进入区域，以此为基础，来自环境（通过外部污染）与毛发结合的毒品通常存在于毛发表面，也即三区域模型中的可进入域。在该区域，毒品很容易被洗涤液去除。由于异丙醇、己烷和二氯甲烷等有机溶剂无法使毛发膨胀，因此这些溶剂只能从毛发表面去除油性残留物和颗粒物，而不能从更深层的毛干结构中去除物质。来自外界污染的毒品可以通过汗液等毛发膨胀介质进入毛发更深的结构中。因此，毒品只能通过使毛发膨胀的溶剂（例如水、甲醇、酸、碱）从毛发更深的结构中去除。

1995 年发表的一项研究[56]评估了实验室四个清洗程序对毛发中 THC 浓度的影响。将不含毒品的毛发浸泡在含有 THC、11 -羟基- THC 和 9 -羧基- THC 的溶液中。然后蒸发和洗涤（使用甲醇、二氯甲烷、磷酸盐缓冲液或无水异丙醇）。发现甲醇、二氯甲烷和无水异丙醇洗涤程序足以去除这三种大麻素。然而，磷酸盐缓冲液不能去除完全。

Strano-Rossi 和 Chiarotti[57]也考察了不同清洁程序对被动污染毛发的有效性。在这项研究中，阴性毛发样本暴露于大麻烟雾中。随后评估各种去污技术，包括反复溶剂洗涤和超声波处理 10 min 等。作者观察到，连续三次石油醚洗涤足以完全去除严重的外部污染。

在同时识别 THC、CBN 和 CBD 的快速筛查程序中，将毛发样本在 5 mL 二氯甲烷中洗涤两次，每次 2 min 足以去除污染[32]。

在随后的去污程序中，去离子水、石油以及二氯甲烷去污以排除污染物的影响[37]。洗涤液采用常规 GC - MS 检测。

5.5　需要考虑的问题

5.5.1　外部污染问题

一般来说，被动污染问题以及区分被动暴露与主动、故意摄入的能力在毛发检测中是一个需要解释的问题[12]。大麻成分的独家检测的缺点是永远无法排除污染。大麻制剂产生的烟雾沉积物中含有 THC、CBN 和 CBD[25,58],如果扩散到毛发,可能会导致与内部来源(消费)无法区分的情况[2,12]。

目前有很多报道进行了体外研究以确定暴露于大麻烟雾是否会产生大麻素阳性毛发样本[25]。有相关调查研究毒品沉积在角蛋白基质上的潜在影响因素,如水分、皮脂、漂白或烫发等。此外,也有报道评论了常用的洗涤程序在去除暴露于大麻烟雾的毛发上的污染物的有效性。

天然毛发束用水润湿,涂上皮脂或皮脂/汗液、漂白或烫发。经处理和未经处理的发束暴露于大麻烟雾中 60 min。一组毛发用不同溶剂洗涤的去污程序进行去污,一组保持未洗涤。使用 GC - MS 检测每组毛发样本的大麻素。

大麻烟雾中的大麻素沉积在毛发纤维上,其中未处理的毛发比预处理的毛发沉积的大麻素少。潮湿毛发中的大麻素浓度增加,涂油毛发中的浓度甚至更高。未经处理的毛发用甲醇或二氯甲烷洗涤,可完全去除外部污染物;用十二烷基硫酸盐洗涤不能充分清除污染。因此,暴露于大麻烟雾环境中可能会对毛发检测产生假阳性或使错误进一步增大的检测结果。

5.5.2　美发处理的影响问题

每种毛发美发处理都可能对分析的定量结果产生影响。在毛发表面或接近毛发表面的表面处理主要包括洗发水、护发素、临时染发剂、喷雾剂或凝胶。具有长期效果的产品会改变角质层内、表皮层内甚至毛发纤维内更深处的毛发化学成分[59]。这些产品往往用于烫发、漂白、半永久性和永久性染色。在半永久性染色的情况下,极性染料分子和毛发之间通过弱极性和范德瓦尔斯力相结合,而氧化剂则用于烫发、永久性染色和漂白。

一项体内研究调查了美发处理对毛发毒品检测的潜在影响[60]。从染过或漂白过毛发的吸毒者收集毛发样本。利用显微镜将处理过的毛发与未处理过的毛发分开,然后对两组毛发进行违禁毒品分析。与未处理过的毛发相比,处理过的毛发的 THC 和 9 -羧基-THC 的浓度下降。对于染色或漂白的毛发,THC 浓度的降低幅度为 12.3% ~ 61.3%;9 -羧基-THC 下降幅度为 5% ~ 77.6%。

一个典型的应用是使用洗发水来消除毛干内不需要的杂质。有学者研究了特殊清洁产品对毛发分析结果的影响[61]。结果表明,使用清洁洗发水后,毛发中 THC 的浓度降低了 36%。然而,结果也证明,仅使用一种特殊的洗发水并不能充分去除人类毛发上的痕量 THC。

大麻植物也可用于洗发水制剂。一项研究[62]揭示 Cannabio®洗发水中存在三种成分:THC:412 ng/mL、CBN:380 ng/mL 和 CBD:4 079 ng/mL。作者认为在正常卫生实践中使用 Cannabio 洗发水不能被视为潜在的污染源。然而,广泛和不切实际的使用可能会导致无毒品毛发对 CBN 和 CBD 检测呈阳性,但对 THC 检测不呈阳性。

5.5.3　紫外线对毛发基质的损伤

有学者研究了阳光和湿度对毛发中大麻素浓度的影响[63,64]。在一项实验中,大麻吸食者的真实毛发样本和标准加入的 THC、CBN 和 CBD 的非摄毒样本在石英玻璃管中暴露在阳光下和高湿度下 8 周。研究发现大麻成分的浓度都降低了。THC 是最不稳定的化合物,在高湿度时,浓度下降得更快。这些发现表明,取样时最好收集顶部以下的毛发样本。

5.6　获得大麻阳性毛发检测结果的标准

阈值是用于将阴性样本与阳性样本分开的指定浓度点。在 SoHT 发起的共识中[65],对于 THC 阳性毛发检测结果,建议检测 9 -羧基- THC。

在最新的联邦工作场所毒品检测计划强制性指南中,SAMHSA(Substance Abuse and Mental Health Services Administration,毒品滥用和心理健康服务管理局)建议将 1.0 pg/mg 作为大麻代谢物的初始阈值浓度,0.05 pg/mg 作为验证检测的阈值浓度[66]。

2004 年 SoHT 发布的司法案件中大麻素毛发检测建议[67]:使用免疫化学检测,0.1 ng/mg 的 THC 浓度必须定为阳性结果。通过色谱检测确定 THC 的推荐 LOQ 为 0.1 ng/mg,9 -羧基- THC 为 0.2 pg/mg。

根据 GTFCh(Gesellschaft für Toxikologische und Forensische Chemie)和 SoHT 提出的建议,在德国驾驶能力考试中,THC 的阈值为 0.1 ng/mg[68]。

5.7　对照研究：大样本量毛发样本
　　　经验数据分析

关于大麻使用与毛发分析结果评价之间相关性的对照研究数量有限。一些作者发表了经验数据。

有研究报道了 GC-MS/MS 对 RIA 筛查大麻的 93 份毛发样本的 THC 和 9-羧基-THC 的确认结果[42]。这些检测通过 RIA 筛查完成,同时也对尿液样本进行了筛查。对于 THC,GC-MS/MS 检测给出的范围为 0.003~0.438 ng/mg,平均值为 0.043 1 ng/mg。9-羧基 THC 的浓度检测为 0.03~1.53 pg/mg(平均值为 0.322 pg/mg)。仅就毛发检测结果而言,RIA 发现 58 份毛发样本均呈阳性,并且两种分析物均通过了 GC-MS/MS 确认。在 24 个样本中检测到 THC,但没有检测到 9-羧基-THC;并且在 4 个样本中鉴定出代谢物,但未鉴定出 THC。

1996 年,Kauert 和 Röhrich[53] 报道了从 6 名自称吸食大麻者收集的毛发样本中检测 THC 浓度。作者假设,自我报告的使用量与毛发中检测到的 THC 水平之间存在相关性。他们得出结论,大致可以分为两个用户组:0.1 ng/mg~1.0 ng/mg 范围内的 THC 浓度表示每周至每日使用量。浓度高于 1.0 ng/mg 毛发与每天多次使用大麻有关。

Moore、Guzaldo 和 Donahue[34] 分析了 6 名自称大麻吸食者的毛发样本以及来自三名已知阴性的毛发样本。作者使用高容量进样台式 GC-MS 进行毛发检测。LOD 为 0.3 pg/mg,LOQ 为 0.4 pg/mg。在每日吸食的情况下,9-羧基THC 的浓度在 0.60~1.39 pg/mg 范围内。承认每周吸食一次的人的浓度最高(12.9 pg/mg)。非吸毒者和每月吸毒者的这种代谢物检测结果呈阴性。

Huestis[69] 研究了 53 份大麻使用者的毛发样本,17 人自称是每日使用用户;21 人是每周食用一到五次;13 人在吸食了 48 mg THC 后收集毛发样本;2 人在 10 周的时间里摄入了 116 mg THC。采用 GC-MS/MS 检测。THC 的 LOQ 为 1.0 pg/mg;9-羧基 THC 的 LOQ 为 0.1 pg/mg。根据这些标准,无论毛发样本是来自日常或非日常使用者,有不超过 64% 的人被认为是阳性的。34% 的样本同时检测到 THC 和 9-羧基-THC,26% 的样本检测到代谢物,只有 4% 的样本检测到 THC 阳性。36% 的样本结果为阴性。从日常或非日常用户采集的样本之间没有显著差异。依据结果,Huestis 建议使用更低的 9 -羧基 THC 的 pg/mg 阈值,以改善对大麻使用的鉴别。

有学者利用 GC - MS/MS 从大多数前吸毒者和当前吸毒者的人群中收集总共 2 155 份毛发样本进行大麻素筛查[46]。其中,1 272 份样本被 GC - MS/MS 确认为阳性,620 份(48.7%)证明存在一种或两种代谢物(9 -羧基- THC、11 -羟基- THC)。在这 620 个样本中,543 个样本中检测到代谢物 9 -羧基- THC,77 个样本中唯一确定的特定代谢为 11 -羟基- THC。然而,652 个样本(51.3%)仅显示存在单一或多种成分(THC、CBN、CBD)。报道的每种分析物的 LOD 为:CBN 10 pg/mg、CBD 10 pg/mg、THC 10 pg/mg、11 -羟基- THC 1 pg/mg 和 9 -羧基- THC 1 pg/mg。

大样本量分析中,10 300 个样本中产生了 6 272 个大麻阳性样本[70]。58.3% 的样本中检测到 CBN,57.7%中检测到 THC,51.0%检测到 CBD。22.2%检测到 9 -羧基- THC,18.8%的样本中检测到 11 -羟基- THC。

另一项大样本研究评估了毛发颜色对毛发中 9 -羧基- THC 浓度的潜在影响[71]。80 000 多个样本中,GC - MS/MS 证实 3 678 个样本存在 9 -羧基- THC。该代谢物的平均浓度为 0.716 pg/mg,中值浓度为 0.41 pg/mg。根据研究结果,9 -羧基- THC 的浓度与毛发颜色类别之间没有显著关系。

原则上,代谢物与母体的比率便于区分主动使用和被动暴露。然而,有些案例被认为对 9 -羧基- THC 呈阳性,但对 THC/CBN 呈阴性[12,46,71]。含有可检测到的大麻成分和代谢物的毛发样本也不是一个结论性的发现。

一项比较研究[12]提出了一个三阶段组合:使用 ELISA 检测筛查大麻素,然后通过 GC - MS 检测 THC 和 CBN,最后通过 GC - MS/MS 确认 9 -羧基- THC。结果表明,在使用 ELISA 和 GCMS 检测出 THC/CBN 呈阳性的 66 个样本中,只有 26 个被确认为 9 -羧基- THC。然而,66 例含有痕量 THC/CBN 的案例中有 6 例的代谢物结果为阴性。

图 5.1 展示了来自法医案件的 381 份毛发样本的结果。在 381 个样本中,发现 122 个(32.0%)THC、CBN(LOQ 0.1 ng/mg)和 9 -羧基- THC(LOQ 0.1 pg/mg)呈阳性。在这些阳性样本中,33 个(8.7%)的大麻成分结果呈阴性,但发现 9 -羧基-THC 呈阳性;28 个阳性样本(7.3%)的 THC 或 CBN 结果呈阳性;然而,代谢物无法得到证实[72]。

大麻成分的浓度从近端到远端呈递增趋势。皮脂是否对这一效应起到重要作

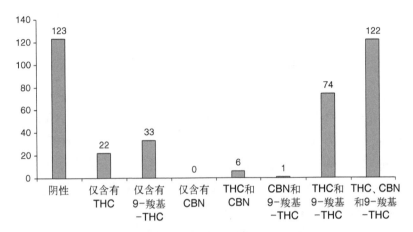

图 5.1　法医案件中 381 个毛发样本结果。

用还有待证实。研究者在一个 70 cm 长的毛发样本的分析中,记录下了一个典型的节段模式。将毛发剪成 14 个节段,每一节段长 5 cm。发现 THC/CBN/CBD 的浓度从近端第一段到第三段逐渐增加。除 CBN 外,从第四段开始到第十一段逐渐下降。

在大多数毛发段分析中,9 - 羧基 - THC 的浓度从近端到远端节段降低(图 5.2),THC 和 CBN 的浓度沿相同的方向增加[72]。这些数据来自 11 个毛发样本分析,在分析中,毛发样本被切割成三个部分。

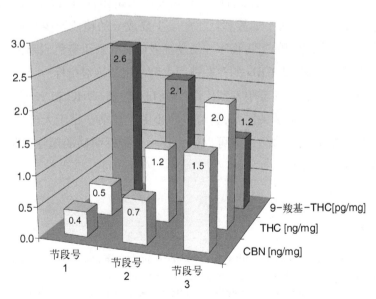

图 5.2　节段分析中 THC/CBN 和 9 - 羧基 - THC 的位置浓度。

5.8　报道的毛发中大麻素的浓度

通常,在毛发中检测到的 CBD 浓度范围为 0.03 ~ 3.00 ng/mg,CBN 为 0.01 ~ 1.07 ng/mg,THC 为 0.10 ~ 0.29 ng/mg[32]。THC 的浓度范围更宽,为 0.009 ~ 16.7 ng/mg[53]。据报道,在大量毛发样本中检测的中值浓度为 0.084 ng/mg THC、0.036 ng/mg CBN 和 0.052 ng/mg CBD。最大浓度为 18.37 ng/mg THC、6.42 ng/mg CBN 和 19.43 ng/mg CBD[70]。

在 3 886 份头皮毛发样本中检测的 9 -羧基- THC 平均浓度为 0.716 pg/mg[71]。法医案件的 381 份毛发样本(共 820 段)中测定的 9 -羧基- THC 中值浓度为 2.3 pg/mg[72]。

与头发相比,阴毛中的大麻素浓度通常较高,而腋毛中的浓度较低[74,75]。

5.9　结　　论

如果发现毛发样本对大麻的单一或额外成分呈阳性,可以得出什么结论? 毕竟,这些化合物也存在于烟雾和汗水中。主要成分的检测至少提供了与大麻的正相关性。使用适当的去污程序并反复洗涤可能有助于避免假阳性结果。但是,不能将 THC/CBN 或 CBD 的存在视为大麻使用的绝对指标。

从未在汗液和大麻烟雾中发现代谢产物 11 -羟基- THC 和 9 -羧基- THC。检测一个或两个代谢物至关重要,这可以防止由于被动暴露于大麻烟雾中而造成误解。代谢物的阳性检测结果可以认为是一个指标明确的阳性结果,可视为确定大麻使用的标准。

参考文献

1. Siniscalco, G. G., Cannabis sativa L.: botanical problems and molecular approaches in forensic investigations, Forensic Sci. Rev., 2001, 13: 1.
2. Huestis, M. A., Cannabis (marijuana): effects on human behavior and performance, Forensic Sci. Rev., 2002, 14: 15.

3. Staub, C., Chromatographic procedures for determination of cannabinoids in biological samples, with special attention to blood and alternative matrices like hair, saliva, sweat and meconium, J. Chromatogr. B, 1999, 733: 119.

4. Rätsch, C., Enzyklopädie der psychoaktiven Pflanzen: Botanik, Ethnopharmakologie und Anwendung, Wissenschaftliche Verlagsgesellschaft, Stuttgart, 1998.

5. Chiang, C. N. and Barnett, G., Marijuana pharmacokinetics and pharmacodynamics, in Cocaine, Marijuana, Designer Drugs: Chemistry, Pharmacology and Behaviour, Redda, K. K., Walker, C.A., and Barnett, G., Eds., CRC Press, Boca Raton, FL, 1989, pp. 113 – 125.

6. Schmidbauer, W. and Von Scheidt, J., Handbuch der Rauschdrogen, 3: Cannabis: Haschisch oder Marihuana, Herbig Verlagsbuchhandlung, München, 1997.

7. El Sohly, M.A. et al., Potency trends of Δ9 – THC and other cannabinoids in confiscated marijuana from 1980 – 1997, J. Forensic Sci., 2000, 45: 24.

8. El Sohly, M.A. et al., Quarterly Report, Potency Monitoring Project, report 87, National Center for Natural Products Research, School of Pharmacy, University of Mississippi, Aug. 9 – Nov. 8, 2004.

9. Niesink, R.J.M., THC concentrations in marihuana products sold in Dutch coffeeshops, Utrecht, Trimbos Inst.; available on-line at www. cannabislegal. de/international/nl-niesink. htm, Sep. 2000.

10. Hewavitharana, A.K. et al., Quantitative GC – MS analysis of Δ9 – tetrahydrocannabinol in fiber hemp varieties, J. Anal. Toxicol., 2005, 29: 261.

11. Anon.; available on-line at www.Erowid.org, 2005.

12. Uhl, M. and Sachs, H., Cannabinoids in hair: strategy to prove marijuana/hashish consumption, Forensic Sci. Int., 2004, 145: 143.

13. Monsanto, P.V. et al., Hair analysis for Δ^9– THC, Δ^9– THC – COOH, CBN and CBD by GC/MS – EI: comparison with GC/MS – NCI for Δ^9– THC – COOH, Forensic Sci. Int., 2002, 128: 66.

14. Kleiber, D. and Kovar, K.-A., Auswirkungen des Cannabiskonsums: Eine Expertise zu pharmakologischen und psychosozialen Konsequenzen, Wissenschaftliche Verlagsgesellschaft, Stuttgart, Germany, 1998.

15. Garett, E.R. and Hunt, C.A., Physicochemical properties, solubility and protein binding of delta – 9 – tetrahydrocannabinol, J. Pharm. Sci., 1974, 63: 1056.

16. Hunt, C.A. and Jones, R.T., Tolerance and disposition of tetrahydrocannabinol in man, J. Pharmacol. Exp. Ther., 1980, 215: 35.

17. Kelly, J. and Jones, R.T., Metabolism of tetrahydrocannabinol in frequent and infrequent marijuana users, J. Anal. Toxicol., 1992, 16: 264.

18. Lemberger, L., Crabtree, R. E., and Rowe, H. M., 11 – hydroxy-delta – 9 – tetrahydrocannabinol: pharmacology, disposition, and metabolism of a major metabolite in man, Science, 1972, 177: 62.

19. Clarke's Analysis of Drugs and Poisons, 3rd ed., Moffat, A.C., Osselton, M.D., and Widdop, B., Eds., Pharmaceutical Press, London, 2004, p. 740.

20. Busto, U., Bendayan, R., and Sellers, E.M., Clinical pharmacokinetics of non-opiate

abused drugs, Clinical Pharmacokinetics, 1989, 16: 1.

21. Ohlson, A. et al., Single dose kinetics of deuterium labelled delta – 1 – tetrahydrocannabinol in heavy and light cannabis users, Biomed. Environ. Mass. Spectrom., 1982, 9: 6.

22. Ohlson, A. et. al., Plasma Δ – 9 – tetrahydrocannabinol concentrations and clinical effects after oral and intravenous administration and smoking, Clinical Pharmacol. Therapeutics, 1980, 28: 409.

23. Henderson, G. L., Mechanisms of drug incorporation into hair, Forensic Sci. Int., 1993, 63, 19.

24. Pragst, F. et al., Illegal and therapeutic drug concentrations in hair segments: a timetable of drug exposure? Forensic Sci. Ref., 1998, 10, 81.

25. Thorspecken, J., Skopp, G., and Pötsch, L., In vitro contamination of hair by marijuana smoke, Clin. Chem., 2004, 50, 596.

26. Kidwell, D. A. and Blank, D. L., Environmental exposure: the stumbling block of hair testing, in Drug Testing in Hair, Kintz, P., Ed., CRC Press, Boca Raton, FL, 1996.

27. Spiehler, V., Hair analysis by immunological methods from the beginning to 2000, Forensic Sci. Int., 2000, 107: 249.

28. Quintela, O. et al., Evaluation of cocaine, amphetamines and cannabis use in university students through hair analysis: preliminary results, Forensic Sci. Int. 2000, 107: 273.

29. Kintz, P., Cirimele, V., and Mangin, P., Detection of drugs in human hair using Abbott ADx, with confirmation by gas chromatography/mass-spectrometry (GC/MS), J. Forensic Sci., 1992, 37: 328.

30. Sachs, H. and Kintz, P., Testing for drugs in hair: critical review of chromatographic procedures since 1992, J. Chromatogr. B., 1998, 713: 147.

31. Kintz, P., Cirimele, V., and Mangin, P., Testing human hair for cannabis, II: identification of THC – COOH by GC – MS – NCI as a unique proof, J. Forensic Sci., 1995, 40: 619.

32. Cirimele, V. et al., Testing human hair for cannabis, III: rapid screening procedure for the simultaneous identification of Δ^9 – tetrahydrocannabinol, cannabinol, and cannabidiol, J. Anal. Toxicol., 1996, 20: 13.

33. Sachs, H. and Dressler, U., Detection of THC – COOH in hair by MSD – NCI after HPLC clean-up, Forensic Sci. Int., 2000, 107: 239.

34. Moore, C., Guzaldo, F., and Donahue, T., The determination of 11 – nor – 9 – tetrahydrocannabinol – 9 – carboxylic acid (THC – COOH) in hair using negative ion gas chromatography-mass spectrometry and high-volume injection., J. Anal. Toxicol., 2001, 25: 555.

35. Feyerherm, F., Improvements in the Determination of THC in Hair by 2D GC with Single Quadrupole MS Detection, presented at Annual Conference Mid-West Association of Toxicology and Therapeutic Drug Monitoring and the Society of Hair Testing, Chicago, May 2004.

36. Moore, C. et al., The Determination of THC – COOH (THCA) in Hair Using GC – GC – MS, presented at the meeting of California Association of Toxicologists, Las Vegas, Fall 2005.

37. Musshoff, F. et al., Fully automated determination of cannabinoids in hair samples using

headspace solid-phase microextraction and gas chromatography-mass spectrometry, J. Anal. Toxicol., 2002, 26: 554.

38. Sporkert, F. and Pragst, F., Use of headspace solid-phase microextraction (HS – SPME) in hair analysis for organic compounds, Forensic Sci. Int., 2000, 107: 129.

39. Musshoff, F. et al., Automated headspace solid-phase dynamic extraction for the determination of cannabinoids in hair samples, Forensic Sci. Int., 2003, 133: 32.

40. Baumgartner, W. A. and Hill, V. A., Sample preparation techniques, Forensic Sci. Int., 1993, 63: 121.

41. Cairns, T. et al., Determination of carboxy-THC in hair by mass spectrometry/mass spectrometry, in Proceedings of the 1995 International Conference and Workshop for Hair Analysis in Forensic Toxicology, de Zeeuw, R. A. et. al., Eds., Abu Dhabi, Nov. 1995, p. 185.

42. Mieczkowski, T., A research note: the outcome of GC/MS/MS confirmation of hair assays on 93 cannabinoid (+) cases, Forensic Sci. Int., 1995, 70: 83.

43. Uhl, M., Determination of drugs in hair using GC/MS/MS, Forensic Sci. Int., 1997, 84: 281.

44. Chiarotti, M. and Costamagna L., Analysis of 11 – nor – 9 – carboxy – Δ9 – tetrahydrocannabinol in biological samples by gas chromatography tandem mass spectrometry (GC/MS – MS), Forensic Sci. Int., 2000, 114: 1.

45. Uhl, M., Tandem mass spectrometry: a helpful tool in hair analysis for the forensic expert, Forensic Sci. Int., 2000, 107: 169.

46. Wicks, J. and Tsanaclis, L.M.T., Hair analysis for assessing cannabis use: where is the cut-off? Ann. Toxicol. Anal., 2005, 17: 120.

47. Weinmann, W. et al., Simultaneous determination of THC – COOH and THC – COOHglucuronide in urine samples by LC/MS/MS, Forensic Sci. Int., 2000, 113: 381.

48. Weinmann, W. et al., Fast confirmation of 11 – nor – 9 – carboxy – Δ^9 – tetrahydrocannabinol (THC – COOH) in urine by LC/MS/MS using negative atmospheric-pressure chemical ionisation (APCI), Forensic Sci. Int., 2001, 121: 103.

49. Maralikova, B. and Weinmann, W., Simultaneous determination of Δ9 – tetrahydrocannabinol, 11 – hydroxy – Δ9 – tetrahydrocannabinol and 11 – nor – 9 – carboxy – Δ9 – tetrahydrocannabinol in human plasma by high-performance liquid chromatography/tandem mass spectrometry, J. Mass Spectrom., 2004, 39: 526 – 531.

50. Jurado, C., personal communication, Nov. 2005.

51. Tagliaro, F., Deyl, Z., and Marigo, M., Capillary electrophoresis: a novel tool for toxicological investigation: its potential in the analysis of body fluids and hair, in Hair Testing for Drugs of Abuse: International Research on Standards and Technology, Cone, E. J., Welch, M. J., and Grigson-Babecki, M. B., Eds., NIH Publication 95 – 3727, National Institute for Drug Abuse, Rockville, MD, 1995, p. 225.

52. Backofen, U., Hoffmann, W., and Matysik, F. M., Determination of cannabinoids by capillary liquid chromatography with electrochemical detection, Biomed. Chromatogr., 2000, 14, 49.

53. Kauert, G. and Röhrich, J., Concentrations of Δ9 – tetrahydrocannabinol, cocaine and 6 –

monoacetylmorphine in hair of drug abusers, Int. J. Legal Med., 1996, 108, 294.

54. Uhl, M. and Scheufler, F., unpublished data, 2005.

55. Baumgartner, W. and Hill, V., Hair analysis for organic analytes: methodology, reliability issues, and field studies, in Drug Testing in Hair, Kintz, P., Ed., CRC Press, Boca Raton, FL, 1996.

56. Wilkins, D. et al., Quantitative analysis of THC, 11 – OH – THC, and THC – COOH in human hair by negative ion chemical ionization mass spectrometry, J. Anal. Toxicol., 1995, 19: 483.

57. Strano-Rossi, S. and Chiarotti, M., Solid-phase microextraction for cannabinoids analysis in hair and its possible application to other drugs, J. Anal. Toxicol., 1999, 23: 7.

58. Tjerdeema, R.S., The pyrolysis of cannabinoids, Rev. Environ. Contam. Toxicol., 1987, 99: 61.

59. Nelson, D. and De Forest, P., Forensic examination of hairs for cosmetic treatment, in Forensic Examination of Hair, Robertson, J., Ed., Taylor & Francis, London, 1999, p. 229.

60. Jurado, C. et al., Influence of the cosmetic treatment of hair on drug testing, Int. J. Legal Med., 1997, 110: 159.

61. Röhrich, J. et. al., Effect of the shampoo Ultra Clean on drug concentrations in human hair, Int. J. Legal Med., 2000, 113: 102.

62. Cirimele, V., Are cannabinoids detected in hair after washing with Cannabio ® shampoo? J. Anal. Toxicol., 1999, 23: 349.

63. Skopp, G., Pötsch L., and Mauden, M., Stability of cannabinoids in hair samples exposed to sunlight, Clin. Chem., 2000, 46: 1846.

64. Kury, M., Skopp, G., and Mattern, R., Untersuchungen zu witterungsbedingten Einflüssen auf den Cannabinoidgehalt im Haar, Arch. f. Krim., 2003, 211: 9.

65. Anon., Statement of the Society of Hair Testing concerning the examination of drugs in human hair, Forensic Sci. Int., 1997, 84: 3.

66. Anon.; available on-line at www.workplace.samshsa.gov/DrugTesting/SpecimenCollection/guidelinesdraft2.pdf, Dec. 2005.

67. Anon., Society of Hair Testing, Recommendations for hair testing in forensic cases, Forensic Sci. Int., 2004, 145: 83.

68. Pragst, F. and Nadulski, T., Cut-off for THC in hair in context of driving ability, Ann. Toxicol. Anal., 2005, 17: 120.

69. Huestis, M.A., Δ – 9 – Tetrahydrocannabinol and 11 – nor – 9 – Carboxy – THC in Hair Prior to and following Controlled Cannabinoid Administration, presented at the meeting of the Mid West Association for Toxicology and Therapeutic Drug Monitoring/Society of Hair Testing, Chicago, May 2004.

70. Tsanaclis, L.M.T., personal communication, Sept. 2005.

71. Mieczkowski T., Assessing the potential of a "color effect" for hair analysis of 11 – nor – 9 – carboxy – Δ⁹ – tetrahydrocannabinol: analysis of a large sample of hair specimens, Life Sci., 2003, 74: 463.

72. Uhl, M. and Scheufler, F., unpublished results, 2005.

73. Pragst, F., Pitfalls in hair analysis resulting from variability of human hair growth and from

alternative drug incorporation mechanisms, Ann. Toxicol. Anal., 2005, 17: 128.

74. Cirimele, V., Kintz, P., and Mangin, P., Testing human hair for cannabis, Forensic Sci. Int., 1995, 70: 175.

75. Cirimele, V., Cannabis and amphetamine determination in human hair, in Drug Testing in Hair, Kintz, P., Ed., CRC Press, Boca Raton, FL, 1996.

第六章

毛发中苯丙胺检测

Vincent Cirimele

6.1 引　　言

苯丙胺是 CNS(central nervous system,中枢神经系统)兴奋剂,用于治疗肥胖症、嗜睡症和低血压,但也被吸毒者、运动员或学生滥用以提高他们的表现或成绩。兴奋剂的消费已被认为是毒品滥用的最重要趋势之一。滥用强效精神兴奋剂苯丙胺和甲基苯丙胺在一些地区(美国、远东、日本)很普遍,在欧洲国家,内源性亚甲二氧基和甲氧基取代苯丙胺的消费量不断增加。

苯丙胺及其相关合成毒品是分子量相对较低的弱碱,使它们在进入非常规生物基质(如毛发或指甲)之前很容易穿过膜扩散。如果血液或尿液中的毒品检测仅反映采样前几个小时或几天的毒品接触情况,那么毛发分析可以验证个体的用药史、服药依从性或毒品滥用史,这是很确定的。例如,实验室通常将毛发分析作为鉴定法医案件中接触毒品的一种工具。

虽然关于使用毛发样本进行毒品分析的最终和明确的共识仍在讨论中,但毛发检测协会提出了法医案件中毛发检测的一般建议。如果 GC‐MS 仍然是检测毛发中苯丙胺的最常用分析技术,那么目前已经发布了多种样本制备方法。

本章内容主要回顾国内外文献报道的用于检测毛发样本中苯丙胺的不同方法,特别关注洗涤程序、提取和纯化方法以及分析特征等分析检测程序的几个基本方面。

6.2 绪　　论

毛发样本的收集程序目前没有统一的标准,但毛发检测协会建议从头部的后顶点区域切取样本,并且尽可能靠近头皮,因为这是毛发生长速度变化最小的区域[约 1.0 cm/m(cm/月)],生长期的毛发数量更稳定,毛发受年龄和性别影响较小。一般情况下,头发是首选毛发检测样本,但偶尔也会检测其他毛发,例如,腋毛或阴毛。不同实验室的样本量也有很大差异,从一根毛发到 250 mg 不等。例如,Suzuki 等[1]发表了一种通过质谱法检测单根人类毛发中甲基苯丙胺和苯丙胺的方法。Aoki 和 Kuroiwa[2]使用兴奋剂滥用者的大量毛发(250 mg)通过酶免疫分析法检测甲基苯丙胺。

在大多数情况下,实验室在对毛发毒品提取前有一个洗涤步骤,使用较多的溶剂一般有 0.01 mol/L HCl、二氯甲烷、50%超声波甲醇水溶液、0.1%十二烷基硫酸钠(SDS)/水、37℃乙醇、甲醇/水或丙酮/水。但是,洗涤程序没有达成共识。毛发分析面临的最关键问题是如何避免被动暴露与主动吸食毒品引起的误报。因此,很多研究关注了毛发样本的洗涤步骤,主要用于可卡因等吸食毒品的分析。对于苯丙胺,洗涤步骤的主要目的是去除毛发表面不必要的污垢或油脂。

Kintz 和 Cirimele[3]比较了苯丙胺、MDA(3,4‐methylenedioxyamphetamine, 3,4‐亚甲二氧基苯丙胺)和 MDMA(3,4‐methylenedioxymethamphetamine, 3,4‐亚甲二氧基甲基苯丙胺)的四种不同方法(甲醇超声法、酸、碱、酶解法)的回收率,认为碱性水解后回收率最高。

6.3　苯 丙 胺 检 测

6.3.1　非色谱法

有几项研究报道了通过免疫学检测确定苯丙胺的方法。

Aoki 和 Kuroiwa[2]开发了一种以碱性磷酸酶标记的甲基苯丙胺、Sepharose 抗体和对硝基苯磷酸盐为底物的甲基苯丙胺酶免疫分析法。N‐(4‐氨基丁基)甲基苯丙胺‐BSA 偶联物免疫家兔产生的抗甲基苯丙胺血清对甲基苯丙胺具有特异性,与甲基苯丙胺、对羟基甲基苯丙胺和苯丙胺的代谢物具有低的交叉反应。酶免疫法测定的甲基苯丙胺含量范围为 1~300 ng/管,为毛发提取物中甲基苯丙胺的检测提供了可能。

Sweeney 等开发了酶联免疫吸附分析法(enzyme-linked immunosorbent

assay,ELISA)[4]。用甲醇去除外部污染后,使用热甲醇从毛发样本中回收毒品2 h。将提取物蒸发干燥,在缓冲液中复溶,使用适用于毛发中苯丙胺检测的ELISA 技术进行分析。GC－MS 用作参考技术。交叉反应值(配体浓度产生50%的抑制作用,以 d－甲基苯丙胺反应的百分比表示)d－苯丙胺为 30.8%,I－甲基苯丙胺为 7.4%,苯丁胺为 4.3%,I－苯丙胺为 2.9%,麻黄碱、MDA 和MDMA 为＜1%。不相关化合物之间不存在交叉反应。最佳阈值浓度为300 pg/mg,检测限为 60 pg/mg。该方法的敏感性和特异性分别为 83%和 92%。

放射免疫分析(radioimmunoassay,RIA)技术可用于筛查严重精神疾病患者毛发中的苯丙胺、可卡因、大麻、阿片类毒品和苯环利定(phencyclidine,PCP)[5]。在 203 名参与者中,有 33 人(16.3%)自称使用了非法物质,只有 25 人(12.4%)的尿检呈阳性,但 63 人(31.0%)的毛发检测呈阳性。这些结果证实,与尿液检测相比,毛发分析能够检测出更多的阳性病例。

为了避免不必要的 GC－MS 分析,Miki 等[6]提出了一种快速、简单且灵敏的方法,通过一步免疫分析唾液试验,筛查混入毛发中的甲基苯丙胺、MDMA 和MDEA(3,4－methylenedioxyethylamphetamine,3,4－亚甲基二氧基乙基苯丙胺)。把这些毒品从 10 mg 毛发中提取到 5 mol/L HCl/甲醇(1:20,v/v)溶液中,这些提取液分散在 100 μL 水中,用唾液毒品检测产品(ORAL.screen™)进行检测。结果表明,毛发中甲基苯丙胺的最佳阈值浓度为 1.0 ng/mg,d－甲基苯丙胺的检出限为 0.5 ng/mg,dl－MDMA 的检出限为 0.8 ng/mg,dl－MDEA 的检出限为 1.0 ng/mg。在 1.0~200 ng/mg 浓度范围内,可以进行半定量筛查,结果与GC－MS 的检测结果吻合较好。这种筛查方法仅需要一种简单的制备技术,不需要任何仪器。

1999 年 Kimura 等[7]发表了使用新的荧光铕螯合物(fluorescent europium chelate,BHHCT－Eu^{3+})作为标记的简单且高度灵敏的时间分辨甲基苯丙胺荧光免疫分析。作者尝试了竞争免疫分析的两种变体。在第一步检测中,使用涂有抗甲基苯丙胺的微量滴定板,并将新标签与牛血清白蛋白(bovine serum albumin,BSA)和 N－(4－氨基丁基)－甲基苯丙胺[N－(4－aminobutyl)－methamphetamine,MA－BSA]的偶联物结合。在第二步试验中,使用生物素化的MA－BSA 和 BHHCT－Eu^{3+}标记的链霉亲和素-BSA 代替标记的 MA－BSA。一步法和两步法检测甲基苯丙胺的最低浓度分别为 1 ng/mL(25 pg/assay)和1 pg/mL(25 fg/assay)。这比任何其他免疫分析方法中对甲基苯丙胺的检测限高出 10~1 000 倍。该方法的高灵敏度也使得用一根几厘米的毛发进行节段性毛发分析成为可能。

　　然而,由于所用抗体的交叉反应性,大多数免疫分析的特异性针对的是一组苯丙胺衍生物,而不是单一物质。因此,免疫分析法的定量是不准确的。此外,毛发阳性结果必须通过更具体的方法确认,最好是通过 GC-MS 确认,尤其是在法医调查中。这也是为什么已发表的毛发样本中苯丙胺检测的大部分论文使用色谱方法的原因。

6.3.2　色谱方法

6.3.2.1　气相色谱

　　自二战结束以来,甲基苯丙胺一直在日本被滥用。因此,自 20 世纪 80 年代初以来,涉及毛发中兴奋剂检测的多数研究报道都来自日本研究人员。

　　1984 年,Takahashi[8] 和 Nagai 等[9] 报道在毛发中检测到甲基苯丙胺和苯丙胺。作者使用 N-乙基苄胺作为内标,填充柱(OV-101,5% PEG 6000)和三氟乙酸酐作为衍生剂。同年,有学者提出了一种利用 GC-MS-CI(化学电离)对人毛发中的甲基苯丙胺和苯丙胺进行高灵敏度定量的详细方法和程序[1]。N-甲基苯甲胺作内标,样本用有机溶剂萃取后,在 GC-MS 分析前用三氟乙酸酐衍生化。在 CI 模式下通过选择离子监测对衍生物的准分子离子进行定量。进样量的检测限约为 10 pg。这种高灵敏度使得能够在一根毛发中检测两种兴奋剂。80 年代末开始出现日本研究人员进行的苯丙胺的手性分离(见下文讨论)的原创研究论文。

　　1997 年,Cirimele 等[10] 将检测物扩展到 MDMA、BDB(3,4-亚甲基二氧苯基-2-丁胺去甲基化的 MBDB 代谢物)和 MBDB[N-methyl-1-(3,4-methylenedioxyphenyl)-2-butanamine,N-甲基-1-(3,4-亚甲基二氧苯基)-2-丁胺],并进一步修正了程序的衍生化步骤,以实现对人毛发中苯丙胺、甲基苯丙胺、MDA、MDMA、MDEA、BDB 和 MBDB 的完整筛查。简而言之,在用二氯甲烷去污后,五氖代为内标,将 50 mg 毛发样本溶解在 1 mol/L NaOH 中。用乙酸乙酯萃取并在 2-丙醇-浓 HCl(99:1,v/v)中蒸发有机相后,使用七氟丁酸酐(heptafluorobutyric anhydride,HFBA)对干燥后的提取物进行衍生化。在 25 m 长的毛细管柱上进行色谱分离,电子冲击(electronic impact,EI)电离后利用全扫描模式捕获待测物。该方法的检出限为 0.02~0.05 ng/mg,加样回收率为

82%~91%。

有研究者采用甲醇超声提取技术[11]利用 GC - MS 检测了毛发中的苯丙胺及其亚甲二氧衍生物(MDA、MDMA、MDEA)[11]。提取的毒品用丙酸酐(propionic acid anhydride, PSA)或三氟乙酸酐(trifluoroacetic acid anhydride, TFAA)衍生化。作者称,用 TFAA 衍生化会产生更具体的质谱信息,但与用 PSA 衍生化相比,TFAA 衍生物的稳定性较差。如果对至少 50~100 mg 的毛发进行分析,则所有化合物的检测限都在大约 0.01 ng/mg 附近,与所使用的衍生物无关。作者一共检测了 303 个毛发样本,其中 28 个(9.2%)含有 0.02~6.52 ng/mg 的苯丙胺衍生物。

Laznickova 等[12]提出了一种同时识别和量化人类毛发中苯丙胺和甲基苯丙胺的方法。该方法包括漂洗毛发(蒸馏水,55℃,0.1 mol/L 盐酸;蒸馏水至中性反应;甲醇),均质切割,并在 1 mol/L NaOH 中温热(55℃)和碱性水解 120 min。中和后,用 2,3,4,5,6 -五氟苯甲酰氯萃取苯甲酰化,蒸发环己烷层 2 mL。衍生的提取物用 GC - MS 进行分析。利用该程序对长期滥用甲基苯丙胺的两名受试者的毛发进行了分析。甲基苯丙胺浓度范围为 0.99~5.25 ng/mg 毛发,苯丙胺为 0.13~0.73 ng/mg。

Pujadas 等描述了另一种基于 GC - MS 的分析检测程序[13]用于检测毛发中的苯丙胺、甲基苯丙胺、MDA、MDMA、MDEA 和 MBDB。毛发样本用 1 mol/L 硫化钠在 37℃下振荡水解 3 h,然后在室温下过夜,随后分别利用两个提取程序进行提取:一个是使用叔丁基甲基醚进行液-液提取,另一个是使用 Bond-Elut Certify 色谱柱进行固相提取。提取的分析物用 N -甲基-双(三氟乙酰胺)衍生,用 5%苯甲基硅胶柱分离,利用选择离子监测模式下的质谱检测器进行检测。

Frison 等[14]研究了一种基于 2,2,2 -三氯乙基氯甲酸酯和 GC - MS 衍生化的新分析方法,用于毛发样本中大量苯丙胺相关毒品和麻黄碱的定性和定量分析。样本制备包括使用 Extrelut 色谱柱对分析物进行碱萃取,加入内标 3,4 -亚甲基二氧基丙基苯丙胺并随后衍生化,生成 2,2,2 -三氯乙基氨基甲酸酯。使用 30 m 长的弱极性的毛细管柱进行 GC - MS 分析,使用四极杆或离子阱仪器进行分析。MS 采集模式为全扫描或选择离子监测(SIM)模式(四极杆)中的电子电离(EI),以及化学电离(CI)(离子阱)的全扫描 MS 或串联 MS/MS 模式。使用 EISIM 条件进行的定量分析的回收率为 74%~89%,相应的检测限为 0.1~0.2 ng/mg。

最后,Villamor 等提出了一种新的 GC－MS 方法用于同时鉴定和定量毛发中的苯丙胺、甲基苯丙胺、MDA、MDMA 和 MDEA[15]。毛发在 40℃ 1 mol/L NaOH 中水解,用 4∶1(v/v)二氯甲烷/异丙醇提取,并用五氟丙酸酐(PFPA)和乙酸乙酯衍生化。获得的检测限和定量限分别为：苯丙胺：0.045 ng/mg 和 0.151 ng/mg,甲基苯丙胺：0.014 和 0.048 ng/mg,MDA：0.013 和 0.043 ng/mg,MDMA：0.017 和 0.057 ng/mg,MDEA：7 ng/mg 和 0.023 ng/mg。总体而言,24 个毛发样本的一种或多种苯丙胺检测呈阳性,苯丙胺的平均浓度为 0.88 ng/mg,甲基苯丙胺的平均浓度为 10.14 ng/mg,MDA 的平均浓度为 1.30 ng/mg,MDMA 的平均浓度为 8.87 ng/mg。只有一个样本的 MDEA 检测呈阳性,浓度为 0.84 ng/mg。

事实上,气相色谱程序更常用于分析毛发中的苯丙胺。毛发中可能存在大量的外源性和内源性化合物使得火焰离子化检测甚至氮磷火焰离子化检测的色谱图的解释变得非常困难。随着质谱碎片分析技术的发展,氘代内标已被优先用于苯丙胺的鉴定和定量。目前,GC－MS 技术成为了黄金标准的代表,但在过去十年(2006 年之前的十年)中,越来越多的分析方法涉及了与各种检测器耦合的高效液相色谱(high-performance liquid chromatography,HPLC)技术。

6.3.2.2　液相色谱

1997 年,Takayama 等[16]开发了一种使用化学发光检测毛发样本中痕量甲基苯丙胺及其主要代谢物、苯丙胺的 HPLC 方法。将毛发样本用水和甲醇洗涤后,切成片,用甲醇和盐酸的混合溶液超声提取 1 h,室温静置过夜。蒸发有机相后,将残余物溶解在碳酸盐缓冲液中,并在丹磺酰氯溶液中于 45℃加热 1 h。该方法非常灵敏(单次注射剂量的检测限约为 2 pg),并可以从一根毛发检测出甲基苯丙胺和苯丙胺的化学发光丹磺基衍生物。

Al-Dirbashi 等[17]开发了第二种灵敏的 HPLC 方法,通过荧光检测来检测滥用者毛发中的甲基苯丙胺及其主要代谢物。将吸毒者毛发样本中的甲基苯丙胺和苯丙胺提取到酸化甲醇中,用 4－(4,5－二苯基－1H－咪唑－2－基)苯甲酰氯衍生化,采用 0.1 mol/L TRIS－HCl 缓冲液(pH 7.0)甲醇(30/70,v/v)流动相,在十八烷基硅烷(octadecyl-silane,ODS)色谱柱上等分分离。衍生的分析物在 440 nm(λ 激发 330 nm)下进行荧光检测。对滥用者毛发样本中苯丙胺和甲基苯丙胺的检出限分别为 51.4 pg/mg 和 74.6 pg/mg。

Tagliaro 等[18]在一篇论文中描述了一种简单、灵敏、特异的 HPLC 法,利用直接荧光法同时检测 MDMA 和 MDA。毛发样本在 0.25 mol/L HCl 中于 45℃ 孵育过夜,并用商业的液-液方法提取。用 0.05 mol/L NaH$_2$PO$_4$(pH 5.2)重新溶解的干燥残留物,注入 250 m×4.6 mm(内径)的填充柱中,填充物为 5 μm 球形聚苯乙烯二乙烯基苯。激发和发射波长分别设置为 285 nm 和 320 nm。溶液中每种化合物的检测限低于 1 ng/mL,因此可以确定 0.1 ng/mg 的毛发基质阈值。该方法可以排除多达 92 种治疗或滥用毒品的干扰,包括 N-甲基-1-(3,4-亚甲基二氧苯基)-2-丁胺[N - methyl - 1 -(3,4 - methylenedioxyphenyl) - 2 - butanamine,MBDB]。

Nakashima 等[19]提出了一种用于检测毛发样本中苯丙胺和甲基苯丙胺的高灵敏度 HPLC 方法。用荧光试剂 DIB - Cl = 4 -(4,5 -二苯基- 1H -咪唑- 2 -基)苯甲酰氯[DIB - Cl = 4 -(4,5 - diphenyl - 1H - imidazol - 2 - yl)benzoyl chloride,DIB - Cl]衍生后,在 ODS 柱上分离提取物,流动相由乙腈-甲醇-柠檬酸盐缓冲液(45∶20∶37.5, v/v/v)组成,然后利用 HPLC 分析,分别在 325 nm 和 430 nm 的激发和发射波长处对苯丙胺和甲基苯丙胺进行荧光检测。毛发样本中苯丙胺和甲基苯丙胺的检测限均小于 0.12 ng/mg。

Miki 等[20]建立了独创的自动柱切换液相色谱-电喷雾电离-质谱(liquid chromatographic-electrospray ionization-mass spectrometric,LC - ESI - MS)方法用于检测毛发中的甲基苯丙胺、苯丙胺和对羟基甲基苯丙胺。采用含 N-乙烯基乙酰胺亲水聚合物在线萃取柱、SCX 半微相 LC 柱和电喷雾界面相结合的方法,无需烦琐的样本前处理,即可成功实现对毛发提取物中分析物的浓缩、分离和高灵敏度质谱检测。在选择性离子监测(selected-ion monitoring,SIM)和全扫描模式下,使用 100 μL 毛发提取物样本时,这些分析物的检测限分别为 0.02 ng/mg 和 0.1~0.2 ng/mg,相当于 2.5 mg 毛发样本。在所有检测的毛发样本中都可检测到对羟基甲基苯丙胺,其中每毫克毛发检测到 1 ng 或更多的甲基苯丙胺。结果表明,除原型毒品甲基苯丙胺的合理配比外,检出甲基苯丙胺和对羟基甲基苯丙胺可作为判别甲基苯丙胺内部进入与外部污染的有效指标。

Kaddoumi 等发表的论文[21]提出了一种高灵敏度的 HPLC 方法,用于同时检测人类毛发样本中的 MDMA、MDA、苯丙胺和甲基苯丙胺。该方法不同于 Nakashima 等发表的方法[19],在检测毒品列表中添加了 MDA 和 MDMA,并添加了一种新的流动相。用荧光试剂 DIB - Cl 衍生化苯丙胺以产生强荧光 DIB 衍生物,然后通过 HPLC 分析,分别在 325 nm 和 430 nm 的激发和发射波长处进行荧光检测。在 ODS 柱上分离,流动相由乙腈-甲醇-水(30∶40∶30, v/v/v)组成。通过该方法获得的四种化合物的检测限范围为 11~200 pg/mg。该方法已成功应用于检测一名 MDMA 滥用者的毛发样本中的 MDMA 和 MDA。

2004 年,Stanaszek 和 Piekoszewski[22]开发了一种分析程序来确定毛发中的八种苯丙胺:苯丙胺、麻黄碱、甲卡西酮、对甲氧基苯丙胺、甲基苯丙胺、MDA、MDMA 和 MDEA。目标物质在碱性溶液中(1 mol/L NaOH)水解后用 1-氯丁烷萃取,并用高效液相色谱-大气压化学电离-质谱(high-performance liquid chromatographyatmospheric pressure chemical ionization-mass spectrometry, LC-APCI-MS)分析。用所研究毒品的质子化分子离子的选择离子监测进行定量,并将其氘代类似物用作内标。甲基苯丙胺、MDA、MDMA 和 MDEA 的检测限为 0.05 ng/mg;麻黄碱和苯丙胺的检测限为 0.10 ng/mg;甲卡西酮和对甲氧基苯丙胺的检测限为 0.20 ng/mg。作者将该方法应用于戒毒和美沙酮治疗患者的 93 份毛发样本中苯丙胺的检测。

6.3.2.3　其他色谱方法

6.3.2.3.1　HS-SPME/SPDE

研究者利用顶空固相微萃取(headspace solid-phase microextraction, SPME)和气相色谱结合氮磷检测,开发了一种简单、快速检测人毛发中苯丙胺和甲基苯丙胺的方法[23]。将 1 mg 毛发溶解在密封于小瓶中的 5 mol/L NaOH 溶液中,75℃下摇动约 5 min。将聚二甲基硅氧烷纤维暴露于样本瓶的顶部,55℃下加热 20 min 使纤维吸附目标分析物。最后,将纤维从小瓶中取出,并使用 CBJ-17 毛细管柱插入分析仪的进样口,220℃下加热 30 s 以释放化合物。从人的毛发中提取的苯丙胺和甲基苯丙胺的百分比分别为 48% 和 62%,检测限分别为 0.1 和 0.4 ng/mg。

Liu 等[24]通过同步顶空固相微萃取(headspace solid-phase microextraction, HS-SPME)和衍生化,开发了一种利用 GC-MS 对甲基苯丙胺和苯丙胺进行毛发分析的简单方法。毛发碱性水解后,用七氟正丁酰氯衍生的分析物通过 HS-SPME 吸附在聚二甲基硅氧烷涂层的纤维上,然后通过 GC-MS 进行分析。作者在一些案例研究中证明了这种方法的适用性。

Gentili 等[25]开发了顶空固相微萃取和 GC-MS(HS-SPME-GC-MS)程序,用于同时检测毛发中的 MDA、MDMA、MDE 和 MBDB。该方法适用于伯胺和仲胺的分离,重现性好,用时少,样本量小,不需要任何衍生化。该方法可以提供足够的灵敏度和特异性,每种物质的检测限和定量限分别为<0.7和1.90 ng/mg。该方法适用于常规临床、流行病学和法医应用,也可用于初步筛查毛发中的许多物质,如苯丙胺、甲基苯丙胺、氯胺酮、麻黄碱、尼古丁、苯环利定和美沙酮。

顶空固相动态萃取(headspace solid-phase dynamic extraction,HS-SPDE)是一种无溶剂萃取水性样本中有机化合物的新方法。在内针毛细管吸收阱中,一根内部涂有聚二甲基硅氧烷的空心针用作萃取和预浓缩介质。该技术由Musshoff等提出[26,27],用于检测毛发样本中的苯丙胺、甲基苯丙胺、MDA、MDMA、MDEA、BDB和MBDB。用去离子水、石油醚和二氯甲烷洗涤10 mg毛发。加入氘代内标后,样本用NaOH水解,直接进行顶空固相微萃取或顶空固相动态萃取。通过注射器主动将气体通过装置,在溶液顶空进行采样。样本中存在的分析物被吸收到沉积的固定相之后,通过将纤维直接放置到含有N-甲基-双(三氟乙酰胺)的第二瓶的顶空来完成纤维衍生化。与传统的毛发分析方法相比,这种全自动的HS-SPDE-GC-MS方法在不使用溶剂的情况下,更快、更容易执行,且具有相同程度的灵敏度和重现性。与固相微萃取相比,SPDE具有更高的萃取率和更快的自动化操作。

6.3.2.3.2　SFE

研究者应用超临界流体萃取(supercritical fluid extraction,SFE)和GC-MS分析这一原创技术,以苯丁胺作为内标,从毛发中提取MDA和MDMA[28]。用SDS、二氯甲烷、甲醇、水超声处理后,将毛发样本脱脂两次,每次15 min。将毛发切细,称取50 mg置于提取池中。在静态(30 min)和动态模式下使用10%改性剂(氯仿/异丙醇,90∶10,v/v)在3 800 psi的CO_2下进行萃取。使用PFPA/乙酸乙酯(1∶1,v/v)衍生化后进行GC-MS分析。MDA的检测限为0.02 ng/mg,MDMA和MDEA的检测限为0.1 ng/mg,MDA的相对提取回收率为84%,MDMA和MDEA的相对提取回收率分别为71%和77%。该项研究结果显示,该提取方法重复性较好,在此提取技术后,可以检测到真正的人类毛发中的苯丙胺。

6.3.2.4　其他技术

6.3.2.4.1　激光显微镜

Kimura等[29]发表了一篇通过激光显微镜和免疫组织化学染色检测甲基苯丙胺的论文,该染色使用胶体金标记的抗甲基苯丙胺。在装有计算机图像处理系统的激光显微镜下,测量了胶体金在488 nm和514 nm氩激光器上的反射强度。作者使用了五名死于甲基苯丙胺中毒的吸毒者的毛发切片样本。在这五个案例中,毛发中的毒品分布有很大差异,但同一滥用者的两个不同毛发样本中的毒品浓度水平是相关的。两个有根的毛发样本的结果表明,发根和血浆样本中的毒品浓度之间存在相关性。研究发现该方法具有足够的灵敏性,可以仅使用一段毛发来估计毒品浓度。

6.3.2.4.2 国际监测系统

Miki等[30]使用离子迁移谱(ion mobility spectrometry, IMS)开发了一种简单、灵敏且快速地筛查毛发中进入的甲基苯丙胺的方法。为了从毛发基质中完全分离甲基苯丙胺并实现有效蒸发以进行IMS检测,在IMS测量之前,将毛发样本在5 mol/L NaOH(甲醇/水,4∶1,v/v)溶液中水解。该方法具有较高的灵敏度,检测限为0.5 ng/mg,并且能够检测有限数量的毛发中的甲基苯丙胺(所需毛发的最低量为2 mg)。IMS获得的结果与GC-MS检测的结果非常吻合。

6.3.3 异构体分离

20世纪80年代末,日本研究人员发表了几篇讨论苯丙胺手性分离的原创论文[31~33]。Nagai等[31~33]发表了几篇关于快速灵敏的HPLC方法检测低浓度甲基苯丙胺和去甲基代谢物苯丙胺的立体异构体(d型和l型)的论文。从吸毒者的毛发样本中提取的甲基苯丙胺和苯丙胺的立体异构体的乙酰衍生物在50℃串联的两个立体异构体分析柱(Chiralcel OB和OJ)上分离。流动相为正己烷和异丙醇(9∶1, v/v)的混合物,UV检测器设置为220 nm。甲基苯丙胺和苯丙胺立体异构体的实际检测限为62.5 ng,且重现性好。通过对真实毛发样本的分析,作者观察到在兴奋剂滥用者的毛发中有d-甲基苯丙胺和d-苯丙胺存在。

由于苯丙胺和其他苯乙胺的手性分析对于研究它们的合成途径和这些化合物的代谢模式具有法医学重要性,因此Scarcella等[34]开发了一种基于β-环糊精的手性选择性毛细管电泳方法。在优化的分析条件下,根据各自对映异构体的基线判断,很容易将苯丙胺、甲基苯丙胺和麻黄碱分离。通过液-液萃取法对毛发样本中苯丙胺进行初步分析,手性分辨率高,灵敏度高,适合分析苯丙胺使用者的真实样本。

在同一作者的后一项工作中[35],报道了通过使用毛细管电泳以天然β-环糊精(15 mmol/L)作为手性选择剂,同时对麻黄碱、苯丙胺、甲基苯丙胺、

MDMA、MDA 和 MDEA 进行手性分析。通过固定波长（200 nm）或多波长（190~400 nm）紫外吸收进行检测。对于毛发样本,通过应用场放大样本叠加程序提高了灵敏度,该程序可以在摇头丸使用者真实样本中手性检测 MDA、MDMA 和 MDEA,并记录峰的紫外光谱。

1999 年,Al - Dirbashi 等[36]提出了以 4 -(4,5 -二苯基- 1H -咪唑- 2 -基)-苯甲酰氯为荧光标记试剂的荧光检测对映异构体的特异性 HPLC。该方法应用于四名滥用者的毛发样本,结果表明,只检测到甲基苯丙胺的 S(+)-对映体及其 N -去甲基化代谢物 S(+)-苯丙胺。HPLC -荧光法与 GC -氮磷法检测结果具有良好的相关性(r=0.901)。

同一作者在 2000 年描述了使用荧光检测的非手性和手性半微量柱 HPLC 方法来检测人类毛发中的甲基苯丙胺和苯丙胺[37]。将这些化合物萃取到含 5% 三氟乙酸(TFA)的甲醇溶液中,用 4 -(4,5 -二苯基- 1H -咪唑- 2 -基)-苯甲酰氯衍生化,在 250×1.5 - mm i.d. 十八烷基硅烷(octadecyl-silane, ODS)柱或 150×2 - mm i.d. OD - RH 柱上分离。信噪比为 3 时两种方法的检测限在 1.0~4.7 fmol/ 5 μL 注射剂范围内,其中非手性方法更灵敏。用这两种方法对虐待者的毛发样本进行了分析,在 8 个日本虐待者的毛发样本中只发现了 S(+)-对映体。这种非手性方法足够灵敏,可以研究这些化合物在施暴者的单一黑白毛发中的浓度。

Stout 等[38]观察了全身给药后甲基苯丙胺(methamphetamine, MA)和更亲脂性类似物 N -(N -丁基)-苯丙胺[N -(N-butyl)- amphetamine, BA]对映体和未标记对映体在有色(C57)和非有色(Balb/C)小鼠毛发中的进入情况。R(-)- MA、S(+)- MA、[(3)H]R(-)- MA、[(3)H]S(+)- MA、R(-)- BA、S(+)- BA、[(3)H]R -(-)- BA 和[(3)H]S -(+)- BA 分别通过腹腔注射给药于 C57 和 Balb/C 小鼠(23 天大),每天注射 8.8 mg/kg,持续 3 天。在 44 天大时,动物的毛发样本经过短暂的甲醇洗涤,用 pH 6 磷酸盐缓冲液提取 24 h,最后在 1 mol/L NaOH 中水解以去除毛发中的残留毒品。提取液中标记毒品采用液体闪烁计数法定量,未标记的毒品通过 GC - MS 进行定量。作者观察到,在两种小鼠品系中,S(+)- MA 的毛发浓度高于 R(-)- MA,与血液浓度平行,并且在两种小鼠品系中,BA 毛发积累不存在对映体差异。和在毛发中观察到的其他毒品一样,有色毛发中沉积的 MA 和 BA 对映异构体明显多于无色毛发。使用标记和未标记的化合物,可以通过磷酸盐提取去除着色毛发中大约 30% 的

S(+)-MA 和 60%的 R(-)-MA,从无色素的毛发中提取的毒品比有色素的毛发中提取的毒品多。这项研究的结果表明,毛发色素沉着是 MA 和 BA 沉积的重要决定因素,MA 和 BA 的沉积不是对映选择性的,并且储存在有色毛发中的大量 MA 和 BA 在结构上与母体 MA 和 BA 不同,这可能与毛发的黑色素成分有关。

最近,Martins 等[39]描述了使用 GC-MS 对毛发中的苯丙胺、甲基苯丙胺、MDA、MDMA 和 MDEA 对映体进行对映选择性定量的方法。毛发样本在 100℃下用 1 mol/L NaOH 水解 30 min,然后使用 Cleanscreen ZSDAU020 通过固相程序提取。提取的分析物用(S)-七氟丁基丙烯酰氯衍生,得到的非对映异构体通过 GC-MS 在负化学电离模式下进行定量。提取率为 73.0%~97.9%,检出限为 2.1~45.9 pg/mg,定量下限为 4.3~91.8 pg/mg。在疑似苯丙胺滥用者的毛发中仅检测到甲基苯丙胺和苯丙胺对映体。定量数据显示,在大多数情况下,(R)-甲基苯丙胺和(R)-苯丙胺对映体的浓度高于相应的(S)-对映体的浓度。

6.3.4　筛查方法

自 1983 年以来,有 10 篇主要论文描述了含有一种或多种滥用毒品的毛发中筛查苯丙胺的程序。

1983 年,Ishiyama 等[40]提出了一种从人的毛发中检测碱性毒品、甲基苯丙胺、抗抑郁药和尼古丁的程序。用 NaOH 和 HCl 处理溶解毛发,用氯仿萃取,三氟乙酰化,并在 OV-17 柱上分析。在吸毒者的毛发中发现了甲基苯丙胺和苯丙胺。

在 Moeller 等提出的一项程序中,对毛发中的苯丙胺与其他滥用毒品进行了分析[41]。用温水和丙酮洗涤毛发,粉碎,在内标左啡烷存在下用稀释的 NaOH (2%)孵育 30 min。加入 2%HCl 后,将溶液在室温下孵育过夜。分离溶液并将毛发的残余物溶解在 NaOH 中。将两种溶液缓冲至 pH 8,用二氯甲烷-丙酮在固相(Backerbond Octadecyl)上萃取,用 PFPA-PFPOH 衍生,并通过 GC-MS 进行分析。色谱在 HP-1 毛细管柱上进行,使用 EI-SIM 技术进行检测。在改进的程序中,作者加入了毒品的氘化类似物,并用葡萄糖醛酸酶-芳基硫酸酯酶预孵育毛发[42]。

1993 年,Kintz 和 Mangin[43]描述了一种方法,他们分析了新生儿毛发中的苯丙胺、其他滥用毒品、苯二氮卓类和尼古丁。

Tagliaro 等[44]的论文描述了一种毛细管电泳方法的优化和验证,该方法基于场放大样本叠加注射,用于检测毛发中吗啡、可卡因和 MDMA。采用二极管阵列紫外吸收检测提高了分析选择性和识别能力。通过固定波长 200 nm 的紫外吸收或 190~400 nm 的全光谱记录进行检测。在上述条件下,MDMA 的检测极限为 2 ng/mL,可卡因为 8 ng/mL,吗啡为 6 ng/mL(信噪比为 5)。记录可解释光谱的最低浓度约为每个分析物检出限的 10~20 倍。

2001 年,Paterson 等[45]修改了先前描述的毛发中阿片类毒品分析方法,包括苯丙胺、苯二氮卓类、可卡因、美沙酮和苯环利定。将毛发样本用二氯甲烷洗涤两次并切成 1 mm 的段,45℃下用甲醇提取 18 h。提取物蒸发至干,平均分成两份。一份用 MBTFA(N-methyl-bis-trifluoroacetamide,N-甲基-双-三氟乙酰胺)衍生,用来分析苯丙胺,另一份用 MTBSTFA(N-methyl-N-tert,-butyldimethylsilyltrifluoroacetamide,N-甲基-N-叔丁基二甲基甲硅烷基三氟乙酰胺)衍生,用于分析剩余的毒品。在选择离子监测模式下的电子撞击式 GC-MS 分析提取物。通过这种方法进行筛查,可以从美沙酮维持治疗的诊所获得的 20 个患者的毛发样本中检测出 18 种滥用毒品/代谢物。

2002 年,Skender 等[46]提出了两种同时分析毛发中吗啡、可待因、海洛因、6-乙酰吗啡、可卡因、美沙酮、苯丙胺、甲基苯丙胺、MDA、MDMA 和 MDEA 的方法。该程序包括在甲醇中孵育、固相萃取、丙酸酐和吡啶混合物衍生化以及 GC-MS 检测。对于苯丙胺、甲基苯丙胺、MDA、MDMA 和 MDEA 分析,毛发样本在 1 mol/L NaOH 中孵育,用乙酸乙酯萃取,用七氟丁酸酐(heptafluorobutyric acid anhydride,HFBA)衍生,并用 GC-MS 进行分析。通过筛查程序分析了 36 名涉嫌吸毒的年轻受试者的毛发样本,并确定 18 名受试者在 6-乙酰吗啡阳性的基础上吸食海洛因。在这 18 名海洛因消费者中,美沙酮有 4 名,MDMA 有 2 名,可卡因有 2 名。在接受检测的 36 名受试者中,2 名受试者存在可卡因,2 名受试者存在美沙酮,2 名受试者存在甲基苯丙胺,7 名受试者存在 MDMA。

Lachenmeier 等[47]介绍了一种新的方法组合,顶空固相动态萃取结合气相色谱-串联质谱(HS-SPDE-GC-MS/MS)确定毛发样本中的滥用毒品。这种高度自动化的程序利用 SPDE 进行预浓缩和涂层衍生化,利用 GC 和三重四极杆 MS/MS 进行选择性和灵敏度检测。通过重复抽吸/分次循环,分析物从样本顶空直接吸入到内部涂层为聚二甲基硅氧烷的空心针中。采用 HS-SPDE-GC-MS/MS 分析方法对美沙酮、大麻素的三甲基硅基衍生物、苯丙胺和策划药的三氟乙酰基衍生物进行了分析。该方法灵敏,检出限为 6~52 pg/mg。与传统的毛发分析方法相比,HS－SPDE－GC－MS/MS 使用更方便速度更快。

最近,Kronstrand 等[48]提出了一种快速筛查方法,使用配备有电喷雾接口的 LC－MS/MS 方法同时分析人类毛发中的几种滥用毒品,作为免疫筛查试验的替代方案。方法包括尼古丁、可替宁、吗啡、可待因、6－乙酰吗啡、乙吗啡、苯丙胺、甲基苯丙胺、丙二醛、MDMA、苯甲酰爱康宁、可卡因、7－氨基氟硝西泮和地西泮。向 20~50 mg 毛发中加入 0.5 mL 流动相 A(乙腈∶甲醇∶20 mmol/L 甲酸盐缓冲液,pH 3.0,10∶10∶80)和 25 μL 内标,在 37℃下水浴孵育样本 18 h。在随机选择的 75 个尸检案例中,利用该方法除了分析常用的血液和尿液样本外,还分析了毛发样本。使用 20 ng/样本的阈值,即如果使用 20 mg 的毛发样本的话,阈值为 1 ng/mg。检测结果发现,在 16 个案例中发现了 26 个阳性结果。26 例阳性检测中有 3 例无法通过 GC－MS 进行确认,其中两例病例都不是吸毒者。在 59 例阴性案例中,只有 1 例 6－乙酰吗啡和吗啡血液样本呈阳性。作者的结论是,所提出的 LC－MS/MS 方法灵敏度高,操作简单,适合于筛查。

最后,Gentili 等[49]进行了一种新的顶空固相微萃取和气相色谱-质谱(HS－SPME－GC－MS)检测,用于同时检测人毛发中的可卡因、苯丙胺、甲基苯丙胺、MDA、MDMA、MDEA、MBDB、氯胺酮和美沙酮。在水和丙酮中超声洗涤毛发样本并用 1 mol/L 盐酸萃取。纤维在 90℃下暴露吸收 5 min,在 250℃下进行 3 min 的热脱附。该方法简单、快速,所需样本量小,且具有足够的灵敏度。大多数物质的检出限低于 1 ng/mg。

6.3.5　头发与其他毛发和指甲检测对比

1984 年,Suzuki 等[50]发表了一种灵敏的气相色谱/化学电离质谱法检测甲基苯丙胺使用者指甲中甲基苯丙胺和苯丙胺的方法。发现指甲中的甲基苯丙胺含量与毛发中的含量相当,而且两种兴奋剂在脚指甲中的浓度都高于手指甲。

Suzuki 等[51]开发了一种利用质量碎片分析法检测和定量甲基苯丙胺习惯性服用者毛发、指甲、汗液和唾液中甲基苯丙胺及其主要代谢物的方法。用水和甲醇洗涤毛发和指甲样本以去除外部污染物,用 0.6 mol/L HCl 处理,碱化并用 CHCl₃/异丙醇(3∶1,v/v)提取。汗液和唾液样本用甲醇提取。三氟乙酰基衍生化后,通过质谱碎片分析法分析样本。在毛发、指甲和汗液样本中检测到甲基苯丙胺及其主要代谢物苯丙胺,但在唾液样本中仅检测到甲基苯丙胺。

Cirimele 等发表的一篇论文[52]涉及一名 22 岁男性吸毒者的法医案件。收集其毛发和指甲,在二氯甲烷中去污,并在球磨机中粉碎。在氘代内标存在下完全溶解在 NaOH 中并用乙酸乙酯萃取后,在甲醇/浓 HCl(99∶1, v/v)存在下蒸发有机相以确保非挥发性分析物。使用 PFPA 衍生化后,通过 GC‐MS 分析作者观察到,手指甲的毒品浓度(苯丙胺、MDA 和 MDMA 分别为 12.0 ng/mg、9.7 ng/mg 和 60.2 ng/mg)比从毛发获得的浓度略高(苯丙胺、MDA 和 MDMA 分别为 10.2 ng/mg、8.0 ng/mg 和 53.4 ng/mg)。

2004 年 Lin 等[53]分析了从 97 名承认使用苯丙胺或阿片类毒品或同时使用苯丙胺和阿片类毒品的女性身上收集的指甲碎片中是否存在甲基苯丙胺和苯丙胺。62 名受试者的甲基苯丙胺/苯丙胺呈阳性。在为期 12 周的时间里,从其中 6 名受试者中收集了成对的指甲、毛发样本。作者观察到,在研究初期收集的 62 名受试者的指甲中发现了甲基苯丙胺和苯丙胺(甲基苯丙胺:0.46~61.50 ng/mg,平均 9.96 ng/mg;苯丙胺:<0.20~5.42 ng/mg,平均 0.93 ng/mg),并且指甲中甲基苯丙胺和苯丙胺的浓度通常低于在同一时间从同一个人收集的前 1.5 cm 毛发样本中的浓度。他们还观察到,指甲和毛发样本中的苯丙胺/甲基苯丙胺浓度比具有可比性,在第 0、4、8、12 周收集的指甲中的苯丙胺浓度的降低趋势与同时采集的 1.5 cm 的毛发样本相似。

最后,Han 等[54]进行了一项研究,比较了头部毛发和身体不同部位(腋窝和耻骨)的毛发中甲基苯丙胺及其代谢物苯丙胺的定性结果和浓度。同时收集了 14 名疑似甲基苯丙胺使用者的毛发。样本准备包括洗涤步骤、精细切割、过夜提取、三氟乙酸酐衍生化以及使用选择性离子监测的 GC‐MS。作者发现头部毛发和身体其他部位毛发之间甲基苯丙胺的定性结果具有良好的相关性,但腋毛和阴毛中甲基苯丙胺和苯丙胺的浓度高于头部毛发中的浓度。

6.3.6 美发处理的影响

1999 年,Takayama 等[55]从甲基苯丙胺成瘾者收集黑发,用烫发剂、染料或脱色剂液体进行处理。通过 HPLC‐化学发光检测方法对甲基苯丙胺和苯丙胺进行定量。在所有美发处理案例中,毛发中的甲基苯丙胺和苯丙胺浓度均显著降低。分析物在烫发处理中稳定,但在染料或脱色剂处理中不稳定。含量降低的可能原因,作者推测,烫发处理中甲基苯丙胺和苯丙胺从毛发中洗脱,以及染料或脱色剂处理中甲基苯丙胺和苯丙胺降解。结果表明,用烫发、染发剂或脱色剂处理毛发会干扰毛发中甲基苯丙胺和苯丙胺的检测。

6.4　结　　论

　　毛发中苯丙胺的浓度一般在纳克到毫克之间,至少在长期滥用的情况下是这样。目前还没有关于通过毛发分析可以检测到的最小毒品摄入剂量的资料。然而,当血液和尿液分析失败时,毛发分析提供了一种揭示长期使用苯丙胺的方法。

　　根据所用样本的数量,免疫分析法是一种很好的毛发样本预分析方法。显然,阳性结果必须用更具体的方法加以确认,特别是针对法医的情况。

　　到目前为止,GC‐MS 方法远远超过了其他色谱方法。其中顶空固相微萃取法和顶空固相动态萃取法作为制备和导入技术是目前的黄金检测标准。然而,最近发表得越来越多的高效液相色谱方法证实,人们对更通用且不烦琐的技术越来越感兴趣。

参考文献

1. Suzuki, O. et al., Detection of methamphetamine and amphetamine in a single human hair by gas chromatography/chemical ionization mass spectrometry, J. Forensic Sci., 1984, 29: 611.

2. Aoki, K. and Kuroiwa, Y., Enzyme immunoassay for methamphetamine, J. Pharm. Dyn., 1983, 6: 33.

3. Kintz, P. and Cirimele, V., Interlaboratory comparison of quantitative determination of amphetamine and related compounds in hair samples, Forensic Sci. Int., 1997, 84: 151.

4. Sweeney, S. A. et al., Amphetamines in hair by enzyme-linked immunosorbent assay, J. Anal. Toxicol., 1998, 22: 418.

5. Swartz, M.S. et al., Detection of illicit substance use among persons with schizophrenia by radioimmunoassay of hair, Psychiatr. Serv., 2003, 54: 891.

6. Miki, A. et al., Application of ORAL. screen saliva drug test for the screening of methamphetamine, MDMA, and MDEA incorporated in hair, J. Anal. Toxicol., 2004, 28: 132.

7. Kimura, H. et al., Highly sensitive quantitation of methamphetamine by time-resolved fluoroimmunoassay using a new europium chelate as a label, J. Anal. Toxicol., 1999, 23: 11.

8. Takahashi, K., Determination of methamphetamine and amphetamine in biological fluids and hair by gas chromatography, Nippon Hoigaku Zasshi, 1984, 38: 319.

9. Nagai, T. et al., Detection of methamphetamine and amphetamine from hair, bone and teeth, in TIAFT Proceedings of the 21st International Meeting, Dunnett, N. and Kimber, K.J., Eds., New York, 1984, p. 89.

10. Cirimele, V. et al., Dosage de la méthylènedioxyéthylamphétamine (MDEA) et de son métabolite, la méthylènedioxyamphétamine (MDA) dans les cheveux par CPG/SM, Toxicorama, 1997, 2: 87.

11. Rohrich, J. and Kauert, G., Determination of amphetamine and methylenedioxyamphetamine-derivatives in hair, Forensic Sci. Int., 1997, 84: 179.

12. Laznickova, J. et al., Determination of amphetamine and methamphetamine in human hair using gas chromatography/mass spectrometry, Soud. Lek., 2000, 45: 26.

13. Pujadas, M. et al., Development and validation of a gas chromatography-mass spectrometry assay for hair analysis of amphetamine, methamphetamine and methylenedioxy derivatives, J. Chromatogr. B Anal. Technol. Biomed. Life Sci., 2003, 798: 249.

14. Frison, G. et al., Gas chromatography/mass spectrometry determination of amphetaminerelated drugs and ephedrines in plasma, urine and hair samples after derivatization with 2,2,2-trichloroethyl chloroformate, Rapid Commun. Mass. Spectrom., 2005, 19: 919.

15. Villamor, J.L. et al., A new GC-MS method for the determination of five amphetamines in human hair, J. Anal. Toxicol., 2005, 29: 135.

16. Takayama, N. et al., Determination of stimulants in a single human hair sample by high-performance liquid chromatographic method with chemiluminescence detection, Biomed. Chromatogr., 1997, 11: 25.

17. Al-Dirbashi, O. et al., HPLC with fluorescence detection of methamphetamine and amphetamine in segmentally analyzed human hair, Analyst, 1999, 124: 493.

18. Tagliaro, F. et al., High sensitivity simultaneous determination in hair of the major constituents of ecstasy (3,4-methylenedioxymethamphetamine, 3,4-methylenedioxyamphetamine and 3,4-methylene-dioxyethylamphetamine) by high-performance liquid chromatography with direct fluorescence detection, J. Chromatogr. B Biomed. Sci. Appl., 1999, 723: 195.

19. Nakashima, K. et al., Determination of methamphetamine and amphetamine in abusers' plasma and hair samples with HPLC-FL, Biomed. Chromatogr., 2003, 17: 471.

20. Miki, A. et al., Determination of methamphetamine and its metabolites incorporated in hair by column-switching liquid chromatography-mass spectrometry, J. Anal. Toxicol., 2003, 27: 95.

21. Kaddoumi, A. et al., High-performance liquid chromatography with fluorescence detection for the simultaneous determination of 3,4-methylenedioxymethamphetamine, methamphetamine and their metabolites in human hair using DIB-Cl as a label, Biomed. Chromatogr., 2004, 18: 202.

22. Stanaszek, R. and Piekoszewski, W., Simultaneous determination of eight underivatized amphetamines in hair by high-performance liquid chromatography-atmospheric pressure chemical ionization mass spectrometry (HPLC-APCI-MS), J. Anal. Toxicol., 2004, 28: 77.

23. Koide, I. et al., Determination of amphetamine and methamphetamine in human hair by headspace solid-phase microextraction and gas chromatography with nitrogenphosphorus detection, J. Chromatogr. B Biomed. Sci. Appl., 1998, 707: 99.

24. Liu, J. et al., New method of derivatization and headspace solid-phase microextraction for gas

chromatographic-mass spectrometric analysis of amphetamines in hair, J. Chromatogr. B Biomed. Sci. Appl., 2001, 758: 95.

25. Gentili, S. et al., Simultaneous detection of amphetamine-like drugs with headspace solid-phase microextraction and gas chromatography-mass spectrometry, J. Chromatogr. B Anal. Technol. Biomed. Life Sci., 2002, 780: 183.

26. Musshoff, F. et al., Fully automated determination of amphetamines and synthetic designer drugs in hair samples using headspace solid-phase microextraction and gas chromatography-mass spectrometry, J. Chromatogr. Sci., 2002, 40: 359.

27. Musshoff, F. et al., Automated headspace solid-phase dynamic extraction for the determination of amphetamines and synthetic designer drugs in hair samples, J. Chromatogr. A, 2002, 958, 231.

28. Allen, D.L. and Oliver, J.S., The use of supercritical fluid extraction for the determination of amphetamines in hair, Forensic Sci. Int., 2000, 107: 191.

29. Kimura, H. et al., Detection of stimulants in hair by laser microscopy, J. Anal. Toxicol., 1999, 23: 577.

30. Miki, A. et al., Application of ion mobility spectrometry to the rapid screening of methamphetamine incorporated in hair, J. Chromatogr. B Biomed. Sci. Appl., 1997, 692, 319.

31. Nagai, T. et al., A new analytical method for methamphetamine optical isomers and its habitual users' hair by HPLC, Igaku to Seibutsugaku, 1987, 115: 147.

32. Nagai, T. et al., Forensic toxicologic analysis of methamphetamine optical isomers by high-performance liquid chromatography, Z. Rechtsmed., 1988, 101: 151.

33. Nagai, T. et al., A new analytical method for stereoisomers of methamphetamine and amphetamine and its application to forensic toxicology, Clin. Biochem., 1989, 22: 439.

34. Scarcella, D. et al., Optimization of a simple method for the chiral separation of phenethylamines of forensic interest based on cyclodextrin complexation capillary electrophoresis and its preliminary application to the analysis of human urine and hair, Forensic Sci. Int., 1997, 89: 33.

35. Tagliaro, F. et al., Simultaneous chiral separation of 3,4 − methylenedioxymethamphetamine, 3 − 4 − methylenedioxyamphetamine, 3,4 − methylenedioxyethylamphetamine, ephedrine, amphetamine and methamphetamine by capillary electrophoresis in uncoated and coated capillaries with native beta-cyclodextrin as the chiral selector: preliminary application to the analysis of urine and hair, Electrophoresis, 1998, 19: 42.

36. Al-Dirbashi, O. et al., Enantiomer-specific high-performance liquid chromatography with fluorescence detection of methamphetamines in abusers' hair and urine, Biomed. Chromatogr., 1999, 13: 543.

37. Al-Dirbashi, O. et al., Quantification of methamphetamine, amphetamine and enantiomers by semi-micro column HPLC with fluorescence detection: applications on abusers' single hair analyses, Biomed. Chromatogr., 2000, 14: 293.

38. Stout, P.R. et al., Incorporation and retention of radiolabeled S − (+) − and R − (−) − methamphetamine and S(+) − and R(−) − N −(n-butyl) − amphetamine in mouse hair after systemic administration, Drug. Metab. Dispos., 2000, 28: 286.

39. Martins, L. et al., Simultaneous enantioselective determination of amphetamine and congeners in hair specimens by negative chemical ionization gas chromatographymass spectrometry, J. Chromatogr. B Anal. Technol. Biomed. Life Sci., 2005, 825: 57.

40. Ishiyama, I. et al., Detection of basic drugs (methamphetamine, antidepressants and nicotine) from human hair, J. Forensic Sci., 1983, 28: 380.

41. Moeller, M.R. et al., Drug Analysis in Hair by GC/MS, presented at SOFT Conference on Hair Analysis for Drugs of Abuse, Washington, DC, May 27 – 29, NIDA Research Monograph Series, 1990.

42. Moeller, M.R. and Fey P., Screening Procedure for Drugs in Hair, presented at 43rd meeting of the American Academy of Forensic Sciences, Anaheim, CA, Feb. 18 – 23, Abstract, K45 182, 1991.

43. Kintz, P. and Mangin P., Determination of gestational opiate, nicotine, benzodiazepine, cocaine and amphetamine exposure by hair analysis, J. Forensic Sci., 1993, 63: 139.

44. Tagliaro, F. et al., Hair analysis for abused drugs by capillary zone electrophoresis with field-amplified sample stacking, Forensic Sci. Int., 1998, 92: 201.

45. Paterson, S. et al., Qualitative screening for drugs of abuse in hair using GC – MS, J. Anal. Toxicol., 2001, 25: 203.

46. Skender, L. et al., Quantitative determination of amphetamines, cocaine, and opiates in human hair by gas chromatography/mass spectrometry, Forensic Sci. Int., 2002, 125: 120.

47. Lachenmeier, D.W. et al., Application of tandem mass spectrometry combined with gas chromatography and headspace solid-phase dynamic extraction for the determination of drugs of abuse in hair samples, Rapid Commun. Mass Spectrom., 2003, 17: 472.

48. Kronstrand, R. et al., Screening for drugs of abuse in hair with ion spray LC – MS – MS, Forensic Sci. Int., 2004, 145: 183.

49. Gentili, S. et al., Rapid screening procedure based on headspace solid-phase microextraction and gas chromatography-mass spectrometry for the detection of many recreational drugs in hair, J. Chromatogr. B Anal. Technol. Biomed. Life Sci., 2004, 801: 289.

50. Suzuki, O. et al., Nails as useful materials for detection of methamphetamine or amphetamine abuse, Forensic Sci. Int., 1984, 24: 9.

51. Suzuki, S. et al., Analysis of methamphetamine in hair, nail, sweat, and saliva by mass fragmentography, J. Anal. Toxicol., 1989, 13: 176.

52. Cirimele, V. et al., Detection of amphetamines in fingernails: an alternative to hair analysis, Arch. Toxicol., 1995, 70: 68.

53. Lin, D.L. et al., Deposition characteristics of methamphetamine and amphetamine in fingernail clippings and hair sections, J. Anal. Toxicol., 2004, 28: 411.

54. Han, E. et al., Correlation of methamphetamine results and concentrations between head, axillary, and pubic hair, Forensic Sci. Int., 2005, 147: 21.

55. Takayama, N. et al., High-performance liquid chromatography study on effects of permanent wave, dye and decolorant treatments on methamphetamine and amphetamine in hair, Biomed. Chromatogr., 1999, 13: 257.

第七章

毛发中药物检测

*Marjorie Chèze, Marc Deveaux, Gaëlle Duffort,
Francis Billault, and Gilbert Pépin*

7.1 引　　言

本章旨在综述毛发中常见药物(除其他章节中涉及的)检测的文章(案例报告和评论)。这些药物的分类如下:

1. 抗癫痫药
2. 精神药物
   2.1　抗精神病药物(主要镇静剂)
      2.1.1　典型抗精神病药物
      2.1.2　非典型抗精神病药物
   2.2　抗焦虑镇静剂(轻度镇静剂)
   2.3　镇静抗组胺药
   2.4　抗抑郁药
3. 麻醉药
4. 心血管药物
   4.1　β-受体阻滞剂(Ⅱ类和Ⅲ类抗心律失常药)
   4.2　强心苷
   4.3　Ⅰc类抗心律失常药
   4.4　中枢活性抗高血压药

众所周知,大多数药物,与毒品、金属和乙基葡萄糖醛酸代谢物一样,都可能与毛发角质层和皮层结合。通过发根处的毛细血管、汗液或皮脂进入毛发。即使是外部环境的药物沉积并不明显,不像许多毒品、污染、美发处理和皮脂的影响必须消除,但也需要通过适当的清洗程序去除外部污染。去污步骤通常涉及在室温下使用少量(5～10 mL)常用溶剂(甲醇、丙酮、水或二氯甲烷)洗涤几分钟。然后将毛发样本干燥、粉碎或用剪刀剪成非常小的碎片并称重。

从毛发皮层提取药物需要进行预处理。在缓冲液中孵育过夜通常比在溶剂中进行超声浴效果更好,后者往往会产生不纯净的提取物。根据分子特性和稳定性,也可使用碱性或酸性水解。液-液萃取和固相萃取是首选的萃取方法,而固相微萃取由于其定量准确性差而未得到广泛应用。

气相色谱法以及少数紫外或光电二极管阵列液相色谱法广泛用于检测毛发中的大多数药物,特别是临床治疗或长期滥用。然而,最近液相色谱-串联质谱法检测变得越来越普遍。这种分析技术之所以广受欢迎是因为它可检测的浓度范围更广(包括痕量),方便使用更小的样本量,提取步骤更短,无需衍生化。而毛细管电泳的应用越来越少。

毛发中的药物研究主要针对临床或医院治疗的患者,现有资料可以证实剂量和浓度之间的相关性。然而,过量用药、自杀和麻醉药成瘾(如芬太尼)的案例也在本章中介绍。关于越来越多的由毒品助长的性侵犯案件,在第 12 章专门讨论了这个问题,所以本章没有涉及这个主题。

药物主要与黑色素结合。因此,碱性或两性药物最有可能存在于毛发中。另一方面,酸性药物通常具有较高的血液浓度。因此,毛发中大多数药物的浓度大致相同。用于临床治疗的浓度通常在每毫克毛发 1 到数百纳克的范围内。氟哌噻吨、五氟利多、半衰期非常短的麻醉剂和 β-肾上腺素化合物的浓度较低,每毫克毛发只有几皮克。检测毛发中如此低水平的药物需要串联质谱。表 7.1 总结了预处理、提取程序和分析技术,以及真实案例中毛发中的药物水平和研究人群的信息。

表 7.1　毛发中的药物分析

复合物	步骤			药物水平	备注	参考文献
	预处理	提取	分析			
1　镇静剂						
卡马西平	0.1 mol/L NaOH, 80℃, 30 min, 用 HCl 调节 pH=9.5~10	LLE: 乙醚	GC-MS 柱: DB-5	2.8~22.5 ng/mg (200~400 mg/d) (n=6)	35 例精神病患者研究	[1]
	0.1 mol/L NaOH, 过夜 40℃, 5 mol/L HCl 中和	LLE: pH=7.6, 甲基叔丁醚	LC-UV: 波长 λ = 214 nm, 柱: C18	20.4~200.1 ng/mg (n=23 个患者中的 135)	23 例癫痫患者监测 6 个月	[2]
	2 mmol/L NaOH, 80℃, 15 min, 37% HCl, 20 min, 80℃	SPE: C18 固相柱, pH=9	FPIA (TDx) 和 GC-FI 柱: 甲基苯基有机硅	15.4~69.2 ng/mg FPIA 13.9~66.3 ng/mg GC (n=17)	卡马西平治疗 17 例临床观察	[3]
	1.5 mol/L NaOH, 过夜, 37℃, 1.5 mol/L HCl 中和	LLE: pH=7.6, 甲基叔丁醚	LC-UV: 波长 λ = 214 nm, 柱: C18	0.6~63.7 ng/mg (n=14)	癫痫患者研究	[4]
	磷酸缓冲溶液, pH=5.5, 芳基硫酸酯酶, 葡萄糖醛酸酶	LLE: pH=5.5, 己烷二乙醚丙醇	GC-MS 柱: HP-5	1.2~57.4 ng/mg (n=30)	癫痫患者研究	[5]
奥卡西平	0.1 mol/L HCl 57℃ 24 h, pH=9.3	SPE, pH=9.3	LC-APCI/MS 柱: LiChroCART	同一案例的三个部分: 3.9, 10.4, 13.0 ng/mg	奥卡西平治疗癫痫患者左美丙嗪自杀一例	[6]
苯巴比妥	MeOH/丙酮/NH4OH (10:1), 1 h 超声, 室温存储过夜	LLE: pH=6 CH2Cl2/异丙醇	GC-MS 衍生化: TMAH 柱: 聚甲基硅酮 TC1	16.2 和 14.7 ng/mg (n=2)	苯巴比妥过量 (2 例)	[7]
	水, 56℃ 过夜	SPE: C18 固相柱, pH=2	GC-MS 柱: CP-Sil-8CB	1.2 和 1.5 ng/mg (n=2)	被父母发现死亡的年轻兄弟 (被燃烧玩具的蒸汽窒息而死)	[8]
苯妥英	酸性缓冲液, pH=2, 10 min	SPE: 硅藻土和氯仿/异丙醇/庚烷, pH=2	GC-MS 毛细管柱	1.5~194.0 ng/mg (n=40)	从门诊患者和住院患者身上提取毛发样本	[9]
	MeOH/丙酮/NH4OH (10:1), 1 h US, 室温存储过夜	LLE: pH=6 CH2Cl2/异丙醇	GC-MS 衍生化: TMAH 柱: 聚甲基硅酮 TC1	3.3 和 0.1 ng/mg (100 mg/d) (n=2)	两名志愿者服用苯妥英钠 5 天	[7]
	1.5 mol/L NaOH, 过夜, 37℃	LLE: pH=7.6 甲基叔丁醚	LC-UV: 波长 λ = 214 nm, 柱: C18	6.0~157.8 ng/mg (n=14)	癫痫患者研究	[4]

续表

复合物	步骤			药物水平	备注	参考文献
	预处理	提取	分析			
2. 精神药品						
2.1. 抗精神病药物（主要镇静剂）						
2.1.1 典型抗精神病品						
氯丙嗪	0.1 mol/L NaOH, 80℃, 30 min, HCl 中和至 pH=9.5~10	LLE: 乙醚	GC/MS 柱: DB-5	2.9~68.2 ng/mg (n=16)	35 例精神病患者的研究	[1]
	NaOH, 80℃, 30 min, HCl 中和至 pH=8~10	LLE: 己烷	LC-MS/MS 柱: C$_{18}$	1.2 ng/mg (n=1)	一名精神分裂症患者正在接受临床治疗	[10]
	NaOH 水浴 70℃, 30 min, HCl 中和至 pH=9.5~10	GC: Tris 缓冲液, 氯化丁基, 盐酸反复萃取 2 次; LC: 氯化丁基, 磷酸反复萃取	GC-MS 柱: Ultra-2; LC-UV 柱: NR	1.3 和 29.0 ng/mg (n=2)	死后	[11]
	2 mol/L NaOH, 80℃, 30 min	LLE: 己烷-异戊醇	LC 探测器, 柱: C$_{18}$	1.6~27.5 ng/mg (n=23) (口服 30~300 mg/d)	对 23 名精神病患者的研究	[12]
氯噻吩	0.1 mol/L NaOH, 80℃, 30 min, HCl 中和至 pH=9.5~10	LLE: 乙醚	GC-MS 柱: DB-5	30.0 ng/mg (n=1)	35 例精神病患者的研究	[1]
氯咪嗪	0.1 mol/L HCl, 56℃, 过夜	SPE: C$_{18}$ 固相柱, pH=8.6	GC-MS 柱: CP-Sil-8CB	11.2 ng/mg (n=1)	一名妇女被发现死于浴缸中 (急性中毒)	[8]
氟哌噻吨	NaOH, 80℃, 30 min	LLE: 己烷, pH=8~10	LC-MS/MS 柱: C$_{18}$	0.22 ng/mg	一名精神分裂症患者正在接受临床治疗	[10]
氟哌啶醇	0.1 mol/L NaOH 80℃, 30 min, 中和至 pH=9.5~10 HCl	LLE: 乙醚	GC-MS 柱: DB-5	20.1 ng/mg (n=1)	35 例精神病患者的研究	[1]
	MeOH 超声 2 h, 磷酸缓冲溶液	SPE: 硅藻土柱, pH=6	LC-MS/MS 柱: RP-C8-select B	12.2 ng/mg (n=1)	对 6 例精神病患者的研究	[13]

续 表

复合物	步骤 预处理	步骤 提取	分 析	药物水平	备 注	参考文献
	0.1 mol/L HCl,过夜	LLE: pH=7 (溶剂 NR)	GC−MS 柱: NR	同一病例的 50 根毛发样本：0.12~0.68 ng/mg (n=1)	氟哌啶醇治疗偏执型患者 1 例	[14]
	NaOH 水浴 70℃ 30 min, HCl 中和至 pH=9.5~10	GC: Tris 缓冲液，氯化丁基，盐酸反萃取 2 次;LC: 氯化丁基，磷酸反萃取	GC−MS 柱: Ultra−2 / LC−UV 柱: NR	17.0 和 242.0 ng/mg (n=2)	尸检病例 1	[11]
左美丙嗪	0.1 mol/L HCl, 0.1 mol/L NaOH	MLE	HPTLC	3.0~7.0 ng/mg	患者毛发中精神药物的筛查	[15]
五氟利多	MeOH 中超声 2 h, 磷酸缓冲溶液	SPE: 硅藻土柱，pH=6	LC−MS/MS 柱: RP−C8−select B	ND 和 0.08 ng/mg (n=2)	对 6 例精神病患者的研究	[13]
哌潘番酮	MeOH 中超声 2 h, 磷酸缓冲溶液	SPE: 硅藻土柱，自动 SPE	LC−ESI−CID/MS / LC−MS/MS 柱: RP−C8−select B	两个片段：0.9 和 1.0 ng/mg (n=1)	自杀案例	[16]
甲硫哒嗪	MeOH 中超声 2 h, 磷酸缓冲溶液	SPE: 硅藻土柱,pH=6	LC−MS/MS 柱: RP−C8−select B	ND, 5.6, 0.3 和 9.9 ng/mg (n=4)	对 6 例精神病患者的研究	[13]
	NaOH 水浴 70℃ 30 min, HCl 中和至 pH=9.5~10	GC: Tris 缓冲液，氯化丁基，盐酸反萃取 2 次;LC: 氯化丁基，磷酸反萃取	GC−MS 柱: Ultra−2 / LC−UV 柱: NR	4.5~71.0 ng/mg（平均=28 ng/mg）(n=3)	尸检案例	[11]
三氟拉嗪	0.1 mol/L NaOH 80℃, 30 min, HCl 中和至 pH=9.5~10	LLE: 乙醚	GC−MS 柱: DB−5	368.0 ng/mg (n=1)	35 例精神病患者的研究	[1]
	NaOH 80℃,30 min, HCl 中和至 pH=8~10	己烷萃取	LC−MS/MS 柱: C18	18.9 ng/mg (n=1)	一名精神分裂症患者正在接受临床治疗	[10]

续表

复合物	步骤		分析	药物水平	备注	参考文献
	预处理	提取				
2.1.2 非典型抗精神病药						
氯氮平	MeOH 中超声 2 h, 磷酸缓冲溶液	SPE: 硅藻土柱, pH=6	LC-MS/MS 柱: RP-C8-select B	0.92, 0.47 和 0.62 ng/mg (n=3)	对 6 例精神病患者的研究	[13]
	0.1 mol/L NaOH, 80℃, 30 min, HCl 中和至 pH=9.5~10	LLE: 乙醚	GC-MS 柱: DB-5	16.7~59.2 ng/mg (n=16)	35 例精神病患者的研究	[1]
	MeOH, 过夜 45℃	—	GC-MS 柱: HP-5	0.2~34.2 ng/mg (n=23)	氯氮平治疗 36 例临床观察	[17]
硫必利	0.1 mol/L HCl, 过夜 56℃	SPE: C₁₈ 固相柱, pH=8.6	GC-MS 柱: CP-Sil 8CB	8.9 ng/mg (n=1)	一名 29 岁女医生滥用药物	[8]
2.2. 镇静剂 (轻型镇静剂) 苯二氮卓类 (cf. 毛发在毒品犯罪中的应用, 第 12 章)						
卡立普多甲丙氨酯	1 mol/L HCl, 过夜, 50℃	SPE: pH=6.5	GC-MS 衍生化: BSTFATMCS	线性: 0.5~10.0 ng/mg (n=1)	施虐者的毛发样本	[18]
甲丙氨酯	1 mol/L HCl, 过夜, 60℃	LLE: pH=5.5, 磷酸缓冲液/CHCl₃	GC-MS 衍生化: (同三氟甲基苯基)三甲基氢氧化铵: HP-1	4.3~17.6 ng/mg (21 天) (n=16)	对 16 名受试者口服后胡须的研究	[19]
	1 mol/L HCl, 过夜, 60℃	LLE: pH=5.5, 磷酸缓冲液/CHCl₃	GC-MS 衍生化: TMAH 柱: HP-1	3.3 和 4.2 ng/mg (200 mg/d) (n=2)	两名患者接受每日剂量的服氨酯	[20]
2.3. 镇静抗组胺药						
阿利马嗪	0.1 mol/L HCl, 过夜 56℃	SPE: C₁₈ 固相柱, pH=8.6	GC-MS 柱: CP-Sil 8CB	2.0 ng/mg (n=1)	一名精神病患者被发现在求爱中死亡	[8]
羟嗪	0.1 mol/L HCl, 过夜, 56℃	SPE: C₁₈ 固相柱, pH=8.6	GC-MS 柱: CP-Sil 8CB	8.3 ng/mg (n=1)	一名妇女死于 Sturg-Stauss 病; 羟嗪由她丈夫提供	[21]

复合物	步骤 预处理	步骤 提取	分析	药物水平	备注	参考文献
2.4. 抗抑郁药						
阿米替林	0.1 mol/L NaOH, 80℃, 30 min, HCl 中和至 pH=9.5~10	LLE: 乙醚	GC-MS 柱: DB-5	2.5~57.7 ng/mg (n=3)	35例精神病患者的研究	[1]
	0.5 mol/L NaOH 中超声 30 min	MLE 己烷(100 μL)	HPTLC	3.0~7.0 ng/mg (n=NR)	患者毛发中精神药物的筛查	[15]
	1 mol/L NaOH, 100℃, 30 min	LLE: 庚烷-异戊醇, pH=8.5	GC-MS 柱: BP-5	ND~17.2 ng/mg (平均=4.06±4.7) (n=30)	对60名精神病患者的研究	[22]
阿米替林	1 mol/L NaOH, 80℃, 30 min	SPE: 硅藻土, 乙酸乙酯/乙醚	GC-MS 柱: HP-1 衍生化: PFPA	阿米替林: 0.6~11.0 ng/mg (n=25) 去甲替林: 0.5~7.9 ng/mg (n=25)	56名接受TCA永久治疗的患者的毛发样本	[23]
阿米替林	NaOH 水浴 70℃, 30 min, HCl 中和至 pH=9.5~10	GC: Tris 缓冲液, 氯化丁基, 盐酸反萃取 2 次; LC: 氯化丁基, 磷酸反萃取	GC-MS (鉴定) 柱: Ultra-2 LC-UV (定量) 柱: NR	阿米替林: 3.5~34.0 ng/mg (平均浓度 18±10) (n=6) 去甲替林: 3.8~9.2 ng/mg (平均 6.5±2.3) (n=5)	尸检案例, 已知服用过抗抑郁药	[11]
西酞普兰	MeOH 中超声 2 h, 磷酸缓冲液	SPE: 硅藻土柱自动 SPE	LC-ESI-CID/MS LC-MS/MS 柱: RP-C8-select B	两个片段: 1 107 和 557 ng/mg (n=1)	一名患者接受西酞普兰治疗	[16]
氯丙咪嗪	0.1 mol/L HCl 57℃, 24 h, 0.1 mol/L NaOH 中和碳酸铵缓冲溶液至 pH=9.3	SPE: RP-18	LC-APCI/MS 柱: LiChroCART	三个片段: 氯丙咪嗪: 7.6, 4.9 和 1.9 ng/mg 去甲氯米帕明: 5.71, 9.71 和 4.13 ng/mg (n=1)	有自杀意图的致命中毒	[24]
	1 mol/L NaOH, 80℃, 30 min	SPE: 硅藻土乙酸乙酯/乙醚	GC-MS 衍生化 柱: HP-1 PFPA	氯丙咪嗪: 0.4~3.9 ng/mg (n=7) 去甲氯米帕明: ND~1.5 ng/mg (n=7)	56名接受TCA永久治疗的患者的毛发样本	[23]

续表

复合物	步骤		分析	药物水平	备注	参考文献
	预处理	提取				
度硫平(二苯噻庚英)	1 mol/L NaOH,95℃,10 min	LLE: Na₂CO₃缓冲液,庚烷:异戊醇(99:1)	GC-MS柱: HPS-5MS	1.9 ng/mg (n=1)	多硫平过量致命	[25]
	NaOH水浴70℃ 30 min,HCl中和至pH=9.5~10	GC: Tris缓冲液,氯化丁基,盐酸反应2次;LC: 氯化丁基,磷酸反应萃取	GC-MS柱: Ultra-2; LC-UV柱: NR	度硫平: 6.7~137.0 ng/mg(平均): 66±55 ng/mg)度硫平(二苯噻庚英)(n=6)	尸检案例	[11]
多塞平	0.1 mol/L NaOH,80℃,30 min,HCl中和至pH=9.5~10	LLE: 乙醚	GC-MS柱: DB-5	55.6~183.3 ng/mg (n=5)	35例精神病患者的研究	[1]
	NaOH水浴70℃ 30 min,HCl中和至pH=9.5~10	GC: Tris缓冲液,氯化丁基,盐酸反应2次;LC: 氯化丁基,磷酸反应萃取	GC-MS柱: Ultra-2; LC-UV柱: NR	7.7和87.0 ng/mg (n=2)	尸检案例	[11]
多塞平	0.1 mol/L HCl,50℃,过夜,(18~24 h)	SPE: HCX硅藻土柱	GC-MS衍生化: BSTFA-1% TMCS 柱: HP-5	多塞平: 0.09~0.59 ng/mg(每2个月收集5饮毛发)去甲多塞平: 0.04~0.4 ng/mg	从一位每天服用多塞平治疗4个月的患者身上采集毛发样本	[26]
多塞平	1 mol/L NaOH,80℃,30 min	SPE: 硅藻土,乙酸乙酯/乙醚	GC-MS衍生化: PFPA柱: HP-1	多塞平: 1.0~3.0 ng/mg (n=6)诺多塞平: 0.5~2.1 ng/mg (n=6)	56名接受TCA永久治疗的患者的毛发样本	[23]
丙咪嗪	1 mol/L NaOH,80℃,30 min	SPE: 硅藻土,乙酸乙酯/乙醚	GC-MS衍生化: PFPA柱: HP-1	丙咪嗪: 0.9~9.5 ng/mg (n=5)地昔帕明: 0.6~5.3 ng/mg (n=5)	56名接受TCA永久治疗的患者的毛发样本	[23]
	NaOH水浴70℃ 30 min,pH=9.5~10	GC: Tris缓冲液,氯化丁基,盐酸反应2次;LC: 氯化丁基,磷酸反应萃取	GC-MS柱: Ultra-2; LC柱: NR	丙咪嗪: 104.0 ng/mg 地昔帕明: 88.0 ng/mg (n=1)	尸检案例	[11]

续表

复合物	预处理	提取	分析	药物水平	备注	参考文献
马普替林	甲醇中 US 2 h,磷酸缓冲溶液	SPE:硅藻土柱自动 SPE	LC-ESI-CID/MS LC-MS/MS 柱:RP-C8-select B	3.1 ng/mg (n=1)	自杀案例	[16]
	1 mol/L NaOH, 80℃,30 min	SPE:硅藻土,乙酸乙酯/乙醚	GC-MS 衍生化:PFPA 柱:HP-1	1.4~40.0 ng/mg (n=13)	56名接受 TCA 永久治疗的患者的毛发样本	[23]
米安色林	NaOH 水浴 70℃ 30 min,用 HCl 中和至 pH=9.5~10	GC:Tris缓冲液,氯化丁基,盐酸反萃取 2 次;LC:氯化丁基,磷酸反萃取	GC-MS 柱:Ultra-2 LC-UV 柱:NR	9.2 ng/mg (n=1)	尸检案例	[11]
曲米帕明 去甲基曲米帕明	NaOH 水浴 70℃ 30 min,用 HCl 中和至 pH=9.5~10	GC:Tris缓冲液,氯化丁基,盐酸反萃取 2 次;LC:氯化丁基,磷酸反萃取	GC-MS 柱:Ultra-2 LC-UV 柱:NR	检测	尸检案例	[11]
3. 麻醉药						
芬太尼 舒芬太尼 阿芬太尼	磷酸缓冲溶液,pH=8.4,过夜	LLE:CH$_2$Cl$_2$/异丙醇/正庚烷(50/17/33)	GC-MS/MS TSQ 柱:HP5	芬太尼:101,644 和 8 pg/mg (n=3) 舒芬太尼:2 pg/mg,阿芬太尼:2 和 30 pg/mg (n=2)	成瘾的麻醉师	[27]
	0.25 mmol/L HCl,过夜,45℃	SPE:Oasis MCX LP—	毛细管电泳	—	与鸦片一起筛查;仅适用于吗啡	[28]
芬太尼 舒芬太尼	Sorensen 缓冲溶液, pH=7.6, 40℃,2 h	SPE:硅藻土柱 18, pH=7.6	GC-MS/MS TSQ PCI (CH4) 柱:DB5	芬太尼:100 pg/mg (n=1)舒芬太尼:5~10 pg/mg (n=1)	总摄入量:芬太尼:15 mg 经皮,舒芬太尼:7.75 mg 静脉注射	[29]

续表

复合物	预处理	步骤 提取	分析	药物水平	备注	参考文献
芬太尼	—	MeOH,40℃,18 h;0.2 μm过滤	LC-MS/MS TSQ柱:Altima C18	20~93 pg/mg (n=1)	护士,长期滥用	[30]
	稀 HCl,过夜,56℃	T-LLE:酸性反苯取 CH_2Cl_2	GC-MS 鉴定;GC-NPD 定量衍生化:BSTFA柱:NR	20~93 pg/mg (n=1)	长期滥用	[31]
	—	MeOH,40℃,过夜,在柠檬酸酸缓冲液中重组,pH=6.0	RIA	背景:0~8 pg/mg (n=19) 患者:13~48 pg/mg (n=8)	外科患者	[32]
GHB γ羟基丁酸酯	0.01 mol/L NaOH	酸性乙酸乙酯,MTBSTFA	GC-MS/MS 柱:HP5	阴毛:19.4~25.0 ng/mg	过量	[33]
氯胺酮	0.5 mol/L HCl,过夜,45℃	SPE:C18 硅藻土柱,pH=8.0	GC-MS 柱:HP5 SIM 模式	氯胺酮:0.6~489.0 ng/mg(平均=49.0 ng/mg)(n=51),去甲氯胺酮:0.8~196.3 ng/mg(mean=12.1 ng/mg)(n=51)	新加坡人口中氯胺酮滥用情况	[34]
	—	HS:HCl 1 mol/L,60℃,1 h,加入 K_2CO_3 SPME:100 μm PDMS 纤维	GC-MS 柱:HP5	氯胺酮 0.6 ng/mg(n=17,183 名检测者中的 17 名)	对罗马地区休闲场所 183 名年轻人研究	[35]
	水,过夜,56℃	SPE:C_{18}固相柱,pH=2	LC-DAD 柱:C18	氯胺酮:8.17~17.26 ng/mg 去甲氯胺酮:0.33~2.07 ng/mg (n=1)	多药滥用	[36]
利多卡因	—	HS:0.5 g Na_2SO_4 和 4% NaOH,70℃,30 min SPME:65 μm CW/DVB 纤维	GC-MS 柱:Supelcowax10	0.4~675 ng/mg(平均=65 ng/mg)(n=31,49 名检测者中的 31 名)	非法药物死亡人数(可卡因,苯丙胺和海洛因)	[37]

续　表

复合物	步骤		分　析	药物水平	备　注	参考文献
	预处理	提　取				
异丙酚	Sorensen 缓冲溶液,过夜,40℃	HS: 80℃,15 min	GC-MS柱:HP-Wax SIM模式	1.5~3.5 ng/mg	长期滥用	[38]
	Sorensen 缓冲溶液,过夜,40℃	HS: 80℃,15 min	GC-MS柱:HP-Wax SIM模式	毛发:0.89~1.39 ng/mg 阴毛:19.68 ng/mg ($n=1$)	44岁女麻醉科护士;家中死亡	[39]
	—	MeOH 超声4 h,2次,加 EtOH 和 NaOH	GC-MS柱:HP5	1.05~3.5 ng/mg ($n=1$)	26岁的护士;长期滥用	[40]
硫喷妥钠	0.1 mol/L NaHCO$_3$,过夜,30℃	HS: 磷酸缓冲溶液,pH=5.5 SPME;10 μm CW/TPR 纤维	GC-MS/MS-IT PCI(C$_3$H$_6$O)柱:CP-Sil-8CB	硫喷妥钠:0.15~0.3 ng/mg,戊巴比妥:0.2~0.4 ng/mg 近端部分 ($n=1$)	DFSA	[41]
	水,过夜,56℃	SPE: C$_{18}$固相柱,pH=2	LC-DAD柱:C$_{18}$	硫喷妥钠:4.85~7.74 ng/mg,戊巴比妥:5.68~17.06 ng/mg ($n=1$)	多药滥用	[36]

4. 心血管药物

4.1. β 受体阻滞剂(Ⅱ类和Ⅲ类抗心律失常药)

复合物	步骤		分　析	药物水平	备　注	参考文献
	预处理	提　取				
醋丁洛尔	0.1 mol/L HCl,过夜,56℃,用 0.1 mol/L NaOH 中和	SPE: Isolute C$_{18}$,pH=8.6	GC-MS 衍生化:TMBEA柱:HP5-MS	LOD: 10 pg/mg	β-阻滞剂筛查;兴奋剂控制	[42]
阿替洛尔	0.1 mol/L HCl,过夜,56℃,0.1 mol/L NaOH 中和	SPE: Isolute C$_{18}$,pH=8.6	GC-MS 衍生化:TMBEA柱:HP5-MS	LOD: 4 pg/mg	β-阻滞剂筛查;兴奋剂控制	[24]
	1 mol/L NaOH,100℃,	LLE: 乙醚二氯甲烷	HPLC-UV=265 nm 柱:RSil-CN	0.9 ng/mg ($n=1$)	高血压患者慢性β-阻滞剂摄入(依从性)	[43]

续　表

复合物	步骤		分析	药物水平	备注	参考文献
	预处理	提取				
倍他洛尔	1 mol/L NaOH, 100℃, 10 min	LLE: 乙醚二氯甲烷	HPLC - UV = 265 nm 柱: RSil-CN	1.2~2.7 ng/mg ($n=3$)	依从性研究, 1cm 节段的横断面分析	[43]
	1 mol/L NaOH, 100℃, 10 min	LLE: 乙醚二氯甲烷	HPLC - UV = 265 nm 柱: RSil-CN	0.6~2.8 ng/mg ($n=8$)	合规性研究	[44,45]
比索洛尔	0.1 mol/L HCl, 过夜, 56℃, 用 0.1 mol/L NaOH 中和	SPE: Isolute C$_{18}$, pH = 8.6	GC - MS 衍生化: TMBEA 柱: HP5 - MS	LOD: 8 pg/mg	β - 阻滞剂的筛查; 兴奋剂控制	[42]
拉贝洛尔	0.1 mol/L HCl 过夜, 56℃, 0.1 mol/L NaOH 中和	SPE: Isolute C$_{18}$, pH = 8.6	GC - MS 衍生化: TMBEA 柱: HP5 - MS	LOD: 8 pg/mg	β - 阻滞剂的筛查; 兴奋剂控制	[42]
美托洛尔	0.1 mol/L HCl 过夜, 56℃, 0.1 mol/L NaOH 中和	SPE: Isolute C$_{18}$, pH = 8.6	GC - MS 衍生化: TMBEA 柱: HP5 - MS	8.41 pg/mg ($n=1$) LOD: 4 pg/mg	兴奋剂控制; 长期使用	[42]
氧普洛尔	0.1 mol/L HCl 过夜, 56℃, 0.1 mol/L NaOH 中和	SPE: Isolute C$_{18}$, pH = 8.6	GC - MS 衍生化: TMBEA 柱: HP5 - MS	8 pg/mg	筛查 β 受体阻滞剂	[42]
吲哚洛尔	0.1 mol/L HCl 过夜, 56℃	SPE: Isolute C$_{18}$, pH = 8.6	GC - MS 衍生化: TMBEA 柱: HP5 - MS	LOD: 10 pg/mg	β - 阻滞剂的筛查; 兴奋剂控制	[42]
心得安	0.1 mol/L HCl 过夜, 56℃, 0.1 mol/L NaOH 中和	SPE: Isolute C$_{18}$, pH = 8.6	GC - MS 衍生化: TMBEA 柱: HP5 - MS	LOD: 8 pg/mg	β - 阻滞剂的筛查; 兴奋剂控制	[42]
	1 mol/L NaOH, 100℃,	LLE: 乙醚二氯甲烷	HPLC - UV = 265 nm 柱: RSil-CN	1.6~2.4 ng/mg ($n=2$)	高血压患者慢性 β - 阻滞剂摄入(依从性)	[43]
甲磺胺心定	0.1 mol/L HCl 过夜, 56℃, 0.1 mol/L NaOH 中和	SPE: Isolute C$_{18}$, pH = 8.6	GC - MS 衍生化: TMBEA 柱: HP5 - MS	261 pg/mg ($n=1$) LOD: 4 pg/mg	兴奋剂控制	[42]
	1 mol/L NaOH, 100℃,	LLE: 乙醚二氯甲烷	HPLC - UV = 265 nm 柱: RSil-CN	4.4~5.3 ng/mg ($n=2$)	高血压患者长期 β - 阻滞剂摄入(依从性)	[43]
叔他洛尔	0.1 mol/L HCl 过夜 56℃, 0.1 mol/L NaOH 中和	SPE: Isolute C$_{18}$, pH = 8.6	GC - MS 衍生化: TMBEA 柱: HP5 - MS	LOD: 4 pg/mg	β - 阻滞剂的筛查; 兴奋剂控制	[42]

续　表

复合物	步骤 预处理	步骤 提取	分析	药物水平	备注	参考文献
噻吗洛尔	0.1 mol/L HCl 过夜,56℃, 0.1 mol/L NaOH 中和	SPE: Isolute C18, pH=8.6	GC-MS 衍生化: TMBEA 柱: HP5-MS	LOD: 4 pg/mg	β-阻滞剂的筛查;兴奋剂控制	[42]
4.2. 强心苷						
地高辛	—	溶剂萃取	RIA	2~6 pg/mg	—	[46,47]
地高辛	酶消解,pH=7.2,过夜,40℃	—	MEIA	3.6~11.4 pg/mg(平均=5.9)(n=35)	老年患者地高辛的长期摄入人;毛发和血液中地高辛没有相关性	[48]
	酶消解,pH 7.2,过夜,40℃	—	MEIA	5 pg/mg (n=1)	法医案件,一个 4 cm 的片段	[48]
4.3. Ic类抗心律失常药						
氟卡尼	1 mol/L NaOH, 70℃, 20 min	LLE: 乙酸乙酯, pH=7.4	HPLC-荧光检测器	—	动物研究;毛发和血浆中弗莱卡因胺浓度具有良好的相关性;毛发色素沉着的决定性影响	[49]
氟卡尼	1 mol/L NaOH, 70℃, 20 min	LLE: 乙酸乙酯, pH=7.4	HPLC-荧光检测器	38~412 ng/mg (n=15)(日剂量 100~150 mg)	个人吸毒行为;1 cm 切片横断面分析;毛发和血浆中弗莱卡因胺浓度具有相关性;毛发色素沉着的决定性影响	[50]
4.4. 中枢活性抗高血压药						
甲基多巴	—	—	—	—	动物研究	[51]

注:本表格中的简写见表 7.2。

表 7.2　表 7.1 中涉及的简写

APCI	atmospheric-pressure chemical ionization	大气压化学电离
BSTFA	bis(trimethylsilyl)trifluoroacetamide	二(三甲基硅基)三氟乙酰胺
CID	in-source collision-induced dissociation	源内碰撞诱导解离
DAD	diode array detector	二极管阵列检测器
DFSA	drug-facilitated sexual assault	毒品助长的性侵犯
ESI	electrospray ionization	电喷雾电离
FID	flame ionization detection	火焰离子化检测
FPIA	fluorescence polarization immunoassay	荧光偏振免疫分析
GC	gas chromatography	气相色谱法
GHB	gamma-hydroxybutyrate	γ-羟基丁酸酯
HPTLC	high-performance thin-layer chromatography	高效薄层色谱
HS	headspace	顶空
IT	ion trap	离子阱
LC	liquid chromatography	液相色谱
LLE	liquid-liquid extraction	液液萃取
LOD	limit of detection	检测限
MEIA	microparticulate enzyme immunoassay	微粒酶免疫法
MeOH	methanol	甲醇
MLE	microliquid extraction	微量液体萃取
MS	mass spectrometry	质谱
MS/MS	tandem mass spectrometry	串联质谱
MTBSTFA	n-methyl-N-$tert$-butyldimethylsilyltrifluoroacetamide	正甲基-N-叔丁基二甲基甲硅烷基三氟乙酰胺
n	number of cases	案例数
ND	not detected	未检测到
NPD	nitrogen-phosphorus detector	氮磷检测仪
NR	not reported	未报告
PCI	positive chemical ionization	正化学电离
PFPA	pentafluoropropionic anhydride	五氟丙酸酐
RIA	radioimmunoassay	放射免疫分析
SPE	solid-phase extraction	固相萃取
SPME	solid-phase microextraction	固相微萃取
TCA	trimethylboroxine ethyl acetate	三甲基环己烷乙酸乙酯
T-LLE	liquid-liquid triple extraction	液-液三重萃取
TMAH	tetramethylammonium hydroxide	四甲基氢氧化铵

续　表

TMBEA	trimethylboroxine ethyl acetate	三甲基环己烷乙酸乙酯
TMCS	trimethylchlorosilane	三甲基氯硅烷
TSQ	triple-stage quadrupole	三重四极杆
US	ultrasonication bath	超声浴
UV	ultraviolet	紫外

7.2　讨　　论

　　自 1996 年这本书的第一版出版以来,在 1999 年 Gaillard 和 Pépin 发表了综述性评论[52]之后,有一些其他的药物进行了毛发分析检测,研究结果进行了公开报道。这些新检测的分子为奥卡西平、左美丙嗪、匹帕哌酮、卡异丙醇、阿芬太尼、GHB、利多卡因、异丙酚、乙酰布托洛尔和弗卡卡因。对药物种类的筛查程序越来越多,人们广泛使用液相色谱-串联质谱法[10,13,15,16,28]。毛发中浓度极低或样本量少是使用串联质谱法的先决条件。

7.3　结　　论

　　毛发药物分析主要用于临床调查,但当常用的基质(血液、尿液)不可用时,毛发药物分析还可以提供法医毒理学中有关用药史的信息,对毒品犯罪案件也有意义,这方面内容在第 12 章中进行更详细地讨论。但是必须注意毛发分析的缺陷,应该谨慎解释分析检测结果,这是未来研究毛发分析方法的标准化提取程序的重要原因。

参考文献

1. Shen, M. et al., Detection of antidepressant and antipsychotic drugs in human hair, Forensic Sci. Int., 2002, 126, 153.
2. Williams, J., Patsalos, P. N., and Wilson, J. F., Hair analysis as a potential index of

therapeutic compliance in the treatment of epilepsy, Forensic Sci. Int., 1997, 84: 113.

3. Tsatsakis, A. M. et al., Carbamazepine levels in the hair of patients under long-term treatment: a preliminary study, Clin. Chim. Acta, 1997, 263: 187.

4. Mei, Z. and Williams, J., Simultaneous determination of phenytoine and carbamazepine in human hair by high-performance liquid chromatography, Ther. Drug Monitor., 1997, 19: 92.

5. Kintz, P., Marescaux, C., and Mangin, P., Testing human hair for carbamazepine in epileptic patients: is hair investigation suitable for drug monitoring? Hum. Exp. Toxicol., 1995, 14: 812.

6. Klys, M., Rojek, S., and Bolechala, F., Determination of oxcarbazepine and its metabolites in postmortem blood and hair by means of liquid chromatography with mass detection (HPLC/APCI/MS), J. Chromatogr. B, 2005, 825: 38.

7. Saisho, K., Tanaka, E., and Nakahara, Y., Hair analysis for pharmaceutical drugs, I: effective extraction and determination of phenobarbital, phenytoine and their major metabolites in rat and human hair, Biol. Pharm. Bull., 2001, 24: 59.

8. Gaillard, Y. and Pépin, G., Screening and identification of drugs in human hair by high-performance liquid chromatography-photodiode-array UV detection and gas chromatography-mass spectrometry after solid-phase extraction: a powerful tool in forensic medicine, J. Chromatogr. A, 1997, 762: 251.

9. Goullé, J.P. et al., Phenobarbital in hair and drug monitoring, Forensic Sci. Int., 1995, 70: 191.

10. McClean, S., O'Kane, E.J., and Smyth, W.F., Electrospray ionisation-mass spectrometric charactcrisation of selected anti-psychotic drugs and their detection and determination in human hair samples by liquid chromatography-tandem mass spectrometry, J. Chromatogr. B, 2000, 740: 141.

11. Couper, F. J., McIntyre, I. M., and Drummer, O. H., Detection of antidepressant and antipsychotic drugs in postmortem human scalp hair, J. Forensic Sci., 1995, 40: 87.

12. Sato, H. et al., Chlorpromazine in human scalp hair as an index of dosage history: comparison with simultaneously measured haloperidol, Eur. J. Pharmacol., 1993, 44: 439.

13. Weinmann, W. et al., LC – MS – MS analysis of the neuroleptics clozapine, flupentixol, haloperidol, penfluridol, thioridazine, zuclopenthixol in hair obtained from psychiatric patients, J. Anal. Toxicol., 2002, 26: 303.

14. Lipman, J. J., Multiple homicides occurring during a time of abnormally low drug concentration in the hair of a treated paranoid schizophrenic, Forensic Examiner, 1996, 2: 9.

15. Polenova, T. V. et al., Screening of psychotropic drugs in human hair based on highperformance thin-layer chromatography and microliquid extraction, J. Chromatogr. Sci., 2001, 39: 293.

16. Müller, C. et al., Identification of selected psychopharmaceuticals and their metabolites in hair by LC/ESI – CID/MS and LC/MS/MS, Forensic Sci. Int., 2000, 113: 415.

17. Cirimele, V. et al., Clozapine dose-concentration relationships in plasma, hair and sweat specimens of schizophrenic patients, Forensic Sci. Int., 2000, 107: 289.

18. Kim, J.Y. et al., Simultaneous determination of carisoprodol and meprobamate in human hair

using solid-phase extraction and gas chromatography/mass spectrometry of trimethylsilyl derivatives, Rapid Commun. Mass Spectrom., 2005, 19: 3056.

19. Kintz, P., Tracqui, A., and Mangin, P., Pharmacological studies on meprobamate incorporation in human beard hair, Int. J. Leg. Med., 1993, 105: 283.

20. Kintz, P. and Mangin, P., Determination of meprobamate in human plasma, urine and hair by gas chromatography and electron impact mass spectrometry, J. Anal. Toxicol., 1993, 17: 408.

21. Gaillard, Y. and Pépin, G., Hair testing for pharmaceuticals and drugs of abuse: forensic and clinical applications, Am. Clin. Lab., 1997, 18.

22. Tracqui, A. et al., Determination of amitriptyline in the hair of psychiatric patients, Hum. Exp. Toxicol., 1992, 11, 363.

23. Pragst, F. et al., Structural and concentration effects on the deposition of tricyclic antidepressants in human hair, Forensic Sci. Int., 1997, 84, 225.

24. Klys, M. et al., A fatal clomipramine intoxication case of a chronic alcoholic patient: application of postmortem hair analysis method of clomipramine and ethyl glucuronide using LC/APCI/MS, Leg. Med., 2005, 7: 319.

25. Cirimele V. et al., A fatal dothiepin overdose, Forensic Sci. Int., 1995, 76: 205.

26. Negrusz, A., Moore, C.M., and Perry, J.L., Detection of doxepin and its major metabolite desmethyldoxepin in hair following drug therapy, J. Anal. Toxicol., 1998, 22: 531.

27. Kintz, P. et al., Evidence of addiction by anesthesiologists as documented by hair analysis, Forensic Sci. Int., 2005, 153: 81.

28. de Lima, E. C. et al., Critical comparison of extraction procedures for the capillary electrophoresis analysis of opiates in hair, J. Capillary Electrophor., 2003, 8: 111.

29. Sachs, H. et al., Analysis of fentanyl and sufentanyl in hair by GC/MS/MS, Int. J. Leg. Med., 1996, 109: 213.

30. LeBeau, M. A. et al., Fentanyl in human hair by liquid chromatography-tandem mass spectrometry, Ann. Toxicol. Anal., 2002, 14: 218.

31. Selavka, C.M. et al., Determination of fentanyl in hair: the case of the crooked criminalist, J. Forensic Sci., 1995, 40: 681.

32. Wang, W.L., Cone, E.J., and Zacny, J., Immunoassay evidence for fentanyl in hair of surgery patients, Forensic Sci. Int., 1993, 61: 65.

33. Kintz, P. et al., Unusually high concentrations in a fatal GHB case, J. Anal. Toxicol., 2005, 29: 582.

34. Leong, H.S., Tan, N.L., and Lee, T.K., Evaluation of ketamine abuse using hair analysis: concentration trends in a Singapore population, J. Anal. Toxicol., 2005, 29: 314.

35. Gentili, S., Cornetta, M., and Macchia, T., Rapid screening procedure based on headspace solid phase microextraction and gas chromatography-mass spectrometry for the detection of many recreational drugs in hair, J. Chromatogr. B, 2004, 801: 289.

36. Gaillard, Y. and Pépin, G., Evidence of polydrug use using hair analysis: a fatal case involving heroin, cocaine, cannabis, chloroform, thiopental and ketamine, J. Forensic Sci., 199, 843, 435.

37. Sporkert, F. and Pragst, F., Determination of lidocaine in hair of drug fatalities by headspace solid-phase microextraction, J. Anal. Toxicol., 2000, 24: 316.

38. Cirimele, V., Kintz, P., and Ludes, B., Rapid determination of propofol in biological specimens and human hair by HS – GC/MS, Acta Clin. Belg., 2002, 1: 47.

39. Cirimele, V. et al., Determination of chronic abuse of the anaesthetic agents midazolam and propofol as demonstrated by hair analysis, Int. J. Leg. Med., 2002, 116: 54.

40. Iwersen-Bergmann, S. et al., Death after excessive propofol abuse, Int. J. Leg. Med., 2001, 114: 248.

41. Frison, G. et al., Detection of thiopental and pentobarbital in head and pubic hair in case of drug-facilitated sexual assault, Forensic Sci. Int., 2003, 133: 171.

42. Kintz, P. et al., Doping control for β-adrenergic compounds through hair analysis, J. Forensic Sci., 2000, 45: 170.

43. Kintz, P. and Mangin, P., Hair analysis for detection of beta-blockers in hypertensive patients, Eur. J. Clin. Pharmacol., 1992, 42: 351.

44. Kintz, P. and Mangin, P., L'analyse des médicaments et des stupéfiants dans les cheveux: Intérêt et limites pour le diagnostic clinique te la toxicologie médicolégale, J. Méd. Strasbourg, 1991, 22, 518.

45. Kintz, P., Tracqui, A., and Mangin, P., Detection of drugs in human hair for clinical and forensic applications, Int. J. Leg. Med., 1992, 105, 1.

46. Baumgartner, W.A. et al., Detection of drug use by analysis of hair, J. Nucl. Med., 1988, 5, 980.

47. Baumgartner, W.A., Hill, V.A., and Blahd, W.H., Hair analysis for drugs of abuse, J. Forensic Sci., 1989, 34: 1433.

48. Deveaux, M. et al., Immunoassay of digoxin in hair, Forensic Sci. Int., 199784, 219.

49. Takiguchi, Y. et al., Measurement of flecainide in hair as an index of drug exposure, J. Pharm. Sci., 2001, 90: 1891.

50. Takiguchi, Y. et al., Hair analysis of flecainide for assessing the individual drug-taking behaviour, Eur. J. Clin. Pharmacol., 2002, 58: 99.

51. Harrison, W.H., Gray, R.H., and Salomon, L.M., Incorporation of L-dopa, L-alphamethyl-dopa and DL-isoproterenol into guinea-pig hair, Acta Derm. Venerol., 1974, 54: 249.

52. Gaillard, Y. and Pépin, G., Review: testing hair for pharmaceuticals, J. Chromatogr. B, 1999, 733: 231.

第八章

毛发中毒品分析的筛查策略

Hans Sachs

8.1 引　　言

法医毒理学分析策略以及相邻学科的兽药残留分析或兴奋剂控制等都包含多种程序。从一般未知分析筛查程序界定种类(如滥用药物)到个别化合物的具体确认和定量,这些都意味着必须找到适当的分析方法,该分析方法代表了与问题有关的专一性、全面性和取舍性。

要考虑的分析物的数量总是有限的,即使是最全面的未知物筛查策略也是由样本材料、样本预处理、物质性质和分析参数的选择决定的。只有样本材料中排出的物质能够被水解(必要时)、提取、衍生,并可能被相关分析原理检测出来的物质才能被分析,这就大大减少了毒理学相关物质的数量。另一方面,具体的确认程序不限于单一的分析信号,因为特定属性、代谢物和内标物需要考虑在内。

司法案件中未知筛查的策略与法医机构的策略相似,取决于要解决的问题和可用材料(表 8.1)。

表 8.1　人命案件中法医毒理学用于检测药物损害或
药物依赖驾驶员的"一般未知"程序

基　质	检　　测
尿液/血液	免疫化学筛查 确认:GC‒MS,HPLC‒DAD,荧光 HPLC,LC‒MS/MS, 扩展筛查:GC‒MS,HPLC‒DAD
毛　发	不适用于"一般未知物" 筛查鸦片,可卡因,苯丙胺,大麻,美沙酮,苯二氮卓类:GC‒MS,ELISA 特殊检测:GC‒NCI‒MS,LC‒MS/MS

在德国等一些国家,如果发生酒后驾驶的情况,只有血液样本可以作为评价驾驶员健康状况的依据。如果驾驶执照被吊销,驾驶者必须通过多次尿检或对所有相关药物进行毛发分析,证明自己在 1 年内没有服用任何精神药物,然后才能重新获得驾驶执照[1]。

近年来,麻醉药、神经安定药、抗抑郁药等治疗后,常规筛查方法无法检测到的药物(如舒必利、阿米苏必利、佐匹克隆、帕罗西汀)层出不穷。即使是苯二氮卓类药物(三唑安定、溴唑安定和氯美西泮),尽管它们的服用剂量可能会损害驾驶员,但在一般情况下这些药物也不总能被识别出来,甚至更不可能在毛发中被识别出来。在尸检中,可以利用 GC – MS 和高效液相色谱二极管阵列检测(highperformance liquid chromatography diode array,HPLC – DAD)筛查确定尿液或胃内容物,也可以使用计算机数据库(例如,适用于 GC – MS 技术的 Pfleger-Maurer-Weber[2]和适用于二极管阵列检测的 Pragst[3])进行对比分析。

在毛发分析中,真正的"一般未知"筛查并不存在。"一般未知"筛查更适用于含有几个物质组的限制性筛查。对这些类别以外的物质的确认只能通过特殊程序。与尿液相反,在毛发分析中,因为缺乏材料,检查次数是有限的。同样,毛发样本定量分析的可重复性也受到样本材料数量和未知提取回收率的限制。因此,基于单次注射的半定量结果估算比建立经过验证的高通量检测更具特征。

自 1998 年 Sachs 和 Kintz 对毛发分析进行综述[4]以来,相关研究取得了重大进展,特别是毛发分析引入了液相色谱-串联质谱(liquid chromatography combined with tandem mass-spectrometry,LC – MS/MS)。近年来,科学家已建立了一些用于筛查过量用药病例的数据库,并发表了一些用单— MS[5]筛查像苯丙胺这样的药物组的方法。但是,大部分报告了 GC – MS 无法检测到目标物质或检测灵敏度不高,或制备时间较长等的确认数据。出于筛查目的,特别是针对毛发分析,必须开发能覆盖更多目标物质的有选择性和高灵敏度的方法。但同时人们意识到,针对数千种物质的真正的"一般未知"筛查将无法获得所需的灵敏度。

8.2　毛发中毒品分析的免疫化学筛查

在尿液或血液的法医毒理学分析中,通常从免疫学筛查开始。一般,通过识别单一物质来确认阳性结果。阴性结果(低于阈值)一般不经过确认程序就可以下结论。这种策略需要比确认方法更灵敏的免疫化学技术。因为相关检测方法已被验证可用于检测相关代谢物,所以对于尿液来说,结论大多是正确的。毛发中含有的母体毒品的浓度往往高于其代谢物的浓度,如果有代谢物的话,它们大多只在较低的 pg/mg 区域检测到。这就是为什么只有与母药的交叉反应相对较高的试剂盒才能用于毛发分析。Kintz[6] 使用 Abbott ADx 进行药物滥用的毛发筛查,Spiehler[7] 报告了 DPC 的涂层放射免疫分析(RIA)和 STC、Cozard 的涂层酶联免疫吸附试验(ELISA),用于筛查阿片类毒品、可卡因、大麻素、苯丙胺、巴比妥类毒品和苯二氮卓类。受严格的安全规定限制,RIA 只能在较大样本量检测中具有成本效益。但是 ELISA 检测的成本也超过了 GC - MS 或 LC - MS/MS 的检测成本,除非每个月必须确定几百个样本。毛发检测协会的建议[8] 中描述了免疫检测所需的敏感度。以下浓度必须产生阳性结果:

0.2 ng/mg 吗啡或 6 - 乙酰吗啡

0.5 ng/mg 可卡因

0.2 ng/mg MDMA、甲基苯丙胺、苯丙胺、MDE 或 MDA

0.1 ng/mg THC

根据我们的经验,用于可卡因的 MTP 试剂盒 Diagnostix Single Step®、用于阿片类毒品和苯丙胺的 OraSure MTP - EIA 试剂盒以及用于可卡因、大麻素和美沙酮的 Intercept Oral Fluid Tests 检测满足这些要求,其中验证鸦片制剂和可卡因试剂盒由 Lachenmeier 等公开发表[9]。

尽管可靠的毒品毛发分析始于 1979 年使用的阿片类毒品放射免疫学方法[10],但免疫学筛查仅限于可卡因、大麻素、美沙酮和阿片类毒品等常见毒品。如果使用苯丙胺或甲基苯丙胺的验证阈值,则不一定能检测到不常见的苯丙胺类设计毒品/策划毒品。苯二氮卓试剂盒通常与去甲西泮类物质具有良好的交叉反应性,有时与阿普唑仑具有高交叉反应性,但这些试剂盒对劳拉西泮、三唑仑或溴替唑仑通常不够敏感。这意味着对于一般筛查,免疫分析可以引导程序朝着某个方向发展,但不能替代色谱分析。

8.3 GC - MS/MS 筛查和确认

在 20 世纪 90 年代初期,研究者开发了 GC - MS 筛查毛发中毒品的方法[14,15],

但该方法始终仅限于少量化合物,与一般的未知筛查相去甚远。表 8.2 给出了一些示例。

表 8.2　使用 GC‐MS/MS 进行多组分筛查的例子

参 考 文 献	组　　　　分	检测限(pg/mg)
Cirimele et al.[11]	地西泮	<10
	去甲西泮	
	奥沙西泮	
	溴西泮	
	氟硝西泮	
	劳拉西泮	
	三唑仑	
	阿普唑仑	
Paterson et al.[12]	苯丙胺	20
	甲基苯丙胺	30
	MDA	60
	MDMA(均为 TFA 衍生品)	70
	芽子素甲酯	70
	苯甲酰芽子碱	90
	6‐乙酰吗啡	60
	吗啡	400
	去甲西泮	210
	奥沙西泮	110
	替马西泮(每个都为 TBDMS 以及未衍生化)	300
	二氢可待因	250
	可卡因	120
	可卡乙烯	160
	美沙酮	150
	EDDP	270
	地西泮	110
	苯环利定	170
Gentili et al.[13]	苯丙胺	1 290
	甲基苯丙胺	370
	MDA	1 610
	摇头丸	760
	MDE	660
	MBDB[N‐甲基‐1‐(3,4‐亚甲二氧基苯基)‐2‐丁胺]	600
	氯胺酮	590
	美沙酮	350
	可卡因	350

Paterson 等[12]的检测包含了相对较多的分析物,但就检测限而言,所有公开的筛查程序都不符合相关药物的禁控要求。缓刑控制检察官和心理医学检查官不接受吗啡 0.4 ng/mg 或去甲西泮 0.21 ng/mg 的检出限。即使不集中但经常使用苯二氮卓类药物后,苯二氮卓类药物的浓度也在 0.1 ng/mg 以下。

Negrusz[18]的文章《药物性侵犯的毒理学调查分析进展》(*Analytical developments in toxicological investigation of drug-facilitated sexual assault*)明确指出,全面筛查需要多种 GC-MS 程序,如电子冲击(electron impact, EI)、PCI (positive chemical ionization,正化学电离)或 NCI(negative chemical ionization,负化学电离)。GC-MS/MS 需要区分内源性和给药的-羟基丁酸酯和-丁内酯[19]。

8.4　LC-MS/MS 多组分筛查

8.4.1　尿液和血液的多组分分析程序

关于毛发分析的 LC-MS 的文章很少,所以这里涉及的主要是尿液和血液的相关文献。如果要求检测很少使用或最近才使用毒品的毛发,我们会参考有关血液分析的文献。Maurer[22]发表了一篇关于 LC-MS/MS 对血液中毒品的多组分筛查的综述。Smink 等[26]公布了血液中 33 种苯二氮卓类药物的清单,给出了前体和产物的离子和碰撞能量。检出限为 0.1 ~12.6 ng/mL。

8.4.2　毛发分析中的多组分分析程序

有少数筛查尝试使用 HPLC 和 DAD。El-Mahjoub 和 Staub[21]同时检测到氯硝西泮、地西泮、氟硝西泮、咪达唑仑和奥沙西泮。应用 LC-MS/MS 分析毛发之前,相关研究没有出现突破性进展。表 8.3 中给出了一些示例。

表 8.3　使用 LC-MS/MS 进行多组分筛查的例子

标　准	组　分	检出限(pg/mg)
Kronstrand et al.[20]	尼古丁	24
	可替宁	25
	苯丙胺	33

标　　准	组　　分	检出限（pg/mg）
	甲基苯丙胺	6
	MDA	12
	摇头丸	4
	可卡因	3
	苯甲酰芽子碱	5
	吗啡	9
	6-乙酰吗啡	15
	可待因	25
	乙基吗啡	4
	地西泮	70
	7-氨基氟硝西泮	17
Chèze et al.[23]	阿普唑仑	0.5
	溴西泮	1~2
	氯巴占	1
	氯硝西泮	0.5
	7-氨基氯硝西泮	1
	地西泮	1
	艾司唑仑	0.5
	氟硝西泮	1
	7-氨基氟硝西泮	0.5
	劳拉西泮	2
	洛唑仑	2
	氯甲西泮	1
	咪达唑仑	1
	硝西泮	2
	7-氨基硝西泮	5
	去甲西泮	1
	奥沙西泮	1
	普拉西泮	2
	替马西泮	1
	四西泮	10
	三唑仑	0.5
	唑吡坦	1
	佐匹克隆	1

续　表

标　准	组　分	检出限（pg/mg）
Villain et al.[24]	阿普唑仑	1
	溴西泮	5
	氯巴占	2
	7-氨基氯硝西泮	2
	地西泮	2
	7-氨基氟硝西泮	1
	劳拉西泮	5
	氯甲西泮	2
	咪达唑仑	0.5
	去甲西泮	2
	奥沙西泮	1
	替马西泮	1
	四西泮	5
	三唑仑	0.5
	扎来普隆	1
	唑吡坦	0.5

现在通常以 pg/mg 为单位给出浓度，这也证明了检测灵敏度取得的进步。Chèze 等[23]和 Villain 等[24]分别描述了毛发中选定化合物的确认，这在性侵犯等毒品犯罪（drug-facilitated crime，DFC）案件中非常有用。当数据系统在一次检测中支持 100 多个目标时，这就加快了该领域的进展。Thieme 和 Sachs[25]报道了一种策略，可以同时对使用神经安定剂、抗抑郁药、阿片类药物、麻醉剂、兴奋剂、致幻剂和苯二氮卓类药物的毛发进行筛查。例如，神经抑制剂/抗抑郁药和阿片类药物的列表见表 8.4。

表 8.4　筛查毒品助长犯罪案件选择的三个典型模块的靶离子

抗抑郁药/精神安定剂	苯二氮卓类	阿片类药物
氨磺必利	阿普唑仑	海洛因
阿米替林		6-乙酰吗啡
苯哌利多	溴西泮	吗啡
西酞普兰	羟基溴西泮	丁丙诺啡
氯氮平		可待因

抗抑郁药/精神安定剂	苯二氮卓类	阿片类药物
氯丙嗪	氯巴占	二氢可待因
氯丙醇	去甲氯巴占	
氯米帕明		美沙酮
克罗硫平	氟西泮	EDDP
地昔帕明	2-羟乙基氟西泮	
二苯并平	去烷基氟西泮	芬太尼
多硫平		阿芬太尼
多塞平	去甲西泮	瑞芬太尼
氟西汀	地西泮	舒芬太尼
氟吡汀	去甲羟基安定	
氟伏沙明	羟基安定	替立啶
氟哌啶醇		去甲替利定
羟嗪	硝西泮	
丙咪嗪		喷他佐辛
左美丙嗪	氟硝西泮	哌替啶
马普替林	7-氨基氟硝西泮	芬那佐辛
米氮平	乙酰氨基氟硝西泮	辣椒素
梅尔珀龙		吡虫胺
吗氯贝胺	氯硝西泮	丙氧芬
去甲多塞平	7-氨基氯硝西泮	
去甲替林	四西泮	
奥氮平		
奥哌莫	咪达唑仑	
帕罗西汀	三唑仑	
哌嗪	劳拉西泮	
丙嗪	氯甲西泮	
异丙嗪		
噻菌灵		
喹硫平		
瑞波西汀		
利培酮		
舍曲林		
舒必利		
硫利达嗪		

续　表

抗抑郁药/精神安定剂	苯二氮卓类	阿片类药物
噻虫啉		
曲虫		
曲米帕明		
文拉法新		
扎来普隆		
齐拉西顿		
唑吡坦		
佐匹克隆		
佐替平		
珠氯噻醇		

下面简要描述一个含 6~8 个筛查步骤的例子：

1. 50 mg 毛发切成 1 mm 长的碎片；

2. 2 mL 甲醇,超声 4 h；

3. 1 mL 甲醇干燥；

4. 在 50 μL 流动相中重新配置；

5. 根据问题安装模块（例如,用于 DFC 病例的抗精神病药/抗抑郁药/阿片类毒品）；

6. 进样 10 μL,筛查所有物质；

7. 追加注射进样,确认合格；

8. （可选）分段分析。

实际筛查可能到第 6 步,结果如图 8.1 所示。在这个例子中,毛发筛查证实一名在重症监护病房工作的男护士滥用了吡曲酰胺。特别是,对包括吡曲酰胺和芬太尼衍生物在内的阿片类药物的筛查在医生和临床工作人员因药物在医务室被盗而必须接受检查的情况下取得了成功。如果检测结果呈阳性,则需要进行第二次注射进样。在此过程中,需要将目标分析物结果的转变连同一个或两个其他成分结果的转变一起记录（步骤 7）。如果注射量足够确认结果,则无需额外提取毛发。

在许多强奸或其他性侵犯案件中,如果结果是阳性,就要进行进一步的检查（第 8 步）,这可能需要一根毛发的分段分析,如第 5 章所述。

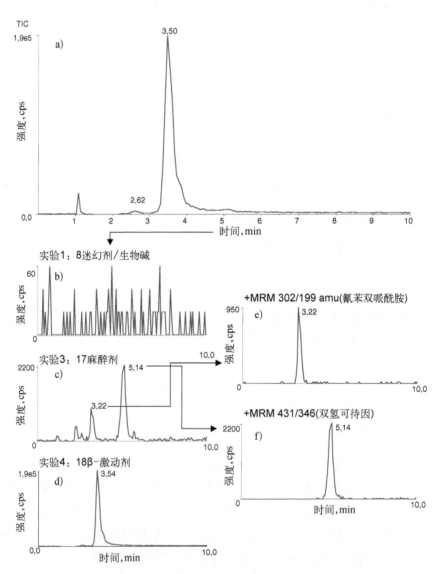

图 8.1 以致幻剂、麻醉剂和 β-激动剂作为选择模块的目标筛查示例（目标分析物列表）。

8.5 由 LC‑MS/MS 毛发筛查解决的犯罪案件

我们通过毛发筛查破获的最引人注目的案件发生在 2005 年,当时一名专业的儿童保育员涉嫌给儿童服用毒品以安抚孩子。一些家长观察到,当他们的孩子从托儿所出来,孩子们会感到困倦或昏昏欲睡,在白天恢复过来后又不睡觉。过了一段时间,一位医生才要求做毛发分析,因为他无法解释这些症状。令人惊讶的是,在第一个孩子的毛发中发现了高浓度的阿米替林和去甲替林(图 8.2),同时还发现了少量的苯海拉明和异丙嗪。

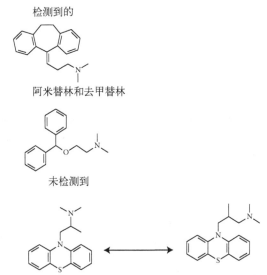

检测到的

阿米替林和去甲替林

未检测到

异丙嗪   阿利马嗪

图 8.2 保育员给药后,儿童毛发中检测到和未检测到的物质。

后来在此案的诉讼程序中,据报道,该儿童还服用了阿利马嗪,但未检测到。这说明全扫描光谱的普通未知筛查和目标筛查之间存在区别,目标筛查只记录既定的变化。在全扫描筛查下,一个未知的峰可以表明存在阿利马嗪。目标筛查只在组分列表中记录变化。阿利马嗪不在神经安定药/抗抑郁药组分列表中,因为在德国它不再作为儿童麻醉药品出售,但在法国却在出售。当得知儿童服用阿利马嗪后,他们在毛发中也发现了阿利马嗪(图 8.3)。

当其他孩子的父母得知结果时,他们也要求进行毛发分析。41 名儿童中有 29 名的毛发对阿米替林和去甲替林呈阳性。浓度从较低的 pg/mg 范围到 20 ng/mg 不等,具体取决于儿童与保育员待在一起的时间长短。

此外,在阿米替林浓度高于 30 pg/mg 时,可以检测到 OH‑阿米替林和 OH‑去甲替林的 Z 和 E 异构体。这个案例很好地证明了无论是一般筛查还是详细的目标分析,该技术具有高灵敏度,其灵敏度可用于代谢物确认或估计给药次数。图 8.4 表明给药不是长久性的,但至少有五次,且中间有间断。

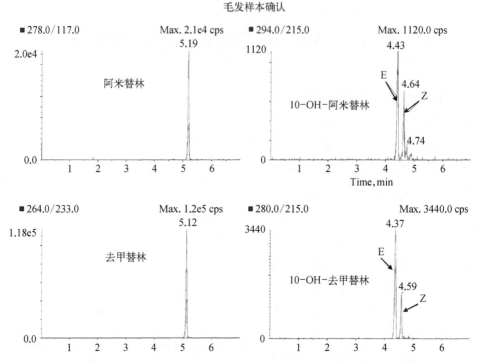

图 8.3 儿童保育员给儿童服用阿米替林后,儿童毛发中记录的阿米替林、去甲替林的 LC - MS/MS 色谱图及其羟基代谢物异构体。

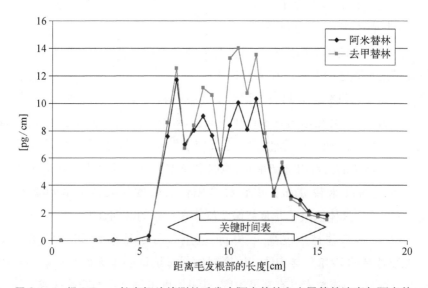

图 8.4 一根 2.5 mm 长度切片检测的毛发中阿米替林和去甲替林浓度与阿米替林使用时间相关。

8.6　结　　论

　　毛发分析的一般未知筛查只能进行目标筛查。使用免疫化学方法或 GC -
MS/MS,目标的数量须是有限的,因为随着目标数量的增加灵敏度会降低。但
是 LC - MS/MS 的高灵敏度可以同时对 100 多种物质进行多组分筛查。一旦找
到目标,灵敏度可用于获得有关持续给药时间和强度以及母体毒品代谢的详细
信息。

参考文献

1. Moeller, M.R., Sachs, H., and Pragst, F., Chapter 13 of this book.

2. Pfleger, K., Maurer, H.H., and Weber, A., Mass Spectral and GC Data of Drugs, Poisons, Pesticides, Pollutants, and Their Metabolites, Wiley-VCH Publishers, Weinheim, 2000.

3. Pragst, F., Herler, M., Herre, S., Erxleben, B.T., and Rothe, M., UV - Spectra of Toxic Compounds, Happenheim: Verlag, Dr. Dieter Helm, 2001.

4. Sachs, H. and Kintz, P., Testing for drugs in hair: critical review of chromatographic procedures since 1992, J. Chromatogr. B, 1998, 173: 147.

5. Mortier, K.A., Dams, R., Lambert, W.E., De Letter, E.A., Van Calenbergh, S., and De Leenheer, A.P., Rapid Commun. Mass Spectrom., 2002, 16: 865.

6. Kintz, P. and Mangin, P., Analysis of opiates in human hair with FPIA, EMIT, and GC/MS, Adli Tip Dergisi, 1991, 7: 129.

7. Spiehler, V., Hair analysis by immunological methods from the beginning to 2000, Forensic Sci. Int., 2000, 107: 249.

8. Anon., Statement of the Society of Hair Testing concerning the examination of drugs in human hair, Forensic Sci. Int., 1997, 84: 3.

9. Lachenmeier, K., Musshoff, F., and Madea, B., Determination of opiates and cocaine in hair using automated enzyme immunoassay screening methodologies followed by gas chromatographic-mass spectrometric (GC - MS) confirmation, Forensic Sci. Int., 2006, 159: 189.

10. Baumgartner, A.M., Jones, P.F., Baumgartner, W.A., and Black, C.T., Radioimmunoassay of hair for determining opiate-abuse histories, J. Nucl. Med., 1979, 20: 748.

11. Cirimele, V., Kintz, P., and Ludes, B., Screening for forensically relevant benzodiazepines in human hair by GC/MS-neg. ion-CI, J. Chromatogr. B, 1997, 700: 119.

12. Paterson, S., McLachlan-Troup, N., Cordero, R., Dohnal, M., and Carman, S., Qualitative screening for drugs of abuse using GC/MS, J. Anal. Toxicol., 2001, 25: 203.

13. Gentili, S., Cornetta, M., and Macchia, T., Rapid screening procedure based on headspace solid-phase microextraction and gas chromatography-mass spectrometry for the detection of many recreational drugs in hair, J. Chromatogr. B, 2004, 801: 289.

14. Kintz, P., Tracqui, A., and Mangin, P., Detection of drugs in human hair for clinical and forensic applications, Int. J. Leg. Med., 1992, 105: 1.

15. Moeller, M.R., Drug detection in hair by chromatographic procedures, J. Chromatogr. B, 1992, 580: 125.

16. Musshoff, F., Lachenmeier, D.W., Kroener, L., and Madea, B., Automated headspace solid-phase dynamic extraction for the determination of amphetamines and synthetic designer drugs in hair samples, J. Chromatogr. A, 2002, 958: 231.

17. Uhl, M., Determination of drugs in hair using GC/MS/MS, Forensic Sci. Int., 199784, 281.

18. Negrusz, A. and Gaensslen, R.E., Analytical developments in toxicological investigation of drug-facilitated sexual assault, Anal. Bioanal. Chem., 2003, 376: 1192.

19. Kintz, P., Cirimele, V., Jamey, C., and Ludes, B., Testing for GHB in hair by GC/MS/MS after a single exposure, J. Forensic Sci., 2003, 48: 1.

20. Kronstrand, R., Nyström, I., Strandberg, J., and Druid, H., Screening for drugs of abuse in hair with ion spray LC - MS - MS, Forensic Sci. Int., 2004, 145: 183.

21. El-Mahjoub, A. and Staub, C., Determination of benzodiazepines in human hair by on-line high-performance liquid chromatography using a restricted access extraction column, Forensic Sci. Int., 2001, 123: 17.

22. Maurer, H.H., Multi-analyte procedures for screening and quantification of drugs in blood, plasma, or serum by liquid chromatography: single stage or tandem mass spectrometry (LC - MS or LC - MS - MS) relevant to clinical and forensic toxicology, Clin. Biochem., 2003, 58: 310.

23. Chèze, M., Duffort, G., Deveaux, M., and Pépin, G., Hair analysis by liquid chromatography-tandem mass spectrometry in toxicological investigation of drug-facilitated crimes, Forensic Sci. Int., 2005, 153: 3.

24. Villain, M., Concheiro, M., Cirimele, V., and Kintz, P., Screening method for benzodiazepines and hypnotics in hair at pg/mg level by LC - MS - MS, J. Chromatogr. B, 2005, 825: 72.

25. Thieme, D. and Sachs, H., Improved screening capabilities in forensic toxicology by application of liquid chromatography-tandem mass spectrometry, Anal. Chim. Acta, 2003, 483: 171.

26. Smink, B.E., Brandsma, J.E., Dijkhuizen, A., Lusthof, K.J., de Gier, J.J., Egberts, A.C.G., and Uges, D.R.A., Quantitative analysis of 33 benzodiazepines, metabolites and benzodiazepine-like substances in whole blood by liquid chromatography-(tandem) mass spectrometry, J. Chromatogr. B, 2004, 811: 13.

第九章

毛发分析的临床应用

Simona Pichini, Óscar García-Algar, and Rafael de la Torre

9.1 引　　言

直到 20 世纪 80 年代，毒品在人体内的存在和分布以及它最终与临床效果的关联通常是通过血浆和尿液检测获得的，因为采集其他生物基质和液体不容易实现或不理想（取样太困难或带有侵入性）。然而，在过去的 20 年里（2006 年之前的 20 年），血液和尿液以外的液体和基质（所谓的非常规液体和基质）中毒品浓度的检测变得越来越重要[1]。一方面，改进的技术（用于样本收集的专用无创设备、不同的提取程序以及新的分析方法）使得从复杂生物基质中提取的微量物质的检测成为可能。另一方面，非常规人体材料中毒品和代谢物浓度的检测可用于以下两个主要方面：第一，确定靶器官药代动力学参数和靶浓度介入的可能性；第二，也是最重要的方面，将通过非传统液体和基质药物试验获得的信息应用于法医毒理学，也应用于临床。

毛发分析的临床应用受到了极大的关注，这主要是因为与使用体液（如尿液或血清）的检测方法相比毛发分析有以下几个优势：

1. 毒品和代谢物可以隔离保存在毛干中，没有随时间发生降解；与血清或尿液毒品检测相对较短的检测时间窗口相比（几小时到几天），毛发检测可以提供更宽的检测窗口（几周到几个月）。

2. 毛发采集简单、无创且可重复检测以最终确认原始结果。

3. 逃避或操纵毛发检测结果的可能性很小。

4. 样本处理过程中传播疾病的风险低。

5. 毛发样本是无限期稳定的，很难改变其毒品含量。

6. 毛发分析的结果可以区分特定物质的低度、中度和重度消费者。

　　此外,由于毛发的平均生长速度为 1.0~1.3 cm/m,理论上可以通过毛发分段分析推断最终的毒品使用记录[2]。对毛发进行药物检测传统上的主要应用是检测过去或长期滥用药物的情况,一个关键的问题是如何区分被动接触和主动消费,特别是在吸食毒品的情况下[3]。然而,目前看来人们已成功克服外部毒品污染问题[4~6]。毛发分析中另一个有争议的问题是对剂量和时间关系的解释。一些作者提供的数据表明毒品剂量与母体毒品和毛发中发现的代谢物的数量之间存在线性关系[7,8],另有一些作者则表明缺乏剂量-浓度关联,声称毒品在毛发进入受试者间存在差异性,毒品随着时间的推移沿毛发扩散至毛干,最终通过多种机制(即通过汗液或皮脂)进入毛发中[9,10]。尽管如此,毛发分析似乎可以区分毒品消耗的不同模式[11]。

　　以下各节介绍和讨论了过去十年中(1995—2005 年)发表的毛发分析的不同临床应用。

9.2　精神病患者的毛发分析

　　精神疾病人群中的药物滥用很常见,同时,药物依赖者经常出现精神症状[12]。药物检测可以记录那些拒绝或误报的药物滥用情况,并帮助临床医生在其他所有信息来源都呈阴性时获得更准确的诊断。筛查实验可以覆盖更大的时间窗口,对精神病首次发病确诊及随后的治疗非常有用。Shearer 等[13]提出,精神病人滥用药物的毛发检测可以作为一种具有广泛监测窗口的替代基质。有研究者对精神分裂症患者进行了苯丙胺、可卡因、大麻、阿片类毒品和苯环利定的毛发分析,以验证其自称的毒品滥用情况[14]。用放射免疫分析法检查头皮近端3 cm 的毛发段,以调查前 3 个月的药物使用情况。在 203 名参与者中,只有16.3% 的人自称滥用非法药物,12.5% 的人尿液药物检测呈阳性,而 31% 的人毛发分析呈阳性。虽然毛发检测并不是最近药物使用的一个很好的生物标志物,但在该研究中,与尿液检测相比,药物使用的检测量大约增加了一倍。更重要的是,大多数精神疾病患者发现毛发取样是一种可接受的、非侵入性的程序,这也更容易从这些特定的个体中获得生物基质。

　　在精神分裂症患者中,一项抗拒药物相关因素分析显示,共病性药物滥用是最重要的因素之一,抗拒药物和使用非法药物相结合,与暴力行为有显著的相关性[15]。研究者对 1.2 cm 毛发段上的阿片、可卡因、甲基苯丙胺和苯环利定进行了检测，以检查前一个月的药物滥用和抗精神病药物依从性（通过尿液分析检测）之间的关系，以预测精神疾病假释犯（约 74% 的初始参与者）的惯犯行为[16]。由于大多数毛发样本的可卡因检测呈阳性（55%，阿片类药物为 8.1%，甲基苯丙胺为 2%，苯环利定为 2%），因此，随后的分析专门针对这种可卡因。在一年的随访期间，可卡因使用（可卡因阳性毛发）和被重新拘留的可能性之间存在明显的相关性。在可卡因使用者中，坚持服用抗精神病药物显著降低了 26% 的再犯风险。

同样，有人提议在精神病患者的毛发样本中检测大麻素和苯丙胺，因为它们的摄入可能是导致该疾病的原因。在小规模人群中的初步结果并不能使研究人员对这一可能的应用得出明确的结论[17]。

9.3　癫痫治疗中的毛发分析

抗癫痫药物（antiepileptic drugs，AED）的毛发分析为回溯性验证癫痫患者在过去几周或几个月的服药行为提供了一种可能性。这激发了人们对 AED 毛发分析的研究，以评估被治疗个体的治疗依从性。关于苯巴比妥和卡马西平等药物的早期数据激发了人们的进一步研究[18]。

在接受这两种药物治疗的 14 名门诊患者的毛发中，检测到卡马西平和苯妥英的浓度范围分别为 0.6~63.7 ng/mg 和 6.0~157.8 ng/mg[19]。然而，不同的药物剂量，缺乏节段毛发分析和血浆浓度摄入的证据，但排除了评估持续依从性的可能性。然而，在受到严密监督的接受恒定剂量卡马西平的住院患者群体中，Williams 等[20]证明，患者内部之间，不同毛发段的药物浓度的差异非常小（15.0±5.2%），且与每日给药剂量无关。尽管从毛发浓度来预测药物剂量的效果比较差，但这种相对较小的可变性使作者建议使用毛发分析作为一种非侵入性工具来评估药物摄入行为。

利用卡马西平的处方剂量与个体毛发浓度之间的良好关系，Williams 等[21]对 1 cm 毛发段中的卡马西平和拉莫三嗪进行了分析来评估孕妇与非妊娠女性对照者的 AED 服用行为。孕妇毛发浓度的受试者内方差高于对照组（孕妇与非孕妇的方差比：1.59，$p < 0.01$）。在孕妇中，15% 的患者近端部分的毒品浓度下降，这表明由于担心 AED 的致畸性，孕妇减少或停止了用药。

9.4　毛发分析作为产前和产后接触药物和烟草的证据

由于需要非侵入性或低侵入性但高度敏感的分析方法来评估产前和产后药物暴露情况,因此监测儿童人群对非法药物和治疗性药物的暴露比监测成人人群要困难得多,这促使毛发分析在儿科的应用获得快速发展[22]。

新生儿毛发是一种敏感的生物标志物,可以确定宫内最后几个月的药物累积暴露情况[23,24]。事实上,毛发在妊娠的最后三到四个月开始生长,反映了妊娠最后阶段的暴露情况。尽管毛发产前暴露的检测窗口比胎粪小,但毛发的优势在于可以在产后长达4~5个月的时间内使用[25]。尽管如此,新生儿的毛发样本通常是很少的,在这个特殊的案例中收集的毛发样本仍然可以被认为是具有侵入性的。新生儿的毛发样本受到羊水的外部污染,羊水不仅通过皮肤途径到达毛发,也通过皮肤途径到达胎儿。然而,在检测宫内药物/烟草接触时,不应将这种污染视为外部污染。

Vinner 等最近报道了通过毛发检测来确认妊娠期接触不同滥用药物并最终与出生结果相关的案例[26]。暴露于主要滥用药物的新生儿中,两个婴儿检测到大麻素阳性。一种情况的分析物低于定量限,另一种情况大麻酚浓度为0.5 ng/mg。在另外两名新生儿中,检测到可卡因和芽子碱甲酯(ecgonine methylester,EME)。第一种情况分析物低于定量限,另一种情况可卡因浓度为17.9 ng/mg,EME<2 ng/mg。在阿片成瘾母亲的 11 名新生儿中,毛发中的 6 -单乙酰吗啡(6 - monoacetylmorphine,6 - MAM)浓度范围为 2~29 ng/mg,吗啡<2~3.1 ng/mg,可待因<2~3.47 ng/mg。这些胎儿长期接触阿片类毒品的数据有助于预估新生儿戒断综合征的发生率[27]。在胎儿接触海洛因和用于治疗吸毒的阿片类毒品(即美沙酮和丁丙诺啡)后,这种情况似乎出现得更加频繁。

加拿大 Gideon Koren 和 Julia Klein 小组[28]一直在对新生儿可卡因与尼古丁、可替宁和脂肪酸酯(作为酒精消费的生物标志物)进行毛发检测。包括育龄妇女在内的一般人群中可卡因滥用急剧增加,除可卡因滥用之外,还存在比较流行的香烟和酒精消费[29]。作者发现,可以利用新生儿毛发检测可卡因(数量从0.1 到数十 ng/mg 毛发范围内)。在多伦多,1990~1991 年间胎儿接触可卡因的比率为 6.2%，而在 2000 年这一比率上升到 27.4%[29,30]。在最近的一次调查中，通过毛发检测出阿片类毒品的阳性率为 14.1%，大麻为 15.9%，苯丙胺为 9%，甲基苯丙胺为 14.3%，巴比妥类毒品的阳性率为 10%。

毛发可卡因浓度与小头畸形或新生儿神经功能受损之间存在对应关系，与此类似[31,32]，通过毛发检测确定，子宫内暴露于可卡因的婴儿，出生体重和出生身长显著降低[29]。

虽然可卡因对胎儿的不利影响已得到公认，但接触可卡因的婴儿的健康结果存在很大差异，应加以探讨，并将其纳入与接触毒品有关的发育结果模型中。其中需要探讨的问题包括医疗并发症、社会/环境风险和胎儿的药物生物利用度[33]。

异卵双胞胎毛发中含有不同浓度的可卡因和大麻素，表明胎盘可能在调节到达胎儿的毒品量方面起主要作用。因此，可卡因胎盘转运的速度和程度是胎儿保护和出生后结果的重要决定因素[34]。在一组由吸毒母亲组成的 251 名非裔美国新生儿研究中，可以明显看出胎盘将可卡因转移到胎儿身上的重要性，以及与新生儿体型的关系。研究对象的毛发中苯甲酰爱康宁（benzoylecgonine，BZE）浓度要么来自母体可卡因（在样本制备过程中水解成 BZE），要么来自沉积在胎儿毛囊中的可卡因代谢产生的天然 BZE。BZE 的浓度范围为 0.099 ~ 23.3 ng/mg，79%的样本显示 BZE 的浓度低于 5 ng/mg。在 18 对母亲/婴儿的检测中，13 对婴儿的毛发 BZE 比率（母亲与新生儿）从 0.5 到 8.9 不等，但在 5 名新生儿中，尽管母体毛发中 BZE 浓度很高，新生儿毛发中没有发现存在 BZE 的证据，这就强调了胎盘传输通道的作用。控制胎龄后，较高的 BZE 浓度与较小的头围（$p<0.03$）和出生体重（$p<0.01$）存在显著的相关性[35]。

香烟烟雾是宫内暴露于可卡因造成不利结果的另一个因素。事实上，新生儿体检指标的大部分变化源自母亲吸食而接触的可卡因[29]。

在过去十年中，新生儿毛发中尼古丁和可替宁检测最常见的临床应用是评估母亲长期主动和被动暴露香烟烟雾与新生儿的出生结果的关系[28,30]。已有报道利用新生儿毛发尼古丁和可替宁的不同来辨别新生儿来自吸烟母亲、被动吸烟者或非吸烟者（表 9.1）[36,37]。通过评估尼古丁和可替宁在角蛋白基质中的含量可以推断早产发生率较高、婴儿身体测量值下降与产前暴露于吸烟有关[36,38,39]。

表 9.1　根据报告的吸烟习惯和暴露量,新生儿、儿童和
母亲毛发中尼古丁和可替宁的浓度(ng/mg)

人　群	非　暴　露	暴露于 ETS	暴露于父母吸烟烟雾	参考文献
		新生儿		
毛发尼古丁	0.41±0.47	0.29±0.25	2.41±5.35	36, 37, 60
毛发可替宁	0.26±0.24	0.62±0.72	2.81±4.74	36, 37, 60
		婴儿和儿童		
毛发尼古丁	1.3±1.7	6.8±2.1	15.4±6.7	50
毛发可替宁	0.12(0.06~0.48)[a]		0.69+0.74[a] 哮喘患儿	37
			0.40+0.38 非哮喘患儿	
			1.33(0.61~2.39)[a]	49
	0.07 白人儿童			51
	0.25 A 美国黑人儿童			
母　亲	**非暴露**	**暴露于 ETS**	**主动吸烟者**	
毛发尼古丁			13.32(3.95)[b]	59
	1.2(0.4)[b]	3.2(0.8)[b]	19.2(4.9)[b]	37, 60
	2.80(0~2.5-cm 片段)[c]	4.30(0~2.5-cm 片段)[c]	2.80(0~2.5-cm 片段)[c]	
	3.84(2.5~5-cm 片段)[c]	6.06(2.5~5-cm 片段)[c]	11.08(2.5~5-cm 片段)[c]	
			14.40(2.5~5-cm 片段)[c]	
毛发可替宁	0.3(0.06)[a]	0.9(0.3)[a]	1.18(0.28)[a]	59
			6.3(4.0)[a]	60

[a] 中位数(第 25、75 百分位);[b] 扫描电子显微镜;[c] 几何平均数。

　　与尼古丁相比,可替宁是区分三组新生儿的最佳生物标志物,其结果与母亲的香烟消费量直接相关[40],而毛发中的尼古丁浓度只能区分主动吸烟母亲[39]。产前接触酒精可导致一系列胎儿发育不良,包括颅面畸形、生长迟缓和神经发育缺陷[41]。脂肪酸乙酯(fatty acid ethyl esters, FAEE)是暴露于乙醇的生物标志物,可用于识别子宫暴露的婴儿,这种物质已证实存在于胎粪中[28]。然而,胎粪只在出生后的头两天存在。Chan 等[28]假设,将 FAEE 分析扩展到新生儿毛发可能会拓宽检测窗口至出生后几个月(新生儿毛发仍然可用时)。到目前为止,唯一试图用新生儿毛发分析 FAEE 的是 Klein 等[42],他们从一名社会饮酒者的

新生女婴毛发样本中发现了四个脂肪酸乙酯(ethyl myristate, ethyl palmitate, ethyl oleate, ethyl stearate,十四烷酸乙酯、棕榈酸乙酯、肉豆蔻酸乙酯、硬脂酸乙酯),共计 0.4 pmol/mg。该饮酒者的毛发含量为 2.6 pmol/mg。

近年来,人们对儿童时期使用毛发检测来评估出生后长期接触非法药物和环境烟草烟雾(environmental tobacco smoke,ETS)的兴趣越来越大。儿童监护案件是这一应用的主要背景之一。家长(或监护人)可能被指控让儿童被动或主动地接触药物。那么这就需要确定药物的暴露情况,而不是药物使用情况。而针对新生儿,环境药物污染问题是次要的。仅被动地接触滥用药物就可以将儿童从危险的家庭中转移出来,或提醒社会服务机构。

事实上,Lewis 等[43]检查了来自儿童保护服务机构的 37 个儿童的毛发样本,发现 15 个样本的可卡因和苯甲酰爱康宁呈阳性,这可能源于主动或被动接触。在此背景下,Smith 和 Kidwell[44]检测可卡因使用者的儿童的毛发(发现可卡因浓度范围: 0.2~14.4 ng/mg),可以确认即使幼儿毛发中可卡因浓度很高,主动摄入也可能不是其中的原因,而更可能是和父母频繁地手对口接触活动造成的。作者没有排除年龄较大的儿童主动使用可卡因的可能性。同时,因为所有接受检查的儿童都是一岁或更大,所以他们没有考虑宫内接触这种可能。与前一次的确认结果相反(之前的作者同样排除了产前接触,但并没有公布取用婴儿毛发的尺寸),一名 15 个月大的婴儿被确认产前和产后均慢性接触过可卡因,他被送入急诊科,昏迷不醒并且有明显的全身性癫痫发作,其尿液可卡因呈阳性。在近端 2 cm 和远端 5 cm 段毛发中分别发现可卡因 10.5 和 57.5 ng/mg(苯甲酰爱康宁浓度为 2.2 ng/mg 和 7.7 ng/mg),最远端段含有 55.9 ng/mg 可卡因和 7.0 ng/mg 苯甲酰爱康宁[45]。面对这些结果,孩子的母亲承认在怀孕期间吸食了可卡因,并且家里一直存在可卡因,因为她的另一个 4 岁孩子也发现毛发中含有可卡因(近端和远端分别为 1 ng/mg 和 5.4 ng/mg)。

De Giorgio 等[46]报道称,被动暴露于可卡因导致一名 6 岁儿童的毛发检测呈阳性,可卡因含量为 16 ng/mg,苯甲酰爱康宁含量为 0.6 ng/mg。出于对长期接触可卡因对儿童健康影响的关切以及近年来可卡因滥用的增长,一些西班牙调查人员向参加儿童紧急护理并有所怀疑的医生介绍毛发可用于检测可卡因和其他药物滥用[45,47]。该方案的第一次应用是一例 15 个月大的婴儿,第二个应用是一例因慢性暴露于可卡因造成急性 MDMA(3,4 – methylenedioxymethamphetamine, 3,4 –亚甲二氧基甲基苯丙胺)中毒被送进急诊的 11 个月大的婴儿(在 4 cm 近端毛发段含 1.3 ng/mg 可卡因和 0.4 ng/mg 苯甲酰爱康宁,在 4 cm 远端毛发段含 4.6 ng/mg 可卡因和 0.5 ng/mg 苯甲酰爱康宁)[45]。加拿大调查人员用类似的方法,对生存环境恶劣的儿童进行了药物滥用毛发检测[24]。他们发现了几例儿童接触可卡因的情况,例如,一名 5 岁的男孩严重哌醋甲酯(利他灵,中枢兴奋药)中毒,他的毛发可卡因呈高度阳性,与之前报道的长期接触可卡因患 MDMA中毒的婴儿的情况相似。

　　暴露于环境烟草烟雾(environmental tobacco smoke,ETS)是儿童发病的主要原因[48]。在过去的十年中,毛发中尼古丁和可替宁检测被用作血清和尿液尼古丁和可替宁检测的补充检测手段,因为毛发可以进行更长时间窗口期检测。毛发检测使评估更加客观,因为毛发检测可以反映长时间的重复暴露情况,而血清和尿液则提供了分析前几天的实时暴露信息。Klein 和 Koren[37]证明,在儿童和青少年(2 到 18 岁)中,吸烟暴露导致哮喘患者毛发中可替宁的积累比非哮喘患者高两倍,与标准的每毫克肌酐尿可替宁浓度相似(表 9.1)。作者假设,哮喘患者体内的尼古丁清除率较低,因此全身暴露于 ETS 的程度较高。291 名儿童(出生至 3 岁)毛发可替宁的检测有助于推导出一个简单而具体的三问题模型,该模型可用于儿科诊所确定有 ETS 风险的儿童。这三个问题是:"母亲吸烟吗?""其他人吸烟吗?""其他人在室内吸烟吗?"这些问题已成为吸烟和不吸烟母亲的孩子毛发可替宁的良好预测指标[49]。

　　以同样的方式,毛发尼古丁可以在统计学上区分未接触、偶尔接触和经常接触父母烟雾的婴幼儿[50]。通过毛发可替宁检测发现接触 ETS 有种族差异:虽然非洲裔美国儿童报告的暴露较低,但与白人儿童(0.07 ng/mg)相比,非洲裔美国儿童的高含量(0.25 ng/mg)与烟草相关疾病有关[51]。实际的证据证明众所周知的自我报告的问卷具有不可靠性[52]。相反,通过对生物标志物的客观测量,准确评估幼儿急性和慢性接触滥用药物和烟草烟雾的情况非常重要,它为适当的及时治疗、充分的医疗随访和儿童护理的社会干预提供了基础。

9.5　毛发中的尼古丁作为主动和
　　被动接触烟草的标志

　　毛发中的尼古丁浓度是评估吸烟状况的可靠标志物,并且可以通过分析该物质沿头皮毛发生长的轴向分布来验证吸烟行为史。日本 Uematsu、Mizuno 及其同事组成的小组进行了多项调查。这些科学家首先证明了毛干部分的尼古丁浓度与自我报告的吸烟行为呈正相关[53],并且根据他们的经验,5 ng/mg 尼古丁的基线值可用于(比由 Kintz 等于 1992 年提出的 2 ng/mg 值更保守[54])区分主动吸烟者和不吸烟者。检测毛发中的尼古丁用于验证戒烟试验的临床结果时(包括使用尼古丁口香糖),他们获得了令人满意的结果[55]。事实上,随着每天吸烟和嚼口香糖的数量的增加,1 cm 毛发上的尼古丁浓度下降了。然而,即使参与者成功戒烟(通过血浆硫氰酸盐浓度测量),头皮近端毛发段的尼古丁浓度也明显超过了既定的 5 ng/mg 阈值。作者认为,这是因为尼古丁从毛囊细胞中分离出来的速度较慢。在现实中,毛发生长阶段的不确定性、自上次服用毒品后长出的毛簇以及毛发美发护理等因素都必须考虑在内[56]。

测量暴露于环境烟草烟雾(environmental tobacco smoke,ETS)的工人的毛发尼古丁,可以确定不同的职业暴露水平以及在工作场所禁烟的吸烟政策的有效性[57]。事实上,根据工作场所的无烟政策,酒店工作人员的毛发尼古丁含量显著不同[58]。毛发中存在的尼古丁不仅和被动、主动接触烟草有关,而且跟外部物质的沉积环境也有关。加拿大研究者[59]提出毛发可替宁是一个长期吸烟史的更有效的生物标志物。他们不仅将毛发可替宁的评估应用于新生儿和儿童(如上所述),还应用于成人。几年内吸烟习惯不变的健康吸烟者尼古丁日摄入量与可替丁浓度存在显著相关($r=0.57$,$p<0.05$)。然而,在吸烟的孕妇中没有发现这种相关性,作者认为[60],这可能与怀孕期间孕妇的吸烟习惯的变化或误报有关。近来,为了解决这种缺乏相关性的问题,作者对孕妇毛发中的尼古丁和可替宁进行了分段毛发分析[28],观察到怀孕期间吸烟不变的情况下,毛发尼古丁值有下降的趋势,而可替宁没有任何减少。结合其他相关研究工作分析,这应该源于尼古丁的代谢增加了。Pichini 等[39]在检查不吸烟和吸烟孕妇时也发现,随后的两个发段的尼古丁浓度显著下降(表 9.1)。需要特别指出的是,尽管已证明毛发中的尼古丁和可替宁是烟草暴露的良好生物标志物,但角蛋白基质中可替宁的含量可能比尼古丁少 10 倍以上[59,60]。因此,在这种复杂的基体中,需要更灵敏和更具体的可替宁检测技术,特别是在评估被动暴露于烟雾的情况下。研究人员选择将毛发尼古丁作为长期吸烟史的可靠生物标志物[61]。

9.6　药物成瘾和阿片类药物维持计划

鉴于毒品使用自我报告的不可靠性,验证成瘾和确认治疗计划前,对患者进行监控,评估特定干预措施的有效性时,检测非法药物非常重要[62]。

Pépin 和 Gaillard[11]首先建立了气相色谱-质谱法(GC－MS)检测的毛发中可卡因代谢物和海洛因代谢物浓度与自我报告的毒品使用之间的一致性。他们发现,在用户 2 cm 发段,摄入海洛因的 6－MAM 和摄入可卡因的数量与毛发浓度之间具有很好的比例关系。根据收集到的数据,作者提出三种不同的消费水平: 低、中和高。使用海洛因的情况下,6－MAM 的毛发水平分别对应于: 低于 2 ng/mg、2~10 ng/mg 和高于 10 ng/mg。使用可卡因的情况下,低、中和高消费分别对应于低于 4 ng/mg、4~20 ng/mg 之间以及高于 20 ng/mg。在该提议之后的几年里,毛发分析在监测毒瘾方面的有用性得到了检验,并且在国际文献中发现了毛发分析结果与自我报告之间的关联存在矛盾。

一般来说,在检查患者是否需要进行替代性维持治疗时,毛发与尿液的主要优势在于可以进行多部位分析,以验证患者在进入康复中心之前的用药史及确定随后的强制禁毒方案。Strano-Rossi 等[63]在参与维持计划的吸毒者中早期应用分段毛发分析。通过放射免疫分析检查 2 cm 长的毛发样本的可卡因和吗啡的含量,18 个有毒瘾史的人获得了渐进性禁毒治疗。可卡因当量从数千 ng/mg 到数百或数十 ng/mg;吗啡当量从约 10 ng/mg 到低于 1 ng/mg 不等。大多数情况下,这两种毒品的浓度从毛发的远端到近端降低,与受试者的戒毒过程相匹配,通过毛发中部的药物量增加可以证明一些病例的复发。与这些初步数据一致,在一组接受丁丙诺啡维持治疗的 8 名受试者中,6－MAM(海洛因消费的标志物)浓度在入院治疗前介于 0.9~24.3 ng/mg 之间,6 个月后,6－MAM 的浓度变化在 0.0~4.8 ng/mg 之间,丁丙诺啡的浓度变化在 0.12~0.53 ng/mg 之间[62]。

与这些结果相反,对 10 名接受丁丙诺啡治疗阿片成瘾患者进行的毛发节段分析未能准确验证阿片的停止使用[64]。毛发数据显示,在研究结束时,10 名受试者中有 6 人停止了阿片类药物的使用,3 人减少了使用。然而,每周的尿液分析表明,只有 4 名受试者显著减少了使用,而其他受试者至少在间歇性继续使用。然而,对这项研究结果偏差的解释是,由于毛发生长缓慢,用来和尿液结果相比较的毛发的最后一厘米的时间窗口间隔太短。事实上，Sachs[56]在1995年证明，即使是单一剂量的某种药物使用后，从剃掉的皮肤上生长出来的毛发也不可能与长期未剪掉的相同剂量的毛发所含药物的浓度相同。如果毛发在采集样本前几个月就被剪掉了，那么药物浓度甚至会在毛发生长过程中发生变化。那么在低浓度下，这可能会导致检测结果的偏差。因此，当周期较短时，尿液是一个更好的检测基质，而毛发浓度表示的是过去一段时间，至少应该是1个月的平均值。

丁丙诺啡的毛发检测不仅用来验证戒毒中心的管理依从性，还用于验证其滥用情况和在接受美沙酮治疗时的戒断情况。对一名连续3年每天服用16 mg丁丙诺啡的成瘾者的11 cm毛发进行1 cm分段毛发分析，结果显示丁丙诺啡（约0.15~0.2 ng/mg）和去甲丁丙诺啡（0.6~0.9 ng/mg）浓度恒定，母体毒品代谢物比率接近0.2。随后戒断治疗导致毛发浓度降低，直到检测不到为止[65]。

除丁丙诺啡外，维持计划通常用美沙酮进行治疗。毛发片段的美沙酮检测可提供在受控和非受控条件下美沙酮摄入的长期历史记录。Marsh等[66]提出，毛发毒品水平与摄入量之间可能存在剂量关系。放射免疫分析结果表明，以0.1 ng美沙酮/mg毛发为阈值，吸毒者（范围0.20~10.63 ng/mg）的毛发分析结果与从已知无毒品人群（$n=23$）的分析中获得的结果不同。随后，用GC-MS方法检测美沙酮及其代谢物，D,L-2-乙基-1,5-二甲基-3,3-二苯基吡咯啉（D,L-2-ethyl-1,5-dimethyl-3,3-diphenylpyrrolinium，EDDP）和D,L-2-乙基-5-甲基-3,3-二苯基-1-吡咯啉（D,L-2-ethyl-5-methyl-3,3-diphenyl-1-pyrroline，EMDP），结果表明：两个受试者每天接受60和80 mg美沙酮，至少6个月，毛发中美沙酮的浓度分别为10.1 ng/mg和21.0 ng/mg。EDDP分别为0.5 ng/mg和2.6 ng/mg，未检测到EMDP[67]。在从戒毒中心接受外消旋美沙酮治疗的受试者中获得的9个样本中，R-和S-美沙酮和EDDP的对映异构体检测浓度如下：R-美沙酮、S-美沙酮、R-EDDP和S-EDDP的浓度分别为2.58~10.22 ng/mg、1.89~9.53 ng/mg、0.42~1.73 ng/mg和0.40~2.10 ng/mg。表明美沙酮的R对映异构体在人类毛发中占主导地位[68]。最后，Goldberger等[69]发现戒毒中心的18名门诊者的美沙酮浓度在0~15 ng/mg范围内，并且有痕量的EDDP。

尽管所有这些证据表明治疗对象的毛发中存在美沙酮，但2001年Girod和Staub[70]证明，在26个不同的人身上，给药剂量与毛发中美沙酮和EDDP浓度之间没有相关性,而血液中存在相关性。Paterson 等[71]对 60 名接受美沙酮治疗的受试者进行的研究支持了 Girod 和 Staub 的发现[70]。此外,研究还发现,无论美沙酮是口服还是静脉给药,均未发现相关性。这些报道使毛发检测在评估维持治疗依从性方面的潜在用途受到严重质疑。

滥用药物毛发检测已被用于验证流行病学研究中自我报告的毒品使用情况,以便寻找所分析人群的不同特征。使用毛发药物作为客观的生物标记可以使不同调查的结论更加可靠,并揭示毒品的隐性消费情况。

在一项研究中,用毛发检测客观地分析了可卡因的使用情况,评估了社区的种族特征是否与终生使用可卡因和 crack 可卡因漏报有关。研究者使用近端 3 cm 的毛发评估了最近大约 3 个月的消费情况。在毛发可卡因检测呈阳性的个体中($n=111/322$),只有 18% 报告上月使用过毒品,约 19% 报告去年曾使用,27% 报告终生使用。当将这些数据与社会人口学特征进行交叉评估时,来自更多隔离社区的报告者比来自其他社区的报告者更有可能少报吸毒情况[72]。在一篇比较波多黎各地区可卡因和海洛因使用住户的自我报告与毛发检测结果的论文中,也指出了申报吸毒的有效性问题[73]。以 0.2 ng/mg 毛发检测阈值(毒品或代谢物)作为标准,两种毒品自我报告的特异性均高于 98%。然而,根据 3 cm 段毛发检测评估,可卡因和海洛因的使用率是访谈报告中得出的比率的 13.7 倍和 2.9 倍。将毛发检测结果作为标准[74],当从家庭居民转移至核心吸毒者时,自我报告的药物使用敏感性更高(最近使用可卡因和海洛因的报告分别为 69.6% 和 78.6%)。结论是,不经常吸毒的人可能比经常吸毒和吸毒成瘾的人更不容易透露自己的吸毒情况。为了证实这一假设,在毛发可卡因检测呈阳性的 336 名海洛因使用者中,34.2% 未报告最近使用可卡因[75]。报告者的毛发可卡因平均值为 47.1 ng/mg,显著高于未报告者的平均水平 10.9 ng/mg。类似地,在纽约州的 179 名无家可归和暂住成年人中,115 名近端 1.5 cm 毛发段可卡因检测呈阳性(阈值为 0.2 ng/mg)的受试者中,只有 26% 承认前一个月吸毒[76]。此外,符合治疗条件的毒品依赖者承认吸毒的可能性是不依赖者的 4 倍。综上所述,所有这些数据表明,有更严重毒品问题的个人更愿意报告毒品使用情况。

毛发可卡因检测也成功地应用于可卡因依赖性治疗的跟踪验证(5 年)。研究者对收集的 546 份毛发样本进行既往用药史分段分析发现,自我报告的药物使用与毛发分析总体一致(80%),个别较差的结果与患者在接受治疗时药物问题的严重程度较高或治疗暴露程度较低有关[77]。

同样地,Bernstein 等[78]通过节段毛发分析对 770 名海洛因和可卡因滥用者的治疗进行了监测。403 名受试者接受了简短的动机干预,375 名受试者接受了推荐治疗方案。研究人员比较了毛发中可卡因和鸦片的浓度。在 6 个月的随访中,干预组毛发中的可卡因含量降低了 29%(从平均 6.2 ng/mg 到 4.4 ng/mg),而对照组仅降低了 4%(从 48.5 ng/mg 到 46.4 ng/mg)。两组阿片类药物浓度下降程度相近:29%(从平均 2.6 ng/mg 到 1.9 ng/mg)和 25%(从 3.1 ng/mg 到2.3 ng/mg)。

Welp E.A.等[8]研究发现,与阿姆斯特丹 95 名社区招募的年轻吸毒者的毛发定量检测结果相比,自我报告的可卡因、海洛因或美沙酮使用量与毛发中这些毒品或其代谢物的浓度之间存在良好的一致性,并具有相关性。未经矫正的分析数据中相关系数为 0.45 ~ 0.59,矫正毛发颜色、种族和性别后相关系数为0.63 ~ 0.87[8]。Kintz 等[9]曾调查过 20 名来自受控海洛因维持计划的受试者毛发中的药物剂量-反应关系,Welp E.A.认为,招募的受试者的数量和不同的矫正方法使得他们的结果比 Kintz 等的结果更好。海洛因的剂量范围为 30 ~800 mg/d,海洛因、6 - MAM 和吗啡的毛发浓度分别为 0 ~ 4.43 ng/mg、0.38 ~10.11 ng/mg 和 0.71 ~ 5.20 ng/mg。未观察到给药剂量与阿片类毒品的毛发总浓度之间存在相关性($r = 0.346$)。Ursitti 等[79]强调,毛发分析确认吸毒时要考虑毛发色素沉着的重要性,他们验证了入院者毛发可卡因检测的敏感性。97%(38名受试者中的 37 名)的受试者在检测前几天或几个月内不使用毒品,并且尿液分析呈阴性,但它们的毛发检测呈阳性。有趣的是,虽然黑色毛发的人报告的使用量最低(可卡因,6.1 g/m),但毛发可卡因和苯甲酰爱康宁的平均浓度分别为183 ng/mg 和 8.9 ng/mg。报告使用量相似(16 g/m)的金发和棕色毛发颜色组的毛发可卡因浓度分别为 7.3 ng/mg 和 36.2 ng/mg,而苯甲酰爱康宁分别为1.1 ng/mg 和 3.6 ng/mg。

如上所述,可卡因和其他滥用毒品的毛发检测主要是针对有一定程度吸毒嫌疑的人群,通过确认毒品滥用客观生物标志物的存在来确定吸毒嫌疑。当然,毛发检测也可以用于普通人群筛查,比如大学生。Kidwell 等[80]对来自亚拉巴马州的 158 名大学生进行的一项研究发现,毛发分析显示可卡因使用率为 6%(阈值: 0.05 ng/mg),高于此类人群中访谈调查的 2%的预期。但是,由于匹配的汗液分析检测到的使用量是毛发的两倍(12%,阈值为 1 ng/拭子),因此,可以认为该人群的毒品使用量更大。然而,作者认为,对于这两种基质,外部污染问题可能会使实际值偏高,并且在低剂量人群中,可能存在对黑人个体的偏见(由于黑色毛发黑色素含量较高,黑人会积累更多毒品),但作者未提供有关此应用程序有效性的明确结论。Quintela 等[81] 报道的阈值比 Kidwell 等(2 ng/mg)高40 倍。在 200 名西班牙大学生中发现 19.5%阳性可卡因毛发。在这个案例中,毛发检测识别出的吸毒者比西班牙国家年度药物滥用调查报告中报告的多十倍,其阈值在排除可能的环境污染的情况下,更有可能检测出真实的消费量。

从以上数据可以看出,近十年(2006 年之前的十年)来,毛发分析在药物成瘾方面的临床应用主要涉及海洛因和可卡因滥用。很少有关于毛发检测和自我报告滥用苯丙胺及其相关化合物的报告。

作为一种检查自我报告吸毒真实性的方法,来自德国的 20 名志愿者接受了毛发样本分段分析。这些志愿者声称他们偶尔或定期服用摇头丸(3,4 -亚甲基二氧基甲基苯丙胺,MDMA)和脱氧麻黄碱类兴奋剂(甲基苯丙胺或苯丙胺)[82]。此外,由于这些非法制剂的实际含量通常是未知的,研究者还对除摇头丸、甲基苯丙胺和苯丙胺以外的物质进行了调查。由此检查了志愿者 3 cm 毛发段的苯丙胺、甲基苯丙胺(methamphetamine,MA)、MDMA、3,4 -亚甲基二氧基苯丙胺(3,4 - methylenedioxyamphetamine,MDA)、3,4 -亚甲基二氧基乙基苯丙胺(3,4 -methylenedioxyethylamphetamine,MDE)和 N -甲基-1 -(3,4 -亚甲基二氧基苯基)- 2 -丁胺[N-methyl - 1 - (3,4 - methylenedioxyphenyl) - 2 - butanamine,MBDB]的含量。所有情况均未发现 MA,而苯丙胺的浓度范围为0.1~4.8 ng/mg,MDA 的范围为 0.05~0.89 ng/mg,MDMA 的范围为 0.1~8.3 ng/mg,MDE 的浓度范围为 0.12~15 ng/mg。仅有两个个体案例 MBDB 的浓度范围介于 0.21~1.3 ng/mg 之间。即使是报告的低消耗量的情况,所有这些物质也都被检测到了。例如,即使是一粒摇头丸药片的摄入量也可以显示出1 ng/mg 的毛发浓度。尽管在研究中观察到了很大的个体差异,但总体趋势是毛发浓度随着自我报告的消费量的增加而增加。另外,在靠近头皮的部分发现了较高浓度的毒品,这归因于汗液的沉积作用。

Pujadas 等在 17 名西班牙摇头丸和苯丙胺消费者中获得了略高的浓度值[83]。在使用不同消费模式的消费者的近端 1 cm 毛发段中,MA 含量从0.22 ng/mg 到 2.18 ng/mg 不等,MDA 的含量从 0.22 ng/mg 到 0.89 ng/mg,MDMA 为 1.2~12.60 ng/mg。仅有 1 例检测到 MDE,浓度为 0.7 ng/mg,苯丙胺浓度为 0.74 ng/mg。在对 13 名毛发为自然色的摇头丸消费者的后续研究中,他们考察了 MDMA 的分段毛发分析对于监测过去长期接触该毒品的适用性,旨在寻找吸毒历史的客观生物标志物[84]。他们发现,自我报告的上个月摇头丸使用数据与 MDMA 毛发浓度近端 1 cm 段之间有非常好一致性($r^2 = 0.92$),但其中不包括声称大量使用摇头丸的两个人。自我报告的过去 6 个月每月服用药片的量与 6 cm 段毛发 MDMA 浓度的一致性下降,过去 12 个月平均服用药片的数量与 9 cm 毛发 MDMA 浓度之间不存在相关性。然而,将使用类似药物的受试者分组(独立地分组、过去一个月、过去 6 个月和过去 12 个月),并将使用药物值与相应毛发段中发现的 MDMA 浓度平均值进行比较时,每月服用 MDMA 少于 5 片的受试者组中发现了很好的一致性($r^2 = 0.93$)。作者的结论是,每毫克毛发中 MDMA 含量低于 0.5 ng 是评估毒品消耗量的合理标准,除非每月或最近 12 个月食用一次。如果每月的摄入量增加一倍,毛发中 MDMA 的含量就会增加 1 ng/mg 左右,每月最多可增加 4 片。当毛发样本中浓度较高时,无法得出明确的结论。与阿片类药物类似,黑色素含量影响苯丙胺在毛发中的进入,考虑到这一因素,含量与消费量的相关性就提高了[85]。在 10 名毛发颜色不同的志愿者中,单次口服 15 mg 司来吉兰证明了这一点[86]。摄入后 1~4 周内,两种代谢物甲基苯丙胺和苯丙胺在毛发近端 2 cm 处的含量与毛发黑色素含量呈指数关系。此外,4 周的个体毛发样本结果相似,说明甲基苯丙胺和苯丙胺一旦进入,其在毛发基质中很稳定。

Mahl 等[87]进行了一项特殊的滥用毒品毛发检测,他们检测了 100 名潜在的献血者的毛发样本中的鸦片制剂、可卡因、大麻素和苯丙胺,这些献血者否认曾服用过任何毒品。在这 100 人中有 7 人显示出总共 9 项阳性结果(吗啡 1 人,大麻素 1 人,双氢可待因 2 人,苯甲酰爱康宁 3 人,其中两人还含有大麻素和双氢可待因)。这一发现证实,一些愿意献血的人使用非法毒品可能会导致病毒感染传播的风险增加。由于分析成本高,尽管在常规规模上这种检测方法不适用,但作者建议可以利用毛发检测来识别有风险的献血者。

依据自我报告的问卷调查评估怀孕妇女中非法药物使用程度和对维持计划的坚持程度是不可靠的,因为他们会产生负罪感和对法律后果的恐惧。对怀孕期间吸毒成瘾的客观生物标志物的需求取决于可能的不良出生结果。因为毒品暴露后的时间窗口很短,尿液检测可能为阴性,因此毛发检测目前用于此类研究[88]。在费城 789 名孕妇的研究中(91% 为非裔美国人,55.3% 接受公共援助),通过毛发分析,24% 被确定为可卡因使用者。与尿液分析相比,毛发分析发现,在自称从未吸食可卡因的女性中,接触可卡因的人数是原来的四倍(19.7% 对

3.6%），而在过去吸食可卡因的女性则是原来的两倍（51.5%对22.7%）。在206名具有可卡因使用生物学证据（通过尿液或毛发检测）的女性中，只有7.8%（$n=16$）通过尿液分析检测到使用证据，但通过毛发分析没有检测到使用证据[89]。在615名意大利孕妇中，通过检测阴毛（在分娩时常规进行的三分术中收集）发现阳性病例的百分比明显较低（1.9%）。有趣的是，针对正常分娩（$n=549$）和自然流产（$n=66$），足月分娩组中观察到1.4%的阳性病例，而接受自然流产的女性中则为6.0%。这一结果可用于证实怀孕期间可卡因消费造成的不良影响[90]。另外，纽约市一家医院的345名怀孕妇女有意夸大可卡因使用者的人数，但事实却发现，毛发中的可卡因浓度（168例，48.7%）与婴儿出生体重（可卡因浓度每增加一个对数单位，体重减少27 g）呈明显的剂量-反应负相关[91]。

　　酒精滥用仍然是现代发达国家的主要成瘾问题之一，其中一个主要的原因是酒精与烟草类似可以自由获取。在过去十年（2006年之前的十年）中，角蛋白基质中乙醇摄入量的两种生物标志物：毛发脂肪酸乙酯（fatty acid ethyl esters，FAEE）和毛发乙基葡萄糖醛酸苷引起了人们的关注[92~94]其中脂肪酸乙酯包括肉豆蔻酸乙酯、棕榈酸乙酯、油酸乙酯、硬脂酸乙酯等。最近的研究表明，禁酒者和社交饮酒者的毛发中乙基葡萄糖醛酸苷浓度<0.002 ng/mg，FAEE浓度在0.37~0.50 ng/mg之间；而酗酒者毛发乙基葡萄糖醛酸苷的浓度范围为0.030~0.425 ng/mg，FAEE的浓度范围在0.65~20.50 ng/mg之间[95]。这些浓度区间证实，毛发中FAEE和乙基葡萄糖醛酸苷的阈值分别定义为1.0 ng/mg和0.03 ng/mg，高于此阈值则可以定义和验证长期酒精消费[94,96]。然而，当采用节段毛发分析寻找酒精浓度沿着毛干的同质性时，17名接受治疗的酗酒者近端0~6 cm毛发中FAEE的浓度为0.92~11.6 ng/mg（平均4.0 ng/mg），13名社会适度饮酒者为0.20~0.85 ng/mg（平均0.41 ng/mg），5名禁酒者为0.06~0.37 ng/mg（平均0.16 ng/mg）。以上几乎所有情况的节段性浓度从近端到远端增加，但参与者自我报告的饮酒史和沿毛发长度的FAEE浓度之间没有一致。这些数据表明，由于个体差异较大，FAEE毛发浓度只能作为过量饮酒的标志，准确度相对较高[97]。

9.7　治疗药物监测

　　毛发被认为是药物摄入的长期证据记录介质，因为与尿液和血液相比它可以反映出更宽时间窗口内的消耗量[1]。关于毛发检测在治疗药物监测（therapeutic drug monitoring, TDM）中的最终应用,早期文献中存在相反的观点[98,99]。本书第一版中也讨论过关于治疗剂给药剂量与毛发浓度之间的关联存在相互矛盾的问题[18]。许多干预处理实际上可以筛查、削弱或消除潜在的剂量毛发浓度关系,但这些干预因素常常涉及方法论偏差（例如,毒品摄入数据的收集）、毛发生长阶段的不确定性以及卫生和美发处理等[100]。

1999 年 Nakahara 举例说明了一些毛发分析验证药物依从性的例子,他介绍了其他作者关于氟哌啶醇、卡马西平和三环抗抑郁药的数据[101]。所得到的结果用于评估药物的依从性,目的是在毛发中检测到某种药物的消耗。为了证实这一简单化的应用,Pragst 等[102]从一名接受治疗的患者毛发中检测到阿米替林、氯米帕明、多塞平、丙米嗪和马托替林,但毛发浓度与每日给药剂量没有相关性。即使在 23 例氯氮平治疗患者中（毛发浓度范围从 0.17 ~ 34.24 ng/mg, $r^2 =$ 0.54）观察到了明显的剂量-浓度关系,但是,同一药物剂量的毛发浓度的个体差异也阻碍了该方法在依从性监测中的应用[103]。

对于某些药物,毛发浓度与给药时间之间存在相关性,而对于其他药物则缺乏这种相关性。对于这个问题的理解,Kronstrand 等的一篇论文在毒品进入毛发机制方面取得了重要进展[85]。他们研究了单次给药后可待因的毛发含量与总黑色素和真黑色素的毛发含量之间的关系。以血浆中可待因曲线下面积归一化结果作为吸收性药物总量,发现并证实了毛发可待因浓度与总黑色素（$r^2 = 0.95$）和真黑色素（$r^2 = 0.83$）之间存在指数关系。基于这一发现,作者假设,如果对毛发黑色素含量进行标准化,则毛发中的毒品浓度有可能用于治疗药物监测。

Beumer 等[2]综述了毛发浓度、血浆水平、剂量和各种毒品临床效果之间的相关性,以研究毛发作为 TDM 生物样本的可能性。从审查的数据中他们得出结论,当给药（例如卡马西平、苯巴比妥、阿米替林、氯丙嗪、氟哌啶醇和倍他洛尔）的血浆和毛发浓度之间存在相关性时,对这些药物进行分段毛发分析可以确定药物依从性。此外,针对甲丙氨酯和氧氟沙星,毛发浓度与给药剂量相关。作者建议在新药注册前的临床试验中加入毛发分析。

参考文献

1. Pichini, S. et al. , Drug monitoring in non-conventional biological fluids and matrices, Clin.

Pharmacokinet., 1996, 30: 211.

2. Beumer, J.H., Bosman, I.J., and Maes, R.A., Hair as a biological specimen for therapeutic drug monitoring, Int. J. Clin. Pract., 2001, 55: 353.

3. Wang, W.L. and Cone, E.J., Testing human hair for drugs of abuse, IV: environmental cocaine contamination and washing effects, Forensic Sci. Int., 1995, 70: 39.

4. Schaffer, M.I., Wang, W.L., and Irving, J. An evaluation of two wash procedures for the differentiation of external contamination versus ingestion in the analysis of human hair samples for cocaine, J. Anal. Toxicol., 2002, 26: 485.

5. Cairns, T., Hill, V., Schaffer, M., and Thistle, W., Levels of cocaine and its metabolites in washed hair of demonstrated cocaine users and workplace subjects, Forensic Sci. Int., 2004, 145: 175.

6. Cairns, T. et al., Amphetamines in washed hair of demonstrated users and workplace subjects, Forensic Sci. Int., 2004, 29: 137.

7. Mizuno, A. et al., Analysis of nicotine content of hair for assessing individual cigarette smoking behaviour, Ther. Drug Monit., 1993, 15: 99.

8. Welp, E.A. et al., Amount of self-reported illicit drug use compared to quantitative hair test results in community-recruited young drug users in Amsterdam, Addiction, 2003, 98: 987.

9. Kintz, P., Bundeli, P., Brenneisen, R., and Ludes, B., Dose-concentration relationships in hair from subjects in a controlled heroin-maintenance program, J. Anal. Toxicol., 1998, 22: 231.

10. Wennig, R., Potential problems with the interpretation of hair analysis results, Forensic Sci. Int., 2000, 10: 5.

11. Pépin, G. and Gaillard, Y., Concordance between self-reported drug use and findings in hair about cocaine and heroin, Forensic Sci. Int., 1997, 17: 37.

12. Warner, R. et al., Substance use among mentally ill: prevalence, reasons for use, and effects on illness, Am. J. Orthopsychiatry, 1994, 64: 30.

13. Shearer, D.S., Baciewicz, G.J., and Kwong, T.C., Drugs of abuse testing in a psychiatric outpatient service, Clin. Lab. Med., 1998, 18: 713.

14. Swartz, M.S., Swanson, J.W., and Hannon, M.J., Detection of illicit substance use among persons with schizophrenia by radioimmunoassay of hair, Psychiatr. Serv., 2003, 54: 891.

15. Swartz, M.S. et al., Violence and severe mental illness: the effects of substance abuse and nonadherence to medication, Am. J. Psychiatry, 1998, 155: 226.

16. Farabee, D. and Shen, H., Antipsychotic medication adherence, cocaine use, and recidivism among a parolee sample, Behav. Sci. Law, 2004, 22: 467.

17. Selten, J.P. et al., Hair analysis for cannabinoids and amphetamines in a psychosis incidence study, Eur. Neuropsychopharmacol., 2002, 12: 27.

18. Kintz, P., Clinical application of hair analysis, in Drug Testing in Hair, Kintz, P., Ed., CRC Press, Boca Raton, FL, 1996, p. 269.

19. Mei, Z. and Williams, J., Simultaneous determination of phenytoin and carbamazepine in human hair by high-performance liquid chromatography, Ther. Drug Monit., 1997, 19: 92.

20. Williams, J. et al., Relation between dosage of carbamazepine and concentration in hair and plasma samples from a compliant inpatient epileptic population, Ther. Drug Monit., 2001, 23: 15.

21. Williams, J. et al., Self-discontinuation of antiepileptic medication in pregnancy: detection by hair analysis, Epilepsia, 2002, 43: 824.

22. Bailey, B., Klein, J., and Koren, G., Noninvasive methods for drug measurement in pediatrics, Pediatr. Clin. North Am., 1997, 44: 15.

23. Ostrea, E.M., Jr., Testing for exposure to illicit drugs and other agents in the neonate: a review of laboratory methods and the role of meconium analysis, Curr. Probl. Pediatr., 1999, 29: 37.

24. Klein, J., Karaskov, T., and Koren, G., Clinical applications of hair testing for drugs of abuse: the Canadian experience, Forensic Sci. Int., 2000, 10: 281.

25. Bar-oz, B., Klein, J., Karaskov, T., and Koren, G., Comparison of meconium and neonatal hair analysis for detection of gestational exposure to drugs of abuse, Arch. Dis. Child. Fetal Neonatal Ed., 88, F98, 2003.

26. Vinner, E. et al., Neonatal hair analysis contribution to establishing a gestational drug exposure profile and predicting a withdrawal syndrome, Ther. Drug. Monit., 2003, 25: 421.

27. Vinner, E. et al., Hair analysis of opiates in mothers and newborns for evaluating opiate exposure during pregnancy, Forensic Sci. Int., 2003, 231: 57.

28. Chan, D. et al., Recent developments in meconium and hair testing methods for the confirmation of gestational exposures to alcohol and tobacco smoke, Clin. Biochem., 2004, 37: 429.

29. Koren, G., Measurement of drugs in neonatal hair: a window to fetal exposure, Forensic Sci. Int., 1995, 5, 77.

30. Koren, G. et al., Estimation of fetal exposure to drugs of abuse, environmental tobacco smoke, and ethanol, Ther. Drug Monit., 2002, 24: 23.

31. Chiriboga, C.A. et al., Dose response effect of fetal cocaine exposure on newborn neurologic function, Pediatrics, 1999, 103: 79.

32. Bateman, D.A. and Chiriboga, C.A., Dose-response effect of cocaine on newborn head circumference, Pediatrics, 2000, 106: E33.

33. LaGasse, L.L., Seifer, R., and Lester, B.M., Interpreting research on prenatal substance exposure in the context of multiple confounding factors, Clin. Perinatol., 1999, 26: 39.

34. Boskovic, R. et al., The role of the placenta in variability of fetal exposure to cocaine and cannabinoids: a twin study, Can. J. Physiol. Pharmacol., 2001, 79: 942.

35. Katikaneni, L.D., Salle, F.R., and Hulsey, T.C., Neonatal hair analysis for benzoylecgonine: a sensitive and semiquantitative biological marker for chronic gestational cocaine exposure, Biol. Neonate, 2002, 81: 29.

36. Eliopoulos, C., Nicotine and cotinine in maternal and neonatal hair as markers of gestational smoking, Clin. Invest. Med., 1996, 19: 231.

37. Klein, J. and Koren, G., Hair analysis: a biological marker for passive smoking in pregnancy and childhood, Hum. Exp. Toxicol., 1999, 18: 279.

38. Jaakkola, J.J., Jaakkola, N., and Zahlsen, K., Fetal growth and length of gestation in relation to prenatal exposure to environmental tobacco smoke assessed by hair nicotine concentration, Environ. Health Perspect., 2001, 109: 557.

39. Pichini, S. et al., Assessment of chronic exposure to cigarette smoke and its change during

pregnancy by segmental analysis of maternal hair nicotine, J. Expo. Anal. Environ. Epidemiol., 2003, 13: 144.

40. Jacqz-Aigrain, E. et al., Maternal smoking during pregnancy and nicotine and cotinine concentrations in maternal and neonatal hair. B.J.O.G., 2002, 109, 909.

41. Barr, H.M. and Streissguth, A.P., Identifying maternal self-reported alcohol use associated with fetal alcohol spectrum disorders, Alcohol Clin. Exp. Res., 2001, 25: 283.

42. Klein, J., Chan, D., and Koren, G., Neonatal hair analysis as a biomarker for in utero alcohol exposure. N. Engl. J. Med., 2002, 347: 2086.

43. Lewis, D. et al., Determination of drug exposure using hair: application to child protective cases, Forensic Sci. Int., 1997, 17: 123.

44. Smith, F.P. and Kidwell, D.A., Cocaine in hair, saliva skin swabs and urine of cocaine users' children, Forensic Sci. Int., 1996, 83: 179.

45. Garcia-Algar, O., Intoxicación aguda y exposición crónica a cocaína en un niño, Med. Clin. (Barc.), in press, 2005.

46. De Giorgio, F. et al., Cocaine found in a child's hair due to environmental exposure? Int. J. Leg. Med., 2004, 118: 310.

47. Garcia-Algar, O. et al., MDMA (3,4 − methylenedioxymethamphetamine) intoxication in an infant chronically exposed to cocaine, Ther. Drug Monit., 2005, 27: 409.

48. Tutka, P., Wielosz, M., and Zatonski, W., Exposure to environmental tobacco smoke and children health, Int. J. Occup. Med. Environ. Health, 2002, 15: 325.

49. Groner, J.A. et al., Screening for children's exposure to environmental tobacco smoke in a pediatric primary care setting, Arch. Pediatr. Adolesc. Med., 2005, 159: 450.

50. Pichini, S., The analysis of nicotine in infants' hair for measuring exposure to environmental tobacco smoke, Forensic Sci. Int., 1997, 17: 253.

51. Wilson, S.E. et al., Racial differences in exposure to environmental tobacco smoke among children, Environ. Health Perspect., 2005, 113: 362.

52. Pichini, S. et al., Cord serum cotinine as a biomarker of foetal exposure to cigarette smoke at the end of pregnancy, Environ. Health Perspect., 2000, 1080: 1079.

53. Uematsu, T. et al., The axial distribution of nicotine content along hair shaft as an indicator of changes in smoking behaviour: evaluation in a smoking-cessation programme with or without the aid of nicotine chewing gum, Br. J. Clin. Pharmacol., 1995, 39: 665.

54. Kintz, P., Ludes, B., and Mangin, P., Evaluation of nicotine and cotinine in human hair, J. Forensic Sci., 1992, 37: 72.

55. Mizuno, A. et al., Clinical outcome of smoking-cessation trial of nicotine chewing gum evaluated by analysis of nicotine in hair, Ther. Drug Monit., 1997, 19: 407.

56. Sachs, H., Theoretical limits of the evaluation of drug concentration in hair due to irregular hair growth, Forensic Sci. Int., 1995, 70: 53.

57. Dimich-Ward, H. et al., Impact of smoking policy on the respiratory health of food and beverage servers, Scand. J. Work. Environ. Health, 2005, 31: 75.

58. Al-Delaimy, W., Fraser, T., and Woodward, A., Nicotine in hair of bar and restaurant workers, N. Z. Med. J., 2001, 114: 80.

59. Eliopoulos, C., Klein, J., and Koren, G., Validation of self-reported smoking by analysis of

hair for nicotine and cotinine, Ther. Drug Monit., 1996, 18: 532.

60. Eliopoulos, C. et. al., Hair concentration of nicotine and cotinine in women and their newborn infants, JAMA, 1994, 271: 621.

61. Al-Delaimy, W., Hair as a biomarker for exposure to tobacco smoke, Tob. Control, 2002, 11: 176.

62. Kintz, P., Drug testing in addicts: a comparison between urine, sweat, and hair, Ther. Drug Monit., 1996, 18: 450.

63. Strano-Rossi, S., Bermejo-Barrera, A., and Chiarotti, M., Segmental hair analysis for cocaine and heroin abuse determination, Forensic Sci. Int., 1995, 5: 211.

64. Charles, B.K. et al., Opiate recidivism in a drug-treatment program: comparison of hair and urine data, J. Anal. Toxicol., 2003, 27: 412.

65. Vincent, F. et al., Determination of buprenorphine and norbuprenorphine in urine and hair by gas chromatography-mass spectrometry, J. Anal. Toxicol., 1999, 23: 270.

66. Marsh, A., Evans, M.B., and Strang, J., Radioimmunoassay of drugs of abuse in hair, Part 2: the determination of methadone in the hair of known drug users, J. Pharm. Biomed. Anal., 1995, 13: 829.

67. Wilkins, D.G., Quantitative analysis of methadone and two major metabolites in hair by positive chemical ionization ion trap mass spectrometry, J. Anal. Toxicol., 1996, 20: 355.

68. Kintz, P. et al., Enantioselective separation of methadone and its main metabolite in human hair by liquid chromatography/ion spray-mass spectrometry, J. Forensic Sci., 1997, 42: 291.

69. Goldberger, B.A. et al., Detection of methadone, methadone metabolites, and other illicit drugs of abuse in hair of methadone-treatment subjects, J. Anal. Toxicol., 1998, 22: 526.

70. Girod, C. and Staub, C., Methadone and EDDP in hair from human subjects following a maintenance program: results of a pilot study, Forensic Sci. Int., 2001, 1: 175.

71. Paterson, S. et al., Interindividual dose/concentration relationship for methadone in hair, J. Anal. Toxicol., 2003, 27: 20.

72. Richardson, J., Fendrich, M., and Johnson, T.P., Neighbourhood effects on drug reporting, Addiction, 2003, 98: 1705.

73. Colon, H.M., Robles, R.R., and Sahai, H., The validity of drug use responses in a household survey in Puerto Rico: comparison of survey responses of cocaine and heroin use with hair tests, Int. J. Epidemiol., 2001, 30: 1042.

74. Colon, H.M., Robles, R.R., and Sahai, H., The validity of drug use self-reports among hard core drug users in a household survey in Puerto Rico: comparison of survey responses of cocaine and heroin use with hair tests, Drug. Alcohol Depend., 2002, 67: 269.

75. Tassiopoulos, K. et al., Hair testing and self-report of cocaine use by heroin users, Addiction, 2004, 99: 590.

76. Appel, P.W. et al., Comparison of self-report and hair analysis in detecting cocaine use in a homeless/transient sample, J. Psychoactive Drugs, 2001, 33: 47.

77. Simpson, D.D., Joe, G.W., and Broome, K.M., A national 5-year follow-up of treatment outcomes for cocaine dependence, Arch. Gen. Psychiatry, 2002, 59: 538.

78. Bernstein, J. et al., Brief motivational intervention at a clinic visit reduces cocaine and heroin use, Drug Alcohol Depend., 2005, 7: 49.

79. Ursitti, F. et al., Use of hair analysis for confirmation of self-reported cocaine use in users with negative urine tests, J. Toxicol. Clin. Toxicol., 2001, 39: 361.

80. Kidwell, D. A., Blanco, M. A., and Smith, F. P., Cocaine detection in a university population by hair analysis and skin swab testing, Forensic Sci. Int., 1997, 17: 75.

81. Quintela, O. et al., Evaluation of cocaine, amphetamines and cannabis use in university students through hair analysis: preliminary results, Forensic Sci. Int., 2000, 10: 273.

82. Rothe, M. et al., Hair concentrations and self-reported abuse history of 20 amphetamine and ecstasy users, Forensic Sci. Int., 1997, 19: 111.

83. Pujadas, M. et al., Development and validation of a gas chromatography-mass spectrometry assay for hair analysis of amphetamine, methamphetamine and methylenedioxy derivatives, J. Chromatogr. B Anal. Technol. Biomed. Life Sci., 2003, 25: 249.

84. Pichini, S. et al., Assessment of chronic exposure to MDMA in a group of consumers by segmental hair analysis, Ther. Drug Monit., 2005, 27: 409.

85. Kronstrand, R. et al., Codeine concentration in hair after oral administration is dependent on melanin content, Clin. Chem., 1999, 45: 1485.

86. Kronstrand, R. et al., Incorporation of selegiline metabolites into hair after oral selegiline intake, J. Anal. Toxicol., 2001, 25: 594.

87. Mahl, M.A., Hirsch, M., and Sugg, U., Verification of the drug history given by potential blood donors: results of drug screening that combines hair and urine analysis, Transfusion, 2000, 40: 637.

88. Kwong, T.C. and Shearer, D., Detection of drug use during pregnancy, Obstet. Gynecol. Clin. North Am., 1998, 25: 43.

89. Markovic, N. et al., Substance use measures among women in early pregnancy, Am. J Obstet. Gynecol., 2000, 183: 627.

90. Chiarotti, M. et al. Evaluation of cocaine use during pregnancy through toxicological analysis of hair, J. Anal. Toxicol., 1996, 20: 555.

91. Kuhn, L., Cocaine use during pregnancy and intrauterine growth retardation: new insights based on maternal hair tests, Am. J. Epidemiol., 2000, 15: 112.

92. Pragst, F. et al., Are there possibilities for the detection of chronically elevated alcohol consumption by hair analysis? A report about the state of investigation, Forensic Sci. Int., 2000, 10: 201.

93. Hartwig, S., Auwarter, V., Pragst, F., Fatty Acid ethyl esters in scalp, pubic, axillary, beard and body hair as markers for alcohol misuse, Alcohol Alcohol., 2003, 163.

94. Jurado, C. et al., Diagnosis of chronic alcohol consumption. Hair analysis for ethylglucuronide, Forensic Sci. Int., 2004, 145: 161.

95. Yegles, M. et al., Comparison of ethyl glucuronide and fatty acid ethyl ester concentrations in hair of alcoholics, social drinkers and teetotalers, Forensic Sci. Int., 2004, 145: 167.

96. Hartwig, S., Auwarter, V., and Pragst, F., Effect of hair care and hair cosmetics on the concentrations of fatty acid ethyl esters in hair as markers of chronically elevated alcohol consumption, Forensic Sci. Int., 2003, 28: 90.

97. Auwarter, V., Fatty acid ethyl esters in hair as markers of alcohol consumption: segmental hair analysis of alcoholics, social drinkers, and teetotalers, Clin. Chem., 2001, 47: 2114.

98. Uematsu, T., Therapeutic drug monitoring in hair samples: principles and practice, Clin. Pharmacokin., 1993, 25, 83.

99. Tracqui, A., Kintz, P., and Mangin, P., Hair analysis: a worthless tool for therapeutic compliance monitoring, Forensic Sci. Int., 70, 183, 1995.

100. Villain, M., Cirimele, V., and Kintz, P., Hair analysis in toxicology, Clin. Chem. Lab. Med., 2004, 42: 1265.

101. Nakahara, Y., Hair analysis for abused and therapeutic drugs, J. Chromatogr. B Biomed. Sci. Appl., 1999, 15: 161.

102. Pragst, F. et al., Structural and concentration effects on the deposition of tricyclic antidepressants in human hair, Forensic Sci. Int., 1997, 84: 225.

103. Cirimele, V. et al., Clozapine dose-concentration relationships in plasma, hair and sweat specimens of schizophrenic patients, Forensic Sci. Int., 2000, 10: 289.

第十章

尸检毛发毒理学

Robert Kronstrand, Henrik Druid

10.1 引　言

在尸检毒理学中,可以利用许多基质来获得阐明死者遭遇的证据。近年来,角化基质(如毛发和指甲)中的毒品分析受到了很多关注,因为与使用体液(如尿液或血清)的毒品检测方法相比,角化基质有诸多优势。应该强调的一点是毒品在毛发和指甲中有很好的稳定性,这意味着此类样本可以在室温下储存很长时间,而进入的毒品不会发生大的降解。毒品通过正在生长的指甲根部和甲床进入指甲中[1]。这意味着毒品在指甲生长过程中会随着角化基质向上和向前移动。此外,指甲的生长是可变的,一般生长比较慢。因此,不能使用指甲分析对先前毒品摄入进行时间映射。相比之下,毛发提供了这种可能性,作为对血液证据的补充,毛发可以回顾吸毒史。

在毒品过量案件中存在一个普遍观点,死亡是由于禁戒一段时间后缺乏耐受性造成的。虽然这个概念看起来很合理,但支持这个假设的证据有限。评估过去吸毒或戒毒的客观方法是分析死者的毛发。由于禁戒期不需要很长,因此分段分析至关重要。

毛发中的毒品分析通常涉及多项措施,以确保结果可靠和有效。除了洗涤程序不同外,提取和水解程序的多样性使得对检测结果的比较变得非常困难。有几篇论文评估了从毛发基质中去除可卡因和海洛因代谢物的不同程序[2~14]。使用的方法包括酶消解、高温下强酸或强碱水解,或溶剂提取切割或粉碎的毛发等。这些方法中的一些基本条件会造成不稳定毒品的降解,如海洛因、可卡因和苯二氮卓类药物,而较温和的酶解和溶剂萃取等方法中分析物基本不会或很少降解。但总的来说,毛发基质的完全溶解会产生最好的回收率,而用有机溶剂直接对毛发进行提取得到的回收率较低。Baumgartner 和 Hill[14] 提出了一种在中性 pH 下的酶消解作为任何物质的通用提取程序。毒品从毛发基质中释放出来后,提取和检测过程与从血液、血浆或尿液中提取药物的过程非常相似。

在进行这些烦琐的分析之前,快速筛查常用毒品很有帮助,例如可卡因、阿片类药物、苯丙胺类药物和苯二氮卓类药物等。在工作场所药物检测中,通常是通过免疫分析进行初步筛查,然后通过质谱法确认阳性结果[15~17]。毛发分析也已用于各种情况下的法医案件。许多论文报道了吸毒成瘾者或嫌疑人的毛发药物浓度以及致命的毒品过量等[18~30]。

Nakahara 和 Kikura[31] 报道了急性中毒案例中利用毛发和发根分析 MDMA(3,4-亚甲基二氧基甲基苯丙胺)的应用,Tagliaro[28]、Kronstrand[22] 和 Darke 等[29] 评估了过量吸食海洛因致命后毛发中海洛因代谢物的浓度。他们得出结论,死者毛发中发现的低浓度海洛因表明他戒除了海洛因,并可能降低了耐受性,从而导致过量吸食海洛因致死。本章着重于介绍有助于解释药物过量案例的毛发分析,也包括一些毒理学家建议的实际毛发分析技术。

10.2　方法论方面

10.2.1　毛发采样

目前已有很多关于人类头皮毛发不同生长速度的报道。Harkey[32] 发现毛发平均生长率为 0.44 mm/d。Pötsch 等[33] 发现 82% 的受检人群毛发生长率在 0.32~0.46 mm/d 之间,生长率的变化在 0.07~0.78 mm/d 之间。毛发生长周期由生长期和休眠期组成。对人类来说,每个毛囊都有独立于相邻毛囊的自己的生长周期。生长期通常持续 7~94 周,但也可能持续数年[34]。在头部的后顶点部位,生长毛发的百分比相当稳定,约为 85%。因此,此部位被建议为最佳毛发样本收集点。因为毛发样本很可能会被分段分析,因此采集的毛发必须对齐并固定好,这个操作至关重要,它直接关系到检测结果的准确性。图 10.1(a-d)展示了从后顶点部位收集毛发的图片。

由于雄激素性脱发,有受试者后顶点部位毛发稀疏或没有毛发,无法从该部位采集毛发。这种情况下最好从头的后部稍微向下的位置收集样本。对尸检来

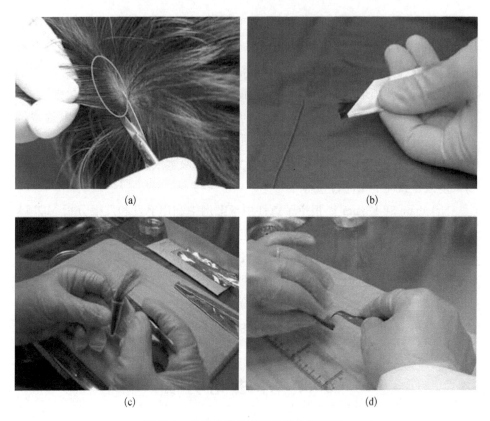

(a)　　　　　　　　　　　　　　(b)

(c)　　　　　　　　　　　　　　(d)

图 10.1　分段收集和处理毛发推荐程序。

说,需要翻转尸体,或者至少要侧翻尸体,这样可以提高该区域的明亮度,改善准确采样的条件,这对正确解释检测报告非常必要。此外,在尸体解剖开始之前收集毛发样本是比较有利的做法,因为解剖过程中毛发通常会被弄湿,或被血液污染。如果在尸体解剖前毛发已经被血液浸泡过,在收集之前可以用水冲洗毛发,然后用吹风机吹干。但需要提醒的是,如果发现血液中含有高水平的毒品,应该注意这种污染可能对结果造成的影响。

如果需要进行分段毛发分析,$2 \times 1\ cm^2$ 区域内 0.5 cm 长的毛发段重量一般在 10～20 mg 范围内,满足毛发分段分析要求。如果需要使用不同的提取技术进行多次分析,则必须收集额外的样本,并且根据分析方法的灵敏度,可以相应地调整毛发的数量。进行分段分析必须在尽可能靠近头皮的位置准确切割发束。卷发比较难收集,需要认真妥善处理。如果卷发需要分段分析,则需要从根部以规定的间隔分别拔出和剪下每根发丝。针对怀疑致命中毒导致死亡的情况,拔出毛发可能是首选操作。急性中毒后昏迷 1~3 天的时间可能会导致血液和尿液因排泄而使检测结果呈阴性,即使剪下的毛发也可能呈阴性。这种情况下,对拔出的毛发(包括皮内部分)的分析可能会揭示药物的使用痕迹。

收集后,应将毛发样本包裹在铝箔(图 10.1b)中,保持对齐,并应清楚标明头皮端。然后将这些包裹在铝箔中的样本放入信封中,同一受试者采集样本的信封标签应相似。有两点需要注意:一、应避免使用胶带,因为从胶带上取下发丝会非常费力。二、如果将毛发放在普通纸片上,而随后将纸片折叠包裹毛发。当从纸上取下发束时,可能会导致发根脱落,因为发黏的发根会固定在纸的多孔表面上,并且发丝会在距发根的不同距离处断裂。

10.2.2 分割和准备

分析毛发片段对以下两种情况很重要。第一,针对约会强奸案件和投毒案,在与吸食时间相对应的一段时间内发现一种特定毒品会有力支持警方的调查。第二,节段性毛发分析可以提供药物滥用的详细时间图谱,可以与药物的血液水平进行比较。特别是,最近停止使用药物的迹象可能表明死者对该特定药物和其他可能产生交叉耐受性的药物的耐受性降低。下面将对此进行更详细的讨论。

如果毛发采样的收集和处理不当,则分段毛发分析是没有意义的。因此,毛发应仔细对齐(如图 10.2a 所示),否则每个发段包含发束的不同部位,就代表更长或者重叠的时间段,如图 10.2b 所示。对于直发,可以通过将(对齐的)毛发固定在铝箔中并用剪刀剪断毛发来实现分割。如果需要更短的部分,通常是将样本沿尺子更精确地放在砧板上,然后用手术刀切断毛发。在此有一个实用的建

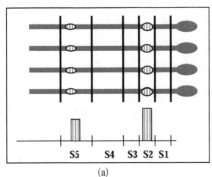
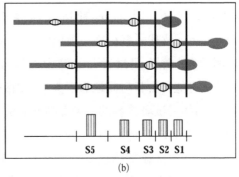

图 10.2 发丝的无序对分析结果的影响。条纹带表示含有不同浓度药物(毛发上的圆形区域)的毛发段。

议是要确保环境中有足够的水分,因为干燥的空气会产生静电,小段的毛发会不受控制地四处散开。每切好一段毛发后直接称重,放入烧杯或试管中,再切下一段,避免混合。当然,在处理新样本之前应仔细清洁操作台面和仪器,用异丙醇清洗可以有效防止样本残留(未公开数据)。

根据分析目的,毛发的数量和长度可以有所不同。在约会强奸案中,通常的任务是在取样前寻找在特定时间点使用过的物质。然后选择要分析的毛发部分,以便大致对应于那个时间点(最好是与其他时间周期进行比较)。如果目的是评估对某些毒品或毒品组可能的耐受性或不耐受性,则最适合分析最近的毛发节段。

对于阿片类药物,耐受性的发展比较显著,也是逐渐发生的,耐受性的丧失也是如此。这一过程的时间框架特征不明显,而且由于对欣快效应的耐受性可能与对呼吸抑制的耐受性不同[35],这也使其复杂化。然而,7 到 14 天的禁戒可能会导致对阿片类药物耐受性的显著降低,这意味着毛发段应该非常短,以准确捕捉这段时间。在 1 cm 或更长的毛发片段中检测出阳性,可能无法区分 4 周前因暴露而死亡的摄入量。在阿片类药物过量的病例中,对最近三个节段进行 5 mm 长的分割是比较合适的,这样可以区分最近戒断的病例和持续使用的病例(图 10.3)。

10.2.3　清洗

随着毛发的生长,毛发会暴露在外部环境中,因此可能会被周围存在的毒品污染。事实上,从汗液或其他分泌物中进入毒品也被定性为污染,尽管这不是严格的外部污染。当成熟的毛干在汗水中“浸泡”时,通过血液进入的毒品的毒品带可能会变宽,导致无论多么小心地进行分段分析,都会因汗液中药物的存在而使结果无意义。因此,这种情况需要清洗步骤。多年来,心理学领域的 Baumgartner 及其同事在这一领域的研究取得了诸多进展[17,36~38]。当检查卷发时(例如来自黑人受试者),汗液中毒品污染的可能性更值得关注。与直发相比,卷发可能会更长时间地靠近头皮,并且更容易接触到汗水。

为活体受试者推荐的污染毒品阈值水平可能不适用于尸检毛发样本的毛发结果。例如,在 40 例远端(不包括根部)发现苯丙胺的尸检案例中,毛发中的浓度与最后一次洗涤的浓度之间的平均比率为 19.6,而中值仅为 6.7(未公开数据),活体的推荐比例为 10。然而,根据我们的经验,在尸检案例中,外部污染不是主要问题,汗液中的药物成分可以被有效地洗掉。当然,在社会和法律方面,

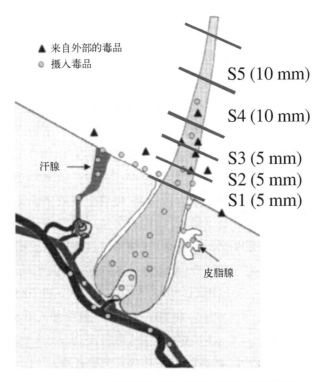

▲ 来自外部的毒品
● 摄入毒品

S5 (10 mm)

S4 (10 mm)

S3 (5 mm)
S2 (5 mm)
S1 (5 mm)

汗腺 →

→ 皮脂腺

图 10.3　疑似阿片类药物过量病例中毛发的分割建议。

用于工作场所检测的分析结果与用于死亡案例研究的辅助工具的分析结果之间存在着显著的区别。

10.2.4　进一步的准备

对于某些分析,为了防止不稳定化合物的降解,可能需要进行有机萃取。这种提取程序需要毛发不同部位的毒品与溶剂充分接触。然后对毛发进行机械处理以增加接触面积。我们曾比较了不同机械程序对 7 个真阳性样本中 6 - 乙酰吗啡、吗啡和可待因的回收率以及另一个样本中可卡因和苯甲酰爱康宁的回收率的影响。每个毛发样本分为三部分:1 cm 长的碎片、1 mm 长的碎片和粉碎的碎片,在球磨机中粉碎。粉碎后的毛发通常含有较高浓度的分析物,而在 1 mm 长或 1 cm 长的毛发片段之间观察到的差异很小。球磨机中的毛发碎片损失较大,因此在一定程度上降低了切碎的优势。由于差异不是很大,我们认为使用剃刀、手术刀或剪刀的快速切割程序适用于准备有机溶剂提取的死者毛发片段。

10.2.5 筛查

筛查方法因使用背景不同而异。筛查主要用于快速、低成本地排除大量样本中的阴性样本。一般利用免疫学检测进行筛查,例如放射免疫分析(radioimmunoassay,RIA)[14,17]和酶联免疫吸附检测(enzyme-linked immunosorbent assay,ELISA)[15]。筛查的主要目的是节省时间和金钱。筛查检测的另一个目的源于建立有价值的法医概念,即使用两种独立的方法来确认阳性结果。因此,筛查的主要目标是提高结果的质量。采用 LC‐MS(liquid chromatography-mass spectrometry,液相色谱-质谱联用)的筛查方法不符合前一种标准,但对于后者来说却是一个极好的选择。色谱法的另一个优点是,可以设计筛查方法以涵盖确认方法中包含的所有分析物。免疫学检测存在交叉反应性,这使得定性和定量数据难以外推到特定的确认结果。相比之下,LC‐MS 为分析人员提供了可比较的结果。Kronstrand 等[39]描述了一种使用 LC‐MS/MS 在 SCIEX API 2000 MS/MS 仪器上运行的多反应模式的筛查方法。向 10~50 mg 毛发中加入 0.5 mL 流动相和 25 μL 内标,将样本置于 37℃水浴(定轨振荡)中孵育 18 h。将 150 mL 等分试样转移到自动进样器样本瓶中,然后将 10 mL 注入色谱系统。

10.2.6 确认

确证分析的第一个先决条件是使用一种不同于筛查的分析技术。由于其他技术缺乏灵敏性,毛发检测阳性的确认几乎完全由质谱进行。尽管气相色谱-质谱(gas chromatography-mass spectrometry,GC‐MS)在过去的 15 年(2006 年之前的 15 年)里一直占据主导地位,但 LC‐MS/MS 现在正成为一种有效的确认技术。确认,或者说是目标分析,将在另一章中深入讨论。

10.3 尸检后工作策略

10.3.1 毒品过量案例调查

致命中毒的诊断对法医病理学家和毒理学家来说仍然是一个挑战,需要仔细评估死亡的情况、尸检结果和毒理学结果。对于许多毒品,经过认证的中毒和非中毒的死后参考值可能有助于解释结果[40]，但需要考虑几个问题。除了死后重新分布、毒品相互作用、代谢的遗传差异或受体功能之外，个体对各种毒品的敏感性可能不同。在连续使用毒品一段时间后，通常会产生耐受性，这意味着需要更高的剂量才能达到所需的药理作用。对于大多数毒品而言，这种耐受性是药代动力学变化的影响，即取决于通过酶诱导增加代谢。这种变化通常不会影响对毒性或致命水平的解释。然而，对于某些药物，耐受性更多地取决于药效适应性。这意味着在普通用户中导致致命过量服用的血液浓度在药理学上可能不重要。这种现象适用于几种非法药物，尤其是阿片类药物。

在发现血液中吗啡水平低的海洛因过量病例中，通常认为受害者要么是初次吸毒者，要么在最后一次服药前有一段无毒期。在没有可靠的阿片类药物耐受性生物标志物的情况下，关于先前使用的信息，例如来自医疗记录和亲属的信息，被用于估计耐受程度。然而，由于各种原因，来自亲戚和朋友的信息、来自医疗图表的信息以及来自监狱的文件可能无法正确描述当时的情况。更可靠的替代方法是对阿片类药物进行毛发分析。这种方法揭示了一部分过量服用受害者的戒断情况[22]。Tagliaro 等[28]进一步报告称，海洛因过量受害者毛发中的吗啡含量低于活跃的海洛因成瘾者毛发中的吗啡含量。Darke 等报告了类似的结果，支持海洛因死亡可能是由于耐受性降低的假设[29]。最近，另一项研究比较了海洛因计划受试者和海洛因过量致命的受害者的毛发浓度，没有发现浓度有明显差异[41]。为了更好地解决戒断的重要性问题，我们进行了以下研究。

2003 年至 2004 年期间，瑞典斯德哥尔摩的法医部门对 60 名已故吸毒者进行了检查。对所有的死者都进行了完整的尸检、全面的毒理学检测和显微镜检查。根据警方的调查和医疗记录编制死者情况和历史信息。从后顶点收集三部分毛发。一部分使用灵敏的 LC - MS/MS 方法进行毒品筛查[39]，包括 μ-阿片受体激动剂芬太尼、丁丙诺啡、美沙酮、丙氧芬、曲马多和凯托米酮(见图 10.4)。第二次分析确认和量化阳性结果之前进行分割和标准化洗涤程序，以最大限度地减少药物外部污染的影响[22]。为此，发丝重新对齐并切成短段；最近的节段(S1 到 S3)长 5 mm，外节段(S4、S5)长 10 mm。假设毛发生长速度为 0.44 mm/d[32]，考虑到毛发生长的差异，S1 中的阳性检测应该意味着在死亡前大约 10 至 15 天内的暴露。S1 中阿片类药物的阴性结果表明耐受性降低，但是，耐受性的丧失是一个渐进的过程。使用该方法，μ-阿片受体激动剂以及其他毒品，如可卡因、苯丙胺、甲基苯丙胺、MDMA(摇头丸)、苯二氮卓类及其主要代谢物可以在毛发和死后股骨血中检测和量化。

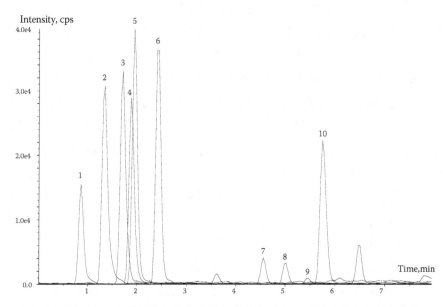

图 10.4　毛发中 μ-兴奋剂分析的色谱图。除芬太尼和丁丙诺啡外的所有分析物的对照样本为 30 ng/个（3 ng/个）。1）吗啡，2）可待因，3）乙酰吗啡，4）凯托米酮，5）乙基吗啡，6）曲马多，7）芬太尼，8）丁丙诺啡，9）右丙氧芬，10）美沙酮。

　　在 28 起案件中，检测情况和法医调查结果表明海洛因吸毒过量，有气道泡沫和明显的肺水肿现象。表 10.1 说明了 28 名过量服用受试者的毛发样本中存在阿片类药物。该表还显示了受试者的年龄、性别、致病原因、死亡方式以及死亡延迟、游离吗啡的股骨血浓度、血液和毛发中其他药物等。在 18 个案例中，最近的毛发段（S1）中没有阿片类药物，这表明这些人对阿片类药物的耐受性降低。股骨血吗啡的平均浓度和中值分别为 0.38 μg/g 和 0.16 μg/g。这些水平与许多尸检研究报告的水平一致。令人惊讶的是，显示持续使用阿片类药物的 10 名受试者的相应浓度几乎相同（0.37 μg/g 和 0.15 μg/g 血液）。在某些情况下，有间接证据表明死亡延迟（即经过几小时到一天的时间后）可能会导致血液中吗啡水平下降。然而，如果排除这些情况，与持续使用的受试者相比，戒断受试者实际上显示出更高的吗啡平均血浓度和中值血浓度。这一发现表明不应将戒断作为风险因素。事实上，对毛发短片段的精心准备，使样本可以检测到受试者最近的戒断情况，这个组的浓度甚至比连续使用的组的浓度还要高，这支持了戒断受试者有过量服用风险的观点。血液中吗啡浓度没有差异更有可能是由于毛发和血液中存在大量毒品，这也为几种药效学的相互作用提供了机会。

表 10.1　毛发和股骨血中的毒品检测、死亡方式、延迟死亡证据，以及海洛因过量死亡的病理因素

案例号	毛发中的毒品 (S5, S4, S3, S2 和/或 S1)	毛发中的鸦片					血液中的 MO (μg/g)	血液中的其他毒品	年龄 (性别)	MoD/DD	病理学
		S5	S4	S3	S2	S1	戒断				
1	FLU, 7-a-FLU, DIA	na	na	na	—	—	0.30	7-a-FLU, DIA, dmDIA, THC	20(M)	A/否	—
2	AMPH	na	na	na	na	—	0.16	AMPH, THC	25(M)	A/是	肺炎,心肌缺血
3	6-MAM	+	—	—	—	—	0.33	COD, 7-a-FLU	27(M)	A/否	—
4	AMPH, DIA	—	—	—	—	—	0.24	6-MAM, COD, AMPH, DIA, dmDIA, LEV, dmLEV, CIT, dmCIT	38(M)	A/否	—
5	AMPH	—	—	—	—	—	0.11	6-MAM, COD, EtOH, CMZ, ALP, FLX	43(M)	A/否	—
6	AMPH	na	—	—	—	—	0.02	AMPH, THC	48(M)	A/是	急性支气管炎,十二指肠溃疡
7	AMPH	—	—	—	—	—	0.10	6-MAM, COD, EtOH, THC	40(M)	A/否	脂肪肝
8	—	—	+	+	—	—	0.11	6-MAM, COD, EtOH, THC	39(M)	A/否	—
9	MO, 6-MAM, COD, TRAM	+	+	+	—	—	0.15	COD, FENT, TRAM, OdmTRAM	35(M)	A/否	—
10	COC, BE	—	—	—	—	—	0.04	EtOH, BE	39(M)	A/是	—
11	6-MAM, COC	+	—	—	—	—	0.69	6-MAM, COD, DIA, dmDIA, ALI, COC, BE	25(M)	A/否	肺炎
12	6-MAM, COD, AMPH	na	+	—	—	—	0.26	6-MAM, COD, AMPH, 7-a-FLU	29(M)	A/否	肝炎,心脏肥大
13	6-MAM, AMPH, MA, TRAM	+	—	—	—	—	3.30	EtOH, AMPH, MA, DIA, dmDIA, DPROP, dmSERT, PARA	46(F)	S/否	—

续　表

案例号	毛发中的毒品(S5, S4, S3, S2 和/或 S1)	毛发中的鸦片					血液中的 MO (μg/g)	血液中的其他毒品	年龄(性别)	MoD/DD	病理学
		S5	S4	S3	S2	S1					
14	AMPH	—	—	—	—	—	0.04	COD, AMPH, DIA, dmDIA, THC	43(M)	A/是	肺炎
15	—	na	na	na	na	—	0.16	COD, EtOH	42(M)	A/否	心肌炎,肝炎
16	AMPH, MA	—	na	na	na	—	0.28	6-MAM, COD, CIT, dmCIT, dmDIA, THC	66(M)	U/U	肺炎, 哮喘, 肝炎
17	COC	na	na	na	na	—	0.08	COD, DIA, dmDIA, COC, BE	23(M)	U/U	哮喘
18	—	na	na	na	na	—	0.39	6-MAM, COD, EtOH	28(M)	U/否	肝炎
	平均值±SD						0.38±0.75		37±11		
	中值						0.16		39		
	耐　受										
19	MO	na	na	+	+	+	0.27	EtOH	40(M)	S/否	脂肪肝
20	MO, 6-MAM, COD, FENT	+	+	+	+	+	0.07	EtOH, 7-a-FLU, dmDIA, FENT	38(M)	A/否	肝炎
21	MO, 6-MAM, COD, FENT, AMPH	+	+	+	+	+	0.11	FENT, AMPH, DIA, dmDIA	31(M)	A/是	急性支气管炎
22	MO, 6-MAM, COD, 7-a-CLO	na	na	+	na	+	0.30	COD, 7-a-CLO	22(M)	A/否	—
23	6-MAM, COC, BE	na	na	+	+	+	0.02	DIA, THC	31(M)	A/是	肺炎, 心肌炎
24	6-MAM, COC, BE	na	na	na	na	+	0.09	COD	34(M)	A/否	—

续表

案例号	毛发中的毒品 (S5, S4, S3, S2 和/或 S1)	毛发中的鸦片					血液中的 MO (μg/g)	血液中的其他毒品	年龄 (性别)	MoD/DD	病理学
		S5	S4	S3	S2	S1					
25	MO, 6-MAM, COD, FLU, 7-a-FLU	+	+	+	+	+	1.80	6-MAM, COD, 7-a-FLU	41(M)	S/否	—
26	MO, 6-MAM, COD	+	+	+	+	+	0.18	COD, PARA	65(M)	A/U	心脏肿大
27	MO, 6-MAM, COD, FENT, MDN, FLU, 7-a-FLU	+	+	+	+	+	0.80	COD, FENT, 7-a-FLU, CHLORO, THC	46(M)	S/是	—
28	MO, 6-MAM, COD, FENT, TRAM, KETO, NZ, FLU, 7-a-FLU, CLON, 7-a-CLO, DIA, dmDIA, ALP	+	+	+	+	+	0.08	COD, FENT, BUP, NBUP, DIA, dmDIA, 7-a-FLU, CHLORO	40(F)	A/否	急性支气管炎, 肝炎
平均值±SD							0.37±0.55		39±11		
中值							0.15		39		

缩写：S1—S5=1~5段，其中第1段为最近头皮的毛发段；na=不可用；+=检测到的阿片类药物（MO；6-MAM；COD；MDN；BUP；NBUP；KETO；TRAM 或 FENT）；—=未检出阿片类药物；M=男性；F=女性；MoD=死亡方式；DD=延迟死亡；A=事故；S=自杀；U=不确定；药品：6-MAM=6-单乙酰吗啡；7-a-CLO=7-氨基-氯硝西泮；7-a-NZ=7-氨基-硝西泮；7-a-FLU=7-氨基-氟硝西泮；ALI=阿利马嗪；ALP=阿普唑仑；AMPH=苯丙胺；BE=苯酰芽子碱；BUP=布鲁芬诺啡；CHLORO=氯硝西泮；CLON=克隆西泮；CMZ=卡马西平；COC=可卡因；COD=可待因；CIT=西酞普兰；dmCIT=去甲基西酞普兰；dmLEV=去甲基甲氧异丁嗪；DPROP=二氢丙嗪；dmSERT=去甲舍曲林；DIA=地西泮；dmDIA=去甲西泮；EtOH=乙醇；FENT=芬太尼；FLU=氟硝西泮；FLX=氟西汀；KETO=凯托米酮；LEV=甲氧异丁嗪；MA=甲基苯丙胺；MDN=美沙酮；MO=吗啡；NZ=硝西泮；NBUP=去甲基甲基丁丙诺啡；dmDIA=去甲西泮；OdmTRAM=o-去甲基曲马多；PARA=醋氨酚（对乙酰氨基酚）；THC=四氢大麻酚；TRAM=曲马多

　　我们相信,当评估纯海洛因过量致死的血液水平时,分段毛发分析结果会有所不同。尽管如此,鉴于很多情况下,吸毒者广泛使用多种毒品复合物,那么对血液和毛发中的多种毒品进行分析可能最终有助于识别危险的组合毒品。

　　最近的研究证明,不同的传递系统之间存在着广泛的串扰,直接或间接影响髓质的呼吸中枢。因此,大鼠呼吸中枢中阿片类毒品与血清素[42]和多巴胺[43]之间的药效学联系,意味着那些影响其他传递系统的毒品和精神状态也会影响阿片类毒品毒性的易感性。此外,在大鼠中,氟硝西泮已被证明对吗啡、美沙酮和丁丙诺啡的中位致死剂量有不同的影响[44]。

　　这些发现激发了人们对包括几种非阿片类药物在内的毒品的毒理学检测。为了查明潜在危险的药物使用模式,需要对更多的材料进行研究,在此,我们鼓励其他研究人员应用推荐的方法进行相关研究。

10.3.2　药物治疗

　　鉴于在阿片类毒品过量使用案件中,毛发检测非法药物的评估研究有限,使用毛发来确认或排除其他毒品组戒断的研究甚至更少。例如,一些报告[45~48]在中毒病例报告中包含了某些毒品的毛发水平的附带信息。这些分析很可能有助于识别对某些毒品耐受性较低的戒断者。除了诊断中毒问题之外,另一个问题是死亡的方式,在许多情况下这对法医病理学家比较重要。在几根毛发中发现导致死亡的物质,这表明血液中发现的浓度来自长期使用,因此与急性摄入无关(尽管有时可能难以排除急性后慢性摄入的情况)。节段毛发分析的评估,结合对死后外周血[49]和其他体液中母体药物和代谢物水平的评估,最有可能改善对死亡原因和死亡方式的解释。

　　最后,除了毛发分析可能有助于确定死因和死亡方式外,出于识别目的,毛发中毒品检测也很重要,例如,在严重腐烂的尸体甚至骨架化尸体中,只要毛发还存在,在毛发中检测到6-乙酰吗啡、可卡因或苯丙胺则表明死者是吸毒者,因此为寻找失踪人员设置了限制条件,可以缩小寻找范围。

10.4　结　　论

　　使用LC-MS/MS进行毒品筛查,无需清洗程序,是一种方便的程序,可以确定需要进行详细分析的案例。短发节段药物滥用分析可以提供最近和过去毒品滥用模式的详细信息,可以提高致命中毒诊断的准确性。

参考文献

1. Palmeri, A., Pichini, S., Pacifici, R., Zuccaro, P., and Lopez, A., Drugs in nails: physiology, pharmacokinetics and forensic toxicology, Clin. Pharmacokinet., 2000, 38: 95 – 110.

2. Welch, M.J., Sniegoski, L.T., Allgood, C.C., and Habram, M., Hair analysis for drugs of abuse: evaluation of analytical methods, environmental issues, and development of reference materials, J. Anal. Toxicol., 1993, 17: 389 – 398.

3. Couper, F. J., McIntyre, I. M., and Drummer, O. H., Detection of antidepressant and antipsychotic drugs in postmortem human scalp hair, J. Forensic Sci., 1995, 40: 87 – 90.

4. Kintz, P. and Cirimele, V., Interlaboratory comparison of quantitative determination of amphetamine and related compounds in hair samples, Forensic Sci. Int., 1997, 84: 151 – 156.

5. Sachs, H. and Raff, I., Comparison of quantitative results of drugs in human hair by GC/MS, Forensic Sci. Int., 1993, 63: 207 – 216.

6. Offidani, C., Strano-Rossi, S., and Chiarotti, M., Improved enzymatic hydrolysis of hair, Forensic Sci. Int., 1993, 63: 171 – 174.

7. Offidani, C., Carnevale, A., and Chiarotti, M., Drugs in hair: a new extraction procedure, Forensic Sci. Int., 1989, 41, 35 – 39.

8. Nakahara, Y., Kikura, R., and Takahashi, K., Hair analysis for drugs of abuse, VIII: effective extraction and determination of 6 – acetylmorphine and morphine in hair with trifluoroacetic acid-methanol for the confirmation of retrospective heroin use by gas chromatography-mass spectrometry, J. Chromatogr. B Biomed. Appl., 1994, 657: 93 – 101.

9. Edder, P., Staub, C., Veuthey, J. L., Pierroz, I., and Haerdi, W., Subcritical fluid extraction of opiates in hair of drug addicts, J. Chromatogr. B Biomed. Appl., 1994, 658: 75 – 86.

10. Pichini, S., Altieri, I., Pellegrini, M., Pacifici, R., and Zuccaro, P., Hair analysis for nicotine and cotinine: evaluation of extraction procedures, hair treatments, and development of reference material, Forensic Sci. Int., 1997, 84: 243 – 252.

11. Polettini, A., Stramesi, C., Vignali, C., and Montagna, M., Determination of opiates in hair: effects of extraction methods on recovery and on stability of analytes, Forensic Sci. Int., 1997, 84: 259 – 269.

12. Eser, H.P., Pötsch, L., Skopp, G., and Moeller, M.R., Influence of sample preparation on analytical results: drug analysis (GC/MS) on hair snippets versus hair powder using various extraction methods, Forensic Sci. Int., 1997, 84: 271 – 279.

13. Claffey, D.J, Stout, P.R., and Ruth, J.A., A comparison of sodium hydroxide and sodium sulfide digestion of mouse hair in the recovery of radioactivity following systemic administration of [3H] – nicotine and [3H] – flunitrazepam, J. Anal. Toxicol., 2000, 24: 54 – 58.

14. Baumgartner, W. A. and Hill, V. A., Hair analysis for organic analytes: methodology, reliability issues, and field studies, in Drug Testing in Hair, Kintz, P., Ed., CRC Press, Boca Raton, FL, 1996, pp. 223 – 266.

15. Negrusz, A. et al., Highly sensitive micro-plate enzyme immunoassay screening and NCI – GC – MS confirmation of flunitrazepam and its major metabolite 7 – aminoflunitrazepam in hair, J. Anal. Toxicol., 1999, 23: 429 – 435.

16. Moore, C., Deitermann, D., Lewis, D., Feeley, B., and Niedbala, R.S., The detection of cocaine in hair specimens using micro-plate enzyme immunoassay, J. Forensic Sci., 1999, 44: 609 – 612.

17. Baumgartner, W. A. and Hill, V. A., Sample preparation techniques, Forensic Sci. Int., 1993, 63: 121 – 135.

18. Martz, R., Donnelly, B., Fetterolf, D., Lasswell, L., Hime, G.W., and Hearn, W.L., The use of hair analysis to document a cocaine overdose following a sustained survival period before death, J. Anal. Toxicol., 1991, 15, 279 – 281.

19. Gaillard, Y. and Pepin, G., Evidence of polydrug use using hair analysis: a fatal case involving heroin, cocaine, cannabis, chloroform, thiopental and ketamine, J. Forensic Sci., 1998, 43: 435 – 438.

20. Selavka, C.M., Mason, A.P., Riker, C.D., and Crookham, S., Determination of fentanyl in hair: the case of the crooked criminalist, J. Forensic Sci., 1995, 40: 681 – 685.

21. Kintz, P., Cirimele, V., Sachs, H., Jeanneau, T., and Ludes, B., Testing for anabolic steroids in hair from two bodybuilders, Forensic Sci. Int., 1999, 101: 209 – 216.

22. Kronstrand, R., Grundin, R., and Jonsson, J., Incidence of opiates, amphetamines, and cocaine in hair and blood in fatal cases of heroin overdose, Forensic Sci. Int., 1998, 92: 29 – 38.

23. Cirimele, V., Kintz, P., and Mangin, P., Detection and quantification of lorazepam in human hair by GC – MS/NCI in a case of traffic accident, Int. J. Legal Med., 1996, 108: 265 – 267.

24. Kintz, P., Cirimele, V., Edel, Y., Tracqui, A., and Mangin, P., Characterization of dextromoramide (Palfium) abuse by hair analysis in a denied case, Int. J. Legal Med., 1995, 107: 269 – 272.

25. Kintz, P. and Mangin, P., Toxicological findings after fatal fenfluramine self-poisoning, Hum. Exp. Toxicol., 1992, 11: 51 – 52.

26. Tracqui, A., Kintz, P., and Mangin, P., Fatal poisoning involving amitriptyline: toxicologic data, J. Toxicol. Clin. Exp., 1992, 12: 3 – 9.

27. Marsh, A. and Evans, M.B., Challenging declarations of abstinence by the determination of morphine in hair by radioimmunoassay, J. Pharm. Biomed. Anal., 1993, 11: 693 – 698.

28. Tagliaro, F., De Battisti, Z., Smith, F.P., and Marigo, M., Death from heroin overdose: findings from hair analysis, Lancet, 1998, 351: 1923 – 1925.

29. Darke, S., Hall, W., Kaye, S., Ross, J., and Duflou, J., Hair morphine concentrations of fatal heroin overdose cases and living heroin users, Addiction, 2002, 97: 977 – 984.

30. Clauwaert, K.M., Van Bocxlaer, J.F., Lambert, W.E., and De Leenheer, A.P., Segmental analysis for cocaine and metabolites by HPLC in hair of suspected drug overdose cases, Forensic Sci. Int., 2000, 110: 157 – 166.

31. Nakahara, Y. and Kikura, R., Hair analysis for drugs of abuse, XVIII: 3, 4 - methylenedioxymethamphetamine (MDMA) disposition in hair roots and use in identification of acute MDMA poisoning, Biol. Pharm. Bull., 1997, 20: 969 - 972.

32. Harkey, M.R., Anatomy and physiology of hair, Forensic Sci. Int., 1993, 63: 9 - 18.

33. Pötsch, L., A discourse on human hair fibers and reflections on the conservation of drug molecules, Int. J. Legal Med., 1996, 108: 285 - 293.

34. Castanet, J. and Ortonne, J.P., Hair melanin and hair color, EXS, 78, 209 - 225, 1997. 35. White, J.M. and Irvine, R.J., Mechanisms of fatal opioid overdose, Addiction, 1999, 94: 961 - 972.

35. Cairns, T., Hill, V., Schaffer, M., and Thistle, W., Removing and identifying drug contamination in the analysis of human hair, Forensic Sci. Int., 2004, 145: 97 - 108.

36. Schaffer, M., Hill, V., and Cairns, T., Hair analysis for cocaine: the requirement for effective wash procedures and effects of drug concentration and hair porosity in contamination and decontamination, J. Anal. Toxicol., 2005, 29: 319 - 326.

37. Schaffer, M.I., Wang, W.L., and Irving, J., An evaluation of two wash procedures for the differentiation of external contamination versus ingestion in the analysis of human hair samples for cocaine, J. Anal. Toxicol., 2002, 26: 485 - 488.

38. Kronstrand, R., Nystrom, I., Strandberg, J., and Druid, H., Screening for drugs of abuse in hair with ion spray LC - MS - MS, Forensic Sci. Int., 2004, 145: 183 - 190.

39. Druid, H. and Holmgren, P., A compilation of fatal and control concentrations of drugs in postmortem femoral blood, J. Forensic Sci., 1997, 42: 79 - 87.

40. Musshoff, F., Lachenmeier, K., Wollersen, H., Lichtermann, D., and Madea, B., Opiate concentrations in hair from subjects in a controlled heroin-maintenance program and from opiate-associated fatalities, J. Anal. Toxicol., 2005, 29: 345 - 352.

41. Manzke, T. et al., 5 - HT4(a) receptors avert opioid-induced breathing depression without loss of analgesia, Science, 2003, 301: 226 - 229.

42. Lalley, P.M., D1 - dopamine receptor agonists prevent and reverse opiate depression of breathing but not antinociception in the cat, Am. J. Physiol. Regulatory, Integrative Comparative Physiol., 2005, 289: R45 - R51.

43. Borron, S.W., Monier, C., Risède, P., and Baud, F.J., Flunitrazepam variably alters morphine, buprenorphine, and methadone lethality in the rat, Hum. Exp. Toxicol., 21, 599 - 605, 2002.

44. Cirimele, V., Kintz, P., Tracqui, A., and Mangin, P., A fatal dothiepin overdose, Forensic Sci. Int., 1995, 76: 205 - 209.

45. Kintz, P., Cirimele, V., Tracqui, A., and Mangin, P., Fatal zipeprol intoxication, Int. J. Legal Med., 1995, 107: 267 - 268.

46. Mantzouranis, E.C., Bertsias, G.K., Pallis, E.G., and Tsatsakis, A.M., Hair analysis differentiates chronic from acute carbamazepine intoxication, Pediatr. Neurol., 2004, 31: 73 - 75.

47. Poklis, A. and Saady, J.J., Arsenic poisoning: acute or chronic? Suicide or murder? Am. J. Forensic Med. Pathol., 1990, 11: 226 - 232.

48. Apple, F.S., Postmortem tricyclic antidepressant concentrations: assessing cause of death using parent drug to metabolite ratio, J. Anal. Toxicol., 1989, 13: 197 - 198.

第十一章

毛发中兴奋剂检测

Pascal Kintz

11.1 引 言

早在 20 世纪早期就有报道称,运动员在运动中使用兴奋剂(苯丙胺、麻黄碱、士的宁)来提高成绩。国际奥委会医学委员会(Medical Commission of the International Olympic Committee, IOC)于 1967 年制定了第一份禁用物质和方法清单,并通过了医疗守则来保护运动员的健康,并确保尊重公平竞赛中隐含的伦理概念、奥林匹克精神和医疗实践。最近,在 1998 年环法自行车赛之后,对兴奋剂的担忧促使了世界反兴奋剂机构(World Anti-Doping Agency, WADA)的成立。

现行的体育运动兴奋剂规则的核心是,在体液中发现违禁物质、违禁物质的代谢物或与违禁物质化学或药理相关的化合物时,即视为违反兴奋剂规则。在大多数情况下,尿液是首选样本,但在血液中可以检测到重组人促红细胞生成素和相关化合物或激素[1]。迄今为止,兴奋剂控制中不接受毛发这种检测基质。但法国于 2001 年通过了一项法律,允许生物学家使用该基质来记录兴奋剂(décret n° 2001 - 35 2001 年 1 月 11 日)。

与药物的尿液或血液检测相比,毛发检测的主要优势在于它具有更宽的监测窗口(数周至数月,取决于毛干的长度,而大多数异生素为 2~4 天)。实际上,这两种检测可以相互补充。尿液分析和血液分析可提供个人吸毒的短期信息,而长期吸毒史则可通过毛发分析来获得。尿液和血液样本的分析无法区分长期使用或单次接触,毛发分析可以提供这种区分。表 11.1 总结了每种样本在兴奋剂控制方面的主要特征。

表 11.1　尿液和毛发检测兴奋剂比较

参　数	尿　液	毛　发
毒品	所有,除了一些肽激素	所有,除了激素
主要复合物	代谢物	母体毒品
检测周期	2~5 天,除了合成代谢类固醇	周,月
检测类型	递增	累积
筛查	是	否
入侵性	高	低
储存	−20℃	室温
假阴性概率	高	低
假阳性概率	低	待定
掺假的风险	高	低
材料管控	是	需要

　　目前,反对毛发检测的人声称,兴奋剂控制可能存在与种族偏见有关的不公平现象。毛发形成过程中,药物可以通过血液、汗液和皮脂以及外部环境等途径进入毛发。各种研究表明,在相同剂量下,黑发比金发吸收更多的药物[2,3]。这导致了毛发分析可能存在种族偏差的讨论,目前这种讨论也在进一步的实验验证中。

　　由于黑色素浓度或毛发孔隙率差异而导致种族偏差的可能性仍在讨论中。黑色素决定毛发的颜色。人类毛发中存在两种类型的黑色素,真黑色素(含硫量低)和褐色素(含硫量高)。黑色和棕色毛发比红色和金色毛发含有更多的真黑色素。看来,决定毛发中药物浓度的不仅仅是血液中药物的浓度。许多因素会影响药物进入毛发,例如化合物的性质(pKa、脂溶性、代谢模式)和毛发生长周期的变化。在阐明这些机制之前,应谨慎考虑定量结果和对此类毛发分析药物摄入量的推断[4]。

11.2　程　序

11.2.1　样本采集

　　目前,毒品毛发分析的收集程序尚未标准化。毛发最好从头后部的区域收集,称为头顶后部。与头部其他区域相比,该区域的毛发生长速度变异性较小,生长阶段的毛发数量更稳定,毛发受年龄和性别相关影响较小。采集过程中,尽可能靠近头皮采集,必须注意发根和发梢的鉴别。样本可以在常温下保存在铝箔、信封或塑料管中。样本的大小在不同的实验室之间有很大的差异,这主要取决于要分析的毒品和检测方法。例如,当研究南诺龙或倍他米松时,推荐使用 100 mg 的样本。然而,10 mg 毛发即可检测出可卡因或苯丙胺。文献中报道的样本量从一根毛发到 200 mg 不等,但要尽量贴近头皮。当进行截面分析时,毛发被剪成大约 1cm、2cm 或 3 cm 的片段,相当于大约 1、2 或 3 个月的生长。

11.2.2 去污程序

如果毛发的污染物是滥用药物或其代谢物,或者它们干扰了检测结果的分析和解释,那么这将成为一个比较重要的问题。不太可能有人会有意或无意地在毛发上涂抹任何含有睾酮或合成代谢物的物质。毛发分析面临最关键的问题是避免技术上和证据上的假阳性。技术上的假阳性是由于样本收集、处理和分析过程中的错误造成的,而证据性假阳性则是由于被动接触毒品造成的。目前已经有很多用于防止由于毛发样本的外部污染引起的证据假阳性的方法。

大多数但并非所有实验室都使用去污步骤;洗涤液并没有达成共识或统一。用于洗涤的试剂包括清洁剂(如 Prell 洗发水、手术擦洗液)、表面活性剂(如 0.1% 十二烷基硫酸钠、磷酸盐缓冲液),或有机溶剂(如丙酮、乙醚、甲醇、乙醇、二氯甲烷、己烷或各种戊烷)。不同接触时间使用不同的洗涤液体积。一般使用单次洗涤步骤即可,但有时会进行第二次相同的洗涤。与检测 crack 可卡因、大麻或海洛因相比,检测兴奋剂时,去污不是关键步骤。

11.3 兴 奋 剂 检 测

11.3.1 合成代谢类固醇检测

运动员同时使用内源性[睾酮、脱氢表雄酮(dehydroepiandrosterone,DHEA)]或外源性(诺龙、康力龙、美睾酮)合成代谢类固醇,因为它们可以增加去脂体重、增加力量、增加攻击性并缩短锻炼之间的恢复时间。

1995 年底,德国 Scherer 和 Reinhardt 小组[5]首次报道了毛发中内源性类固醇的一组数据。他们使用 GC‐MS(气相色谱-质谱法)检测了雄烯二醇(9~19 pg/mg)、睾酮(13~24 pg/mg)、雄烯二酮(5~15 pg/mg)、DHEA(21~56 pg/mg)和二氢睾酮(2~8 pg/mg)和 17α‐羟基孕酮(1~7 pg/mg)。几年后,Kintz 等[6,7]确定了睾酮和 DHEA 的生理浓度,并区分了男性和女性受试者的毛发。用二氯甲烷净化后,在睾酮‐d₃存在的情况下,将 100 mg 毛发在 1 mol/L NaOH 中孵育。中和后,使用 IsoluteC18 柱固相萃取净化提取物,然后用戊烷进行液液萃取。硅烷化后,利用 GC‐MS 分析药物。雄性($n=15$)和雌性($n=12$)的 DHEA 浓度范围为 1~7 pg/mg(平均 4 pg/mg)和 0.5~11 pg/mg(平均 5 pg/mg)。雄性($n=41$)睾酮浓度范围为 0.5~12 pg/mg(平均 4 pg/mg),雌性($n=12$)睾酮浓度低于 2 pg/mg。

与尿液中睾酮不同,对毛发中睾酮的浓度结果的解释可能比较困难也比较关键。睾酮的生理浓度与滥用者体内睾酮浓度之间的差别比较小。因此,作为睾酮检测的补充,毛发中独特的睾酮酯鉴定可以明确指控兴奋剂行为,因为酯肯定是外源性物质。这种方法是由 Thieme[8]和 Gaillard 等[9]开发的。Rivier[10]最近声称,虽然单独的毛发分析不能用于筛查目的,但它可以成为获取长期睾酮滥用补充信息的有用技术。

Thieme 等[8] 2000 年发表了检测毛发中合成代谢物的分析策略。利用甲醇提取步骤进行样本制备,对所有合成代谢物进行超声处理,但康力龙须在 NaOH 中孵育。采用广泛使用的纯化程序,例如 HPLC(高效液相色谱)和固相萃取,然后衍生化形成烯醇‐TMS 衍生物。通过 GLC‐MS/MS 或 GC‐HRMS(GC‐高分辨率质谱)鉴定药物。在几位健美运动员的毛发中鉴定出间二烯酮及其代谢物 6β‐羟基间二烯酮、康力龙及其代谢物 3′‐羟基‐康力龙、美睾酮、庚酸美替诺龙、癸酸诺龙和几种睾酮酯,如丙酸酯、异己酸酯、癸酸酯和苯丙酸酯。

Gaillard 等[9]开发了一种检测合成代谢类固醇及其酯类的方法。取 100 mg 毛发粉末,先用甲醇提取酯类,然后用 1 mol/L NaOH 碱水解,回收其他药物。这些制剂用乙醚提取乙酸酯,随后进行混合。最后使用氨基和硅胶柱上的双固相萃取进行高度纯化。硅烷化后利用 GC‐MS/MS 检测药物。在两名运动员的毛发中鉴定出诺龙和十一酸睾酮,浓度分别为 5.1 pg/mg 和 15.2 pg/mg。

Cirimele 等[11]开发了一种灵敏、特异且可重复的方法,用于定量检测人发中的康力龙。样本制备包括用二氯甲烷对毛发进行去污处理,在甲醇中对 100 mg 粉状毛发进行 2 h 超声处理。除去溶剂后,10 ng 康力龙-d$_3$用作内标,将毛发样本溶解在 1 mL 1 mol/L NaOH 中,在 95℃下保持 15 min。匀浆中和后连续使用固相(IsoluteC18)和液-液(戊烷)萃取。蒸发有机相后,使用 40 μL N-甲基-N-三甲基甲硅烷基-七氟丁酰胺/三甲基甲硅烷基咪唑(N-methyl-N-trimethylsilyl-heptafluorobutyramide/trimethylsilylimizadole, MBHFA/TMSI)(1 000∶20, v/v)衍生干燥的提取物,在 80℃下孵育 5 min,然后加入 10 μL N-甲基-N-三甲基甲硅烷基-七氟丁酰胺(N-methyl-N-trimethylsilyl-heptafluorobutyramide, MBHFBA),在 80℃下孵育 30 min。衍生的提取物通过 HewlettPackardGC-MS 系统与 5989B 在负化学电离检测模式下进行分析。当处理大约 100 mg 毛发材料时,该方法能够检测每毫克毛发中 2 pg 的康力龙。对自称是 Winstrol®(康力龙,2 mg)的常规使用者的年轻健美运动员(27 岁)获得的 3 cm 发束的分析表明,康力龙的浓度为 15 pg/mg。

最近,Kintz 等[12]发表了定量检测人发中美替诺龙的方法。样本制备包括用二氯甲烷对毛发进行去污。在内标 1 ng 睾酮-d$_3$存在下,将毛发样本(约 100 mg)溶解在 1 mL 1 mol/L NaOH 中,在 95℃保持下 15 min。匀浆中和后,使用连续的固相(用甲醇洗脱的 Isolute C18)和液-液(戊烷)萃取。通过添加 50 μL N-甲基-N-三甲基甲硅烷基-三氟乙酰胺/碘化铵(N-methyl-N-trimethylsilyltrifluoroacetamide/ammonium iodide, MSTFA/NH$_4$I)/2-巯基乙醇(1 000∶2∶5, v/v/v)衍生化残留物,然后在 60℃下孵育 20 min。将 1.5 μL 等分的衍生提取物注入 HewlettPackard(加利福尼亚州帕洛阿尔托)色谱柱(HP5-MS 毛细管柱,5%苯基-95%甲基硅氧烷,30 m×0.25 mm i.d.,0.25 mm 膜厚)的气相色谱仪(6890 系列)中。利用 Finnigan TSQ 700MS/MS 系统,通过 m/z 446 的母离子和 m/z 208 和 195 的子离子检测美替诺龙。当使用大约 100 mg 毛发材料时,该方法能够检测 1 pg/mg 的美替诺龙。对从两名健美运动员身上获得的一缕毛发的分析表明,美替诺龙的浓度分别为 7.3 pg/mg 和 8.8 pg/mg。

使用完全相同的方法(除了使用诺龙-d$_3$的内标外),同一小组还开发了一种检测诺龙的程序,这是一种最常滥用的合成代谢剂[13]。该方法的检测限为 0.5 pg/mg。在浓度为 1.0 pg/mg、3.5 pg/mg 和 7.5 pg/mg 的三名运动员的毛发中,诺龙检测呈阳性。

诺龙被代谢为去甲雄酮和去甲胆甾醇。其他 19-去甲类固醇,如 19-去甲-

4-雄烯二酮或去雄烯二醇,被国际奥委会归为雄激素类固醇,可通过药店或互联网获取,其代谢产物与诺龙相同。尽管国际奥委会禁止使用去甲雄烯二醇和去甲雄烯二酮,但法医学和运动员调查需要将诺龙与其他 19-去甲甾体区分开来,这在尿液中显然是不可能的,因为代谢物很常见。毛发可以识别母体化合物的确切性质(例如,诺龙、去甲雄烯二醇或去甲雄烯二酮,在尿液去甲雄酮呈阳性的情况下),因为科学界已广泛接受母体化合物是毛发中所含的主要分析物。因此,毛发分析可以将滥用诺龙与含有 19-去甲类固醇的非处方制剂区分开来。最近,一位律师要求我们实验室评估一名运动员潜在的兴奋剂行为。这位 30 岁的受试者在尿液中检测出 230 ng/mL 的去甲雄酮呈阳性。检测分析是在有资质的实验室进行的,但运动员否认这个检测结果。对从运动员身上获得的一缕毛发进行的分析显示,19-去甲雄烯二酮的浓度为 7 pg/mg[14],这与诺龙兴奋剂有显著区别。

1999 年,两名男性健美运动员持有 2 050 粒和 251 安瓿各种合成代谢类固醇而被法国海关逮捕[15]。据称,这些类固醇是供个人使用的,而不是贩运。两名男性的毛发对诺龙(196 pg/mg 和 260 pg/mg)、睾酮(46 pg/mg 和 71 pg/mg)和康力龙(135 pg/mg 和 156 pg/mg)呈阳性,证明了类固醇滥用。

在 7 个类固醇滥用者中,Deng 等[16]鉴定了诺龙(20 pg/mg)和甲基睾酮(170 pg/mg)。最近,Dumestre-Toulet 等[17]使用 GC-MS 在健美运动员的毛发中鉴定出诺龙(1~7.5 pg/mg, $n = 3$)、康力龙(2~84 ng/mg, $n = 4$)、美替诺龙(17 和 34 pg/mg)、庚酸睾酮(0.6~18.8 ng/mg, $n = 5$)和环丙酸睾酮(3.3 ng/mg 和 4.8 ng/mg)。

该实验室在一名运动员的毛发中发现了二甲二烯酮,该运动员否认使用了经 WADA 认可实验室在控制期间鉴定的药物。对从运动员身上获得的一根 5 cm 长的毛发进行分析表明,0~1 cm 的毛发段中存在浓度为 78 pg/mg、1~2 cm 的毛发段为 7 pg/mg、2~3 cm 的部分为 10 pg/mg,最后一个部分(3 cm 至末端)为 108 pg/mg。利用 m/z 444-206 过渡段检测了不同段中二甲基二烯酮的浓度。图 11.1 为运动员第一段毛发(0~1 cm)的色谱图。

在此,我们详细描述检测合成代谢物的一个完整的程序。毛发用 5 mL 二氯甲烷在室温下净化 2 min,在球磨机中粉碎。然后,在 1 ng 用作内标(IS)的睾酮-d$_3$ 存在下,将 100 mg 净化后的毛发在 1 mL 1 mol/L NaOH 中 95℃ 下孵育

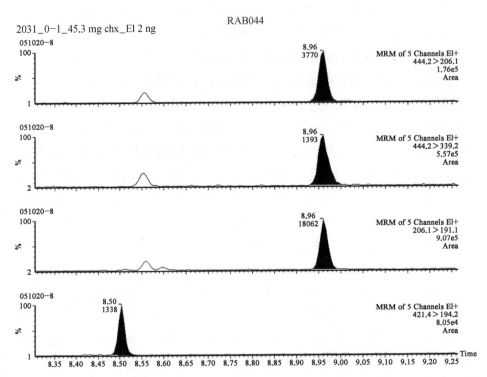

图 11.1 运动员 45.3 mg 毛发按既定方法提取后的色谱图。二甲基二烯酮在 79.1 pg/mg 浓度下定量。顶部：二甲基二烯酮的量化转变。中间：二甲二烯酮的两个合格过渡。底部：纳洛酮-d_3 及其子离子 m/z 194.2。

15 min。冷却后，用 1 mL 1 mol/L HCl 中和匀浆，并加入 2 mL 0.2 mol/L 磷酸盐缓冲液(pH 7.0)。

IsoluteC18 柱用 3 mL 甲醇和 3 mL 去离子水处理。加入样本后，用 1 mL 去离子水洗涤柱子两次。柱干燥后，加入 3 等份的 0.5 mL 甲醇，分析物洗脱。在氮气流下将洗脱液蒸发至干，并将残留物重新溶解在 1 mL 0.2 mol/L 磷酸盐缓冲液(pH 7.0)中。通过添加 100 mg Na_2CO_3/$NaHCO_3$(1∶10,w/w)和 2 mL 戊烷进一步去污。搅拌和离心后，除去有机相并蒸发至干。残留物通过加入 5 μL MSTFA－NH_4I－2－巯基乙醇(分别为 250 μL、5 mg、15 μL)和 45 μL MSTFA 衍生化，然后在 60℃下孵育 20 min。

将 1 μL 等分的衍生提取物注入 HewlettPackard(PaloAlto,CA)气相色谱仪(6890 系列)的色谱柱中。载气(氮气,纯度等级 99.999 6%)通过色谱柱(HP5－MS 毛细管柱,5%苯基－95%甲基硅氧烷,30 m×0.32 mm i.d.,0.25 μm 膜厚)的流量为 1.5 mL/min。

进样器温度为 270℃，采用不分流进样，分流阀关闭时间为 1.0 min。程序设定柱箱温度：从初始温度 60℃ 以 30℃/min 的速度升至 295℃，在 295℃ 保温 10 min。

Waters Quattro Micro 检测器在电子撞击和选择反应监测模式下运行。在第一个四极杆中选择母离子。在 1.00×10^{-4} Pa 的池压下与氩气碰撞后，在第三个四极杆中选择相应的子离子。电子倍增器在 650 V 下运行。

表 11.2 中给出了大约 100 个毛发样本的结果。

表 11.2　毛发内源性合成代谢物检测结果

复合物	平均(pg/mg)	最低(pg/mg)	最高(pg/mg)
睾丸素	8.4	1.5	64.2
表睾酮	2.4	0.5	17.6
DHEA	16.9	0.8	94.2
去氢睾酮	1.8	0.5	4.2

11.3.2　皮质类固醇检测

可的松和氢化可的松是天然激素，它们会影响新陈代谢、炎症以及电解质和水的平衡。它们的合成衍生物因具有抗炎和免疫抑制作用而被用于临床治疗。在某些运动中，它们也被用来提高运动员的表现(欣快感、活动欲望)。

Cirimele[18]于 1999 年首次在治疗多年的受试者的毛发中发现了强的松。将 50 mg 毛发样本在 Sorensen 缓冲液中孵育过夜，然后使用 IsoluteC18 柱通过固相萃取进行萃取。LC-MS 检测到强的松浓度为 1 280 pg/mg。使用相同的制备技术，并以皮质醇-d_3 作为内标，同一个小组在几个月后发表了十种皮质类固醇的筛查程序，检测限范围为 30～170 pg/mg[19]。记录了强的松和倍氯米松的两次应用，在毛发中鉴定出的浓度分别为 140 pg/mg 和 230 pg/mg。

Cirimele 等[20]使用 2.0 mm i.d.柱证实，在 10 例接受强的松治疗的患者中，摄入的药物总量与毛发中检测的浓度之间存在较差的相关性($r^2 = 0.578$，$p<0.03$)。但该检测程序具有足够的灵敏度，可以检测到低剂量(5 mg/d)治疗患者毛发中的强的松。图 11.2 为一例患者的典型色谱图。

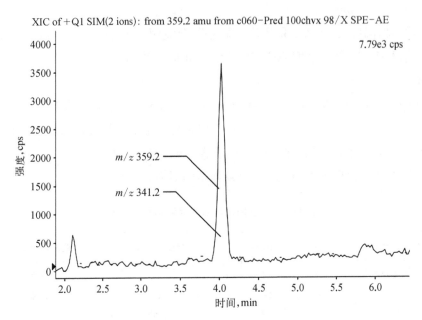

图 11.2 强的松治疗受试者的典型 LC – MS 色谱图。浓度为 130 pg/mg（定量离子：m/z 359.2，对应 $m+1$）。

与实时尿液分析相反,通过沿毛干的分段可以证明运动员反复滥用皮质类固醇。约 1 周的单次治疗也可以在单个 1 cm 节段毛发中显示阳性,多个节段中识别出皮质激素则意味着长期滥用。对于这类应用,特别是在运动员纵向调查的情况下,毛发分析是记录兴奋剂使用的解决方案。Raul 等[21]证明,连续 9 天口服倍他米松 4 mg/d 的治疗可以通过毛发分析检测出来。该药物在相应的毛发段浓度为 4.7 pg/mg 时检测呈阳性,而在远端毛发中未发现倍他米松。该组药物的提取是比较经典的。然而,为了提高灵敏度,他们使用了 MIC 15 CP Nucleosil C18 色谱柱(150×1.0 mm i.d.)。

Bévalot 等[22]发表了一种用于定量检测运动员用作兴奋剂的最常见皮质类固醇的确证方法。先用甲醇萃取,然后在 C18 柱上进行固相萃取,从 50 mg 粉状毛发中提取药物。用电喷雾电离质谱仪在负离子模式下进行检测。灵敏度极限约为 100 pg/mg。运动员的毛发显示醋酸氢化可的松、甲泼尼龙、曲安奈德和地塞米松/倍他米松的浓度分别为 430 pg/mg、1 350 pg/mg、280 pg/mg 和 1 310 pg/mg。作者称,他们对相应的尿液样本进行了平行检测,比较的结果再次证明了尿液分析和毛发分析具有显著的互补性[23]。

高剂量或重复摄入合成皮质激素会导致内源性皮质醇合成降低。Raul 等[24]假设长期使用皮质激素可能会影响毛发中皮质醇和可的松的生理浓度。使用 LC‐MS,他们在年龄从 2 岁到 90 岁的 17 名男性和 27 名女性中确定了皮质醇的浓度为 5~91 pg/mg(平均 18 pg/mg)和 12~163 pg/mg(平均 70 pg/mg)。作者没有观察到毛发颜色或性别的影响,但观察到 20 岁之前可的松的浓度明显更高。

11.3.3　β‐肾上腺素化合物检测

β2‐激动剂因其交感神经模拟特性(兴奋剂作用)以及较高剂量下用作合成代谢剂的活性而被禁用。但是,沙丁胺醇仅允许吸入使用,并且必须在比赛前以书面形式申请。迄今为止,文献中只有三篇关于人类毛发中这些药物的论文,两篇关于克仑特罗,一篇关于沙丁胺醇。在他们的论文中,Gleixner 等[25]在 1,4‐二硫苏糖醇、NaOH 和叔丁基甲基醚中孵育后,通过酶免疫分析(enzyme immunoassay,EIA)和 HPLC‐EIA 确认鉴定了克仑特罗。克仑特罗的浓度为 23~161 pg/mg,每天 10 μg,持续 25 天,在毛发中积累,深色毛发中浓度较高。两名健美运动员的毛发中也发现了这种药物,剂量分别为 50 μg/mg 和 92 μg/mg。1999 年,Machnik 等[26]在四名女性的毛发中检测到了克仑特罗,她们在疾病治疗中将该药物用作宫缩抑制剂。毛发在 1 mol/L KOH 中孵育,药物用叔丁基甲基醚提取,通过免疫亲和层析,然后用 MSTFA‐碘化铵‐TMS 乙硫醇衍生。用高分辨率质谱法鉴定克仑特罗。检测限约为 0.8 pg/mg。毛发中克仑特罗的含量范围为 2~236 pg/mg。

最近,Kintz 等[27]开发了一种筛查程序用于同时识别 β2‐激动剂和 β‐阻滞剂。该程序包括在 0.1 mol/L HCl 中孵育过夜,然后中和,用 IsoluteC18 柱进行固相萃取,用三甲基环硼氧烷/乙酸乙酯衍生化,用 GC‐MS 进行检测。沙丁胺醇和克仑特罗的检测限均为 2 pg/mg。在 9 名哮喘患者中,毛发中的沙丁胺醇浓度范围为 27~192 pg/mg。在两例哮喘死亡中,毛发中沙丁胺醇的浓度分别为 210 和 87 pg/mg。最后,实验室在一名游泳者的毛发中检测出尿检阳性的沙丁胺醇为 71 pg/mg。

大多数阳性样本报告为沙丁胺醇(法国国际奥委会实验室 1999 年尿液总量的 46%)。然而,由于允许这种药物用于特定的治疗目的,加上医疗处方,沙丁胺醇很容易逃避检测,而且几乎所有的情况都被认为是合理的,即使已知这种药物可以用来提高成绩。通过与哮喘患者的浓度比较,毛发的节段分析(重复的阳性节段)可以明确地证明运动员服用兴奋剂。沙丁胺醇($15\sim31$ pg/mg,$n=3$)和克伦特罗($15\sim122$ pg/mg,$n=6$)在因贩卖多种兴奋剂而被捕的健美运动员的毛发中发现(17 例)。

除了在治疗心律失常和高血压方面的医疗用途外,β-受体阻滞剂还在一些体育赛事中占有一席之地,特别是需要良好精神运动协调的项目。在这些运动中,运动员可以从焦虑等症状的外周阻滞中获益。β-受体阻滞剂被列为受管制药物,在某些运动项目中,有关部门会酌情进行检测。图 11.3 为典型的阿替洛尔 GC-MS 图。

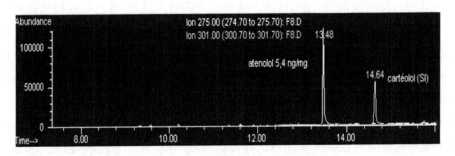

图 11.3 阿替洛尔治疗下典型的 GC-MS 单离子监测(single ion monitoring,SIM)谱图。浓度为 5.4 ng/mg。

11.4 讨 论

尿液药物分析检测大致存在三个的问题:未经 GC-MS 确认的假阳性、尿液收集的退化以及包括掺假在内的规避操作。通过毛发分析可以大大减轻或消除这些问题。如果质疑样本混淆或监管漏洞,则随时可以获得新鲜的、相同的毛发样本。与尿液分析相比,毛发分析基本上是无故障的,因为尿液样本无法在不同的时间获得相同的样本。

毛发分析的另一个潜在用途是验证意外或无意摄入含有药物的饮料或食物。在单次使用的情况下,毛发检测不会呈阳性,特别是对于很难融入毛发的合成代谢物或皮质类固醇。然而,它最大的用途是识别假阴性。无论是几天不食用药物或试图通过稀释尿液"通过检测",这些做法都不会改变毛发中的药物浓度。在生物医学筛查前故意禁戒几天的受试者中,尿液并不能代表药物摄入的频率。尿液样本分析无法区分长期使用或单次接触,但毛发分析具备这种能力。

尽管毛发还不是国际奥委会或世界反兴奋剂机构的有效样本,但它已被大多数法院接受。一个关键问题是会出现检测结果相矛盾的现象,例如,在WADA 认可的实验室检测为阳性的运动员样本,在认证的法医实验室检测为阴性。

目前,在毛发样本中检测阿片类药物、可卡因以及最近的苯二氮卓类药物或催眠药方面已经获得了大量经验。相比之下,严重缺乏的是解释兴奋剂分析结果的参考资料。在毛发中,兴奋剂的浓度,例如合成代谢类固醇、皮质类固醇或$\beta 2$ -激动剂,在 pg/mg 范围内;而可卡因、苯丙胺或阿片类药物的浓度通常在ng/mg 范围内。因此,毛发检测协会(Society of Hair Testing,SoHT)试图就兴奋剂毛发检测达成共识[28]。

共识如下:

1. 在特殊情况下,除了尿液外,毛发分析有助于兴奋剂分析。
2. 毛发样本不适合一般常规管控。
3. 在尿检阳性的情况下,毛发阴性结果不能排除被检测药物的使用,也不能推翻尿检阳性结果。
4. 在尿液检测结果为阴性的情况下,毛发检测结果为阳性表明样本采集前一段时间内有药物暴露。
5. 在将毛发分析用于兴奋剂管控之前,样本的采集和分析方法必须与尿液检测有效的复杂要求相协调。
6. SoHT 表示有责任支持为这种协调所做的努力。

1999 年 6 月 16 日毛发检测协会采用了该声明。显然,围绕毛发药物检测的科学问题和兴趣关注需要进行大量研究。其中,在如何解释毛发分析结果方面,相关研究人员还缺乏共识。在悬而未决的问题中,有五个问题至关重要:

1. 给药后毛发中可检测到的最小药物量是多少?
2. 用药量与毛发中药物或其代谢物的浓度有什么关系?
3. 毛发颜色的影响是什么?
4. 毛发检测是否存在种族偏差?
5. 美发处理有什么影响?

Kintz 等[29]最近解决了几个关于这些特定问题的答案。

第 5 点可以通过使用其他毛发来解决,并且在漂白或染色毛发的情况下建议收集阴毛。但是,在从其他区域取样毛发时应小心,因为样本不同,药物浓度可能会有很大差异。当比较从头部、耻骨和腋窝收集的毛发中 DHEA 和睾酮的生理浓度时,发现在腋毛中积累了异常大量的 DHEA[29]。

遗憾的是,根据世界反兴奋剂机构的说法,毛发生物学的基础科学知识仍然缺乏,无法使毛发分析成为兴奋剂控制领域的有效工具。在应用之前,有以下几点需要解决:

1. 几种掺杂化合物(如利尿剂)的分析方法缺失。

2. 毛发中不包含肽类激素。

3. 洗发、脱色、染色和毛发颜色(导致潜在的种族歧视)会影响毛发中的药物浓度。

4. 药物在毛发纵轴内随时间地进入并非在所有情况下都是规律的。

11.5　结　　论

毛发分析在鉴别吸毒者方面的价值正在逐步得到认可。这可以从它在就业前筛查、法医科学和临床中日益广泛的应用中看出。在兴奋剂管控中,毛发分析也是常规药物检测的有效辅助手段。样本更容易获得,不存在不方便的情况。毛发可以提供更准确的用药历史。然而,对于如何解释结果仍然存在争议,特别是关于外部污染、美发处理、种族偏差或药物进入。毛发分析中的纯分析工作已经达到了一种平台状态,几乎所有的分析问题都已得到解决。

尽管 GC－MS 是实践中的首选方法,但目前 GC－MS/MS[30] 或 LC－MS/MS 已在多个实验室中使用,甚至在常规案例也广泛使用,尤其是针对合成代谢物或皮质激素等低剂量化合物。针对兴奋剂管制情况,尿液样本中的药物是根据认可实验室中经过验证的标准操作程序进行筛查的。随着毛发分析在其他案件中被法庭接受,利用毛发进行兴奋剂管控的想法应运而生。法院可以要求提供更多关于兴奋剂使用模式的资料,例如 1998 年法国巡回自行车比赛期间,同时收集血液、尿液和毛发。毛发既可以确认重复滥用,也可以确认母体化合物(如尿液中去甲雄酮呈阳性时,南德罗酮、去甲雄烯二醇或去甲雄烯二酮)的确切性质。而且,长期使用(超过几个月)的限制性化合物(只在特定条件下和短时间内授权),如沙丁胺醇或皮质类固醇,可通过毛发分析进行记录。毛发中睾酮酯的检测可以明确地证实外源性睾酮的给药途径。

然而,在国际奥委会和国际体育联合会将毛发视为有效样本之前,仍有一些问题有待解决。尿液和毛发结果之间的关系尚未确定,毛发结果阴性并不意味着"无兴奋剂"。必须评估可能的种族歧视,以避免兴奋剂控制期间的不平等现象。另一方面,与美发处理或样本缺失(秃头或完全剃光的受试者)的问题相比,毛发样本的外部污染在检测掺杂剂时并不构成主要问题。

参考文献

1. Bowers, L.D., Abuse of performance-enhancing drugs in sport, Ther. Drug Monit., 2004, 24: 178.

2. Borges, C.R., Wilkins, D.G., and Rollins, D.E., Amphetamine and N-acetylamphetamine incorporation into hair: an investigation of the potential role of drug basicity in hair color bias, J. Anal. Toxicol., 2001, 25: 221.

3. Henderson, G.L., Harkey, M.R., and Zhou, C., Incorporation of isotopically labeled cocaine into human hair: race as a factor, J. Anal. Toxicol., 1998, 22: 156.

4. Nakahara, Y. et al., Hair analysis for drug abuse, III: movement and stability of methoxyphenamine (as a model compound of methamphetamine) along hair shaft with hair growth, J. Anal. Toxicol., 1992, 16: 253.

5. Scherer, C.R. and Reinhardt, G., Nachweis sechs endogener Steroide in menschlichen Haaren mit GC/MS und Isotopenverdünnungsanalyse, in Abstract from 74, Althoff, H., Ed., Jahrestagung der Deutschen Gesellschaft für Rechtsmedizin, Aachen, 1995, p. 55.

6. Kintz, P. et al., Identification of testosterone and testosterone esters in human hair, J. Anal. Toxicol., 1999, 23: 352.

7. Kintz, P., Cirimele, V., and Ludes, B., Physiological concentrations of DHEA in human hair, J. Anal. Toxicol., 1999, 23: 424.

8. Thieme, D. et al., Analytical strategy for detecting doping agents in hair, Forensic Sci. Int., 2000, 107: 335.

9. Gaillard, Y. et al., Gas chromatographic-tandem mass spectrometric determination of anabolic steroids and their esters in hair: application in doping control and meat quality control, J. Chromatogr. B, 1999, 735: 189.

10. Rivier, L., New trends in doping analysis, Chimia, 2002, 56: 84.

11. Cirimele, V., Kintz, P., and Ludes, B., Testing of the anabolic stanozolol in human hair by gas chromatography-negative ion chemical ionization mass spectrometry, J. Chromatogr. B, 2000, 740: 265.

12. Kintz, P. et al., Doping control for methenolone using hair analysis by gas chromatography-tandem mass spectrometry, J. Chromatogr. B, 2002, 766: 161.

13. Kintz, P. et al., Doping control for nandrolone using hair analysis, J. Pharm. Biomed. Anal., 2001, 24: 1125.

14. Kintz, P., Cirimele, V., and Ludes, B., Discrimination of the nature of doping with 19 - norsteroids through hair analysis, Clin. Chem., 2000, 46: 2020.

15. Kintz, P. et al., Testing for anabolic steroids in hair from two bodybuilders, Forensic Sci. Int., 1999, 101: 209.

16. Deng, X.S., Kurosu, A., and Pounder, D.J., Detection of anabolic steroids in head hair, J. Forensic Sci., 1999, 44: 343.

17. Dumestre-Toulet, V. et al. Hair analysis of seven bodybuilders for anabolic steroids, ephedrine and clenbuterol, J. Forensic Sci., 2002, 47: 211.

18. Cirimele, V. et al., First identification of prednisone in human hair by liquid chromatography-ionspray mass spectrometry, J. Anal. Toxicol., 1999, 23: 225.

19. Cirimele, V. et al., Identification of ten corticosteroids in human hair by liquid chromatography-ionspray mass spectrometry, Forensic Sci. Int., 2000, 107: 381.

20. Cirimele, V. et al., Prednisone concentrations in human hair, J. Anal. Toxicol., 2002, 26: 110.

21. Raul, J.S. et al., A single therapeutic treatment with betamethasone is detectable in hair, J. Anal. Toxicol., 2002, 26: 582.

22. Bévalot, F. et al., Analysis of corticosteroids in hair by liquid chromatographyelectrospray ionization mass spectrometry, J. Chromatogr. B, 2000, 740: 227.

23. Gaillard, Y., Vaysette, F., and Pépin, G., Compared interest between hair analysis and urinalysis in doping controls: results for amphetamines, corticosteroids and anabolic steroids in racing cyclists, Forensic Sci. Int., 2000, 107: 361.

24. Raul, J. S., Cirimele, V., Ludes, B., and Kintz, P., Detection of physiological concentrations of cortisol and cortisone in human hair, Clin. Biochem., 2004, 37: 1105.

25. Gleixner, A., Sauerwein, H., and Meyer, H. H. D., Detection of the anabolic β2 - adrenoceptor agonist clenbuterol in human scalp hair by HPLC/EIA, Clin. Chem., 1996, 42: 1869.

26. Machnik, M. et al., Long-term detection of clenbuterol in human scalp hair by gas chromatography-high resolution mass spectrometry, J. Chromatogr. B, 1999, 723: 147.

27. Kintz, P. et al., Doping control for β-adrenergic compounds through hair analysis, J. Forensic Sci., 2000, 45: 170.

28. Sachs, H. and Kintz, P., Consensus of the Society of Hair Testing on hair testing for doping agents, Forensic Sci. Int., 2000, 107: 3.

29. Kintz, P., Cirimele, V., and Ludes, B., Pharmacological criteria that can affect the detection of doping agents in hair, Forensic Sci. Int., 2000, 107: 325.

30. Gambelunghe, C., Rossi, R., Ferranti, C., Rossi, R., and Bacci, M., Hair analysis by GC/MS/MS to verify abuse of drugs, J. Appl. Toxicol., 2005, 25: 205.

第十二章

毛发在毒品犯罪证据中的应用

Marion Villain

12.1 引　　言

为了犯罪目的而使用毒品改变一个人的行为,这并不是最近才出现的现象。然而,毒品助长犯罪(性侵犯、抢劫等)报告的突然增加引起了公众的恐慌。所涉及的毒品可以是药物,例如苯二氮卓类(氟硝西泮、劳拉西泮等)、催眠药(佐匹克隆、唑吡坦)、镇静剂(神经安定药、一些组胺 H1 拮抗剂)、麻醉剂[γ-羟基丁酸(gamma hydroxybutyrate, GHB)、氯胺酮]、毒品(大麻、美沙酮、摇头丸、LSD),或者是更常见的乙醇。这些物质大多具有失忆特性,因此受害者很难准确回忆起犯罪发生时的情况。这些药物通常是短效的,对个人快速造成伤害。由于它们的起效剂量很低,除了 GHB 外,在咖啡、软饮料(可乐),甚至酒精鸡尾酒中秘密给药很容易实现[1]。

要成功进行毒理学检查,分析员必须遵循一些重要规则:

1. 适时获取相应的生物样本(血液、尿液、毛发);
2. 使用复杂的分析技术(LC - MS[液相色谱-质谱]、顶空/GC - MS[气相色谱-质谱]、MS/MS[串联质谱]);
3. 谨慎解释结果。

为了解决这个问题,美国[2]和法国[3]都发布了毒理学调查指南。

对涉嫌性侵犯案件中吸毒情况的尿液分析表明,3 303 份尿样中,乙醇(单独或与其他药物联合使用)是最常见的物质,其次是大麻和苯二氮卓类药物[4]。在法国进行的大样本研究[5]显示,最常用的药物是苯二氮卓类药物和相关的催眠药,GHB 很少。在斯特拉斯堡[3],唑吡坦是最常见的物质,其次是溴西泮。

血液和尿液中 GHB 的检测窗口狭窄,分别为 6 h 和 10 h,这是这些样本延迟采样后暴露的一个局限性[6]。对于毒品犯罪(drug-facilitated crime,DFC)的所有化合物,血液和尿液的检测时间主要取决于所用方法的剂量和灵敏度。不使用免疫分析,使用联合技术(GC‐MS、LC‐MS),血液中可发现 2 h 至 2 天的药物,尿液中可发现 12 h 至 5 天物质[7]。犯罪发生 48 h 后抽血或取尿的意义不大。

为了响应这一重要警告,有人建议将毛发作为有价值的样本。虽然有很多论文重点关注长期使用后毛发中的药物(主要是滥用药物)的鉴定,但那些涉及控制单剂量的论文非常少。可待因[8]、可卡因[9]、氟硝西泮[10]、氯硝西泮[11,12]、GHB[13]、唑吡坦[14]、佐匹克隆[15]和溴西泮[16]均有研究数据。所有这些作者均能在一个治疗剂量后对毛发中的药物进行靶向检测。

本章提出了调查精神活性物质的分析策略,并列举了几个法医案例,在这些案件中,毛发的调查结果澄清了使用毒品使受害者迅速镇静下来并实施犯罪或犯罪行为的事实。

12.2　分　析　策　略

12.2.1　样本采集

毛发最好从头后部的区域采集,称为"头顶后部"(vertex posterior)。与头部其他区域相比,该区域毛发生长速度的变异性较小,生长期的毛发数量较为恒定,毛发很少受年龄和性别的影响。发丝尽量从头皮剪下来,发根的位置一定要注明。在环境温度下可在铝箔、信封或塑料管中储存。

待提取材料的样本量因实验室而异,取决于待分析的药物和检测方法。例如,当研究 GHB 或苯二氮卓类药物时,建议每段的最小重量分别为 5 mg 或 20 mg。

一般人群的毛发中都存在生理浓度的 GHB,因此毒理学家必须能够区分内源性浓度和暴露导致的浓度。由于内源性浓度分布广泛,从 0.5 ng/mg 到 12.0 ng/mg,必须谨慎界定阈值浓度。解决方法是将每个受试者作为他或她自己的控制对象。根据证明,除发根外,生理浓度沿毛干方向是恒定的,可以想象到药物暴露会导致可检测到的峰值浓度。因为需要检测的毛发数量少,且毛发长度为 3 mm,因此必须使用串联质谱(MS/MS)检测。为避免汗液污染造成结果解释的困难,等待 4~5 周后采集毛发,可以使 GHB 浓度段沿着毛干的生长移动位置[13,17]。

　　对于其他药物,我们实验室也建议在犯罪后 4~5 周,收集 4 股约 100 根毛发。一股毛发用于检测药物滥用(主要用于大麻,但有时用于摇头丸相关化合物和可卡因),一股用于检测 GHB,另一股用于筛查催眠药。最后一股进行潜在的反分析。假设毛发生长速度正常(0.7~1.4 cm/m,科学界接受的平均值约为 1 cm/m),作者建议将毛发切成 2 cm 的三段,以记录毒品导致的性侵犯(drug-facilitated sexual assault,DFSA)案件。近端节段(根)中检测到存在毒品而其他节段中未检测到,则可以确认是单剂量给药。典型的毛发收集程序如图 12.1 所示。

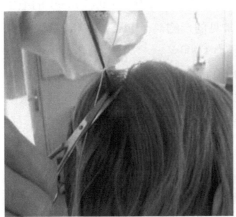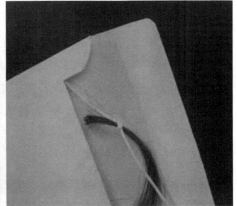

图 12.1　在毒品犯罪案件中收集毛发的程序:在案件发生后约 4 至 5 周,用剪刀尽可能靠近头皮收集 4 束毛发,每束约 100 根。毛发应从头顶点的后部采集。注意不要拔下毛发或使用黏合剂。将剪下的毛发常温下保存在信封中。将毛发的根端和尖端区分开并标注,在距离发束根部 1 cm 的部位系一根绳。注意应向受害者询问所指事件前后药品使用和美发处理(漂白、染色等)情况。

12.2.2　GC-MS/MS 分析 GHB

　　Kintz 等[17]描述了用 GC-MS/MS 分析 GHB 的程序。在室温下使用 5 mL 二氯甲烷对毛发进行两次 2 min 清洗,然后将 3 cm 长的毛发切成 3 mm 段(十段)。去污时间较长会降低毛发中 GHB 的浓度。

　　在 10 ng 内标(IS)GHB-d$_6$存在下,将 5~10 mg 去污后的毛发在 0.5 mL

0.01 mol/L NaOH 中 56℃下孵育 16 h。冷却后,匀浆用 0.5 mL 0.01 mol/L HCl 中和,加入 3 mL 乙酸乙酯和 0.1 mL 0.01 mol/L H_2SO_4。

搅拌和离心后,有机相在氮气流下蒸发至干。通过添加 20 μL BSTFA[双(三甲基甲硅烷基)三氟乙酰胺]+1% TMCS 和 20 μL 乙酸乙酯对残留物进行衍生化,然后在 60℃下孵育 20 min。将 1 μL 衍生化提取物的等分试样注入气相色谱仪(6890 系列)的色谱柱中 Hewlett Packard(PaloAlto,CA)。载气(氦气,纯度等级 N55)通过色谱柱(HP5 - MS 毛细管柱,5%苯基-95%甲基硅氧烷,30 m×0.25 - mm i.d.×0.25 - mm 膜厚)的流速为 1.0 mL/min。进样器温度为 270℃,采用不分流进样,分流阀关闭时间为 1.0 min。柱箱温度程序设定从初始温度 100℃上升至 295℃,保持 1 min,30℃/min,并在 295℃保持最后 5 min。

检测器为 Finnigan TSQ 700,在电子电离模式和反应监测中运行。第一个四极杆中分别选取 GHB 和 IS 的前体离子 m/z 233 和 239。在 0.62 mtorr 的池压下,与氩气碰撞后,第三个四极杆中选择常见的产物离子 m/z 147 和 148。碰撞偏置电压为 -8 V,电子倍增器的工作电压为 1 900 V。

GHB 的生理浓度($n=24$)在 0.5 ~ 12.0 ng/mg 范围内,不受毛发颜色的影响。对照组除近段外,其余均未观察到浓度沿毛干的变化,这是由于汗液进入所致。这说明,在毛发生长过程中,内源水平是恒定的。

12.2.3 LC - MS/MS 分析催眠药

Villain 等[18]筛查了阿普唑仑、7 -氨基氯硝西泮、7 -氨基氟硝西泮、溴西泮、氯巴占、地西泮、劳拉西泮、氯甲西泮、咪达唑仑、去甲西泮、奥沙西泮、替马西泮、四西泮、三唑仑、扎来普隆等药物。

用二氯甲烷(2×5 mL,2 min)对发束进行去污后,将毛发分段并切成小块。在 1 ng 内标(IS)地西泮-d_5存在下,将约 20 mg 在 1 mL pH 8.4 磷酸盐缓冲液中孵育过夜,用 5 mL 二氯甲烷/乙醚(90/10,v/v)萃取。水平搅拌(15 min)和离心(10 000 g,15 min)后,收集有机相并使用蒸发器 SpeedVac®蒸发至干。加入 50 μL 甲醇重新溶解残留物。

将 10 μL 提取物的等分试样注射到由 1 mm C18 筛板保护的色谱柱(XTerra MS C 183.5 μm,100×2.1 - mm i.d.)上。每 20 min(5%乙腈-95%甲酸 0.1%,10 min 时比例为 4:1)运行色谱,流速为 200 μL/min。HPLC(高效液相色谱)系统为 Waters Alliance 2695。

　　用配备有离子喷雾大气压接口的 MicromassQuattroMicro 串联质谱仪进行检测。仪器在正电离模式下运行。使用 1 kV 毛细管电压、120℃的离子源温度，加热至 350℃并以 550 L/h 输送去溶剂化气体(氮气)可获得最佳结果。碰撞室压力为氩气 3 mbar。

　　数据用多反应监测(multiple reaction monitoring, MRM)模式记录。针对 16 种苯二氮卓类和 IS 优化的母离子、相应的子离子、保留时间、锥孔电压和碰撞能量列于表 12.1。在所使用的色谱条件下，毛发中存在的任何可提取的内源性物质都不会干扰分析物。

表 12.1　LC‐MS/MS 检测 16 种苯二氮卓类药物、催眠药和 IS 的 MRM 跃迁

化　合　物	保留时间 (min)	母离子 (m/z)	子离子 (m/z)	锥孔电压 (V)	碰撞能量 (eV)
阿普唑仑	10.9	309.1	205.2	45	40
			274.2	45	26
7‐氨基氯硝西泮	7.5	286.1	222.2	40	25
			250.2	40	20
7‐氨基氟硝西泮	8.2	284.2	135.1	40	28
			227.2	40	25
溴西泮	9.6	316.0	182.3	35	30
			209.3	35	25
氯巴占	11.7	301.1	224.2	30	33
			259.1	30	20
地西泮	12.0	285.2	154.2	40	25
			193.3	40	30
劳拉西泮	11.0	321.1	229.1	30	27
			275.1	30	22
氯甲西泮	11.7	335.1	177.1	28	40
			289.1	28	20
咪达唑仑	9.3	326.1	244.1	44	25
			291.2	44	28
去甲西泮	11.1	271.2	140.1	40	25
			165.1	40	28
奥沙西泮	10.8	269.1	163.1	45	32
			241.2	45	20
替马西泮	11.5	301.1	283.1	30	40
			255.2	30	20

续　表

化 合 物	保留时间 （min）	母离子 （m/z）	子离子 （m/z）	锥孔电压 （V）	碰撞能量 （eV）
四西泮	11.1	289.2	225.2	40	26
			253.2	40	22
三唑仑	11.0	343.1	308.1	45	26
			315.1	45	27
扎来普隆	10.4	306.2	236.2	40	28
			264.2	40	20
唑吡坦	8.4	308.2	235.3	40	35
			263.2	40	26
地西泮-d_5	12.0	290.2	<u>154.1</u>	40	30
			198.3	40	30

　　图 12.2（a,b）显示了 16 种苯二氮卓类药物和催眠药物在空白毛发上的加标浓度为 10 pg/mg 的色谱图。该方法为不同药物的检测提供了良好的分辨率。

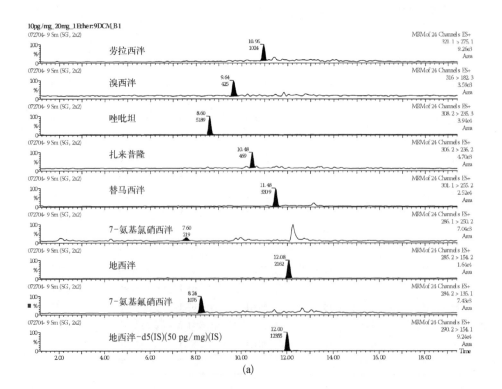

(a)

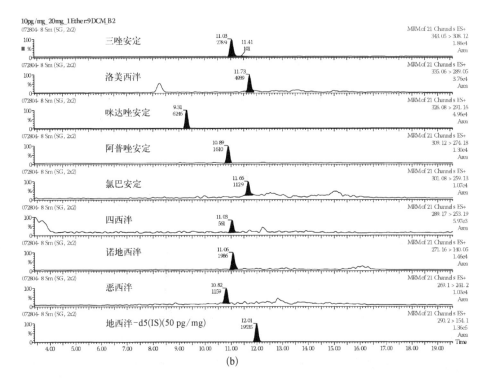

图 12.2　空白毛发（20 mg）在最终浓度为 10 pg/mg 时的色谱图，从上到下分别为（a）：劳拉西泮、溴西泮、唑吡坦、扎来普隆、替马西泮、7-氨基氯硝西泮、地西泮、7-氨基氟硝西泮、IS（50 pg/mg）和（b）：三唑安定、洛美西泮、咪达唑安定、阿普唑安定、氯巴安定、四西泮、诺地西泮、恶西泮和 IS（50 pg/mg）。

　　使用 20 mg 毛发样本，所有苯二氮卓类药物和催眠药的定量限（LOQ）范围为 0.5～5 pg/mg。每种化合物在毛发中的浓度均呈线性，范围为 LOQ～200 pg/mg（r^2>0.99），精密度和准确度分别为 10 pg/mg 和 50 pg/mg。在相同的两个浓度下测量的提取回收率范围为 32%~76%，只有一个低于 20%，这样的回收率范围对筛查程序是可以接受的。

　　对于硝基苯二氮卓类药物，目标化合物是 7-氨基代谢物。由于它们在碱性介质中具有稳定性，与其他苯二氮卓类药物相比，在氢氧化钠水解后通过特定提取可以将其 LOQ 降低到约五分之一[12]。

　　为了证明此程序的适用性，图 12.3 和图 12.4 显示了对一个月前单剂量服用 10 mg 唑吡坦（女性，28 岁，60 公斤）和 6 mg 溴西泮的志愿者（女性，26 岁，50 公斤）的毛发段进行分析后获得的色谱图。这些结果表明，可以使用超灵敏程序跟踪单一毒品暴露。

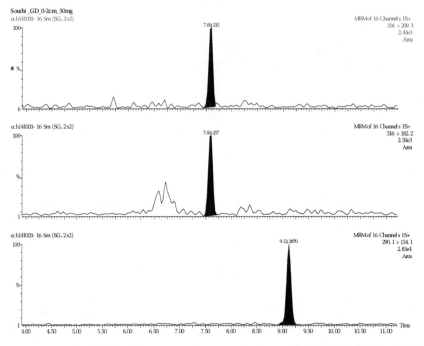

图 12.3　一个月前单次给药 10 mg 唑吡坦的志愿者的毛发根段分析得到的色谱图。顶部是唑吡坦的两个子离子；底部是 IS 的子离子。浓度为 1.8 pg/mg。

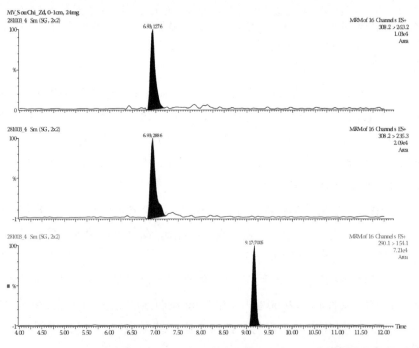

图 12.4　一个月前接受单剂量 6 mg 溴西泮治疗的志愿者的毛发根段分析后得到的色谱图。上面是溴西泮的两个子离子；底部是 IS 的子离子。浓度为 4.7 pg/mg。

12.3 案 例

大多数情况下,苯二氮卓类药物使用被认定为毒品犯罪。但同时,从案例中也可以观察到一些不寻常的化合物。以下是我们实验室观察到的案例。

12.3.1 案例1

一名19岁的女孩声称在喝了掺有毒品的软饮料后遭到了性侵犯。她对犯罪没有任何记忆,并在强奸发生5天后报了警。与警方沟通后,我们实验室建议等待1个月左右再进行毛发毒品检测,如此含有毒品的毛发会从头皮生长出来。从头的顶点后部取下全长毛发样本(8 cm 长),在室温下保存在塑料管中。与基础生理浓度约 0.7 ng/mg 相比,分段显示相应时间的 GHB 的浓度增加至 2.4 ng/mg 和 2.7 ng/mg(表 12.2),结果证实了相应的毒品暴露。这名强奸犯在案发几天后被逮捕,他没有对这一结果质疑。

表 12.2 在 DFSA 案例中,分段毛发中的 GHB

毛 发 节 段	GHB(ng/mg)
0(跟部)~0.3 cm	1.3
0.3~0.6 cm	0.6
0.6~0.9 cm	0.8
0.9~1.2 cm	2.4
1.2~1.5 cm	2.7
1.5~1.8 cm	0.7
1.8~2.1 cm	0.8
2.1~2.4 cm	0.7
2.4~2.7 cm	0.8
2.7~3.0 cm	0.7

12.3.2 案例2

一名21岁女性因胃部疾病住院。一天晚上,一位男护士给了她一杯咖啡,让她昏迷不醒。恢复后,她意识到受到侵害,但害怕后果,她没有立即向警方报案。6 天后她从医院回来才报警。由于已经过了血液和尿液样本的有效采集时间,警方要求我们对受害者的毛发进行分析。我们实验室在涉嫌犯罪后 15 天取样。唑吡坦在近端段(发根至 2 cm)中的鉴定含量为 4.4 pg/mg,而远端段(2~4.5 cm)保持阴性。

12.3.3　案例 3

一名受性侵犯妇女的血液分析(犯罪后 9 h 采集)显示唑吡坦呈阳性,浓度为 390 ng/mL。由于受害人向警方提出的索赔令人困惑,我们在案发 4 周后收到了一根 8 cm 长的毛发要求进行唑吡坦检测。对四个毛发段(4×2 cm)的分析表明,从毛发根部到毛发尖端,唑吡坦的浓度分别为 22 pg/mg、47 pg/mg、67 pg/mg 和 9 pg/mg。这表明在所谓的受侵害之前,这名妇女曾反复接触唑吡坦,由此推断,血液检测结果存在不确定性。

12.3.4　案例 4

在一次聚会上,一名 42 岁的男子被提供了酒精饮料后不久,他失去了对事件的所有回忆。4 h 后他与一名妇女在床上醒来。因为他已经结婚了所以他吓坏了。他私下请求我们进行分析以确定所饮用酒精饮料中存在镇静药物。事件发生 21 天后,我们在实验室采集了他的毛发。在近端(发根至 2 cm)毛发中确定 7-氨基氟硝西泮的浓度为 5.2 pg/mg,而 2~4 cm 段保持阴性,未检测到氟硝西泮。

12.3.5　案例 5

一名 23 岁的女性告诉大学医院的急诊室,她在晚上喝醉了,昏迷了大约 3 h。在她的血液中检测发现了 32 ng/mL 的劳拉西泮。由于受害者患有焦虑症,为了排除可能的劳拉西泮治疗用药,在案发后 1 个月我们实验室采集了该女性的毛发。在近端(发根至 2 cm)中鉴定出 8 pg/mg 的劳拉西泮,而远端部分(2~4 cm 和 4~6 cm)为阴性。排除了劳拉西泮治疗用药。

12.3.6　案例 6

一名 19 岁的年轻人在喝了含有摇头丸(ecstasy,MDMA)的饮料后向警方报案称被强奸。医院的法医科收集了一份她的尿液样本(强奸后约 10 h),结果显示 MDMA 及其代谢物 MDA 的浓度分别为 1 852 ng/mL 和 241 ng/mL,证实了她之前的陈述。她向负责此案的法官称,她从未服用过摇头丸,并直接说出了强奸犯的名字。警方很快就将这名强奸犯逮捕并送进了监狱。由于证据不充分,法官要求对报案人进行毛发分析。结果证明毛发中同时存在多种兴奋剂,浓度分别为: MDMA: 21.3 ng/mg, MDEA: 31.6 ng/mg, MDA: 6.7 ng/mg。这些结果与未服用过毒品的说法不一致。在后来与法官的对质中,她承认这是虚假信息,没有发生强奸事件,是她对涉嫌强奸犯的报复。

12.3.7　案例 7

一名 12 岁的女孩声称,她从 6 岁起就遭到父亲多次性侵犯(每周一次),并被迫进行口交。在过去的几个月里,她有时会服用半片阿普唑仑(0.5 mg)白色药片以提高意愿。她的父亲向警方声称,在过去的 3 个月里,他只提供了三到四次这种药物。因此警方要求我们分析受害者的毛发以记录阿普唑仑的暴露情况。

通过 LC - MS/MS 检测苯二氮卓类药物和催眠药,第一个 2 cm 段阿普唑仑呈阳性,浓度为 4.9 pg/mg,第二段(2~4 cm)为 2.4 pg/mg,而最后一个节段(4~6 cm)不含阿普唑仑。这与最近很少接触该药物的情况一致。图 12.5 表示在近端部分获得的色谱图。

12.3.8　案例 8

一位 39 岁的女性与丈夫发生矛盾。在家里喝了一杯咖啡后,困倦持续了24 h。食用咖啡 20 h 后收集的血液样本检测结果显示,其中存在 51 ng/mL 的溴西泮,而同时取样的毛发样本中不含溴西泮。事件发生 1 个月后,我们实验室采集了该女性的另一股毛发,近端 2 cm 长的部分对溴西泮呈阳性,浓度为10.3 pg/mg,而其他部分(2~4 cm 和 4~6 cm)保持阴性。这些结果与单次接触这种药物是一致的。咖啡(溴西泮阳性)中残留物的分析以及丈夫的声明并未对此次生物学检测结论产生怀疑。

12.3.9　案例 9

一名年轻女子在高速公路车站遭到性侵犯。她声称施暴者在虐待她之前强迫她食用了一块白色药片。案发后 18 h 收集该女子的血液样本,检测结果显示血液中存在 151 ng/mL 浓度的溴西泮。事件发生后 3 周采集了该女子一缕毛

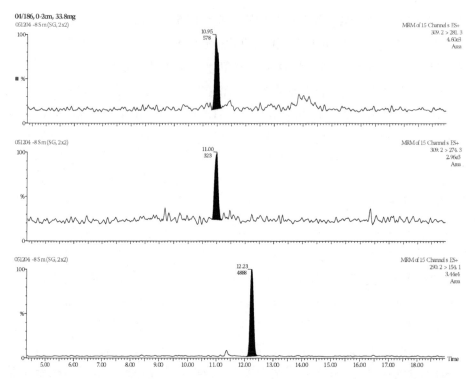

图 12.5 一名女孩在服用阿普唑仑后被父亲性虐待,分析她毛发后得到的色谱图。阿普唑仑检测为阳性,浓度为 4.9 pg/mg。

发,近端部分(0~2 cm)的溴西泮呈阳性,浓度为 5.7 pg/mg(图 12.2),2~4 cm 段呈阳性,浓度为 0.9 pg/mg;最后一段不含溴西泮。与可卡因[13]类似,毛发中进入的毒品在毛干中的分布和毒品沿毛干的轴向分布速率存在较大的差异。因此,与近端部分浓度相比,第二段检测的溴西泮的含量较少,这是毒品在毛干中不规则运动的结果。总之,检测结果与这种药物单次暴露的事实是一致的。

12.3.10　案例 10

　　一名男子通过色情电话与另外两名男子约定约会。几个小时后,该男子在自己家中遭到另外两名男子的性侵犯和抢劫。肇事者强迫该男子喝了一种未知的混合物,并要求他提供信用卡密码。案发后 6 h 采集受害者的血液和尿液样本检测显示,溴西泮的浓度分别为 10.4 ng/mL 和 18.0 ng/mL。应法官要求,我们实验室在事件发生后 19 周采集了受害者的头发和阴毛。由于头发长度(<4 cm)较短,不能分析案发期间的药物含量,但在受害者的阴毛中检测到了

4.1 pg/mg 的溴西泮,表明受害者曾暴露于该药物。但是,很显然,这个结果不能与暴露时间进行关联。

12.3.11　案例 11

　　一名 30 岁的男子前一天晚上在家中喝了几瓶啤酒后被送进了医院。家中急救测得的血糖为 0.33 g/L。医院急诊室给他灌注了地西泮和 30% 的葡萄糖,但他仍然持续低血糖(0.40 g/L)。尽管进行了密集的复苏尝试,但该男子还是发生了植物性昏迷。五个月后,病人被宣布死亡。入院时采集的血样显示存在 41 ng/mL 的格列本脲。为了区分单次给药还是重复给药,我们实验室对该男子的一股毛发进行了分析[19]。一股 4 cm 的毛发被分成 2 cm 的两段,两段均呈阳性,浓度为 23 pg/mg 和 31 pg/mg。毛发近端部分的色谱图如图 12.6 所示。测得的浓度与过去 4 个月内的重复暴露相符。

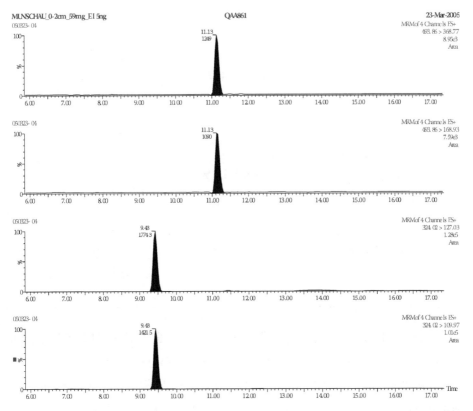

图 12.6　中毒受害者近端毛发的色谱图。格列本脲的浓度为 23 pg/mg。从上到下:格列本脲的两次跃迁和格列齐特(IS)的两次跃迁。

12.3.12　案例 12

这是一个比较特殊的案例,我们多次采集了毛发,但最多只能记录唑吡坦的暴露情况。对涉嫌犯罪后 6 天、6 周和 6 个月收集的三缕毛发进行了分析检测。结果如表 12.3 所示。第一条分析链中(事件发生后 6 天采集毛发),在三个片段中发现了低浓度唑吡坦,表明在采样前 6 个月期间存在治疗性和偶尔使用唑吡坦的情况。由于事件和毛发采集之间的时间很短,因此该分析与事件的时间段无关联。

表 12.3　不同采集时间毛发中唑吡坦的浓度

毛 发 节 段	浓度(pg/mg)
A 6 天后采集	
0~2 cm	1.9
2~4 cm	2.2
4~6 cm	5.6
B 6 周后采集	
0~2 cm	68.0
2~4 cm	1.9
4~6 cm	2.8
6~8 cm	2.7
C 6 个月后采集	
0~1 cm	1.2
1~2 cm	1.8
2~3 cm	3.9
3~4 cm	7.4
4~5 cm	18.5
5~6 cm	50.0

因此,我们要求在大约 6 周后进行第二次采样。此次分析了四个节段,近端节段对应于事件时期,唑吡坦浓度升高。其他三个部分的结果与第一个分析链中的结果相同。我们的结论是,在事件期间有治疗性或大量药物摄入(用于强奸时镇静)。

为了区分这两个假设,法官给我们寄来了 6 个月后采集的第三缕毛发。我们对六段 1 cm 的毛发进行了药物检测。在与事件时期相对应的毛发节段中唑吡坦的浓度含量较高,而与较近时间内相对应的毛发节段中含量较低。因此,我们能够记录唑吡坦在事件前后的治疗使用情况以及事件发生期间的大量吸收情况。

图 12.7 展示了时间尺度上不同的检测结果。结论是,毛发分析为区分唑吡坦治疗用药和大量摄入提供了基础,并为记录涉及治疗性使用化合物的 DFSA 提供了基础。

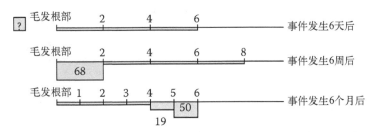

图 12.7　三个检测链中唑吡坦的浓度。所有浓度单位均为 pg/mg;未提示时,唑吡坦浓度为阳性,但低于 10 pg/mg。

12.3.13　案例 13

一位母亲给一名 5 个月大的白人女婴喂食了半勺(相当于大约 10 mg 药物)美沙酮糖浆,几小时后发现小女孩停止了呼吸。转到儿科病房后,婴儿很快出现了与血流动力学问题相关的抽搐和颅内高压。数小时后对血液和尿液进行了采样,11 天后,婴儿因心脏窘迫被宣布死亡。尸检无异常,除毛发外未采集其他生物样本。生前血液分析(表 12.4)显示,在样本采集前几个小时婴儿曾接触美沙酮,而且这种浓度可以被认为是药物过量,临床症状包括昏迷、瞳孔收缩、呼吸抑制、低血压,最后是循环性衰竭。据了解,这位母亲(26 岁)是一名海洛因成瘾者,多年来一直服用美沙酮。即使在怀孕期间还一直在服用美沙酮。分娩时,婴儿曾出现过戒断综合征。毛发节段分析显示,婴儿在整个生命周期及子宫内均有重复暴露,远端节段的高浓度也证明了这一点。警方检查发现,美沙酮给药的目的只是使婴儿镇静和停止哭泣,并没有毒害婴儿的意图,即使在重复给药的情况下也是如此。肇事者是她的母亲,她用这种药物代替海洛因,因为喂食致死被控犯杀人罪。根据法国法律,尽管法庭尚未对这一事件作出判决,但有可能最高判处 30 年监禁。即使是在家中,偷偷使用美沙酮来获得镇静效果也被认为是毒品犯罪。这种毒品被视为化学武器。

表 12.4　女婴临终前血液、尿液及毛发中美沙酮及其代谢产物浓度

样　　本	美　沙　酮	EDDP
血　液	142 ng/mL	38 ng/mL
尿　液	466 ng/mL	270 ng/mL
毛发(0~1 cm 节段)	1.0 ng/mg	<0.2 ng/mg
毛发(1~2 cm 节段)	1.6 ng/mg	<0.2 ng/mg
毛发(2~3 cm 节段)	2.3 ng/mg	<0.2 ng/mg
毛发(3~5 cm 节段)	21.3 ng/mg	5.2 ng/mg

12.3.14　案例 14

一名 42 岁的男子在聚会上喝了朋友递上的一杯酒。几个小时后,他发现他的钱丢失了,而他对这一事件没有任何记忆。他报了警,但当时没有收集到样本。在法国同一地区发生了几起类似案件后,负责此案的法官要求我们对受害者进行毛发检测。7-氨基氟硝西泮是氟硝西泮的主要代谢物,也是氟硝西泮在毛发中的标志物,在受害人相应的毛发段中检测到 7-氨基氟硝西泮的浓度为 31.7 pg/mg,而远端段为阴性。

12.3.15　案例 15

一名 21 岁少女被非法关押 12 天期间,连续被三名男子强奸。她向警方声称对事件没有记忆,即使有部分记忆,但所记忆的行为也不连贯,并且当时可能处于过度镇静状态。对她的一缕毛发的近端部分(发根至 3 cm)的分析显示,标志物 7-氨基氯硝西泮的含量为 135 pg/mg,说明她接触了氯硝西泮,这是一种具有镇静和遗忘特性的抗癫痫药。毛发远端段(3~6 cm)保持阴性。

12.4　讨　　论

如果血液或尿液等传统生物液体采样较晚,或者没有采集,那么毛发检测结

果可用于记录毒品犯罪中（drug-facilitated crimes，DFC）的毒品使用情况。

有关毛发毒品检测，文献中的相关报道和数据较少。Frison 等[20]在毛发样本的三个不同的近端节段中检测到戊硫代巴比妥（150～300 pg/mg）及其代谢物戊巴比妥（200～400 pg/mg），检测结果与事件时间相对应。而远端节段保持阴性。在两个不同的案例中，Pépin 等[21]检测到 7-氨基氟硝西泮（19 pg/mg）和佐匹克隆（13 pg/mg）。他们通过比较药物沿毛干的浓度变化证明了 GHB 暴露[13]。GHB 的基础浓度约为 0.7 ng/mg，而与事件时间对应的片段中的浓度为 5.3 ng/mg。

从我们的数据和文献中的数据可以明显看出，单次暴露后毛发中的目标浓度在几 pg/mg 范围内。为了获得要求的超低检测限以及合适的质谱信息，必须使用串联质谱。这种技术可以使噪声水平几乎受到完全抑制，从而使选择性和灵敏度得到了极大的提高。与滥用药物（例如海洛因或可卡因）的测量浓度相比，DFC 的浓度至少低 1 000 倍。

与其他应用情况（吸毒者调查、兴奋剂控制、重新颁发驾驶执照等）一样，毛发检测是一种增加药物检测窗口的有价值的方法，特别是在性侵犯之后，毛发分析可以大大减少与尿液收集相关的尴尬。如果在分析过程中出现任何问题、样本混淆或监管中断等问题，毛发分析可以很容易地获得新鲜的、相同的样本。与血液和尿液分析相比，因为之后无法获得相同的血液和尿液样本，从这一点来说，毛发分析基本上不会出错。单次接触和长期使用之间的区别可以通过毛发的多节段分析来记录。根据沿毛干迁移的概念，基于 1 cm/m 的毛发生长速率，在与事件时间相对应的毛发节段内必定存在一个药物暴露点。由于毛发生长率从 0.7 cm/m 到 1.4 cm/m 不等，因此必须计算相应的毛发节段的长度。犯罪事件之后延迟 4 至 5 周采集毛发样本（2 cm），一般都会获得包括暴露点在内的满意的毛发样本。毛发必须剪得尽可能靠近头皮。还需要特别小心，确保发束中的毛发保持整齐。

通过毛发分析证明单一药物暴露的独特可能性还有一些另外的好处。在犯罪报案晚的情况下，毛发的阳性发现对于在适当的条件下对受害者开始心理跟踪至关重要。它还可以帮助辨别虚假的报案，例如在报复的情况下。这些案件通常都很敏感，几乎没有其他的法医证据。在同时服用催眠药物治疗睡眠障碍的情况下，除了使用尿液分析外，使用毛发分析可以避免烦琐的解释。

12.5　结　　论

由此,毛发分析在识别吸毒者方面的价值正在逐步获得认可,这可以从其越来越多地在就业前筛查、法医学和临床应用中使用看出。毛发分析可能是毒理学中常规药物检测的有效辅助手段。毛发分析可以更轻松地获得样本,减少尴尬,并且可以提供更准确的吸毒信息。

尽管关于如何解释结果仍然存在争议,特别是在外部污染、美发处理、种族偏差或药物进入方面,但毛发分析中的纯分析工作已经达到了较高水平,几乎解决了所有分析问题。

尽管 GC – MS 是实践中检测滥用药物的首选方法,但如今 GC – MS/MS 或 LC – MS/MS 已用于常规案例,尤其是针对低浓度毒品。在毒品犯罪情况下,毛发检测可以应用于补充传统的血液和尿液分析,因为毛发分析扩展了检测窗口,并可以通过分段区分长期治疗与单次接触。当然,MS/MS 的选择性和灵敏度是毛发检测的先决条件。

参考文献

1. Wells, D., Drug administration and sexual assault: sex in a glass, Sci. Justice, 2001, 41: 197 – 199.
2. LeBeau, M., Andollo, W., Hearn, W. L. et al., Recommendations for toxicological investigations of drug-facilitated sexual assaults, J. Forensic Sci., 1999, 44: 227 – 230.
3. Kintz, P., Cirimele, V., Villain, M. et al., Soumission chimique: approches pratiques en toxicologie médico-légale, Ann. Toxicol. Anal., 2002, 14: 361 – 364.
4. Hindmarch, I., El Sohly, M., Gambles, J. et al., Forensic urinalysis of drug use in cases of alleged sexual assault, J. Clin. Forensic Med., 2001, 8: 197 – 205.
5. Deveaux, M., Chèze, M., Duffort, G. et al., Etude de 128 cas de soumission chimique en région parisienne (juin 2003 – mai 2004): analyses toxicologiques dans les cheveux par chromatographie liquide-spectrométrie de masse en tandem, J. Med. Leg. Droit Med., 2004, 47: 351 – 356.
6. Kintz, P., La soumission chimique: aspects analytiques et expertises médico-légales, Ann. Toxicol. Anal., 2001, 13: 120 – 121.
7. Verstraete, A., Fenêtre de détection des xénobiotiques dans le sang, les urines, la salive et les cheveux, Ann. Toxicol. Anal., 2002, 14: 390 – 394.

8. Rollins, D.E., Wilkins, D.G., and Kruegger, G.G., Codeine disposition in human hair after single and multiple doses, Eur. J. Clin. Pharmacol., 1996, 50: 391 - 397.

9. Henderson, G.L., Harkey, M.R., Zhou, C. et al., Incorporation of isotopically labeled cocaine and metabolites into human hair, 1: dose response relationships, J. Anal. Toxicol., 1996, 20: 1 - 12.

10. Negrusz, A., Moore, C.M., Hinkel, K.B. et al., Deposition of 7 - aminoflunitrazepam and flunitrazepam in hair after a single dose of Rohypnol, J. Forensic Sci., 2001, 46: 1 - 9.

11. Negrusz, A., Bowen, A.M., Moore, C. et al., Deposition of 7 - aminoclonazepam and clonazepam in hair following a single dose of Klonopin, J. Anal. Toxicol., 2002, 26: 471 - 478.

12. Chèze, M., Villain, M., and Pépin, G., Determination of bromazepam, clonazepam and metabolites after a single intake in urine and hair by LC - MS/MS: application to forensic cases in drug facilitated crimes, Forensic Sci. Int., 2004, 145: 123 - 130.

13. Goullé, J.P., Chèze, M., and Pépin, G., Determination of endogenous levels of GHB in human hair: are there possibilities for the identification of GHB administration through hair analysis in case of drug-facilitated sexual assault? J. Anal. Toxicol., 2003, 27: 574 - 580.

14. Villain, M., Chèze, M., Tracqui, A. et al., Windows of detection of zolpidem in urine and hair: application to two drug facilitated sexual assaults, Forensic Sci. Int., 2004, 143: 157 - 161.

15. Villain, M., Chèze, M., Tracqui, A. et al., Testing for zopiclone in hair application to drug-facilitated crimes, Forensic Sci. Int. 2004, 145: 117 - 121.

16. Villain, M., Chèze, M., Dumestre, V. et al., Hair to document drug-facilitated crimes: four cases involving bromazepam, J. Anal. Toxicol., 2004, 28: 516 - 519.

17. Kintz, P., Cirimele, V., Jamey, C. et al., Testing for GHB in hair by GC/MS/MS after a single exposure: application to document sexual assault, J. Forensic Sci., 2003, 48: 195 - 200.

18. Villain, M., Concheiro, M., Cirimele, V. et al., Screening method for benzodiazepines and hypnotics in hair at pg/mg level by LC - MS/MS, J. Chromatogr. B, 2005, 825: 72 - 78.

19. Villain, M., Tournoud, C., Flesch, F. et al., Hair to document exposure to glibenclamide, J. Chromatogr. B, in press.

20. Frison, G., Favretto, D., Tedeschi, L. et al., Detection of thiopental and pentobarbital in head and pubic hair in a case of drug-facilitated sexual assault, Forensic Sci. Int., 2003, 133: 171 - 174.

21. Pépin, G., Chèze, M., Duffort, G. et al., De l'intérêt des cheveux et de la spectrometrie de masse en tandem pour la soumission chimique: à propos de neuf cas, Ann. Toxicol. Anal., 2002, 14: 395 - 406.

第十三章

毛发检测在驾驶证复核中的应用

Manfred R. Moeller, *Hans Sachs*, *Fritz Pragst*

13.1 引　言

全世界每年有超过 100 万人死于机动车事故,这些事故基本上都不是源于车辆技术故障,而是人为错误造成的结果。人为的最重要的但却可避免的原因是在酒精(driving under the influence of alcohol, DUI)或毒品(driving under the influence of drugs, DUID)的影响下驾驶。大多数国家/地区都制定了检测损害、证明和制裁 DUI 和 DUID 驾驶的法律。此外,在一些国家(比利时、芬兰、法国、德国、瑞典、瑞士)存在"自身"法律或"零容忍"法律,在这些国家,损害可能不是制裁的唯一判据,药物的毒理学分析和检测同样足以定罪。

2003 年 6 月,欧洲毒品数据库发表了一项研究[1],比较了 16 个欧洲国家的法律情况。内容涵盖了受控毒品的分类、非法毒品的消费、持有和贩运,起诉或监禁的其他处理方法、大麻的法律地位、针头和注射器计划的法律框架以及医疗目供应的非法毒品。该研究不包括有关 DUID 的规定。Verstraete[2] 和 Walsh[3] 分别发表了关于欧洲 DUID 立法和美国 DUID 法律的概述。表 13.1 给出了对欧洲立法的调查[2]。毋庸置疑,欧盟在这一领域远未达成任何形式的一致,制裁方面存在明显的分歧。此外,也没有关于在非法吸毒情况下吊销驾照后恢复(重新授予)驾照的一般规则。通常情况下,恢复驾驶执照之前,在几个月内会反复使用尿液样本交错进行分析检测,以控制戒毒。然而,在过去十年(2006 年之前的十年)中,其他身体样本也越来越多地用于检测相关人员近期毒品消耗量[4~7]。

表 13.1　欧洲国家关于在"其他麻醉物质"影响下驾驶的法律概述

国　家	类型	行政管理/犯罪	罚金（€）	监禁（天）	驾驶证撤销（月）
奥地利	侵害	行政管束	581~3 633	—	1
比利时	自身侵害	犯罪	1 000~10 000	15~180	可能
丹麦	侵害	犯罪	罚金	365	—
芬兰	自身侵害	犯罪	罚金	182	最多60
			60 天罚金	700	
法国	自身	犯罪	4 500	730	36
德国	自身	行政管束	250		1
	侵害	犯罪	罚金	365~1 825	1~3
希腊	侵害	犯罪	147	60	3~6
爱尔兰	侵害	犯罪	1 270	180	24
意大利	侵害	犯罪	260~1 030	30	0.5~3
卢森堡	侵害	犯罪	250~5 000	8~1 095	可能
荷兰	侵害	犯罪	意外：11 250	1 095	60
			致命：45 000	3 285	
挪威	侵害	犯罪	—	365	12
葡萄牙	侵害	犯罪	360~1 800	365	2~24
西班牙	自身	行政管束	302~602		3
	侵害	犯罪		56~84	12~48
瑞典	自身	犯罪	日罚金	730	1~36
英国	侵害	犯罪	7 000	180	至少 12

13.2　毒品滥用检测的灵敏度：尿液和毛发检测比较

在毒品滥用情况下，阳性结果的概率取决于分析的灵敏度和基质中毒品检测的时间窗口，表 13.2 比较了尿液和毛发检测毒品的优势和劣势[8]。

尿液和毛发之间的比较[9~12]表明，除了大麻[13]，毛发分析比尿液分析更能证明偶尔和长期药物滥用。然而，单次使用只能在特殊情况下在毛发中检测到。Sachs 和 Pragst[15]定义了不同程度的药物滥用（表 13.3），并比较了尿液和毛发的用途。他们称如果受试者能够在一定程度上控制自己的消费，而且药物管制提前几天宣布，那么毛发分析是必不可少的分析手段。

表 13.2　尿液和毛发作为滥用药物检测样本比较

参　　数	尿　　液	毛　　发
被法庭接受	是	是
完整药物光谱	是	是
分析技术	免疫分析,GC－MS,LC－MS,LC－MS/MS	GC－MS,LC－MS,LC－MS/MS
检测窗口	2~5 天	几个月
掺假	可能	很困难
取样	无侵入	无侵入
存储	＋4℃或－20℃	室温
分析关注点	衍生物	母体化合物
第二个样本检测可能性	不	是
检测类型	增量	累积
假阴性风险	高	弱
假阳性风险	理论上为零	理论上为零

表 13.3　不同药物滥用程度尿液和毛发检测灵敏度

- 重度消费(每天数次)
  - → 任何情况下都可以在毛发和尿液中检测到
- 习惯性消费(每天或几乎每天,受试者在一定程度上能够控制消费)
  - → 对所有毒品,毛发分析结果都呈阳性,而且概率很高
  - → 大多数情况下,阿片类药物、可卡因、安非他命和摇头丸的尿液分析结果为阴性。因此,毛发分析是必不可少的
  - → 重复尿液分析检测大麻素得出阳性结果的概率很高
- 偶尔或间歇性消费(每月数次,但不是每天)
  - → 毛发分析得出阳性结果,概率中等
  - → 在大多数情况下,短期(3 到 5 天)要求进行尿液分析会产生鸦片剂、可卡因、苯丙胺和摇头丸的阴性结果。因此,毛发分析是必不可少的
  - → 尿液中大麻素检测结果为阳性,四项检测中至少有一项的概率为中等
- 实验性摄入(一次或几次剂量)
  - → 毛发或尿液中未检测到

13.3　毒品分析的毛发采样

　　1997 年毛发检测协会(Society of Hair Testing,SoHT)发表了关于人发中毒品检测的一般性声明,并在 2003 年进行了进一步的明确说明。该声明对毛发样

本的采集提出了以下要求[6]：

样本采集工作应由所负责的机构进行，应尊重毒品滥用检测的法律、道德和人权。毛发样本应由经过适当培训的人员在非毒品污染的环境中获取，不一定是医生。应收集足够数量的样本，以便必要时可由另一实验室进行重复分析或确认分析。

为了满足这些要求，毛发收集遵循以下规则[6,16]：

1. 不得在街头毒品附近进行毛发采样，也不得由接触过这些毒品的人进行毛发采样。

2. 为获得可比较的结果，应从头皮的后顶点区域采集毛发。如果不能在此区域采集，则必须记录采样地点。

3. 为了保持样本的统计学意义和/或进行筛查试验和确认试验，样本的重量应约为 200 mg（通过与铅笔的直径比较，可以估算出合适的样本数量）。

4. 发束必须剪得靠近皮肤。必须记录剩余毛发的长度。

5. 运输和储存时，毛发样本应用铝箔包裹，以保持完整性并避免污染。（长发束可以在剪断前用一根绳子或牙线绑在一起。）

6. 样本的发梢和切割端必须在铝箔上贴上标签。

7. 毛发样本可在常温干燥条件下保存。

然而，尽管毛发分析已经证明对长期使用检测具有优势，但到目前为止，只有法国、德国和意大利的驾照当局接受毛发分析作为控制药物消费或戒断的工具。

13.4　毛发中毒品浓度的控制

健康毛发中毒品浓度只有在每周清洗 2 次或 3 次且清洗时间较长的情况下才会略有下降。商业广告中的"净化毛发"手段，如 UltraClean™ 和脱发治疗并不比常规洗发水更有效。

在漂白、烫发或染色过程中用含有 H_2O_2 的试剂反复处理可能导致毒品浓度急剧下降。然而，从 1997 年慕尼黑法律医学研究所获得的统计数据结果（表 13.4）可以看出，反复处理毛发在实际毛发分析中并没有起到重要作用[15]。众所周知，在收集毛发样本之前，人们试图通过染色、漂白或其他美容处理洗掉毒品。如果毒品被成功洗掉,那么"染色"和"漂白"数据列中阳性毛发的百分比应该会降低。令人惊讶的是事实并非如此,所有呈阳性的样本(15%),特别是 Δ^9 - THC(四氢大麻酚)阳性样本(25%),染发的百分比要高于阴性结果。因此,如果人们在取样前试着处理他们的毛发,他们几乎不会成功。根据这些统计数据,天然、染色和漂白的毛发在阳性结果的百分比上没有本质区别。

表 13.4　1997 年慕尼黑法律医学研究所样本中 Δ^9 - THC 的阳性和阴性结果概率

	样本数/相对概率			
	自　然	染　色	漂　白	总　数
所有样本	1 153/85%	166/12%	46/3%	1 365
阴性	845/86%	110/11%	33/3%	988
阳性(所有毒品)	308/82%	56/15%	13/3%	377
Δ^9- THC 阳性	85/71%	30/25%	4/3%	119
Δ^9- THC(Δ^9-四氢大麻酚)浓度以 ng/mg 为单位				
0.02~0.1	17/71%	6/25%	1/4%	24
0.1~1.0	52/69%	21/28%	2/3%	75
>1.0	16/80%	3/15%	1/5%	20

13.5　重新颁发驾照的毛发检测

13.5.1　法国

在法国,Kintz 等[8]研究了重新发放驾照的毛发分析。其中,法律条文和法国毒理学会(Consensus de la Société Française de Toxicologie Analytique,SFTA)自 2004 年 12 月 8 日起授权使用毛发分析证明毒品消费或戒断。这里列出的问题是为了确定毛发分析如何能成功地用于证明长期或反复毒品暴露。与尿液相比,毒品的检测窗口可以得到提高,尺寸和发育也可以根据毛发的长度而定。此外,德国和意大利也有类似的规定。

分析程序可使用气相色谱质谱联用(gas chromatography,GC - MS)或液相色谱串联质谱联用(tandem mass spectrometry coupled with liquid chromatography, LC - MS/MS)。应从顶点后部取四束约40至50根毛发。除了毛发检测协会的声明[6]之外,对毛发采样时还需注意:发束必须用距头皮约1 cm的绳子绑起来,避免毛发相互移动。必须用一把剪刀尽可能靠近皮肤进行切割。各类毒品的检测阈值与SoHT推荐的阈值一起列于表13.5。

表 13.5　SFTA[17]和 SoHT 的阈值[6]

物质组	SFTA		SoHT	
	物　质	阈　值	物　质	阈　值
鸦片类	吗啡、可待因 6-单乙酰吗啡、乙酰可待因、福可定	0.5 ng/mg	吗啡、6-单乙酰吗啡	0.2 ng/mg
可卡因	可卡因 苯甲酰芽子碱、可卡乙烯	0.5 ng/mg	可卡因 苯甲酰爱康宁 可卡乙烯、去甲可卡因、芽子碱甲酯	0.5 ng/mg 0.05 ng/mg
苯丙胺类	苯丙胺 甲基苯丙胺、MDA、MDMA、MDE	0.5 ng/mg	苯丙胺 甲基苯丙胺，MDA，MDMA，MDE	0.2 ng/mg
大麻	THC、CBD	0.1 ng/mL	THC THC - COOH*	0.1 ng/mg 0.2 pg/mg

* 明确证明大麻素的使用必须确认 THC - COOH
来源:SFTA(保留表 13.5 中已列内容);SoHT(从参考文献 6 中拷贝)。

在确认吸食大麻时,必须通过 GC - MS/MS 检测大麻的特定代谢物四氢大麻酚羧酸(tetrahydrocannabinolcarbocyclic-acid,THC - COOH)。

13.5.2　德国

德国的毛发分析策略受到《驾驶许可证法》(*Fahrerlaubnis Verordnung*,FeV)的特殊规定的影响。根据§14规定,在特殊情况下要明确定期吸毒后是否适合开车。当一个人持有非法药物时,可以要求提供医疗证明。根据此声明,可以下令要求进行心理医学检查。在大麻消费量很低的情况下,只有怀疑对驾驶健康状况产生进一步影响时,才可下令进行心理治疗。已知经常吸食后,必须证明一年的戒断期才能获得新的驾驶证。

为了提供准备医学证明或支持精神医学检查,药物检测一般进行几次尿液检测或毛发分析。对一束 6 cm 的毛发进行毛发分析可以满足要求,因为一个毛发距离发根的距离与该段的年龄没有很强的关系[18]:

- 在一束毛发中,单根毛发的生长速度变化可以高达平均值的 50%。
- 大约 10%~20% 的毛发处于退化期或休止期,这意味着它们不再生长,其中一部分在过去的 6 个月里都没有生长。
- 结束大量毒品消费后,毒品从组织中吸收进入毛发中可能会持续一段时间(例如 2 个月)。
- 受调查对象的平均毛发生长速率可能与 1.1±0.2 cm/m 的个体平均值存在很大差异。

因此,停止吸毒的样本内,可能不会有由阳性变到阴性的突变,而是有一个 6~8 cm 过渡带。对于在采样前 12 个月停止吸毒的人,只有近端 6 cm 完全没有毒品(图 13.1)。

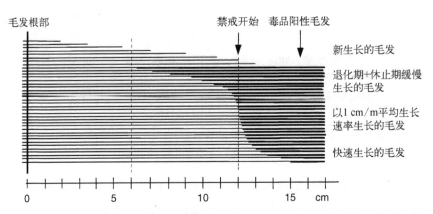

图 13.1 在开始戒酒 12 个月后收集的一束毛发中,理论上从含药毛发区(粗线)到无药毛发区(细线)的转变。仅在 0~6 cm 段出现阴性结果。

可以看出,在大量可卡因消费后(图 13.2),甚至在消费结束 2 个月后生长的毛发段内都含有可卡因。不出意料的是,在结束吸食毒品几个月后采集的毛发束中,其近端部分仍然含有毒品,这是因为毛发束中有 10%~20% 的毛发处于休止期,这意味着它们在几个月前就停止生长了,但它们含有几个月之前消费的可卡因。这种情况也可能是毒品才从组织贮库中释放出来。1993 年一项关于美沙酮[9]的特别研究报道就是这种情况。对于已知储存在脂肪组织中的更亲脂的大麻素,延迟进入毛发的情况更加明显。

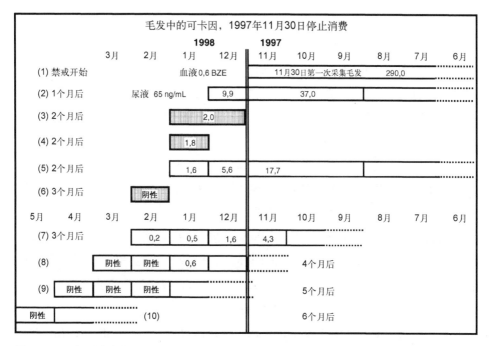

图 13.2　可卡因成瘾者毛发中的可卡因浓度。共采集了 10 个样本。样本 3、4 和 6 与样本 1、2 和 5 在相同的位置切割，因此样本为第一次取样后生长的毛发。

关于毛发生长和毒品进入的特殊性，按以下方式解释 6 cm 近端毛发段的结果才不会对受试者产生任何差别：

阳性结果：过去 12 个月内有吸毒史。

阴性结果：没有证据表明过去 6 个月内吸毒。

毛发样本长度越短，所能控制的时间段也越少，因此，最后一次理发的时间和所留长度变得很重要。例如，如果受试者在戒断开始两周后理了毛发，然后让毛发长了三个月，则毛发样本仅代表最近的三个月，因为退化期和休止期毛发也被去除了。另一方面，如果在采样当天将长发缩短至 3 cm，那么最多 9 个月前的毒品消费会导致阳性结果，因为样本仍包含休止期和退化期毛发。

由于阴毛和腋毛的休止期毛发的比例要高得多（例如，50%），因此对阴毛和腋毛检测结果的解释更加困难。一个 4 cm 长的阴毛样本可以代表一年以上的时间段，如果这段时间不剪毛发，在这种情况下，阴性结果意味着没有毒品消费，而阳性结果则难以分配到特定的消费时间段。

根据 FeV §14（driving permit act，驾驶许可法）及驾驶执照当局的解释，阿片类毒品、可卡因和苯丙胺只能进行定性检测。海洛因的消费可以用6-乙酰吗啡的检测证明。海洛因消费的检测结果中还发现了吗啡，但6-乙酰吗啡和吗啡的浓度比例取决于提取方法。由于海洛因样本中存在乙酰可待因，因此也发现了可待因，但浓度较低，除非将可待因作为替代品。双氢可待因也导致阳性检测结果，但GC-MS的确认结果区分了海洛因消费和可能的"替代疗法"。但这种疗法也被驾驶许可排除在外。

可卡因消费可以通过检测母药本身来证明。根据提取方法的不同，有时也会发现苯甲酰爱康宁或爱康宁甲酯。对可卡乙烯的检测表明，这个人不仅有吸食可卡因的问题，而且也有酗酒的问题。

通过检测母体毒品苯丙胺、甲基苯丙胺、3,4-亚甲二氧基甲基苯丙胺(3,4-methylenedioxymethamphetamine, MDMA)或3,4-亚甲二氧基乙基苯丙胺(3,4-methylenedioxyethylamphetamine, MDE)，很容易证明苯丙胺的消费量。对于吊销许可证来说，浓度不是特别重要。

食用印度大麻和北美大麻不会导致吊销执照。如果一个人很少服用这种毒品，并将其消费活动与开车活动严格分开，那么就不需要进行精神医学检查，这个人是可以开车的。

此外，有必要区分"实验性"和"常规"消费。但"实验性""少有"或"常规"消费的定义是什么？在巴伐利亚州主管法院(Bavarian state court, BayVGH)的裁决中，定义了以下类别：

- 实验性消费(一次或很少摄入)
- 偶尔或间歇性消费(每月几次，但不是每天)
- 习惯性消费(每天或几乎每天)
- 重度消费(每天数次)

在驾驶能力检查中，经常和偶尔使用大麻会导致毛发结果呈阳性[19]。阈值应排除单一(实验)消费和分析上假阳性结果。到目前为止，还没有可靠的(例如，前瞻性的)研究根据消费频率建立阈值。从消费行为和毛发浓度的统计数据可以看出，相当一部分偶尔使用者的毛发中没有检测到 0.1 ng/mg THC 的阈值。因此，我们讨论了毛发中 0.05 ng/mg 甚至 0.02 ng/mg THC 的较低阈值，有一个先决条件是该检测方法要具有足够的灵敏度。此外，应使用大麻二酚(cannabidiol, CBD)和大麻酚(cannabinol, CBN)的检测来确认结果。

如果消费频率是偶尔或更高,驾驶执照当局会要求进行心理医学检查。由于实验性消费不会导致 THC 阳性结果,因此所有阳性病例都需要进行心理医学检查。

13.5.3　意大利

在意大利,毛发分析还可用于吊销和恢复驾驶执照[20,21]。在伦巴第州[22],根据 1992 年 4 月 30 日的街道交通法以及 2002 年 1 月 15 日的附加法令第 9 条的规定,如果这个人在身体或精神上没有能力,则不能授予驾驶执照。当地的医疗服务机构评价个人能力。

禁止在滥用毒品影响下驾驶,毒品依赖者或注册毒品消费者不得开车。如果认为已经克服了毒品依赖,委员会可以提出医疗意见以重新颁发驾驶执照。该委员会有权下令进行定期检查和分析(尿液、毛发)。检测和分析可以在特殊实验室进行阿片类毒品、大麻、可卡因、苯丙胺等毛发分析。

在阳性案例(毛发或尿液)中,驾驶权限制为 6 个月,在通过新的考试后可恢复驾驶执照。针对尿样阳性而毛发样本阴性的情况,驾驶权限制为 3 个月,通过新的毛发分析后可以恢复驾驶权,其中毛发长度必须至少为 3 cm。

在尿液和毛发分析呈阴性的情况下,必须在 1、2 和 3 年后进行 3 个对照分析,也可以安排进一步的分析。但毒品分析呈阳性时,必须重复上述程序。

13.6　其他国家的规定

在 2002 年柏林毛发检测协会研讨会上的一项调查中,H. Sachs 和 F. Pragst 向国外同行询问了各自国家的法规,答案列于表 13.6 中。在荷兰,没有使用毛发分析进行毒品检测的监管活动(J. Weijers,阿姆斯特丹)。问卷答复者为 H.-J. Battista(萨尔茨堡)、O. Drummer(澳大利亚维多利亚)、H. Frison 和 L. Tedeschi (帕多瓦)、C. Jurado(塞维利亚)、H. Käferstein(科隆)、G. Kauert(法兰克福)、P. Kintz(斯特拉斯堡)、R. Kronstrand(林雪平)、S. Lohr-Schwaab(斯图加特)、F. Musshoff(波恩)、C. Moore(芝加哥)、S. Paterson(伦敦)、F. Pragst(柏林)、H. Sachs(慕尼黑),A. Schmoldt(汉堡),Ch. Staub(日内瓦)、A. Verstraete(比利时)和 R. Wennig(卢森堡)。

表 13.6　毛发分析和驾驶责任问卷答复

国　　家	法律规定	所用基材	大麻差异	毛发样本（每年）	筛查或确认	毒　品　调　查
澳大利亚	是	不规范	无	0	确认	能造成损伤的所有毒品
奥地利	是	不规范	无	每年	筛查	"Suchtmitterlregister" 所列所有毒品
比利时	是	不规范（尿液）	无	0	筛查和确认	—
英格兰（UK）	是	尿液	无	0	筛查	苯丙胺、摇头丸、大麻素、可卡因、海洛因、吗啡、美沙酮
法国	是	血液毛发[a]	无	0	确认	苯丙胺、摇头丸、大麻素、可卡因、阿片类药物；只在所有致命的交通事故中
德国	是	尿液毛发（血液）	有	3.000~4.000	筛查	精神药品
意大利	是	尿液毛发	无	5.000~10.000	筛查	麻醉和精神药品
卢森堡	否	不规范	无	0	筛查	—
西班牙	是	不规范	无	0	—	影响驾驶的所有毒品
瑞典	是	血液尿液	无	0	筛查	所有被归类为麻醉药品的药物
瑞士	是	不规范	无	0	—	联邦药物滥用法中提到的所有药物
美国[b]	是	血液	无	0	确认	能够起诉 DUID 的一般措辞

[a] 2002 年更改。
[b] 50 州中有不同的规定。

13.7　结　　论

　　在经常和偶尔使用的情况下,毛发分析是检测毒品消费的强大工具。在某些情况下甚至可以检测到单次使用。然而,从所提供的表格中可以明显看出,不同国家采取的法律方法存在很大差异。此外,从问卷的答复中可以看出,驾驶能力与驾驶责任或驾驶员能力之间并没有明确的区别。这些术语在不同国家有不同的定义。毫无疑问,科学协会的活动有助于在国家层面建立有用的程序。这可以从法国示例中看出，SFTA 的提案已被采纳为法律法规。然而，在国际层面上，目前还没有统一。

参考文献

1. European Database on Drugs; available on-line at http://eldd.emcdda.eu.int/.

2. Verstraete, A., Survey of DUID Legislation; available on-line at www.icadts.org/ coreport/ duidreport.pdf, 2003.

3. Walsh, M.J., A Survey of DUID Laws in the U.S.; available on-line at www. icadts. org/ coreport/duidreport.pdf, 2003.

4. Sachs, H. and Kintz, P., Testing for drugs in hair: critical review of chromatographic procedures since 1992, J. Chromatogr. B, 1998, 173: 147.

5. Pragst, F., Rothe, M., Spiegel, K., and Sporkert, F., Illegal and therapeutic drug concentrations in hair segments: a timetable of drug exposure? Forensic Sci. Rev., 1998, 10: 81.

6. Society of Hair Testing, Statement of the Society of Hair Testing concerning the examination of drugs in human hair, Forensic Sci. Int., 1997, 84: 3; SoHT recommendations for hair testing in forensic cases, Forensic Sci. Int., 2004, 145: 83.

7. United Nations, Guidelines for Testing Drugs under International Control in Hair, Sweat, and Saliva, United Nations Publication, Sales no. E.99.XI.14, 1999.

8. Kintz, P., Villain, M., Cirimele, V., Janey, C., and Ludes, B., Décret no 2003 – 293 du 31 mars 2003, Restitution de permis de conduire à partir d'analyses de cheveux (Hair as a discrimination tool of applicants for driving license), Ann. Toxicol. Anal., 2003, 15: 117.

9. Moeller, M.R., Fey, P., and Wennig, R., Simultaneous determination of drugs of abuse (opiates, cocaine and amphetamine) in human hair by GC/MS and its application to a methadone treatment program, Forensic Sci. Int., 1993, 61: 185.

10. Du Pont, R.L. and Baumgartner, W.A., Drug testing by urine and hair analysis: complementary features and scientific issues, Forensic Sci. Int., 1995, 70: 63.

11. Kintz, P., Drug testing in addicts: a comparison between urine, sweat and hair, Ther. Drug Monit., 1996, 18: 450.

12. Iversen, S., Schmoldt, A., Lewerenz, H., and Püschel, K., Stellenwert der toxikologischen Urin- und Haaranalyse bei der Fahreigungsbegutachtung von Kraftfahrern, Blutalkohol, 1998, 35: 1.

13. Uhl, M., Chapter 5 of this book.

14. Villain, M., Chapter 12 of this book.

15. Sachs, H. and Pragst, F., Hair Analysis and Driving Availability Examination, presented at Workshop of the Society of Hair Testing, Berlin, May 26 – 28, 2002.

16. Pragst, F., Sachs, H., and Sporkert, F., Zum gegenwärtigen Stand der Haaranalyse auf illegale Drogen im Rahmen der Fahreignungsprüfung, Berichte der Bundesanstalt für Straßenwesen: Mensch und Sicherheit, 1999, 111: 21.

17. Restitution du permis de conduire: Examen biologiques à partir de cheveaux: Consensus de la Société Française de Toxicologie Analytique du décembre 2004, Ann. Toxicol. Anal., 2004, 16: 229.

18. Kronstrand, R., Chapter 1 of this book.

19. Pragst, F. and Nadulski, T., Cut-off in hair in context of driving ability, Ann. Toxicol. Anal., 2006, 17: 237.

20. Tagliaro, F., De Battisti, Z., Lubli, G., Neri, C., Manetto, G., and Marigo, M., Integral use of hair analysis to investigate the physical fitness to obtain the driving license: a case-work study, Forensic Sci. Int., 1997, 84: 129.

21. Ricossa, M.C., Bernini, M., and De Ferrari, F., Hair analysis for driving license in cocaine and heroin use, an epidemiological study, Forensic Sci. Int., 2000, 107: 301.

22. Pichini, S., personal communication, Dec. 2005.

第十四章

毛发中的酒精标志物

Fritz Pragst and Michel Yegles

14.1　长期酒精滥用检测中的一般问题

与检测其他物质相比,毛发分析检测酒精滥用具有一定的特殊性。在几乎所有国家,酒精的消费量都很高,人口比例也较高。例如,卢森堡的人均日剂量接近 28 g,法国和德国约为 23 g,美国约为 14 g[1]。然而,个体的饮酒行为有很大的差异。例如,在德国,17% ~ 23% 的人口是戒酒的,约 40% 是弱饮酒者(1~10 g/d),32%~38% 是社交饮酒者(11~60 g/d),4%~5% 是严重滥用酒精或酒精依赖者(每天 61~400 g 以上)[2]。在大多数国家,尽管酒精对健康有巨大的风险,有很高的成瘾性,而且发生事故的风险也很高,在酒精的影响下发生的犯罪事件也很多。但酒精在社会上被广泛接受,这与大多数国家的经济因素有密不可分的关系。

酒精既具有合法性,又有较大的健康和安全风险。从医学和法医学角度,酒精这种模棱两可的情况对可靠的酒精标志物提出了很高的要求。酒精标志物可以用来区别社会饮酒和酗酒。有害饮酒后也可以以此提出强行戒酒的要求。因此,研究人员为了开发和评价实验室酒精标志物,在灵敏度、特异性和检测时间窗口等方面已经开展了广泛的研究。已经发表的几篇评论中描述了该领域的最新研究进展[3~12],见图 14.1。通常,具有酒精成瘾遗传倾向的"特征标记"和表征饮酒行为的"状态标记"之间是有区别的。

迄今为止,实践中使用的实验室标志物是状态标志物,可细分为直接和间接酒精标志物。根据在有机体中的寿命,这些标志物可以表明实际的饮酒事件或慢性重度酒精消费。直接酒精标志物是由乙醇分子化学衍生而来,仍然含有乙醇的两个碳原子。这些物质是乙醇本身或乙醇的代谢物,如脂肪酸乙酯(fatty

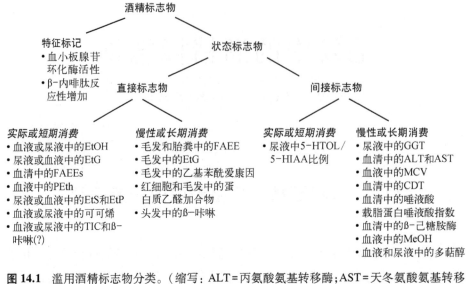

图 14.1 滥用酒精标志物分类。（缩写：ALT＝丙氨酸氨基转移酶；AST＝天冬氨酸氨基转移酶；EtG＝乙基葡萄糖醛酸苷；CDT＝碳水化合物缺乏转铁蛋白；EtOH＝乙醇；EtP＝磷酸乙酯；EtS＝硫酸乙酯；FAEE＝脂肪酸乙酯；GGT＝γ-谷氨酰转移酶；5－HIAA＝5－羟基吲哚乙酸；5－HTOL＝5－羟基色氨酸；MCV＝平均红细胞体积；MeOH＝甲醇；PEth＝磷脂酰乙醇；TIC＝四氢异喹啉。）

acid ethyl esters，FAEE）、乙基葡萄糖醛酸苷（ethylglucuronide，EtG）或磷脂酰乙醇，以及主要代谢物乙醛的后续产物，如去甲猪毛菜碱。间接标志物来源于长期过量饮酒后机体生物化学和代谢后产生的致病变化。所有常规用于诊断长期高酒精消耗的临床参数都是间接标志物，如肝酶 γ-谷氨酰转移酶（gamma-glutamyltransferase，GGT）、天冬氨酸转氨酶（aspartate aminotransferase，ASAT）、丙氨酸转氨酶（alanine aminotransferase，ALAT）、平均红细胞体积（mean corpuscular erythrocyte volume，MCV），或碳水化合物缺乏的转铁蛋白（carbohydrate-deficient transferrine，CDT）。这些标志物大多数只能在血液（血清或血浆）中被检测到，不适合其他样本材料，包括毛发。然而，也有一些低分子量的间接标志物，其浓度会因过量乙醇消耗而改变，例如 5－羟基色氨酸/5－羟基吲哚乙酸或多萜醇的比率。

尽管单一标志物的使用，特别是两种或多种标志物的组合使用[13]已经取得了相当大的研究进展，但情况仍然不尽如人意，因为间接血液或血清标志物在特异性或敏感性方面存在缺陷，而直接标志物在血液或尿液中检测时间窗口太短。

毛发分析可以将标记持久地结合到毛发基质中来解决检测窗口短的问题。原则上,毛发分析对于药品摄入回顾性检测和消费历史的时间分辨也应适用于酒精。

Pragst 等[14]综述了利用毛发分析检测慢性酒精摄入的可能性。遗憾的是,乙醇本身并不适合毛发检测,因为它具有高挥发性,而且乙醇会从外部(例如在酒吧或实验室)可逆地吸收到毛发中。然而,研究发现,乙醇可以与毛发蛋白质中的游离羧基发生化学结合。酒精也可以在消化后形成水解酯融入毛发中。因此,对过度饮酒者、社交饮酒者和滴酒不沾者(儿童)的毛发样本,可以用 30% NaOH 水解后,从酯基[14]中释放出乙醇,然后利用顶空气相色谱(headspace gas chromatography,HS – GC)进行分析检测。此外,通过甲醇或氯仿/甲醇混合物处理和溶剂蒸发制备的毛发提取物也以同样的方式水解,结果如图 14.2 所示。来自儿童的样本显示出最低值,但来自社交饮酒者和过度饮酒者样本之间没有明确的区别。显然,毛发基质中可水解乙酯的简单累积检测并不能用作酒精消费程度的衡量标准,因为来自外部污染的其他成分(例如,在同一研究中检测到

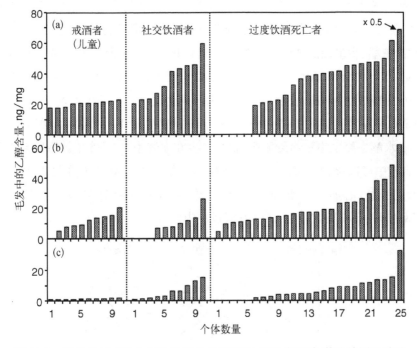

图14.2 用 30% NaOH 水解毛发或毛发提取物,顶空气相色谱法检测乙醇浓度[14]。(a)整体毛发,(b)用 CHCl₃/MeOH(4∶1 v/v)提取毛发,(c)用甲醇提取毛发。这三个序列中的个体并不完全相同,而是按照乙醇浓度增加的顺序排列。(来自 Pragst, F. et al., *Forensic Sci. Int.*, 107, 201, 2000. 经许可)

的邻苯二甲酸二乙酯和4-羟基苯甲酸乙酯)占主导地位并可以导致假阳性结果。

因此,使用毛发分析检测酒精消费必然要分析明确的酒精标志物。近年来,脂肪酸乙酯和乙基葡萄糖醛酸苷的研究取得了一些进展,本章对这些进展作了较为详细的介绍。此外,本章内容还涵盖了可卡因和乙醇的混合代谢物苯甲酰爱康宁乙酯(乙基苯酰爱康因)。最后,我们还综述了一些基于其他标志物的尝试性实验研究。

14.2　脂肪酸乙酯(FAEE)

14.2.1　人类 FAEE 的形成、分布和消除

脂肪酸乙酯(fatty acid ethyl esters,FAEE)含有 20 多种物质。Lange 等 1981 年[15]首次描述了酒精摄入后酶促形成 FAEE。后来几个研究小组[16~20]研究了细胞匀浆、动物实验和人体研究中的 FAEE。在酒精存在的情况下,游离脂肪酸、甘油三酯、脂蛋白或磷脂通过特异性胞质 FAEE 合成酶以及非特异性酶如羧酸酯酶、脂蛋白脂酶、羧酸酯脂肪酶或胆固醇酯酶在血液和几乎所有组织中生成 FAEE(图 14.3)。FAEE 在血液中的消除至少会发生两相动力学消除,初级半衰期约 3 h,终端半衰期约 11 h,分散进入组织中或在 FAEE 水解酶作用下发生水解[21]。水解主要发生在血细胞中,很少发生在血浆中[22]。停止饮酒后至少 24 h 后在血液中可以检出 FAEE[23]。人体样本中检测的 FAEE 浓度见表 14.1。从 FAEE 在肝脏、心肌和脂肪中的高浓度可以推测其在组织中的积累。因此,FAEEs 在酒精引起的组织损伤的发病机制中发挥作用[33]。

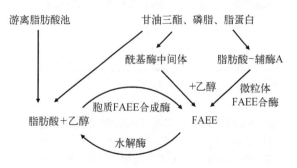

图 14.3　脂肪酸乙酯的形成及水解路线(FA=脂肪酸)。

表 14.1　文献中人体样本中脂肪酸乙酯浓度数据

样本材料	个人所含 FAEE[a]	FAEE 浓度	评　论[b]	参考文献
血清(活体)	E16:0, E16:1, E18:0, E18:1, E18:2, E20:4	1.2~3.0 μmol/L	BAC=1 mg/g	[24]
血清(活体)	E16:0, E18:0, E18:1, E18:2, E20:4, E20:5, E22:6	6.0~12.5 μmol/L	BAC=0.5~0.7 mg/g	[25]
全血(活体)	E16:0, E18:1	4.2~15.1 μg/mL	BAC>3.0 mg/g	[26]
心脏组织(尸检)	E16:0, E18:0, E18:1, E18:2, E20:0, E20:4	386±94 nmol/g	酒精滥用者	[27]
脑组织(尸检)	E16:0, E18:0, E18:1, E18:2, E20:0, E20:4	365±100 nmol/g	酒精滥用者	[27]
脂肪组织(尸检)	E16:0, E18:0, E18:1, E18:2, E20:4, E20:5, E22:6	3~94 nmol/g	酒精滥用者	[28]
胎粪	E16:0, E16:1, E18:0, E18:1, E18:2, E18:3, E20:4	0~62 μg/g	725 新生儿,108 阳性	[29]
胎粪	E12:0, E14:0, E16:0, E16:1, E18:0, E18:1, E18:2, E18:3, E20:2	2~262 nmol/g	20 阳性新生儿	[30]
毛发	E14:0, E16:0, E18:0, E18:1	1~30 ng/mg	酗酒者	[31]
皮肤表面脂质	E14:0, E16:0, E18:0, E18:1	24~240 ng/mg[c]	酗酒者	[32]

[a] E12:0=月桂酸乙酯,E14:0=肉豆蔻酸乙酯,E16:0=棕榈酸乙酯,E16:1=棕榈肉豆蔻酸乙酯,E18:0=硬脂酸乙酯,E18:1=肉豆蔻酸乙酯,E18:2=亚肉豆蔻酸乙酯,E18:3=亚麻酸乙酯,E20:0=乙基花生四烯酸乙酯,E20:4=花生四烯酸乙酯,E20:5=二十碳五烯酸乙酯,E22:5=鲶鱼酸乙酯,E22:6=二十二碳六烯酸乙酯。所有数据来自参考文献[24~30],以 E17:0(十七酸乙酯)作为内标。
[b] BAC=血液酒精含量。
[c] 根据文献[32]给出的 C_{FAEE}/C_{SQ} 计算,其中角鲨烯(SQ)的浓度为 10%。

　　使用 FAEE 作为血液中的酒精标志物仅限于检测最近 44 h 内摄入的酒精[34]。脂肪或肝脏组织中检测 FAEE 在尸检案例中特别有用[27,28]。然而,除毛发外,FAEE 作为生物标志物仅实际应用于胎儿酒精暴露的胎粪检测[29,30]。

14.2.2　毛发中的 FAEE 分析

　　在分析血液(血清或血浆)、组织匀浆或胎粪(通常为 1 mL 或 1 g 样本材料)中的 FAEE 的操作步骤中,通常用丙酮/正己烷混合物进行液体萃取,然后在氨基丙基硅胶柱上进行固相萃取[28,34~39]。定量检测一般采用气相色谱-质谱联用(gas chromatography-mass spectrometry,GC－MS),内标物十七酸乙酯(E17:0)。因为这些方法对低样本量(10~30 mg)不灵敏,所以并不适用于毛发样本,而且提取物中其他脂质会导致色谱背景过高。此外,因为 E17: 0 是样本的一个组分,所以不能作为内标。

因此,有研究者提出,利用液相萃取,后采用顶空固相微萃取(HS – SPME)和氘化标准的选择性离子监测模式(selected-ion monitoring mode, SIM)GC – MS 方法[40]对毛发样本进行检测。由于正己烷有毒,用正庚烷取代萃取混合物中的溶剂正己烷[31]。常规方法限于肉豆蔻酸乙酯(E14: 0)、棕榈酸乙酯(E16: 0)、硬脂酸乙酯(E18: 0)和肉豆蔻酸乙酯(E18: 1)。氘化标准品由相应的脂肪酸和 C₂D₅OD 制备[40]。该过程的步骤如图 14.4 所示。所有操作均在玻璃容器中进行。

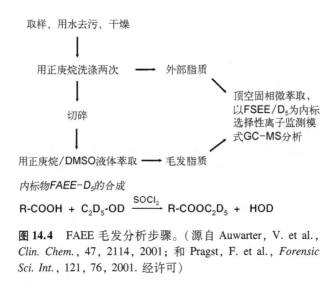

图 14.4   FAEE 毛发分析步骤。(源自 Auwarter, V. et al., *Clin. Chem.*, 47, 2114, 2001;和 Pragst, F. et al., *Forensic Sci. Int.*, 121, 76, 2001. 经许可)

14.2.2.1   样本预处理、去污和外部脂质分离

如果实验允许,分析 0~6 cm 近端毛发段比较合理。对于外部去污,样本用水洗涤并干燥。然后,将其切成长度为 1~2 mm、质量为 20~30 mg 的小块,精确称重。用正庚烷洗涤两次,每次 1 min,去除近期皮脂排泄物或美发用品的外部脂质。将洗涤液合并在 10 mL 顶空小瓶中,加入氘代标准品后蒸发,通过 HS – SPME 和 GC – MS 分析 FAEE。

14.2.2.2   毛发提取

用 0.5 mL 二甲亚砜(dimethylsulfoxide, DMSO)和 2 mL 正庚烷混合物在 25℃下将脱脂的毛发样本萃取 15 h,萃取液中含有 40 ng 的氘代 FAEE 作为内标,在一系列溶剂或混合溶剂中,因为该混合物提取率最高,并且可以避免在甲醇或其他醇中发生酯水解或酯交换,因此这种非质子混合溶剂是最合适的萃取剂。离心后,将正庚烷层分离到 10 mL 顶空瓶中,用氮气流蒸发溶剂,残渣用于分析。

14.2.2.3 顶空固相微萃取(HS-SPME)

优化所有参数后,分析步骤如下:向顶空小瓶中正庚烷洗涤液和毛发提取物的残留物中加入 1 mL 磷酸盐缓冲液(0.1 mol/L,pH 7.4)和 0.5 g NaCl。接下来所有的步骤都由多功能采样器(MPS 2,Gerstel,Mühlheim/Ruhr,德国)自动执行。在 90℃ 下预热 5 min 后,使用 65-μm 聚二甲基硅氧烷/二乙烯基苯(polydimethylsiloxane/divinylbenzene,PDMS/DVB)纤维在相同温度下进行 30 min 提取,同时搅拌样本。样本量为 10 mg 时,绝对提取率在 30%~40% 之间。对于 GC 进样口的解吸,在 260℃ 下 5 min 的时间即可。

14.2.2.4 气相色谱-质谱(GC-MS)

所有 FAEE 的质谱中,用于定量的分子离子峰相对较强,而 McLafferty 重排的峰($CH_2=COH-OC_2H_5^+$ 和 $CH_2=COH-OC_2D_5^+$,m/z 88 和 93),β-裂解峰($CH_2-CH_2-CO-OC_2H_5^{+\cdot}$ 和 $CH_2-CH_2-CO-OC_2D_5^{+\cdot}$,$m/z=101$ 和 106),以及 $m/z=157$ 和 162($C_6H_{12}-COOC_2H_5^+$ 和 $C_6H_{12}COO-C_2D_5^+$)峰作为定性离子。在方法验证中,四种酯的检测限(limits of detection,LOD)介于 0.015 ng/mg 和 0.04 ng/mg 之间,定量限(limits of quantification,LOQ)介于 0.05 ng/mg 和 0.12 ng/mg 之间。典型的色谱图如图 14.5 所示。

该方法还可以扩展到 32 FAEE 及其氘代类似物,用以探索毛发中 FAEE 混合物的组成[41]。除了线性脂肪酸和不饱和脂肪酸,还包括以 $\omega-1$ 和 $\omega-2$ 为分支的异式脂肪酸和反异式脂肪酸,这是皮脂的典型特征。图 14.6 显示了利用这种扩展方法从含酒精的毛发样本获得的色谱图,其中检测到了 15 FAEE。尽管在 HS-SPME/GC-MS 分析中,峰强度与毛发中 FAEE 的丰度没有直接关系,但可以看出,可以检测支链 FAEE 和具有奇数个碳原子的饱和 FAEE 的浓度。因为在所有毛发样本中都发现了 E14:0、E16:0、E18:0 和 E18:1 四种酯,并且这四种酯在毛发基质中具有稳定性,因此选择它们作为常规方法。双键较多的酯,如 E18:2、E18:3、E20:4,因对氧敏感而被排除在外。在血清或胎粪中,这些酯类化合物代表了大多数的 FAEE[29,30]。与之相反,由于暴露在空气和光线下的时间较长,它们不能满足毛发检测对物质稳定性的要求。

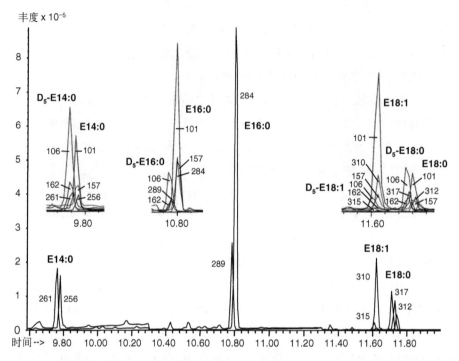

图 14.5 根据常规程序,对已知酗酒死亡病例的毛发提取物进行 FAEE 分析。浓度:肉豆蔻酸乙酯(E14:0)0.91 ng/mg;棕榈酸乙酯(E16:0)3.23 ng/mg;肉豆蔻酸乙酯(E18:1)6.39 ng/mg;硬脂酸乙酯(E18:0)0.31 ng/mg。

最近,Caprara 等描述了一种检测毛发中 FAEE 的替代方法[42],毛发提取程序相同,但他们使用氨基柱上的 SPE 进行纯化,并直接注入己烷溶液。除了上述四种酯之外,还包括月桂酸乙酯(E12:0)和棕榈肉豆蔻酸乙酯(E16:1),使用十七酸乙酯(E17:0)作为内标,GC - MS/MS 仪器上进行测量。单个酯的 LOD 介于 0.003 ng/mg 和 0.010 ng/mg 之间。

14.2.3　毛发中 FAEE 的进入和消除

如果 FAEE 仅在发根内与毛发基质结合,通过 FAEE 沿毛发长度的浓度可以显示出饮酒史[43]。因此,我们在大量病例中对 FAEE 进行了分段分析,并与采样前几个月的饮酒时间过程进行了比较。除毛发提取液外,我们还对洗液中的外部脂质进行了分析。图 14.7 给出了病人住院进行停药治疗的一个典型的例子。尽管其在采样前的最后 6 个月内几乎每天都有饮酒行为,可以看到从近端到远端毛发相应部分的浓度显著增加。更远端浓度再次降低。检测结果无法

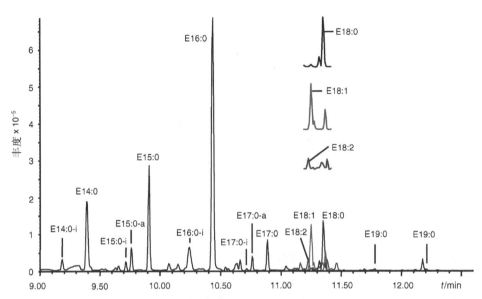

图 14.6　对一名酒精患者(年龄 50 岁,男性,死后 BAC 为 3.2 mg/g)的尸体毛发样本进行 GC－MS－SIM色谱分析,以筛查 32 种脂肪酸乙酯。图中显示了较显著的分子离子。检测的浓度如下:12－甲基十三乙酸乙酯(E14: 0－i)0.73 ng/mg;十四酸乙酯(E14: 0)3.42 ng/mg;13－甲基肉豆蔻酸乙酯(E15: 0－i)0.14 ng/mg;12－甲基肉豆蔻酸乙酯(E15: 0－a)0.63 ng/mg;十五酸乙酯(E15: 0)1.32 ng/mg;14－甲基十五酸乙酯(E16: 0－i)0.60 ng/mg;棕榈酸乙酯(E16: 0)6.37 ng/mg;15－甲基棕榈酸乙酯(E17: 0－i)0.02 ng/mg;14－甲基棕榈酸乙酯(E17: 0－a)0.20 ng/mg;十七酸乙酯(E17: 0)0.41 ng/mg;亚肉豆蔻酸乙酯(E18: 2)0.80 ng/mg;肉豆蔻酸乙酯(E18: 1)7.39 ng/mg;硬脂酸乙酯(E18: 0)1.61 ng/mg;十六烷酸乙酯(E19: 0)≈0.02 ng/mg;花生酸乙酯(E20: 0)0.12 ng/mg。

识别采样前 6~9 个月的戒断期。未发现沿毛发长度分布的 FAEE 与饮酒和戒断时间之间的一致性。外部脂质中的 FAEE 也有非常相似的过程。然而,与饱和酯相比,肉豆蔻酸乙酯的含量更高。由于这些外部浓度也与毛发质量有关,而与脂质质量无关,因此,据估计,毛发表面脂质层中的 FAEE 浓度比毛发中的 FAEE 浓度高一到两个数量级。与毛发基质相比,外部脂质中肉豆蔻酸乙酯的浓度高得多,很显然,这源于这种不饱和化合物对降解更敏感。为此,它在进入毛发基质之前被破坏的程度更高。

　　从这些结果可以看出,FAEE 主要是通过附着在毛根上的皮脂腺稳定地产生皮脂而进入毛发。这种稳定的脂肪堆积会随着毛发年龄的增长而增加,这也是为什么从近端到远端浓度增加的原因。两个月后第二次从同一受试者采集毛发样本中可以观察到这种积累[41]。在两次采样之间的两个月内,由于毛发每月

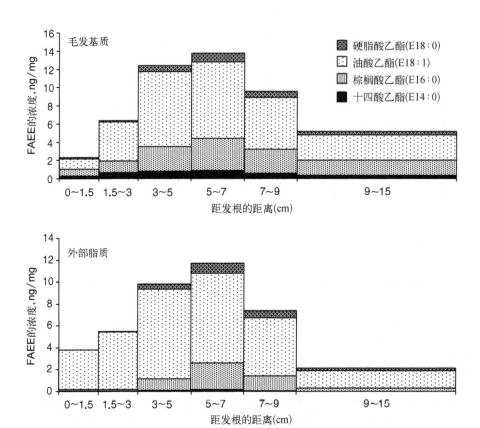

图 14.7　停药治疗患者(47 岁,女性)毛发样本 FAEE 分段分析。入院后 4 天采样。自我报告饮酒史: 采样前半年,每天饮用 200 mL 白兰地或 1.5 L 啤酒;半年前禁戒 3 个月。每周洗头三次,最后一次洗头是在取样前 5 天。外部脂质浓度也与毛发质量有关。

生长约 1 cm,前一段 0~1 cm 已转移到 2~3 cm 的位置。与此同时,该段的 FAEE 浓度增加了一倍以上。

　　通过检测皮肤表面脂质中的 FAEE,例如,前额贴片或擦拭试验[32],可以找到进入机制。由于在皮脂腺的分泌机制中,多种特定的皮脂在腺体细胞中直接生成[44~46],因此可以假设,乙醇从血液循环扩散到腺体中,FAEE 在这个部位酶的作用下形成。每天使用含 62.5% 乙醇的洗发液治疗头部皮肤 2 个月后,毛发中 FAEE 的浓度显著增加[47],这一事实支持了这个假设。

　　因此,使用含酒精的护发产品进行定期治疗是导致假阳性结果的重要原因。一项关于护发和美发化妆等产品和程序对 FAEE 浓度影响的研究表明,对含有酒精的毛发样本进行 20 次常规洗发并不会显著降低毛发基质中的浓度[47]。结果表明,许多护发产品都含有微量的 FAEE,然而,在常规使用后,这些 FAEE 不会产生任何影响。在漂白、染色和烫发后,没有发现毛发基质中 FAEE 的浓度显著降低。仅在使用碱性试剂(pH = 11)的染色实验中观察到 FAEE 浓度下降(64%)。然而,在正庚烷洗涤中测得的毛发表面 FAEE 会因各种毛发处理而显著降低。如上所示,外皮脂层是毛发基质中 FAEE 的主要来源,可以预期,对于洗发次数频繁的社会适应个体,FAEE 浓度会低于洗发次数较少而饮酒量相同的反社会饮酒者。

一般观察到毛发中 FAEE 的浓度会随时间逐渐降低,较长毛发样本的远端浓度也较低(图 14.7),在空气中较长时间储存后的样本浓度也会降低。浓度降低的主要原因可能是酯的水解、蒸发以及不饱和物的自氧化。因此,将干燥的样本储存在铝箔中是避免样本在取样和检测之间降解的最佳方法。

14.2.4　毛发中的 FAEE 浓度与饮酒行为的关系

鉴于皮脂的进入机制,不能利用分段毛发分析 FAEE 对饮酒史进行调查。当然,在戒断开始后,FAEE 不会再合成和沉积在新长出的毛发中。然而,如图 14.7 所示,通常可以观察到近端区域的浓度较低,这并不能证明酒精消费量减少,而是由较短的积累时间造成的。因此,只能将 FAEE 的浓度作为采样前一段时间内一般饮酒行为的指标,而不能参考时间段。

第 14.2.2 节中描述的方法适用于禁酒者、中度社交饮酒者、戒酒治疗患者和已知酗酒或酗酒死亡病例的毛发样本检测。为了解释饮酒行为,我们使用了四种酯(肉豆蔻酸乙酯、棕榈酸乙酯、肉豆蔻酸乙酯和硬脂酸乙酯 C_{FAEE})的总浓度。在毛发足够长的情况下,分析 0~6 cm 的部分,而对长度小于 6 cm 的毛发样本进行总长度的研究。这四组的数据如图 14.8 和图 14.9 所示。

14.2.4.1　禁酒者

令人惊讶的是,我们在严格的禁酒主义者的毛发中,测量出了浓度在 0.06~0.37 ng/mg(平均 0.17 ng/mg, $n = 17$[31,48])之间的少量的 C_{FAEE}(图 14.8a)。原因尚不清楚。原则上,皮脂腺细胞的特定代谢应该能够从醋酸中间体形成乙醇,类似于皮脂蜡中存在的脂肪醇。另一种可能性是使用含有乙醇的美发用品。由于有时会在适度社交饮酒者中发现类似的低浓度,因此无法使用此标记来控制绝对戒断。

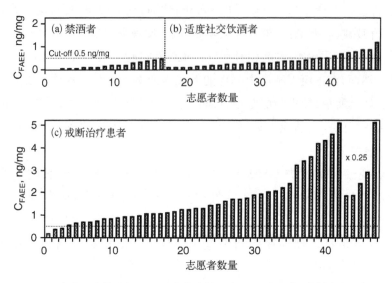

图 14.8　来自(a) 禁酒者,(b) 适度社交饮酒者,(c) 酗酒者,戒断治疗患者的毛发样本中的 C_{FAEE}。该患者过量饮酒的最佳阈值为 $C_{FAEE} = 0.5\ ng/mg$。

14.2.4.2　适度社交饮酒者

在自我报告每天摄入 2 ~ 20 g 乙醇的社交饮酒者的毛发中,确定了 0.08 ~ 0.87 ng/mg ($n=20$,平均 0.40 ng/mg[31,48])的浓度含量。未发现饮酒与 C_{FAEE} 之间存在相关性。通过使用含有乙醇的洗发水可以解释 $C_{FAEE} > 1.0\ ng/mg$ 的病例,并将其排除在外。从迄今为止的检测数据可以得出结论,正常饮酒不会导致 C_{FAEE} 超过 1.0 ng/mg。

14.2.4.3　戒酒治疗中的患者

有三项研究报告了 47 名患者的检测结果[31,48,49]。在开始戒断后 2 ~ 60 天收集样本。根据自我报告,患者在采样前的最后一个月内每天消耗 50 ~ 400 g 乙醇[31,48]或 960 ~ 7 600 g 乙醇[49]。如图 14.8c 所示, C_{FAEE} 的范围为 0.2 ~ 20.5 ng/mg (平均 2.7 ng/mg)。在这些案例中没有发现饮酒与 C_{FAEE} 之间的相关性。案例中的两个极低浓度(0.20 ng/mg 和 0.37 ng/mg)可以用较低的酒精摄入量(60 ~ 80 g/d)和采样前 2 个月的戒断或毛发样本的异常特性来解释[31]。

14.2.4.4　死亡案例

柏林夏里特大学医院法律医学研究所(Institute of Legal Medicine of the University Hospital Charité Berlin)对 328 个死亡病例的毛发样本进行了 FAEE 分

析[50]。警方报告称这些案件中的 171 起是酒精成瘾或长期酗酒案件,相应的尸检结果也证实了警方的报告。其中,61 例可以明确排除酗酒,剩余的 96 例中,饮酒行为未知。结果如图 14.9 所示。在酒精滥用病例中检测的 C_{FAEE} 为 0.4～42 ng/mg (n=171,平均 5.0 ng/mg)。该组中的平均值明显高于戒断患者组中的数值。据推测,这些人的饮酒量可能更高。此外,这些人中有更多人来自反社会环境并且忽视了毛发护理。这可能有利于 FAEE 从外部脂质层沉积,而这种沉积又很少通过洗发去除。

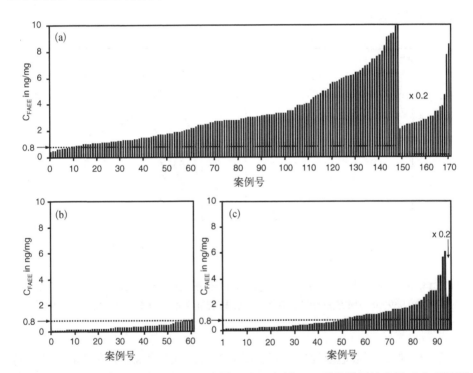

图 14.9　尸检毛发样本的 C_{FAEE}:(a)已知终生酗酒案例;(b)排除酗酒的案例;(c)无饮酒行为资料的案例。在尸检案例中过量饮酒的最佳阈值是 C_{FAEE}=0.8 ng/mg(参考图 14.10)。

　　对于排除酗酒的死亡病例,C_{FAEE} 明显较低(0.03～0.89 ng/mg,平均0.32 ng/mg,n=61)。这些数据与禁酒者和适度社交饮酒者的数据范围相同。在未知饮酒行为的情况下,检测范围为 0.08～18.9 ng/mg。

　　14.2.4.5　阈值

　　从上面提供的 FAEE 浓度可以明显看出,这个标记无法区分禁酒者和社交饮酒者。然而,节制饮酒和适度的社交饮酒与过度饮酒之间的区别还是很明显的。为了对数据的阈值进行统计学评价,我们应用了 ROC(receiver-operating characteristic)分析技术[51]。该方法的鉴别能力由 ROC 曲线下的面积(AUC)来表征,特异性和选择性可以绘制为阈值的函数。171 例阳性和 61 例阴性死亡病例的 ROC 分析结果如图 14.10 所示。从图 14.10a 中 ROC 曲线的 AUC = 0.989 可以看出,C_{FAEE}对这两组具有高度准确的判别能力。死亡病例的最佳阈值为 0.80 ng/mg,选择性为 95%,特异性为 95%(图 14.10b)。在之前的论文[31]中描述的下限为 1.0 ng/mg 时,几乎没有出现假阳性的情况,但灵敏度较低,有超过 10%的假阴性结果。

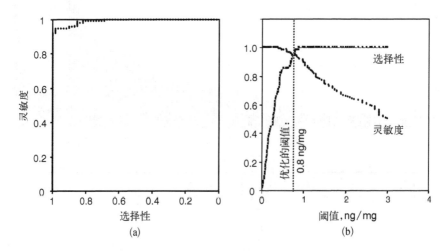

图 14.10 对死后毛发样本的 C_{FAEE} 进行 ROC 分析,见图 14.9a,b。(a)左侧图的 AUC = 0.989,说明该方法的判别能力具有较高的准确性。(b)在死后病例中,特异性和灵敏性的最佳值为 0.8 ng/mg。

区分节制饮酒或适度社交饮酒和酗酒的情况比较困难,但在驾驶执照案件中使用 C_{FAEE}是比较合适的。如上所示,与死亡病例相比,在社会融合病例的毛发样本中,C_{FAEE}普遍较低。对该患者的所有实际数据进行 ROC 分析,得出 AUC = 0.935(高度准确的鉴别能力),最佳阈值为 0.5 ng/mg,特异性为 90%,选择性为 90%[50]。目前进一步的研究还在继续,以评估适用于更多个体的方法,并纳入传统的酒精标志物。这些综述性研究面临的主要问题是如何获得饮酒行为的真实数据。

14.2.4.6　以角鲨烯为天然参考物质的相对 FAEE 浓度

皮脂腺活性的个体差异以及护发和美发用品的消除作用使 C_{FAEE}作为过

度饮酒标志变得复杂。另一个误差来源于毛发长度从近端到远端的积累增加的影响。将 C_{FAEE} 与角鲨烯(squalene,SQ)相关联可以避免这些误差。角鲨烯在皮脂中的含量为 10%~20%[48]。利用高效液相色谱(high-performance liquid chromatography,HPLC)检测 37 份毛发样本中的角鲨烯浓度(C_{SQ}),其范围为 0.02~1.97 μg/mg(平均 0.67 μg/mg)。结果表明,在与毛发中脂质含量有偏差的情况下,SQ 可以通过校正结果来改善解释。然而,C_{FAEE}/C_{SQ} 的相对浓度不能完全取代绝对浓度,因为毛发中 SQ 的结合和消除动力学不同。

14.2.4.7　阴毛、腋毛、胡须和体毛

针对 1 名禁酒者、5 名中度社交饮酒者和 22 名死亡者,有研究者考察了使用除毛发以外的毛发样本的可能性[52]。尽管同一个体不同部位的毛发中的 C_{FAEE} 存在很大差异,但慢性过量饮酒案例中几乎所有样本 C_{FAEE}>1.0 ng/mg。因此,如果没有毛发或为了避免美发用品引起检测错误,可以使用阴毛、腋毛、胡须或体毛。

14.2.5　实际应用

在驾驶能力检查(酒后驾驶,DUI 案例)和尸检案例中,C_{FAEE} 的检测可以用作饮酒行为的标志。在第 14.4 节中将介绍 C_{FAEE} 与乙基葡萄糖醛酸苷在 DUI 案例中的应用。此外,内容还涵盖了一些将 FAEE 纳入新生儿毛发检测的初步实验。

在尸检调查中,确定慢性饮酒行为对于解释死亡原因或死亡情况通常很重要。有时典型的病理症状不明显,或症状是由其他原因引起的。在严重腐烂或骨骼化的尸体中,形态学诊断甚至是不可能实现的。从刑事案件报道中获得的数据,例如根据邻居的陈述等,经常不完整或有问题。此外,传统的酒精标志物如 GGT、MCV 或 CDT 不适用于尸检血液。因此,FAEE 的毛发分析是填补这一空白的可靠方法,如图 14.9c 所示的案例。

在死亡案件中使用 FAEE 的例子包括:

明确形态学发现的原因,如肝脏或胰腺的损伤

支持或排除酒精戒断导致死亡的诊断

辨认不明尸体

调查交通或工作场所事故情况

澄清谋杀案或凶杀案情况

酒精问题导致自杀

一些典型案例见表 14.2。

表 14.2　饮酒史不明死亡病例头皮毛发中 FAEE 的浓度

病例号	年龄，性别	病 例 历 史	尸检结果	BAC (mg/g)	C_{FAEE} (mg/g)	解　释
01 – 051	21, f	未知尸体，在废弃建筑中发现	死因不明	—	0.07	没有酗酒迹象
02 – 094	67, m	一名行人，无视红灯被卡车碾过当场死亡	致命创伤	0.8	3.0	长期酗酒
02 – 171	37, m	医院死亡艾滋病肝炎，有酗酒史	肺炎	0.0	0.29	过去 6 个月没有酗酒迹象
02 – 369	56, m	尸体腐烂，隐居生活	死因不明	1.3[a]	2.74	长期酗酒
02 – 463	35, m	在公寓里被刺死	失血过多死亡	0.00	1.8	长期酗酒
02 – 560	31, m	自己造成的车祸，6 h 后死亡	致命创伤	0.00	0.29	没有长期酗酒迹象
03 – 185	43, m	酗酒者，被发现死在公寓里，当天早上决定戒酒	死因不明	0.00	12.6	重度酗酒者，死于戒酒
03 – 329	59, f	死在公寓里，有酗酒问题，过去接受过戒酒治疗	死因不明	0.00	1.49	长期酒精滥用，不排除戒断导致的死亡
04 – 007	64, m	在酒吧喝了两杯伏特加后突然昏倒	心脏病	0.0	0.18	没有酗酒迹象
04 – 026	57, f	因多器官衰竭心理疾病，在医院死亡	肝坏死	0.2	2.25	长期酗酒
04 – 377	24, m	自杀，从 18 m 高的栏杆上跳下，身上有酒味	致命创伤	1.3	0.53	没有长期酗酒和社交饮酒迹象
04 – 410	58, m	工作事故，从屋顶上摔下来，几分钟内死亡，以前酗酒	致命创伤	0.0	0.03	没有酗酒迹象，禁酒主义者或适度社交饮酒

[a] 肌肉酒精浓度，血液不可用。

　　Chan 等[30] 和 Klein 等[53] 描述了通过测定母亲和婴儿毛发中的 FAEE 来揭示怀孕期间酒精滥用的可能性。怀孕期间参加社交饮酒的女性的毛发中 FAEE 含量为 2.6 pmol/mg，婴儿的毛发中 FAEE 含量为 0.4 pmol/mg。

14.3　乙基葡萄糖醛酸苷(EtG)

14.3.1　EtG 在人体中的形成、分布和消除

大约 90%~95% 的酒精通过在肝脏中氧化为乙醛而消除,只有大约 0.02%~0.06% 的酒精以乙基葡萄糖醛酸苷[ethyl－β－D－6 glucuronic acid,乙基-β-D-6 葡萄糖醛酸苷(EtG)]的形式消除[54,55]。乙醇的结合发生在肝细胞的内质网中,很少发生在肠黏膜和肺细胞中[56]。生物转化需要活化的葡萄糖醛酸(glucuronic acid, UDP－GA),并由 UDP－葡萄糖醛酸转移酶(UDP－glucuronosyl transferases, UGT)(图 14.11)催化,其中 UGT 1A1 和 UGT 7B2 是肝微粒体中最活跃的亚型[57]。

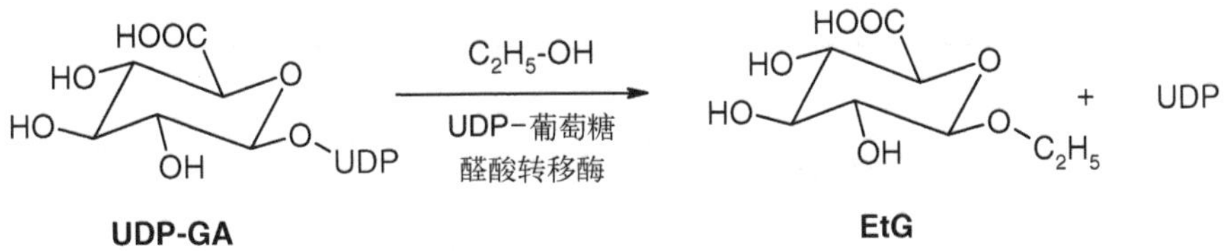

图 14.11　在 UDP－葡萄糖醛酸转移酶(UGT)催化下,活化葡萄糖醛酸(UDP－GA)和乙醇生成乙基葡萄糖醛酸苷(EtG)。

Neubauer 在 1901 年就已经报道了酒精的葡萄糖醛酸化作用[58]。乙醇的直接代谢物是一种非挥发水溶性物质(图 14.11 中的结构),Jaakonmaki 等[59] 和 Kozu[60] 首次在尿液中检测到这种物质。Schmitt 等用 GC－MS 描述了 EtG 的制备合成、分析数据以及血清和尿液中的定量[61]。作者也考察了血清中乙基葡萄糖醛酸苷的动力学[62,63]:EtG 比乙醇晚 2~3.5 h 出峰,终止半衰期为 2~3 h。乙醇完全消除后至 8 h 仍可在血清中检测 EtG。尿液中 EtG 在酒精摄入后至 80 h 仍可检测到。因此,体液中 EtG 可作为酒精消耗的短期标志物,即使在完全消除酒精后也可检测到它[64]。

有研究者使用 GC－MS 或液相色谱-质谱法(liquid chromatography-mass spectrometry, LC－MS)[65~72] 检测了几种体液和组织中 EtG 的浓度。表 14.3 中给出一些数据。尿液中的浓度最高,其次是肝脏、胆汁和血清。肌肉和脂肪组织

的浓度最低。考虑到 EtG 的亲水结构,这种分布是可以理解的。Wurst 等审查了使用 EtG 作为酒精滥用标记的可能性[64]。

表 14.3   酒精摄入后人体体液和组织中乙基葡萄糖醛酸苷的浓度

样 本 材 料	EtG 浓度 (μg/mL 或 μg/g)	备 注	参考文献
血清	3.2~13.7	酒驾	[61]
尿液	3.0~130	酒驾	[61]
尿液	3.6~710	戒断患者	[65]
尿液	5.1~1 790	酒驾	[66]
肌肉	0.13~1.75	有酒精史的意外死亡	[67]
脂肪	0.18~1.19	有酒精史的意外死亡	[67]
肝脏	7.9~76.7	有酒精史的意外死亡	[67]
胆汁	1.10~42.3	有酒精史的意外死亡	[67]
骨髓	0.52~9.4	有酒精史的意外死亡	[67]
毛发	0.025~13.2	滥用酒精	[68~72]

14.3.2   毛发中 EtG 的分析

Sachs 于 1993 年首次报道了这种微量代谢物的检测[73]。此后,文献中描述了不同的 GC‐MS 或 LC‐MS 检测毛发中 EtG 的方法[68~72,76~79]。实验条件概述见表 14.4。在最初的研究中,社会饮酒人士的毛发中也发现了较高的 EtG 浓度[73,74]。因此,这些最初的 EtG 检测方法可能没有完全优化。在目前使用的方法中,去污后的样本要么被粉碎,要么被切成小块。毛发的提取通常是用水进行孵育或超声波或两者的结合。Jurado 等[72]表明,这种溶剂优于甲醇、甲醇/水混合物或三氟乙酸水溶液。市售的 D_5‐EtG 通常用作内标。对于 GC‐MS 方法,通过氨基丙基柱上的固相萃取进行纯化,可以将灵敏度提高大约一个数量级。对于 GC‐MS‐EI,五氟丙酸酐(pentafluoropropionic anhydride,PFPA)的衍生化效果优于七氟丁酸(heptafluorobutyric anhydride,HFBA)和双甲基硅基三氟乙酰胺/三甲基氯硅烷(bistrimethylsilyltrifluoroacetamide/trimethylchlorosilane,BSTFA/TMSCl,99∶1)[72]。然而,使用衍生化后的五氟丙酸酐/五氟丙醇(pentafluoropropionicanhydride/pentafluoropropanol,PFPA/PFPOH,100∶70 v/v)的 GC‐MS‐NCI 灵敏度可提高到 2 pg/mg[71]。用这种方法从一个酗酒者和一个社交饮酒者的样本中获得的典型色谱图如图 14.12 所示。LC‑MS/MS 方法既不需要清除，也不需要衍生化[68,77]。使用最新的仪器，只需将毛发水相萃取物简单地注射到 LC‑ESI‑MS/MS 装置中，即可获得 2 ng/mg 的检出限[77]。

表 14.4　毛发中 EtG 的检测方法

确 认	毛 发 处 理	纯化衍生化	检测方法 内标物	LOD （pg/mg）	参考 文献
未说明	未说明	甲硅烷基化	无内标，GC‑MS‑EI	—	[73]
甲醇	粉碎，MeOH/水 1 : 1（v/v），4 h，40℃	未纯化，乙酰化	无内标，GC‑MS	1 000	[74]
乙醚/丙酮	粉碎，0.25 mL H₂O/1 mL MeOH，孵化（5 h），超声（3 h）	过滤，MSTFA	甲基葡糖醛酸苷 GC‑MS‑EI	2 200	[75]
甲醇/丙酮	毛发剪成 1 mm 段，2 mL H₂O 超声（2 h）	未纯化 BSTFA/pyridine	D₅‑EtG GC‑MS‑EI	—	[68]
水/丙酮	粉碎，2 mL MeOH/H₂O 1 : 1（v/v）孵育过夜	未纯化 PFPA/PFPOH	D₅‑EtG GC‑MS‑NCI	31	[69]
甲醇/丙酮	毛发切成 1 mm 段，1.5 mL H₂O 超声（3 h）	SPE 氨丙基柱	D₅‑EtG LC‑MS/MS	50	[70]
水/丙酮	粉碎，2 mL H₂O，超声（2 h）	SPE 氨丙基柱 PFPA/PFPOH	D₅‑EtG GC‑MS‑NCI	2	[71,76]
水/丙酮	毛发切成 1 mm 段，2 mL H₂O 超声（2 h），孵育过夜	未纯化 PFPA	D₅‑EtG GC‑MS‑EI	25	[72]
二氯甲烷/甲醇	毛发切成 1 mm 段，700 μL H₂O 20 μL MeOH 孵育过夜，超声（2 h）	未纯化	D₅‑EtG LC‑ESI‑MS‑MS 负离子模式	2	[77]
水/丙酮	粉碎，1.5 mL H₂O，3.5 mL MeCN 孵育 45℃（12 h），超声（1 h）	SPE 氨丙基柱	D₅‑EtG LC‑APCI‑MS	40	[78]

注：SPE=固相萃取。

14.3.3　毛发中的 EtG 浓度与饮酒行为的关系

Skopp 等[75]在酗酒者的 4 个毛发样本中检测到 EtG 浓度高达 13.8 ng/mg，在社交饮酒者的 7 个毛发样本中有 4 个样本的 EtG 浓度接近检测限 2.2 ng/mg。对于社交饮酒者来说，如此高的浓度还没有得到其他作者的证实。Alt 等[68]使

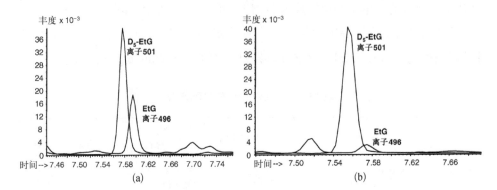

图 14.12　PFPA 衍生化后 GC－MS－NCI 检测毛发样本中乙基葡萄糖醛酸苷含量。（a）C_{EtG} 120 pg /mg。（b）社交型饮酒者，C_{EtG} 24.5 pg/mg。（源自 Yegles, M. et al., *Forensic Sci. Int.*, 145, 167, 2004; 和 Appenzeller, B. et al., Ethyl Glucuronide Determination in Segmental Hair Analysis of Alcoholics, presented at Communication XIIIème congrès annuel de la Société Française de Toxicologie Analytique, Pau, France, June 8–10, 2005. 经许可）

用氘标记的 D_5- EtG 作为内标,在儿童和社会饮酒者的毛发中均未检测到 EtG,而酗酒者的 25 份毛发样本中有 23 份可以检测到 EtG,EtG 浓度范围为 0.119～4.025 ng/mg[68]。

　　Yegles 等[69]利用 GC－MS－NCI 证实了社交饮酒者($n=6$)毛发中不存在 EtG。在 17 例尸检病例的毛发样本中,从血清或胃内容物中发现了酒精,其中 9 例毛发中检测了 EtG,浓度在 0.062～5.8 ng/mg 之间。此外,在所有报告酗酒的尸检病例($n=4$)中,毛发 EtG 呈阳性[69]。

　　Janda 等[70]检测了 97 个毛发样本中的 EtG,这些样本是从已知酗酒者或因酒精戒断而住院的酗酒者、社交饮酒者和未摄入任何酒精的儿童身上提取的。数据如图 14.13 所示。在 87 份酒精中毒的毛发样本中,49 份的 EtG 浓度在 0.05 ng/mg 和 13.2 ng/mg 之间。与 FAEE 相似(见 14.2.4 节),死亡病例的浓度高于停药患者。在 5 份社会饮酒人士的毛发样本中,只有一份的 EtG 浓度高于检测限(0.051 ng/mg)。儿童毛发中未检测到 EtG。

　　在进一步研究中[69,71]所有酒精患者($n=10$)的毛发样本中均可检测到 EtG,EtG 浓度在 0.030～0.415 ng/mg 之间,有酒精史的死亡患者($n=11$)的 EtG 在 0.072～3.380 ng/mg 之间。在儿童($n=3$)和社会饮酒者($n=4$)的毛发样本中未检测到 EtG。Jurado 等[72]检测了 7 个酒精毛发样本中的 EtG,浓度在 50～700 pg/mg 之间。这项研究没有调查社交饮酒者或戒酒者的毛发样本。

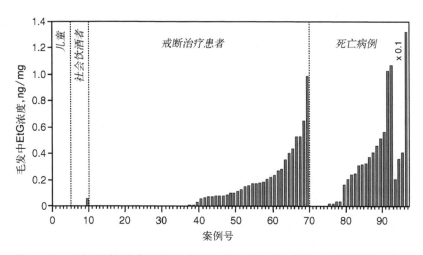

图 14.13 97 例儿童、社交饮酒者、停药治疗患者和已知慢性酒精滥用死亡病例的毛发样本中 EtG 的浓度。(数据来自 Data from Janda, I. et al., *Forensic Sci. Int.*, 128, 59, 2002. 经许可)

用 HP‑5MS 毛细管柱代替 Ultra‑2 对 GC‑MS‑NCI 方法进行优化后,在社交饮酒者($n=5$)的毛发中也检测到了 EtG,浓度在 9~15 pg/mg 之间,而在儿童($n=3$)的毛发中,EtG 的浓度低于 8 pg/mg 的最低定量限。考虑到这些结果,Yegles 和 Pragst 提出了利用 GC‑MS‑NCI 检测的初步阈值如下:

C_{EtG}<8 pg(LLOQ):禁酒者

C_{EtG}>8 pg/mg 和<25 pg/mg:社交饮酒者

C_{EtG}>25 pg/mg:长期酒精滥用者

当然,这些数据需要大量的样本确认。Morini 等[77]使用液相色谱‑电喷雾电离‑串联质谱法(liquid chromatography-electrospray ionization-tandem mass spectrometry,LC‑ESI‑MS/MS)在社交饮酒者的毛发中检测到类似浓度的 EtG。

最近的研究结果表明,通过毛发中检测 EtG,有可能区分禁酒者、社交饮酒者和重度饮酒者。EtG 浓度低于定量限可能表明社交饮酒者或禁酒者饮酒程度较弱,但不能完全排除饮酒。大量饮酒后 EtG 结果仍为阴性的一个原因可能是毛发做过美发处理,因为漂白会使毛发中的 EtG 浓度降低 78%[71]。由于热水浴可以将乙醇从毛发中提取出来,因此频繁洗发或热水淋浴毛发中的乙醇会被洗掉,特别是从染色、漂白或烫发损坏了角质层的毛发中洗掉。另一方面,阳性

EtG 结果可能被视为中度或过度饮酒行为的有力证据。

在 Janda 等[70] 和 Yegles 等[71] 的两项研究中,没有发现酒精消耗量与毛发中 EtG 浓度之间存在相关性。考虑到血清中浓度的可变性以及护发和美发用品的消除作用,不存在相关性并不奇怪。此外,饮酒的自我报告数据可能不够可靠。最后,有实验证据表明 EtG 也可通过汗液消除[80],而汗液会在不同程度上影响毛发中 EtG 的浓度。

在对酒精戒断治疗计划中 15 名患者的毛发中 EtG 进行分段分析后,发现自我报告的饮酒史与 EtG 浓度之间存在相对较好的一致性[76]。图 14.14 显示了三个示例。因此,在大多数情况下,采样前几个月停止饮酒表明近端节段酒精浓度低,相应的远端节段的阳性结果较高(图 14.14a、b)。在另一个案例中,戒断前 5 个月定期饮酒后酒精消耗量逐渐增加,直到戒断,可以通过 EtG 毛发分析来确认(图 14.14c)。此外,在放弃 5 个不可靠的受试者(漂白的毛发、不断摄入酒精和不可靠的自我报告消费)后,发现与戒断前一段时间对应的毛发 EtG 与饮酒量之间存在显著相关性($p<0.01$)。

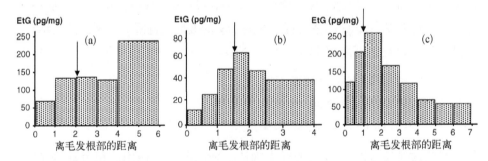

图 14.14 3 例停药患者毛发节段 EtG 浓度及饮酒史。箭头表示戒断时间,基于毛发生长速率为 1 cm/m 的假设。(a)男性(44 岁):提高酒精量 2 年(每天 300 mL),然后在停止前 2 个月减少量。(b)男性(55 岁):定期摄入酒精(每天 180 mL 酒精)。(c)男性(33 岁):在戒断前 5 个月以上每天约 500 mL 酒精,然后逐渐增加到每天 700 mL 酒精直至戒断。

14.4   FAEE 和 EtG 的组合使用

如前几节所示,毛发中的 FAEE 和 EtG 都是基于不同生化来源的长期饮酒的合适的直接标志物。然而,还没有发现任何一个标志物与饮酒量显著的定量关系。因此,在饮酒水平较低的临界情况下,解释尤为困难。因此,人们考察了两种毛发标记的组合使用是否会出现更好的解释。

在第一项研究中,在 3 名严格禁酒者、4 名中度社交饮酒者、10 名戒断治疗患者和 11 名因过度饮酒而死亡的患者的毛发样本中检测了这两种标志物的浓度[71]。数据如图 14.15 所示。所有酗酒病例均由这两个标记表示。然而,在阳性病例中,C_{FAEE} 和 C_{EtG} 之间没有比例关系,这并不奇怪,因为这两种标记具有完全不同的特性,并且通过完全不同的机制形成、沉积在毛发中以及从毛发中消除。

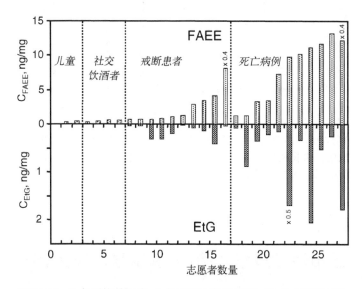

图 14.15　3 名严格禁酒者、4 名适度社交饮酒者、10 名戒断患者和 11 名记录在案的过度饮酒死亡患者毛发中 FAEE 和 EtG 的浓度比较。案例按 C_{FAEE} 增加的顺序排列。(数据来自 Yegles, M. et al., *Forensic Sci. Int.*, 145, 167, 2004. 经许可)

这种差异不一定是缺点。有研究者在 40 例驾驶能力检查中验证了 FAEE 和 EtG 的联合应用[80]。在所有案例中,缓刑人员都因酒驾被吊销驾照,并已申请补发,但先决条件是要严格戒酒至少一年。在选择进行毛发分析的案例中,在心理检测和使用传统酒精标志物后,对戒断仍然存在一些怀疑。

结果如图 14.16 所示。如果 $C_{FAEE} \leqslant 0.4\,\text{ng/mg}$ 和 $C_{EtG} \leqslant 8\,\text{pg/mg}$,则证明没有酒精使用迹象。40 例中,两种结果均阳性的有 9 例,C_{FAEE} 或 C_{EtG} 阳性的有 12 例,两种结果均为阴性的有 19 例。一般来说,在考虑了案件中所有其他证据后,法医心理学家的最终决定是,如果两个标记中至少有一个高于阈值,则反对重新颁发驾照。

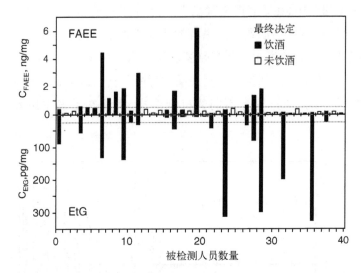

图 14.16 酒后驾驶补发驾驶证考试考生毛发中 FAEE 和 EtG 比较。根据医学心理检查获得的所有数据作出有关饮酒行为的决定。虚线:重度饮酒 C_{FAEE} 的临界值为 0.5 ng/mg,C_{EtG} 为 25 pg/mg。被检测人员按被调查的顺序排列。

14.5　苯甲酰爱康宁乙酯(乙基苯酰爱康因,BE－Et)

　　如第 4 章所述,苯甲酰爱康宁乙酯(Benzoylecgonine ethyl ester,BE－Et)是可卡因代谢物之一,可用于可卡因滥用毛发分析的定期检测。因此,在本节中,我们仅考虑与酒精有关方面的内容。根据几项体外和体内实验以及人体研究[82~86],BE－Et 是由可卡因通过酯交换形成的,由位于肝和肾细胞内质网中的非特异性羧酸酯酶催化,这种酶也可以催化可卡因水解为苯甲酰爱康宁(图 14.17)。正丙醇或异丙醇以相同的方式反应形成苯甲酰爱康宁丙酯或异丙酯[87,88]。一项对 10 名志愿者的定量研究表明,可卡因和 1 g/kg 乙醇共同给药后,17%±6%的可卡因转化为 BE－Et[86]。同时还检测到了额外的酒精特异性代谢物爱康宁乙酯和去甲苯甲酰爱康宁乙酯[84,89]。因此,毛发中 BE－Et 分析是证明可卡因和酒精频繁联合使用的有效证据。

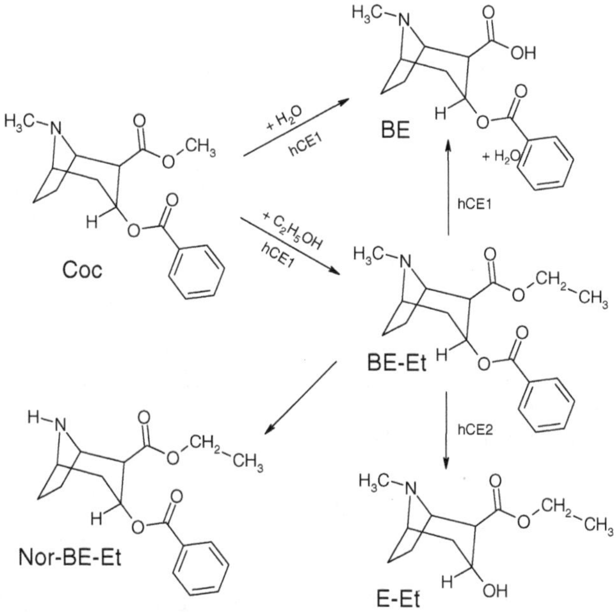

图 14.17　相同的羧酸酯酶 hCE1 催化可卡因(Coc)水解和酯交换
生成苯甲酰爱康宁(BE)和苯甲酰爱康宁乙酯(BE－Et)。BE－Et
被另一羧酸酯酶 hCE2 进一步代谢为酒精特异性产物爱康宁乙
酯(E－Et),并生成去甲苯甲酰爱康宁乙酯(Nor－BE－Et)。

表 14.5 给出了文献[90~96]中描述的毛发中 BE－Et 的浓度(C_{BE-Et})示例。为
了进行比较,还同时给出了相应的可卡因浓度(C_{COC})。检测到的 C_{BE-Et} 高达
30 ng/mg。C_{BE-Et}/C_{COC} 的比率范围为 0.4% ~ 60%。仅在某些特殊情况下,C_{BE-Et}
高于 C_{COC}。研究中没有报道有关个人饮酒和可卡因消费习惯和消费剂量数据。

**表 14.5　可卡因与酒精联合使用后毛发中苯甲酰爱康宁乙酯
BE－Et 和可卡因 COC 浓度**

使 用 者[a]	BE－Et 阳性	C_{BE-Et}, ng/mg 范围(平均值)	C_{COC}, ng/mg 范围(平均值)	C_{BE-Et}/C_{COC}, % 范围(平均值)	参考文献
10 个可卡因使用者	6	0.3~2.6 (0.7)	6.4~19.2 (10.8)	5.3~26.8 (12.4)	[90]
15 名孕妇	15	2.5~30.3 (8.2)	6.6~268.6 (59.9)	5.3~35.3 (16.2)	[91]
9 名毒品使用者或摄毒死亡者	6	0.03~0.64 (0.20)	0.03~4.11 (2.0)	3.4~15.8 (9.03)	[92]

续　表

使 用 者[a]	BE－Et 阳性	C_{BE-Et}, ng/mg 范围(平均值)	C_{COC}, ng/mg 范围(平均值)	C_{BE-Et}/C_{COC}, % 范围(平均值)	参考 文献
30 名毒品滥用者	19	0.03~10.9 (1.59)	1.25~35.5 (10.35)	0.4~40 (13.69)	[93]
75 名可卡因使用者	55	0.01~12.79 (1.21)	0.03~227 (54.9)	0.01~43 (5.4)	[94]
15 名毒品滥用者	15	0.42~2.32 (1.11)	0.43~8.98 (5.39)	8.0~247 (51.4)	[95]
74 名毒品滥用者	10	0.05~1.26 (0.27)	0.01~8.37 (2.61)	1.9~59 (17.6)	[96]

注：只涉及有个案资料的研究。
[a] 在每一项研究中,只考虑可卡因结果呈阳性的案例。

　　关于毛发中 BE－Et 的进入率目前尚不清楚。然而,由于 BE－Et 与可卡因结构差异较小,所以其与可卡因的进入率应该相似。因此,毛发中的 C_{BE-Et}/C_{COC} 比率大致代表食用期间血液中两种化合物的平均比率。根据动力学研究[85],该比率主要由食用可卡因期间的血液酒精浓度(blood alcohol concentration,BAC)决定,只有在浓度低得多的情况下才取决于可卡因的消费频率。由于在实践中血液酒精浓度在 0.1~3.0 mg/g 之间比较常见,这可以解释十倍以上于该比率的变化。此外,可卡因并不总是与酒精一起食用。

　　因此,除了 C_{BE-Et} 外,也可考虑用毛发中 C_{BE-Et}/C_{COC} 的比率来解释滥用行为。BE－Et 检测仅代表可卡因和酒精的联合使用。除此之外,与 C_{BE-Et} 的绝对值无关,表 14.5 中给出的数据的上限范围内的 C_{BE-Et}/C_{COC} 比率代表该毒品经常与酒精组合摄入。另一方面,较低范围的 C_{BE-Et}/C_{COC} 表明在使用可卡因期间,酒精仅偶尔或低浓度使用。通过这种方式,可以从 C_{BE-Et}/C_{COC} 的比率获得关于一般饮酒行为的信息。

14.6　进一步的可能性

　　与非法药物或治疗药物相比,社会上酒精的消耗量要高得多,并且会造成人体新陈代谢各种特征或多或少的变化,这些变化在毛发上会留下痕迹。本节回顾通过毛发分析检测慢性酒精消费的一些可能性。

14.6.1　1-甲基-1,2,3,4-四氢-β-咔啉

四氢异喹啉和四氢-β-咔啉是内源性儿茶酚胺(多巴胺、去甲肾上腺素、肾上腺素)或β-吲哚胺(色胺、5-羟色胺)与脂肪醛的缩合产物。由乙醛形成的物质作为酒精的主要氧化产物经常出现在酒精成瘾机制以及酒精滥用标记中[97~99]。Tsuchiya[100]开发了一种酶消化后通过 HPLC 定量分析毛发中 1-甲基-1,2,3,4-四氢-β-咔啉(1 - methyl - 1,2,3,4 - tetrahydro - β - carboline,MTBC)和相应脱氢产物 1-甲基-β-咔啉(1 - methyl - β - carboline,MBC)(图 14.18)的荧光检测方法。在 5 名酗酒者的样本中发现了 MBC,其浓度(1.07~2.94 ng/mg)高于 5 名没有饮酒习惯的非吸烟者的样本(0.40~0.71 ng/mg)。未检测到主要缩合产物 MTBC。调查最频繁的物质去甲猪毛菜碱尚未在毛发中检测到。这些缩合产物作为醇标志物的使用通常受限制,因为它们也可能源自碳水化合物代谢中间体的丙酮酸而非乙醛。

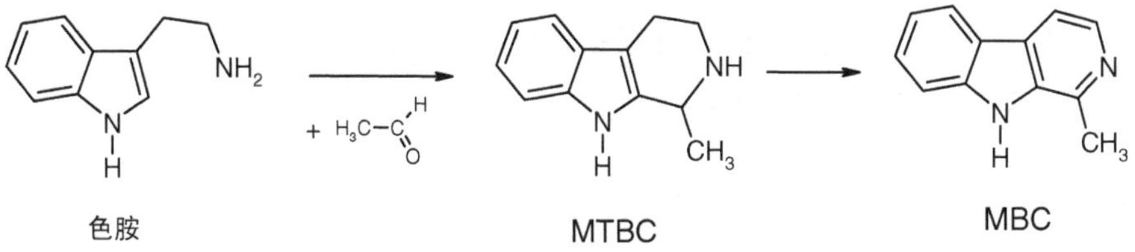

图 14.18　色胺和乙醛缩合生成 1-甲基-1,2,3,4-四氢-β - carboline (1 - methyl - 1,2,3,4 - tetrahydro - β - carboline,MTBC)和 1-甲基-β - carboline (1 - methyl - β - carboline,MBC)。

14.6.2　乙醛改性的毛发蛋白

乙醛与蛋白质的游离氨基反应形成稳定的缩合产物(图 14.19)。十多年(2006 年之前的十多年)前已经证明,血红蛋白中的这些修饰蛋白可能是有用的酒精标志物[101~103]。目前动物实验证明它们存在于毛发中[104,105]。

Jelinkova 等[104]在 1 mol/L NaOH 和毛细管区带电泳孵育后,酒精喂养大鼠的毛发中检测到两种信号,而这两种信号在戒酒大鼠的毛发中缺失。Watson 等[105]专门针对毛发蛋白质中的乙醛加合物开发了一种直接酶联免疫吸附检测(enzyme-linked immunosorbent Assay,ELISA)方法。该方法适用于用酒精喂养 8 周的小鼠的毛发。在室温下用 0.2 mol/L 巯基乙醇/8 mol/L 尿素在 pH 10.5

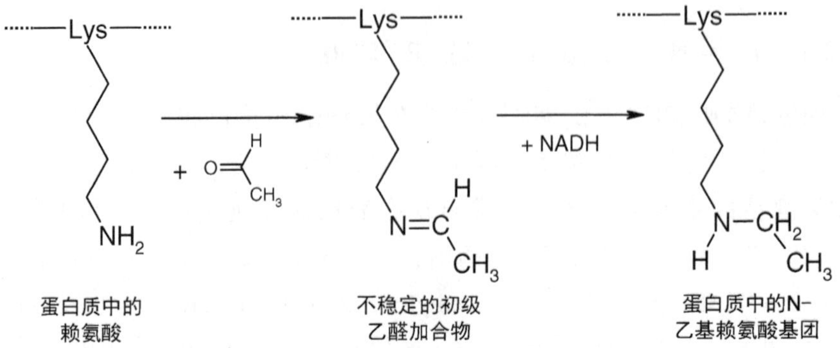

蛋白质中的　　　　　　　不稳定的初级　　　　　　蛋白质中的N-
赖氨酸　　　　　　　　　乙醛加合物　　　　　　　乙基赖氨酸基团

图 14.19　乙醛蛋白缩合产物。(来自 Sorrell, M.F. and Tuma, D.J., Ann. N.Y. *Acad. Sci.*, 492, 50, 1987. 经许可)。

至 11 下处理毛发过夜。溶解的蛋白质通过 24 h 透析纯化,然后通过 ELISA 检测,与对照相比,信号显著增加。

尽管这些初步的实验在过去十年(2006 年之前的十年)中没有继续进行,但毛发蛋白质中共价结合乙醛修饰的氨基酸的检测对于未来的研究应该是一个非常有前景的项目,特别是它们在发根中独自形成,并且具有预期的持久性,对毛发处理或其他外部干扰不敏感。

14.6.3　酒精的其他次要代谢物

在酒精的代谢过程中,乙基基团可以与其他内源性或外源性物质结合。磷脂酰乙醇被认为是一个血液中的酒精标志物[106~108],它们是一组磷脂,其中的氨基乙醇被乙醇取代(图 14.20)。在尿液中发现的两种非常亲水的代谢物是硫酸乙酯[109,110]和磷酸乙酯[111]。直到最近,这些化合物才在毛发中检测到。

与脂肪酸乙酯和苯甲酰爱康宁乙酯类似,其他内源性或外源性酸在酒精代谢过程中也转化为乙酯。Spiegel[112]对毛发中的苯甲酸、苯乙酸、马尿酸、吲哚乙酸、5-羟基吲哚乙酸、酪氨酸和色氨酸的酯进行了系统检测。所用 GC-MS 方法的检测限在 0.007~0.04 ng/mg 之间,并没有发现这些酯。显然,游离酸的酯化不会发生到更高的程度。然而,对可卡因,羧酸酯酶对甲酯的酯交换是一个通用过程。哌醋甲酯和酒精混合后形成哌醋乙酯就是一个例子[112~114]。

14.6.4　间接酒精标记

饮酒后,在尿液中可以观察到 5-羟色氨酸(5-hydroxytryptophol,5-HTOL)

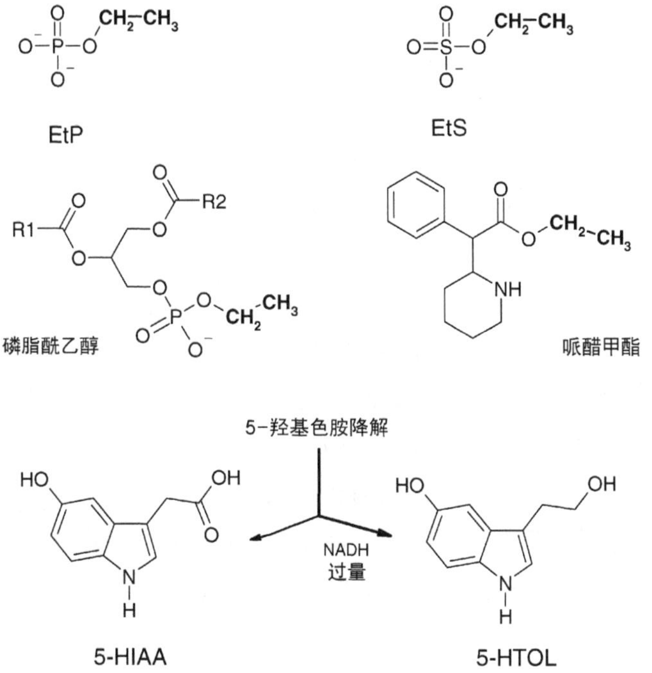

图 14.20 毛发中其他酒精标志物的结构。次要代谢物：磷酸乙酯（ethyl phosphate，EtP）、硫酸乙酯（ethyl sulfate，EtS）、磷脂酰乙醇、哌醋乙酯。间接标志：过量酒精下 5 -羟色胺的代谢降解优先生成 5 -羟色胺（5 - hydroxytryptophol，5 - HTOL），而不是 5 -羟吲哚乙酸（5 - hydroxyindolylacetic acid，5 - HIAA）。

水平升高，这与 5 -羟基吲哚乙酸（5 - hydroxyindolylacetic acid，5 - HIAA）相关，可用作近期饮酒的标志物[11]。生化基础使乙醇代谢过程中 NADH/NAD+ 比率升高，将 5 -羟色胺降解转变为还原产物 5 - HTOL，而不会转变为通常占主导地位的 5 - HIAA。文献中没有确定毛发中 5 - HTOL 的浓度或 5 - HTOL/5 - HIAA 比率的研究。Gonzalez-Reimers 等[115]确定 43 名男性酗酒者的毛发中锌和铜的含量高于 39 名对照者。毛发中的铜与消费的酒精量显著相关。人们认为营养不良通常与长期酗酒有关。

14.7 结 论

在物质滥用毛发常规分析中，酒精分析需求很大。由于高挥发性，酒精本身不能用作分析物。然而,有几种合适的乙醇次要代谢物,特别是脂肪酸乙酯 (fatty acid ethyl esters,FAEE)和乙基葡萄糖醛酸苷(ethyl glucuronide,EtG),这两种物质已被深入研究,并且即将获得广泛的实际应用。毛发中的 FAEE 和 EtG 都可以区分适度社交饮酒和长期酒精滥用,具有高选择性和敏感性,可以通过它们的组合应用进一步提高选择性和敏感性。然而,这两个标记都不能证明绝对戒酒,并且它们不能用于酒精消费的回顾性估计饮酒量。

　　毛发中的苯甲酰爱康宁乙酯可以证明酒精和可卡因的联合滥用,但仅限于可卡因使用者。但是,可以从浓度和苯甲酰爱康宁乙酯与可卡因的比例中获得有关饮酒习惯的信息。其他酒精的次要代谢物,如磷脂酰乙醇、硫酸乙酯、磷酸乙酯、1-甲基-1,2,3,4-四氢异喹啉或1-甲基-1,2,3,4-四氢-β-咔啉尚未在毛发中进行研究或仅处于初步研究阶段,但预计这些物质不会优于使用 FAEE 或 EtG 作为标志物。乙醛改性的毛发蛋白可能是一种很有前途的替代标志物,但目前仍需要使用适当的蛋白质和氨基酸分析技术进行更深入的研究。

参考文献

1. WHO, Global Status Report on Alcohol 2004, World Health Organization, Geneva, 2004.
2. Report of the German Council of Alcohol and Addiction: Verbrauch, Missbrauch, Abhängigkeit — Zahlen und Fakten, Bonn, April 12, 2005; available on-line at http://www.sucht.de.
3. Aderjan, R., Marker des missbräuchlichen Alkoholkonsums, Wissenschaftliche Verlagsgesellschaft mbH, Stuttgart, 2000.
4. Conigrave, K.M. et al., Traditional markers of excessive alcohol use, Addiction, 98, Suppl. 2003, 2: 31 - 43.
5. Javors, M.A. and Johnson, B.A., Current status of carbohydrate deficient transferrin, total serum sialic acid, sialic acid index of apolipoprotein J and serum beta-hexosaminidase as markers for alcohol consumption, Addiction, 98, Suppl. 2003, 2: 45 - 50.
6. Wurst, F.M. et al., Emerging biomarkers: new directions and clinical applications, Alcohol Clin. Exp. Res., 2005, 29: 465 - 473.
7. Helander, A., Biological markers in alcoholism, J. Neural. Transm. Suppl., 2003, 66: 15 - 32.
8. Hoffman, P.L., Glanz, J., and Tabakoff, B., Platelet adenylyl cyclase activity as a state or trait marker in alcohol dependence: results of the WHO/ISBRA Study on State and Trait Markers of Alcohol Use and Dependence, Alcohol Clin. Exp. Res., 2002, 26: 1078 - 1087.
9. Ratsma, J. E., Van Der Stelt, O., and Gunning, W. B., Neurochemical markers of alcoholism vulnerability in humans, Alcohol Alcohol., 2002, 37: 522 - 533.

10. Porjesz, B. et al., The utility of neurophysiological markers in the study of alcoholism, Clin. Neurophysiol., 2005, 116: 993 − 1018.

11. Beck, O. and Helander, A., 5 − hydroxytryptophol as a marker for recent alcohol intake, Addiction, 98, Suppl. 2003, 2: 63 − 72.

12. Musshoff, F. and Daldrup, T., Determination of biological markers for alcohol abuse, J. Chromatogr. B, Biomed. Sci. Appl., 1998, 713: 245 − 264.

13. Brinkmann, B. et al., ROC analysis of alcoholism markers: 100% specificity, Int. J. Legal Med., 2000, 113: 293 − 299.

14. Pragst, F. et al., Are there possibilities for the detection of chronically elevated alcohol consumption by hair analysis? A report about the state of investigation, Forensic Sci. Int., 2000, 107: 201 − 223.

15. Lange, L.G., Bergmann, S.R., and Sobel, B.E., Identification of fatty acid ethyl esters as a product of rabbit myocardial ethanol metabolism, J. Biol. Chem., 1981, 256: 12968 − 12973.

16. Laposata, E.A. and Lange, L.G., Presence of nonoxidative ethanol metabolism in human organs commonly damaged by ethanol abuse, Science, 1986, 231: 497 − 499.

17. Laposata, M., Szczepiorkowski, Z. M., and Brown, J. E., Fatty acid ethyl esters: nonoxidative metabolites of ethanol, Prostaglandins Leukot. Essent. Fatty Acids, 1995, 52: 87 − 91.

18. Laposata, M., Fatty acid ethyl esters: ethanol metabolites which mediate ethanolinduced organ damage and serve as markers of ethanol intake, Prog. Lipid Res., 1998, 37: 307 − 316.

19. Laposata, M., Fatty acid ethyl esters: nonoxidative ethanol metabolites with emerging biological and clinical significance, Lipids, 1999, 34: 281 − 285.

20. Laposata, M. et al., Fatty acid ethyl esters: recent observations, Prostaglandins Leukot. Essent. Fatty Acids, 2002, 67: 193 − 196.

21. Doyle, K.M. et al., Fatty acid ethyl esters are present in human serum after ethanol ingestion, J. Lipid Res., 1994, 35: 428 − 437.

22. Saghir, M., Blodget, E., and Laposata, M., The hydrolysis of fatty acid ethyl esters in low-density lipoproteins by red blood cells, white blood cells and platelets, Alcohol, 1999, 19: 163 − 168.

23. Dan, L. and Laposata, M., Ethyl palmitate and ethyl oleate are the predominant fatty acid ethyl esters in the blood after ethanol ingestion and their synthesis is differentially influenced by the extracellular concentrations of their corresponding fatty acids, Alcohol Clin. Exp. Res., 1997, 21: 286 − 292.

24. Doyle, K.M. et al., Fatty acid ethyl esters in the blood as markers of ethanol intake, JAMA, 1996, 276: 1152 − 1156.

25. Soderberg, B.L. et al., Preanalytical variables affecting the quantification of fatty acid ethyl esters in plasma and serum samples, Clin. Chem., 1999, 45: 2183 − 2190.

26. Kaphalia, B. S. et al., Fatty acid ethyl esters: markers of alcohol abuse and alcoholism, Alcohol, 2004, 34: 151 − 158.

27. Yamazaki, K. et al., Nonoxidative ethanol and methanol changes in the heart and brain tissue of alcohol abusers, Jpn. J. Legal Med., 1997, 51: 380 − 387.

28. Refaai, M.A. et al., Liver and adipose tissue fatty acid ethyl esters obtained at autopsy are

postmortem markers for premortem ethanol intake, Clin. Chem., 2002, 48: 77 – 83.

29. Moore, C. et al., Prevalence of fatty acid ethyl esters in meconium specimens, Clin. Chem., 2003, 49: 133 – 136.

30. Chan, D. et al., Recent developments in meconium and hair testing methods for the confirmation of gestational exposures to alcohol and tobacco smoke, Clin. Biochem., 2004, 37: 429 – 438.

31. Auwarter, V. et al., Fatty acid ethyl esters in hair as markers of alcohol consumption: segmental hair analysis of alcoholics, social drinkers, and teetotalers, Clin. Chem., 2001, 47: 2114 – 2123.

32. Pragst, F. et al., Wipe-test and patch-test for alcohol misuse based on the concentration ratio of fatty acid ethyl esters and squalene CFAEE/CSQ in skin surface lipids, Forensic Sci. Int., 2004, 143: 77 – 86.

33. Beckemeier, M.E. and Bora, P.S., Fatty acid ethyl esters: potentially toxic products of myocardial ethanol metabolism, J. Mol. Cell Cardiol., 1998, 30: 2487 – 2494.

34. Borucki, K. et al., In heavy drinkers fatty acid ethyl esters in the serum are increased for 44 hr after ethanol consumption, Alcohol Clin. Exp. Res., 2004, 28: 1102 – 1106.

35. Kaluzny, M.A. et al., Rapid separation of lipid classes in high yield and purity using bonded phase columns, J. Lipid Res., 1985, 26: 135 – 140.

36. Bernhardt, T.G. et al., Purification of fatty acid ethyl esters by solid-phase extraction and high-performance liquid chromatography, J. Chromatogr. B Biomed. Appl., 1996, 675: 189 – 196.

37. Salem, R.O. et al., Effect of specimen anticoagulant and storage on measurement of serum and plasma fatty acid ethyl ester concentrations, Clin. Chem., 2001, 47: 126 – 127.

38. Zybko, W.C., Cluette-Brown, J.E., and Laposata, M., Improved sensitivity and reduced sample size in serum fatty acid ethyl ester analysis, Clin. Chem., 2001, 47: 1120 – 1121.

39. Dan, L. et al., Quantitation of the mass of fatty acid ethyl esters synthesized by Hep G2 cells incubated with ethanol, Alcohol Clin. Exp. Res., 1998, 22: 1125 – 1131.

40. Pragst, F. et al., Analysis of fatty acid ethyl esters in hair as possible markers of chronically elevated alcohol consumption by headspace solid-phase microextraction (HS – SPME) and gas chromatography-mass spectrometry (GC – MS), Forensic Sci. Int., 2001, 121: 76 – 88.

41. Pragst, F. et al., Fettsäureethylester im Haar und im Sebum als Marker für chronisch exzessiven Alkoholkonsum, in Beiträge des wissenschaftlichen Symposiums Rechtsmedizin am 11 Juli 2003, Festschrift für Gunther Geserick zum 65, Geburtstag, Strauch, H. and Pragst, F. Eds., Verlag Dr. Dieter Helm, Heppenheim, 2003, pp. 61 – 97.

42. Caprara, D.L. et al., A guinea pig model for the identification of in utero alcohol exposure using fatty acid ethyl esters in neonatal hair, Pediatr. Res., 2006, 58: 1158 – 1163.

43. Pragst, F. et al., Illegal and therapeutic drug concentrations in hair segments: a timetable of drug exposure? Forensic Sci. Rev., 1998, 10: 81 – 111.

44. Thody, A.N. and Shuster S., Control and function of sebaceous glands, Physiol. Rev., 1989, 69: 383 – 416.

45. Steward, M.E., Sebaceous gland lipids, Seminars Dermatol., 1992, 11: 100 – 105.

46. Downing, D.T. et al., Skin lipids: an update, J. Invest. Dermatol., 1987, 88: 2s – 6s.

47. Hartwig, S., Auwarter, V., and Pragst, F., Effect of hair care and hair cosmetics on the concentrations of fatty acid ethyl esters in hair as markers of chronically elevated alcohol consumption, Forensic Sci. Int., 2003, 131: 90 - 97.

48. Auwarter, V., Kiessling, B., and Pragst, F., Squalene in hair: a natural reference substance for the improved interpretation of fatty acid ethyl ester concentrations with respect to alcohol misuse, Forensic Sci. Int., 2004, 145: 149 - 159.

49. Wurst, F.M. et al., Concentration of fatty acid ethyl esters in hair of alcoholics: comparison to other biological state markers and self-reported ethanol intake, Alcohol Alcohol., 2004, 39: 33 - 38.

50. Pragst, F., unpublished data, 2005.

51. Greiner, M., Pfeiffer, D., and Smith, R.D., Principles and practical application of the receiver-operating characteristic analysis for diagnostic tests, Prev. Vet. Med., 2000, 45: 23 - 41.

52. Hartwig, S., Auwarter, V., and Pragst, F., Fatty acid ethyl esters in scalp, pubic, axillary, beard and body hair as markers for alcohol misuse, Alcohol Alcohol., 2003, 38: 163 - 167.

53. Klein, J., Chan, D., and Koren, G., Neonatal hair analysis as a biomarker for in utero alcohol exposure, N. Engl. J. Med., 2002, 347: 2086.

54. Dahl, H. et al., Comparison of urinary excretion characteristics of ethanol and ethyl glucuronide, J. Anal. Toxicol., 2002, 26: 201 - 204.

55. Goll, M. et al., Excretion profiles of ethyl glucuronide in human urine after internal dilution, J. Anal. Toxicol., 2002, 26: 262 - 266.

56. Manautou, J.E. and Carlson, G.P., Comparison of pulmonary and hepatic glucuronidation and sulphation of ethanol in rat and rabbit in vitro, Xenobiotica, 1992, 22: 1309 - 1319.

57. Foti, R.S. and Fisher, M.B., Assessment of UDP - glucuronosyltransferase catalyzed formation of ethyl glucuronide in human liver microsomes and recombinant UGTs, Forensic Sci. Int., 2005, 153: 109 - 116.

58. Neubauer, O., Ueber Glucuronsäurepaarung bei Stoffen der Fettreihe, Archiv für expirimentelle Pathologie und Pharmakologie, 1901, 46: 135 - 154.

59. Jaakonmaki, P.I. et al., The characterization by gas-liquid chromatography of ethyl betaD - glucosiduronic acid as a metabolite of ethanol in rat and man, Eur. J. Pharmacol., 1967, 1: 63 - 70.

60. Kozu, T., Gas chromatographic analysis of ethyl - β - D - glucuronide in human urine, Shinzu Igaku Zasshi, 1973, 21: 595 - 601.

61. Schmitt, G. et al., Ethyl glucuronide: an unusual ethanol metabolite in humans: synthesis, analytical data, and determination in serum and urine, J. Anal. Toxicol., 1995, 19: 91 - 94.

62. Schmitt, G. et al., Ethyl glucuronide concentration in serum of human volunteers, teetotalers, and suspected drinking drivers, J. Forensic Sci., 1997, 42: 1099 - 1102.

63. Droenner, P. et al., A kinetic model describing the pharmacokinetics of ethyl glucuronide in humans, Forensic Sci. Int., 2002, 126: 24 - 29.

64. Wurst, F.M., Skipper, G.E., and Weinmann, W., Ethyl glucuronide: the direct ethanol metabolite on the threshold from science to routine use, Addiction, 98 Suppl. 2003, 2: 51 - 61.

65. Wurst, F.M. et al., Ethyl glucuronide: a marker of alcohol consumption and a relapse marker with clinical and forensic implications, Alcohol Alcohol., 1999, 34: 71 – 77.

66. Bergstrom, J., Helander, A., and Jones, A.W., Ethyl glucuronide concentrations in two successive urinary voids from drinking drivers: relationship to creatinine content and blood and urine ethanol concentrations, Forensic Sci. Int., 2003, 133: 86 – 94.

67. Schloegl, H. et al., Distribution of ethyl glucuronide in rib bone marrow, other tissues and body liquids as proof of alcohol consumption before death, Forensic Sci. Int., 2006, 156: 213 – 218.

68. Alt, A. et al., Determination of ethyl glucuronide in hair samples, Alcohol Alcohol., 2000, 35: 313 – 314.

69. Yegles, M. et al., Determination by GC – MS/NCI of ethyl glucuronide in hair, in Proceedings of GTFCh Symposium, April 26 – 28, Mosbach/Baden, Pragst, F. and Aderjan, R., Eds., Verlag Dr. Dieter Helm, Heppenheim, 2001, 299 – 303.

70. Janda, I. et al., Determination of ethyl glucuronide in human hair by SPE and LC – MS/MS, Forensic Sci. Int., 2002, 128: 59 – 65.

71. Yegles, M. et al., Comparison of ethyl glucuronide and fatty acid ethyl ester concentrations in hair of alcoholics, social drinkers and teetotalers, Forensic Sci. Int., 2004, 145: 167 – 173.

72. Jurado, C. et al., Diagnosis of chronic alcohol consumption: hair analysis for ethylglucuronide, Forensic Sci. Int., 2004, 145: 161 – 166.

73. Sachs, H., Drogennachweis in Haaren, in Das Haar als Spur, Spur der Haare, Kijewski, H., Ed., Schmidt-Römhild, Lübeck, 1997, pp. 119 – 133.

74. Aderjan, R., Besserer, K., and Sachs, H., Ethyl glucuronide: a non-volatile ethanol metabolite in human hair, in Proceedings of the 1994 Joint TIAFT/SOFT International Meeting, Spiehler, V., Ed., DABFT, Newport Beach, CA, 1994, pp. 39 – 45.

75. Skopp, G. et al., Ethyl glucuronide in human hair, Alcohol Alcohol., 2000, 35: 283 – 285.

76. Appenzeller, B. et al., Ethyl Glucuronide Determination in Segmental Hair Analysis of Alcoholics, presented at Communication XIIIème congrès annuel de la Société Française de Toxicologie Analytique, Pau, France, June 8 – 10, 2005.

77. Morini, L. et al., Direct Determination of Ethyl Glucuronide in Hair Samples by Liquid Chromatography Electrospray Tandem Mass Spectrometry, presentation at the Workshop of the Society of Hair Testing, Strasbourg, 28 – 30 Sept. 2005.

78. Klys, M. et al., A fatal clomipramine intoxication case of a chronic alcoholic patient: application of postmortem hair analysis method of clomipramine and ethyl glucuronide using LC/APCI/MS, Leg. Med. (Tokyo), 2005, 7: 319 – 325.

79. Yegles. M. and Pragst, F., Cut-Offs for the Detection of Alcohol Abuse by Measurement of Fatty Acid Ethyl Esters and Ethyl Glucuronide in Hair, presented at the Workshop of the Society of Hair Testing, Strasbourg, 28 – 30 Sep. 2005.

80. Yegles, M., unpublished data, 2005.

81. Pragst, F., Yegles, M., and Volmerhaus, R., unpublished data, 2005.

82. Boyer, C.S. and Petersen, D.R., Enzymatic basis for the transesterification of cocaine in the presence of ethanol: evidence for the participation of microsomal carboxylesterases, J. Pharmacol. Exp. Ther., 1992, 260: 939 – 946.

83. Dean, R. A. et al., Human liver cocaine esterases: ethanol-mediated formation of ethylcocaine, FASEB, 1991, 5: 2735 - 2739.

84. Dean, R.A. et al., Effects of ethanol on cocaine metabolism: formation of cocaethylene and norcocaethylene, Toxicol. Appl. Pharmacol., 1992, 117: 1 - 8.

85. Perez-Reyes, M. and Jeffcoat, A.R., Ethanol/cocaine interaction: cocaine and cocaethylene plasma concentrations and their relationship to subjective and cardiovascular effects, Life Sci., 1992, 51: 553 - 563.

86. Harris, D. S. et al., The pharmacology of cocaethylene in humans following cocaine and ethanol administration, Drug Alcohol Depend., 2003, 72: 169 - 182.

87. Bailey, D.N., Cocapropylene (propylcocaine) formation by human liver in vitro, J. Anal. Toxicol., 1995, 19: 1 - 4.

88. Bailey, D.N., Formation of cocaisopropylene (isopropylcocaine) by human liver in vitro, J. Anal. Toxicol., 1995, 19: 205 - 208.

89. Wu, A.H. et al., Alcohol-specific cocaine metabolites in serum and urine of hospitalized patients, J. Anal. Toxicol., 1992, 16: 132 - 136.

90. Cone, E.J. et al., Testing human hair for drugs of abuse, II: identification of unique cocaine metabolites in hair of drug abusers and evaluation of decontamination procedures, J. Anal. Toxicol., 1991, 15: 250 - 255.

91. DiGregorio, G.J. et al., Prevalence of cocaethylene in the hair of pregnant women, J. Anal. Toxicol., 1993, 17: 445 - 446.

92. Pichini, S. et al., Determination of opiates and cocaine in hair as trimethylsilyl derivatives using gas chromatography-tandem mass spectrometry, J. Anal. Toxicol., 1999, 23: 343 - 348.

93. Bourland, J. A. et al., Quantitation of cocaine, benzoylecgonine, cocaethylene, methylecgonine, and norcocaine in human hair by positive ion chemical ionization (PICI) gas chromatography-tandem mass spectrometry, J. Anal. Toxicol., 2000, 24: 489 - 495.

94. Cairns, T. et al., Levels of cocaine and its metabolites in washed hair of demonstrated cocaine users and workplace subjects, Forensic Sci. Int., 2004, 145: 175 - 181.

95. Bermejo, A. M. et al., Solid-phase microextraction for the determination of cocaine and cocaethylene in human hair by gas chromatography-mass spectrometry, Forensic Sci. Int., 2005, in press.

96. Lachenmeier, K., Musshoff, F., and Madea, B., Determination of opiates and cocaine in hair using automated enzyme immunoassay screening methodologies followed by gas chromatographic-mass spectrometric (GC - MS) confirmation, Forensic Sci. Int., 2005, in press.

97. Haber, H. and Melzig, M., Tetrahydroisochinoline: endogene Produkte nach chronischen Alkoholmmissbrauch, Pharmazie, 1992, 47: 3 - 7.

98. Musshoff, F., Chromatographic methods for the determination of markers of chronic and acute alcohol consumption, J. Chromatogr. B Anal. Technol. Biomed. Life Sci., 781, 457 - 480, 2002.

99. Tsuchiya, H. et al., Urinary excretion of tetrahydro-beta-carbolines relating to ingestion of alcoholic beverages, Alcohol Alcohol., 1996, 31: 197 - 203.

100. Tsuchiya, H., High-performance liquid chromatographic analysis of beta-carbolines in human scalp hair, J. Chromatogr. A, 2004, 1031: 325 – 330.

101. Sillanaukee, P. et al., Acetaldehyde-modified hemoglobin as a marker of alcohol consumption: comparison of two new methods, J. Lab. Clin. Med., 1992, 120: 42 – 47.

102. Sorrell, M.F. and Tuma, D.J., The functional implications of acetaldehyde binding to cell constituents, Ann. N.Y. Acad. Sci., 1987, 492: 50 – 62.

103. Lin, R.C. et al., Measurement of hemoglobin-acetaldehyde adduct in alcoholic patients, Alcohol Clin. Exp. Res., 1993, 17: 669 – 674.

104. Jelinkova, D. et al., Capillary electrophoresis of hair proteins modified by alcohol intake in laboratory rats, J. Chromatogr. A, 1995, 709: 111 – 119.

105. Watson, R.R. et al., Detection of ethanol consumption by ELISA assay measurement of acetaldehyde adducts in murine hair, Alcohol, 1998, 16: 279 – 284.

106. Gustavsson, L., ESBRA 1994 Award Lecture: phosphatidylethanol formation — specific effects of ethanol mediated via phospholipase D, Alcohol Alcohol., 1995, 30: 391 – 406.

107. Hansson, P. et al., Blood phosphatidylethanol as a marker of alcohol abuse: levels in alcoholic males during withdrawal, Alcohol Clin. Exp. Res., 1997, 21: 108 – 110.

108. Aradottir, S. and Olsson, B.L., Methodological modifications on quantification of phosphatidylethanol in blood from humans abusing alcohol, using high-performance liquid chromatography and evaporative light scattering detection, BMC Biochem., 2005, 6: 18.

109. Dresen, S., Weinmann, W., and Wurst, F.M., Forensic confirmatory analysis of ethyl sulfate — a new marker for alcohol consumption — by liquid-chromatography/ electrospray ionization/tandem mass spectrometry, J. Am. Soc. Mass. Spectrom., 2004, 15: 1644 – 1648.

110. Helander, A. and Beck, O., Ethyl sulfate: a metabolite of ethanol in humans and a potential biomarker of acute alcohol intake, J. Anal. Toxicol., 2005, 29: 270 – 274.

111. Halter, C.C. et al., Ethyl Phosphate: Another Marker for Ethanol Consumption beside Ethyl Glucuronide and Ethyl Sulfate — Detected by LC – MS/MS in Urine, Abstracts of 43rd TIAFT Meeting, Aug. 29 – Sep. 2, 2005, Seoul, p. 71.

112. Spiegel, K., Untersuchungen zum Nachweis alkoholspezifisch metabolisierter Substanzen aus menschlichen Haaren mittels Gaschromatographie-Massenspektrometrie, dissertation, Mathemathisch-Naturwissenschaftliche Fakultät I, Humboldt-Universität, Berlin, 1996.

113. Markowitz, J.S. et al., Detection of the novel metabolite ethylphenidate after methylphenidate overdose with alcohol coingestion, J. Clin. Psychopharmacol., 1999, 19: 362 – 366.

114. Markowitz, J.S. et al. Ethylphenidate formation in human subjects after the administration of a single dose of methylphenidate and ethanol, Drug Metab. Dispos., 2000, 28: 620 – 624.

115. Gonzalez-Reimers, E. et al., Hair zinc and copper in chronic alcoholics, Biol. Trace Elem. Res., 2002, 85: 269 – 275.

第十五章

利用毛发样本
进行工作场所毒品检测

Thomas Cairns, Michael Schaffer, and Virginia Hill

15.1 引　　言

在美国,对雇员和求职者进行毒品检测是一种常见的做法,企业经常效仿联邦的"无毒品工作场所"(Drug Free Workplace)项目开展毒品检测。2004年,美国卫生与公众服务部物质滥用和心理健康服务管理局(Department of Health and Human Services Substance Abuse and Mental Health Services Administration, DHHS/SAMHSA)发布了其对联邦工作场所毒品检测计划强制性指南的修订,其中除了尿液之外[1],还包括替代基质毛发、口腔液和汗液。在这些基质中,毛发的特征与其他基质形成鲜明对比。毛发作为基质的一些独特特征包括:宽的检测窗口;采集简便性和非侵入性;由于其处于干燥状态,易于储存,使分析物在环境温度下保持稳定;以及某些毒品的多种代谢物的存在便于进一步澄清对结果的解释。与尿液和口腔液体检测相比,毛发分析的宽时间窗口可以为更多的毒品使用提供检测,并为检测海洛因、苯环利定(PCP)和摇头丸使用提供了最佳基质。通过毛发分析,摄入罂粟籽、可待因或鼻吸入剂不会对结果的解释产生混淆[2]。

工作场所毒品检测存在一些相互矛盾的需求,即同时需要大量检测,又需要法医标准,包括对每个样本都要有详细记录的监管链,从样本收集开始,一直持续到整个检测过程。工作场所检测的另一个方面是需要高效的筛查设备来快速报告阴性结果,并选择真正的毒品阳性样本进行进一步的确认检测。在美国,联邦法规要求,用于大多数工作场所检测的筛查检测必须由美国食品药品监督管理局(U.S. Food and Drug Administration, FDA)批准为安全有效的体外诊断设备进行[3]。虽然 FDA 在现任政府的领导下还没有采取行动执行这些规定,但这一要求可能会引起诉讼中的遵从性问题。鉴于上述考虑,检测实验室应在已获得 FDA 批准的工作场所进行毛发检测中的筛查分析。本章将讨论一些有效筛查检测的性能标准,其中一些毛发分析或工作场所筛查会有一些独特的变化。

通过筛查检测选择阳性样本后,第二个程序确认过程开始,包括重新称量样本、洗涤样本、提取毒品和分析[通过液相色谱串联质谱(liquid chromatography - tandem mass spectrometry,LC - MS/MS)确认可卡因、鸦片制剂和苯丙胺;气相色谱-质谱联用(gas chromatography-mass spectrometry,GC - MS)确认 PCP,或气相色谱-串联质谱(gas chromatography-tandem mass spectrometry,GC - MS/MS)确认大麻等],以确认化合物的真实成分。本章将强调去污方法对结果解释的影响,这些方法在毛发检测社区从业者之间仍然缺乏统一性。

15.2 样 本 采 集

在毛发样本采集之前,经过培训的采集者向受试者解释程序,要求受试者阅读监管链表(chain of custody form,CCF)中提供的所有说明,并回答受试者可能对采集程序提出的任何问题。采集者要求提供身份证明,通常是驾驶执照或其他带照片的身份证明。首先在受试者在场的情况下用异丙醇清洁采集剪刀。采集器在头部的后顶点并尽可能靠近头皮剪掉受试者的毛发。以这种方式采集的毛发量使得 3.9 cm 长的样本重量应在 30~50 mg 之间,该样本量约等于一个鞋带头的厚度(拟议的联邦雇员检测法规要求,分批取样总共需要 100 mg)。如果毛发长度小于 3.9 cm,则应采集较厚的毛发样本。在我们实验室的程序中,毛发放置在一个折叠的铝箔样本架中,毛发的根端伸出铝箔的指定边缘。将铝箔折叠在样本上,将毛发样本牢固地锁定到位。将铝箔放入一个样本采集卡信封中,该信封上标有与检测申请表上的编号相匹配的编号,然后用防篡改封条密封该信封。受试者需要在印章和卡片上签字,承认密封在容器中的样本是他或她的。样本采集卡信封与检测申请表一起放入另一个防篡改袋中。这个小袋也由受试者密封和签名,并且采集者也签名。毛发样本在环境温度下保存在一个安全的地方,不用冷藏的情况下运送到实验室。

在采集现场,为确保安全,采集者不得让未经授权的人员以任何方式干预采集,一次只能进行一次采集,并且必须确保采集者是受试者以外的唯一处理未密封样本的人。由于样本密封在防篡改包装中以便运输,因此在运输过程中不需要快递员或邮政人员记录监管链。

15.3　筛　查　程　序

筛查检测的目标是明确区分阴性(非使用者)和阳性(使用者)人群。实现这一目标的程度取决于检测的灵敏度、基质效应、干扰化合物和交叉反应性等因素。这些因素将影响检测限(limit of detection, LOD)或灵敏度、精密度(批次间和批次内)和检测的特异性。制备毛发样本的液体介质是筛查检测的第一步,在控制基质效应方面起着重要作用。作者实验室使用了适用于生物检测的样本酶消化方法,这是一项获得专利的程序[4]。这种方法具有快速、完全、温和地溶解毛发的优势,能够使毒品从毛发中完全释放。许多实验室使用的溶剂提取方法可能会带来严峻的挑战,具体来说,毛发的溶剂提取物不会包含角蛋白,但它会包含大量且可变数量的脂质。当溶剂蒸发时,脂质必须部分溶解或悬浮在添加到干燥提取物中的水性介质中。添加到提取物中的清洁剂可能有助于脂质的溶解,但这需要仔细地监测和控制,以避免在随后的免疫分析中损坏抗体或酶。在水性介质中重构样本时,不同毛发样本中脂质含量的变化和胶束形成的变化会导致样本之间存在巨大差异(基质效应)。另一种用于筛查检测的提取方法是使用低 pH 的水溶液提取。虽然本章作者尚未评估该方法,但也要解决包括提取的完整性,以及提取后和免疫分析前中和步骤的可重复性等问题。

为了说明酶消化样本分析中的基质效应,图 15.1 显示了作者实验室使用的甲基苯丙胺放射免疫分析(methamphetamine radioimmunoassay, RIA)中,100 个不同的毛发样本的分布,其中含有处于阈值浓度的样本和不含毒品的样本。100 个不同消化毛发样本的分布显示在柱状图中接近 y 轴的位置,而这些相同的阴性样本添加阈值浓度的甲基苯丙胺,其分布显示在图中右侧。如果阴性样本的响应(称为 B_0,是指在无放射性药物的情况下,样本中毒品的结合量)有很大的可变性,这种可变性也可能发生在阈值浓度处,那么就会在正确鉴别含有可卡因阈值浓度的样本时产生更大的不确定性。在检测中,阈值点样本平均为 54.3% B/B_0("% B/B_0"值是未知的响应除以阴性值或 B_0 参考值,以百分比表示),标准偏差(SD)为 2.4。当然,这种样本群的扩散不仅受基质效应的影响,也包括影响精度的很多其他因素。通过比较相同样本的重复精度(表 15.1)和总体的加标样本,可以估计不同样本之间的基质差异对该分布的贡献。在这种情况下,一个样本在 5 ng/10 mg 毛发阈值处的 20 次重复的平均值具有 54.1% B/B_0 和 1.09 的 SD(表 15.1),大约是 100 个不同样本的 SD 的一半。

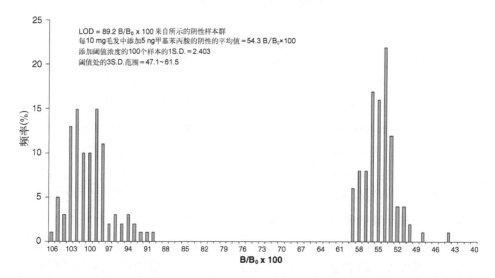

图 15.1 甲基苯丙胺 RIA 检测中,100 个未使用毒品和含有阈值浓度毒品的不同毛发样本的分布。

表 15.1　RIA 法检测甲基苯丙胺的内部测量精度

阈值浓度百分比(%)	−50	−25	100	+25	+50
甲基苯丙胺(ng/10 mg 毛发)	2.5	3.75	5.0	6.25	7.5
RIA 响应(%B/B_0)					
平均值	64.9	57.5	54.1	50.8	48.4
SD	1.12	1.07	1.09	1.23	1.29
CV(%)	1.73	1.87	2.01	2.41	2.67

图 15.1 还说明了筛查分析的另一个理想特征:阴性群体与处于或超过阈值的群体之间存在明显差异。在这种情况下,零毒品群体范围的最低值与阈值点样本范围的最高值之间的差别超过 30% B/B_0 单位。在此图中,检测限(limit of detection,LOD),即零附近可以区别于噪声的最低剂量,从阴性组群的均值可以估计为 89% B/B_0,即 3 个 SDs。然而,不能以在检测的最佳区域内操作为代价

来实现阴性(零毒品)和阈值之间的较大差别。为了定量,一种检测方法通常最多有一个至两个数量级的工作范围,在曲线较陡的区域具有最佳精度[针对竞争的 RIA 或酶免疫分析(enzyme immunoassay,EIA)的情况]。虽然只使用阈值校准仪的检测不需要完整的剂量反应曲线,但了解这种曲线的性质有助于确定最佳阈值点。将阈值点设置在曲线的线性区域有利于在阈值点处和阈值点附近实现最大的精度。虽然该实验室的 RIA 分析在高于和低于阈值 25% 和 50% 的剂量下很容易实现良好的精确度,但这仍然是目前毛发 EIA 应用的一个难以实现的目标,通常能够证明阈值之间的差别仅在阈值的 100% 甚至 200% 处。

假设使用一种具有足够特征的抗体,控制好基质效应通常可以确保创建一种具有足够灵敏度的免疫分析方法,包括对毛发分析的精度问题。酶联免疫测定中另外一个限制因素是获得足够的信号,对 RIA 来说这通常不是问题。特异性问题,特别是与代谢产物或与目标分析物相关的其他化合物的交叉反应性,在工作场所筛查检测中并不像在临床诊断分析中那么关键。这是因为在工作场所检测中,筛检阳性结果之后的样本,都要对该样本的第二份进行特定的确认性检测,而在临床检测中,通常不会对同一分析物进行第二份检测。因此,工作场所筛查检测中的假阳性主要会因为需要进行确认试验而给实验室造成费用问题,并不是对受试者造成危害。例如,在毛发筛查检测中,目前尚没有证据证明护发产品和其他化合物或制剂对检测存在干扰。

15.4　样本制备:清洗和提取方法

15.4.1　从毛发样本中去除外部毒品的洗涤方法

一旦筛查检测确定样本大于或等于阈值浓度,则需要称重第二分试样进行确认检测。该验证性检测的结果用于解释毒品是受试者摄入所致。为此,已经确定了母体毒品的阈值并需要其代谢物同时存在。然而,为了使这些解释工具有效,必须去除环境污染的毒品。因此,确认检测的第一步通常是清洗毛发。然而,清洗方法在毛发检测实验室中并不统一。人们一致认为,毒品是由滋养毛囊的毛细血管沉积在发育中的毛发中的[5,6]。这种内部沉积的毒品与摄入的剂量直接相关[7]。当毛发在 4~7 天后从头皮上长出时,它可能会暴露在与摄入完全无关的环境污染中,或者暴露在受试者自己的汗液中(如果这个人是吸毒者的话),虽然与摄入有关,不是服用药物的假阳性,但与药物剂量无关。使用汗液贴片可以采集能够识别毒品使用的汗液基质[8]。然而,在毛发分析中,汗液中的毒品与剂量无关,因为没有对受试者不同的卫生或美发习惯进行控制,而这些习惯会在不同程度上去除毒品。这两种类型的外部沉积毒品(污染和用户汗液中的毒品)都很重要,这取决于我们想要得到的检测结果的准确性,因此必须认识到这是毛发检测中可以避免的问题,它们的影响可以通过控制清洗程序来控制[9,10]。许多研究人员尚未充分认识到延长水洗去除两种外来毒品的重要性,这导致了许多毒品在毛发中进入机制的误导性结果和猜想[11,12]。

　　例如,早期调查表明,短时间接触有机溶剂,基本上只需冲洗几次,可以轻松去除可卡因蒸气[13~15]。这导致许多调查人员将这种"冲洗"程序作为净化方法[13]。然而,也有人声称,毒品在有水的情况下可以进一步渗透进入毛发[16,17],但他们没有深入探索去除此类毒品的方法。从 20 世纪 90 年代初期,Baumgartner 和 Hill[18]使用受浸泡污染的样本和吸毒者的样本研究了毒品的这种水性渗透。研究结果表明,与已知的毛发化学一致[19],水很容易浸入毛发中的某些区域。研究人员还从数千名用户的毛发样本中发现,用含水介质清洗毛发通常 30 min 内清洗三次可以去除外部污染毒品,之后达到稳定状态,更多的清洗不会有进一步去除效果。因此,较长时间的清洗并不能清除毛囊中毛细血管沉积的毒品,即正常卫生清洁和环境条件下,水不能进入特定区域清除毒品。相比之下,用浓缩溶液浸泡被毒品污染的样本,这种水溶液清洗可以去除几乎所有的污染毒品。此外,对受污染的样本,可以通过测量连续洗涤中的毒品,并观察清洁毛发达到平台期来区分受污染的毛发和用户的毛发样本。清洗完成后,相对于洗涤溶液,使用者的毛发仍含有大量毒品[20,21]。外部污染的毛发与摄入期间毒品沉积在毛囊中的毛发(内部沉积)在洗涤特性上的差异,为洗涤方法和计算洗涤标准的发展提供了经验基础[9,10]。

　　使用我们实验室的清洗程序制定清洗标准是必不可少的,因为它不需要完全去除污染毒品,并且这也是不可能的。洗涤标准的开发依赖于经验,它们用来检测样本受到污染的程度。清洗程序如下:首先,将干燥的异丙醇(2 mL)加入含约 12 mg 毛发的 12 mm×75 mm 试管中,在 37℃下剧烈振荡 15 min;之后,除去异丙醇。然后将 pH=6 的 2 mL 0.01 mol/L 磷酸盐缓冲液/0.1% BSA(牛血清白蛋白)添加到试管中的毛发样本中,在 37℃下剧烈摇动试管 30 min,然后移除缓冲液。再重复上述 30 min 洗涤两次,然后使用相同的条件进行两次 60 min 的洗涤。保存最后的(第五次)磷酸盐缓冲洗涤液,通过定量 RIA 进行分析。"清洗标准"确定如下:最后一次清洗每 10 mg 毛发的毒品量乘以 5,将此结果与清洗后经 MS 确证的每 10 mg 毛发的母体毒品值相减。从洗过的毛发值中减去最后一次洗过的毒品值的指定倍数所得到的结果称为清洗标准,这个值比进一步清洗从毛发上去除的药物量要高(可卡因、吗啡和 PCP 的情况下额外 5 次 1 h 清洗,甲基苯丙胺需要额外清洗 3.5 h)。如果减法后的结果小于母体毒品的阈值,则该结果被视为毒品使用阴性。

我们实验室已经利用多种实验污染物评估了该洗涤标准,包括在毒品水溶液中浸泡 1 h,涂上毒品后在汗液中接触毒品 6 h,或浸泡后储存 16 天和多次洗发水浸泡[9,10]。将毛发浸泡在含毒品水中是最具渗透性的污染形式。当水与毛发接触时,会导致毛发纤维迅速膨胀,同时重量增加约 30%。水渗透整个毛干并占据构成毛干的细胞或大分子蛋白质结构之间的间隙。用毛巾擦干的膨胀毛发在室温下暴露在空气中时,这种结构性结合的水会迅速流失(15 min 内)。然而,如果水溶液中含有毒品,那么当毛发恢复干重时,毒品可以保留在毛发的间隙中[22]。然而,上述实验结合我们实验室获得的多年经验表明,水无论是在人们的正常生活习惯中还是在试管中,都不容易穿透毛发的特定区域。水洗可准确去除正常暴露时沉积的毒品——有时在水中,有时不在。当没有水使毛发膨胀时,毒品会保留在表面上,可以用非毛发膨胀剂(如干异丙醇)去除。此外,我们已证明浸泡在极高浓度(1 μg/mL、10 μg/mL 和 50 μg/mL)可卡因中的不同孔隙率和不同颜色的毛发也符合这些规则,并能被我们的清洗程序识别为受污染的毛发[10]。

关于非使用者毛发污染的另一个考虑因素是污染毒品可能会受到限制并随机分布在毛发上,即从同一受试者采集的第二个样本很可能检测为阴性。本质上,非使用者的污染是随机且有限的。因此,多个样本的结果缺乏可重复性可能是环境污染的一个特点。

对毒品使用者来说,皮肤表面汗液中的毒品不会导致假阳性,因为毒品的存在与毒品使用一致,但为了更准确地毒品定量检测,需要尽量减少对此类汗液衍生毒品的测量。由于受试者生理、活动和环境条件方面的差异,排汗率的差异会导致毛发接触含毒品汗液的情况有很大变化。此外,受试者的美发和卫生习惯差异很大,可以渗透毛发的表面毒品量以及到达实验室时留在毛发上或毛发中的毒品量都会产生差异。这种外部衍生的毒品虽然来自受试者,但需要尽可能地去除以便正确地解释毛发分析结果。例如,一个吸毒者毛发具有多孔性,在炎热的气候下,在户外从事体力劳动,与一个毛发无孔、很少离开空调环境的人相比,含毒品的汗水对他们的毛发会造成不同的影响。尽管在不清洗的情况下摄入的剂量可能相似,但来自两个受试者的毛发样本可能含有不同浓度的毒品。然而,通过延长水洗,我们的实验室已证明可以去除或识别外源环境污染,并且可以去除毒品使用者由汗液沉积在毛发上的大部分毒品,可以避免错误地评估毒品使用情况。

使用有效清洗程序的原因是:(1)可以有效使用阈值,包括母体毒品和代谢物,因为只有已应用清洗程序基本清除外部污染的毛发应用阈值才有意义;(2)可以有效使用代谢物以便区分真实使用和环境污染。例如使用大麻素[24],摄食酒精、可卡因[23]或羧基-THC(四氢大麻酚)时,他们在体内形成两个代谢产物可卡乙烯(cocaethylene,CE),这两个代谢物就是非常明确的指标。但是,也有其他代谢物,例如苯甲酰爱康宁(benzoylecgonine,BE)和6-单乙酰吗啡(6-monoacteylmorphine,6-MAM),可通过非代谢过程在母体毒品的毛发上形成[9,20]。只有样本经过充分清洗,将BE的存在作为使用指标的政策才有意义。最后,有效清洗的第三个原因是利用毛发分析提供一段时间内摄入毒品量的信息,这需要从定量中排除任何非摄入毒品,即来自汗液的毒品。当然,毛发分析也适用于分段分析,可以跟踪一段时间内的毒品使用情况。

许多关于利用毛发分析来识别毒品使用的研究未能在其程序中使用广泛的水洗,这严重影响了从工作中得出的结论[11,12]。除了外部环境污染的可能性很高外,应用于不同类型毛发(或女性与男性)的各种美发和卫生习惯,要求将汗液中的毒品变量标准化。例如,众所周知,非裔美国人的一些毛发很容易因过度洗发而受损,每周或每两周洗一次是标准做法。然而,许多出版物对毛发分析存在颜色或种族偏差,这是因为他们没有使用延长的水洗程序去除可通过水扩散进入毛发的外部沉积毒品而进行毛发检测。这些出版物根本没有考虑到汗液沉积毒品产生的差异。因此,分析前对样本进行有效清洗,在很大程度上可以避免所报告的环境污染和毛发色差偏差。

15.4.2　MS确认之前从毛发样本中提取毒品

清洗毛发后,样本制备的下一个关键步骤是提取方法,该方法可以均匀且完全地回收毛发中因摄入而存在的毒品。将毛发溶解在强碱 KOH 中可以很好地提取毒品,例如,羧基-THC。对于其他毒品,可以使用酶消化方法将毒品从毛发中完全释放出来[7]。还有其他经常被使用的方法,如溶剂提取,这些方法通常与加热或超声处理相结合。后一种程序尤其需要仔细检查所有类型的毛发是否完全回收。所有类型样本回收的均匀性和完整性对于有效使用工作场所检测的阈值标准和代谢物标准至关重要。

15.4.3 样本制备方法对毛发分析结果、结论和解释的影响

如上所述,实验室应广泛使用清洗,并通过应用清洗标准将洗涤分析的结果包括在结果解释中。因此,大量清洗、清洗分析产生清洗标准、分析物完全回收、阈值和代谢物标准结合使用等,由此产生毛发分析结果。如果这些步骤中的任何一个未能优化,则可能产生误导性的结果。

15.4.3.1 美发处理对毛发毒品含量的影响

样本制备方法不当会产生误导性结果,其中的一个例子是,美发处理(如烫发、染色、拉直和漂白)对毒品毛发含量的影响[17]。与此相关的产品通常是由互联网提供,据称可以在对毛发进行毒品检测时将毒品从毛发中去除[25]。验证这些产品对毛发毒品含量影响的研究必须在用上述程序彻底清洗毛发后进行。如果不进行清洗,毛发表面有大量污染的情况下,去除的毒品非常少,这是不正确的。这些产品去除毛发表面的外部污染并不奇怪,但它不会干扰毒品摄入时内部沉积的量。此外,如果没有清洗样本,随后也没有完全提取摄入的毒品,那么美发治疗的结果可能被高度夸大了,使产品对毛发毒品含量的影响比实际情况大得多。

15.4.3.2 毛发检测和种族或肤色偏差的声明

不时有人针对毛发和尿液检测提出毒品检测中存在"种族偏见"的说法。这些主张在两个对阵双方中都没有成功。从法律的角度来看,这些主张通常会因简易判决而被驳回。显然,没有证据支持人们会由于种族原因自发地在体内制造可卡因。同样,也没有产生可卡因阳性结果的"遗传倾向"。涉及使用"产品"或"环境因素"而以某种方式影响一个种族的声明同样无法获得支持。

研究人员在 20 世纪 80 年代中期提出了关于尿液中黑色素和血清素的存在会导致大麻的尿液结果存在种族偏差的说法。随后的研究证明这些说法是不准

确的。针对毛发检测,这个问题出现在 15 年前(2006 年前的 15 年),当时一位研究人员推测,如果可卡因优先与毛发中的黑色素结合,则可能需要用一个校正因子来标准化基于毛发颜色的可卡因定量结果。事实上,从来没有任何迹象表明,检测样本中可卡因不存在,或者阳性结果是"错误的"。然而,后来在一些媒体报道中,"种族"被用作"毛发颜色"的代名词,误报了黑色素结合理论,从而产生了毛发"种族偏见"理论。

许多出版物随后开始尝试以各种方式证明毛发颜色的偏差,包括体外和啮齿动物实验,以及小型人体实验。对这项工作的批判性审查表明,毛发颜色与人发的工作场所毒品检测几乎没有相关性[11]和/或没有统计学上显著的毛发颜色(或"种族")偏差证明[30]。

另一方面,到目前为止,对毛发进行毒品检测的大规模人群研究得出的结论是,毛发颜色或种族因素不会导致任何统计学上显著差异,并不会由此产生差别。利用该实验室的方法(大量清洗样本、酶消化和代谢物标准)进行的几项研究证实,该技术不存在系统性偏差[11,26,27,31,32]。

例如,有一项关于种族偏差和毒品检测问题的大规模研究涉及 1 200 个真实案例,结果表明,使用三种报道的方法(自我报告、尿液检测和毛发分析),白种人和非裔美国人的阳性比例相同[26]。当将毛发与尿液和自我报告进行比较时,也没有种族差别。

Benjamin Hoffman 博士于 1999 年 7 月发表了另一项大规模研究,他们比较了 1997 年大型市政警察部队 1 800 多名黑人和白人候选人的毛发和尿液检测结果[27]。同样,将毛发检测与尿液进行比较时没有发现种族差别。1999 年的一项研究中,根据对大量数据集的分析,作为毛发检测结果的一个因素,毛发颜色或种族的影响都可以忽略不计[28]。该研究的作者报道称,在毛发、尿液和自我报告的横向比较中,尿液和自我报告的阳性率的种族差异实际上比毛发分析更大。

Mieczkowski 和 Newel 对所有已发表的研究进行了综合分析,将毒品检测结果与种族或毛发颜色相匹配[29]。研究中作者使用了多种方法,包括使用已知剂量的毒品等。所有研究都没有显示存在统计偏差。同一作者发表了一份对超过 5.6 万例案例的分析,显示毛发颜色与可卡因检测呈阳性的可能性之间没有显著关系[30]。

2002 年《刑事司法评论》(*Criminal Justice Review*)报道的一项研究比较了

大都会警察局 40 000 名警察的毛发和尿液结果[31],未发现存在偏差。在另一项研究中,来自 130 000 名接受过毛发和尿液检测的受试者的大量数据显示,没有证据表明毛发检测存在偏差,这也证实了其他研究的结论[31,32]。

该实验室对大量毛发进行了分析,结果羧基-THC、可卡因、苯甲酰爱康宁、吗啡、可待因和 6-MAM 呈阳性,他们试图证明黑色和非黑色毛发中存在的毒品浓度差异[11]。结果无法证明存在与毛发颜色相关的偏差。这些研究是按一组特定的程序和方法进行的,包括大量洗涤,然后对毛发酶消化以进行确认。洗涤去除了外部污染毒品,并且消化步骤实现了对沉积毒品代谢的完全提取——这两个步骤使结果没有明显的颜色偏差或其他人为影响。

关于毛发颜色偏差,还需要特别注意的是,在报告工作场所毛发检测阳性结果时需要存在代谢物。例如,人们一致认为酸性化合物,如苯甲酰爱康宁和羧基-THC,不会显示颜色偏差。因此,母体毒品(可卡因)呈阳性的毛发样本中存在此类代谢物(例如苯甲酰爱康宁)。这与由于母体毒品的颜色偏差而导致的样本呈阳性是不一致的。

15.5　质　谱　确　认

一般使用固相萃取工艺(solid-phase extraction,SPE)从水解的毛发基质中提取可卡因、阿片类毒品和羧基-THC 的母体毒品和代谢物,连同其加标的相应氘代内标物。苯丙胺和五氯苯酚使用液/液方法提取。提取物经过浓缩、重构,然后进行分析。确认和定量使用 GC-MS(气相色谱-质谱)、LC(液相色谱)或 GC 与串联质谱(MS/MS),在子离子模式下使用三级四极杆设备[2,33,34]。

15.5.1　阳性可卡因样本标准

在我们实验室,如果样本符合以下标准之一,则可以报告为阳性:

1. 可卡因检测结果≥5 ng/10 mg 毛发,BE 检测结果≥可卡因结果的 5%(管理下限为 0.5 ng),同时应用清洗标准。

2. 可卡因检测结果≥5 ng/10 mg 毛发,BE≥LOD,可卡因分析柱上结果≥0.5 ng/10 mg 毛发。

3. 可卡因检测结果≥5 ng/10 mg 毛发，BE 存在且≥LOD，去甲可卡因测定结果≥ 0.5 ng/10 mg 毛发，应用清洗标准。

4. 定量>15 ng/10 mg 毛发，可卡因 BE 的任何可卡因样本≥LOD 或 0.5 ng 可卡因。

15.5.2　阳性阿片样本标准

在我们实验室，如果样本除清洗标准外还满足以下标准之一，则可以报告为阳性：

1. 可待因≥2 ng/10 mg 毛发。

2. 吗啡≥2 ng/10 mg 毛发。

3. 如果 6－MAM（一种海洛因代谢物）≥2 ng/10 mg 毛发，并且存在吗啡，则表明样本使用了海洛因。

15.5.3　阳性苯丙胺、PCP 和大麻样本标准

在我们实验室，如果样本通过清洗标准，当满足清洗标准并且苯丙胺、甲基苯丙胺、3,4－亚甲二氧基甲基苯丙胺（3,4－methylenedioxymethamphetamine，MDMA）或 3,4－亚甲基乙基苯丙胺（3,4－methylenedioxyethylamphetamine，MDEA）的浓度为阳性时，样本为苯丙胺阳性。此外，阳性甲基苯丙胺样本还必须含有 0.5 ng/10 mg 苯丙胺代谢物，阳性 MDMA 或 MDEA 必须含有 0.3 ng/10 mg MDA。可应要求对甲基苯丙胺阳性样本进行 D 和 L－甲基苯丙胺检测。

符合清洗标准且含量≥3 ng/10 mg 的样本为 PCP 阳性，当 C－THC 浓度≥1 pg/10 mg 时为大麻阳性。

表 15.2 总结了我们实验室使用的五种滥用毒品的阈值（以 ng/10 ng 毛发为单位，C－THC 以 pg/10 mg 毛发为单位）。

表 15.2　毛发中滥用毒品的确认标准

母体毒品	筛查阈值	代谢物和相关分析物	MS 确认阈值（ng/10 mg 毛发）	随访 LOD 阈值（ng/10 mg 毛发）
可卡因	5 ng/10 mg 毛发		5	0.2
		BE	0.5	
		CE	0.5	
		NCOC	0.5	

续　表

母体毒品	筛查阈值	代谢物和相关分析物	MS 确认阈值（ng/10 mg 毛发）	随访 LOD 阈值（ng/10 mg 毛发）
鸦片	2 ng/10 mg 毛发		2	
		可待因	2	0.5
		吗啡	2	0.5
		6 - MAM	2	0.5
		氧可酮	2	0.5
PCP	3 ng/10 mg 毛发		3	1
苯丙胺	5 ng/10 mg 毛发		5	0.25
		METH	5	1
		MDMD	5	1
		MDEA	5	1
THC	2 ng/mg 毛发		1 pg/10 mg 毛发	0.2 pg/10 mg 毛发

15.6　工作场所检测体毛样本

　　大多数工作场所检测都是使用长达 1.5 in.（英寸）的头发样本。以大约 0.5 in./m 的增长率，1.5 in. 的头发样本代表大约 3 个月的窗口。没有头发时，可用体毛代替。身体部位腿部、胸部和腋窝的毛发生长速率平均分别为 0.2 in./m、0.4 in./m 和 0.3 in./m，它们反映了每种毛发在生长期、退化期和休止期所用时间长度的变化[35~39]。因此，一般来说，来自头部以外的身体部位的毛发比同等长度的头发代表更长的时间范围。处于休眠期（即退化期）的体毛百分比大于头发，因此从体毛检测得出的使用时间周期难以确定。但是，可以确定在毛发的整个生命周期内使用过毒品。

　　表 15.3、表 15.4 和表 15.5 比较了相同受试者体毛相对于头发的毒品含量。对于可卡因（表 15.3），七名尿检结果呈阳性的男性受试者提供了指定的体毛样本。表中给出了可卡因及其代谢物的确认结果。五名甲基苯丙胺阳性头发的受试者（表 15.4）提供了指定的体毛样本，十名受试者（表 15.5）提供了羧基- THC 阳性的头发和体毛样本。

表 15.3　头发和体毛中可卡因分析

编号	毛发位置	可卡因	苯甲酰爱康宁	乙基苯酰爱康因	诺可卡因
		ng/10 mg 毛发			
1	头部	263.1	23.8	0.41	5.5
	腋下	284.7	17.7	0.51	7.3
	腿	144.7	6.9	0.38	4.2
2	头部	625.0	57.7	5.7	15.6
	胸	369.6	39.2	11.5	8.0
	腋下	60.8	8.2	3.7	3.3
	腿	139	19	6.7	4.8
3	头部	18.7	1.4	0.3	—
	腋下	16.6	1.4	0.0	0.36
	腿	14.4	1.1	0.77	0.3
4	头部	181.5	10.9	0.4	7.4
	腿	172.7	11.7	0.26	7.7
5	头部	30.8	1.98	0.25	0.5
	胸	53.2	4.2	0.47	1.1
	腋下	2.5[a]	0.45	0	0.06
	腿	43.4	2.7	0.29	1.0
6	头部	53.2	9.4	1.1	1.2
	腋下	12.8	3.6	0.3	1.48
	腿	15.7	2.9	0.86	0.62
7	头部	3.7[a]	0.4	0.25	0.1
	腋下	7.5	1.2	0.0	0.22
	腿	5.8	0.43	0.1	0.24

[a] 当浓度下降到阈值以下时，可卡因存在。

表 15.4　头部和体毛中苯丙胺分析

序号	毛发位置	甲基苯丙胺	苯丙胺
		（ng/10 mg 毛发）	
1	头部	38.6	3.2
	腋下	116.2	13.8
	腿	97.7	12.8
2	头部	7	0.17
	胸	14.7	0.24
	腋下	16.8	0.3
	腿	8.8	0.25

续 表

序号	毛发位置	甲基苯丙胺	苯丙胺
		(ng/10 mg 毛发)	
3	头部	21.1	1.45
	胸	45.6	3.4
	腋下	56.1	5.8
	腿	23.5	2.2
4	头部	38.2	2.1
	腋下	20.3	1.3
	腿	80.9	7.6
5	头部	189	31
	胸	114.6	17.5
	腋下	91.5	14.7
	腿	80.7	12.6

表 15.5 头部毛发和体毛中大麻代谢物分析

序号	1	2	3	4	5	6	7	8	9	10
	羧基－THC pg/10 mg 毛发									
头部	15.49	2.97	1.89	6.4	40.85	127.4	7.2	14.2	3.3	—[a]
胸	—	—	—	3.8	—	14.5	10.9	—	4.0	—
腋下	14.8	—	1.5	1.3	41.9	—	11.2	4.4	10.0	2.2
腿	12.2	2.0	2.3	4.2	48.9	9.1	23	6.8	5.9	2.3

[a] 无分析数据。

虽然来自不同身体部位的样本的毒品含量有数量上的差异,但所有结果都一致性显示出受试者体内存在毒品的事实。数量可变性可能源于检测毛发的长度和休眠特征。体毛样本采用与头发相同的程序进行分析,并用相同的确认标准进行解释。结果表明,当需要定量时,分析体毛样本也是有效的,但需要注意必须考虑包括生长速率在内的区别。

15.7 结 论

在建立工作场所毒品检测程序时,实验室应始终遵循本章中描述的过程——从样本采集到结果报告和解释。毛发样本的清洗是定量毛发检测的一个极其重要的组成部分，对于吸毒者来说，既可以去除污染物，也可以去除汗液中的毒品。只有在解决毒品的外部来源问题，并且从所有类型的毛发样本中均匀提取毒品时，母体毒品阈值和代谢物标准的使用才有意义。假设实验室有良好的实验实践，可以通过认真关注这些样本制备步骤来管理或避免报告毛发检测问题，包括外部污染和毛发颜色偏差等问题。目前，已证明该检测程序可以经受法律审查。

参考文献

1. SAMHSA, U.S. Department of Health and Mental Services, Substance Abuse and Mental Health Services Administration, Proposed Revisions to Mandatory Guidelines for Federal Workplace Drug Testing Programs, Federal Register, 69, no. 71, 19673 – 19732(13 April 2004).

2. Hill, V., Cairns, M., Cheng, C.C., and Schaffer, M., Multiple aspects of hair analysis for opiates: methodology, clinical and workplace populations, and poppy seed ingestion, J. Anal. Toxicol., 2005, 29: 696.

3. FDA, In Vitro Diagnostic Devices: Guidance for the Preparation of 510(k) Submissions, publication FDA 97 – 4224, U.S. Department of Health and Human Services, Food and Drug Administration, Washington, DC.

4. Baumgartner, W.A. Ligand Assays of Enzymatic Hair Digests, U.S. pat. 5, 324, 642, 28 June 1994.

5. Ruth, J.A. and Stout, P.R., Mechanisms of drug deposition in hair and issues for hair testing, Forensic Sci. Rev., 2004, 16: 115.

6. Pragst, F., Rothe, M., Spiegel, K., and Spokert, F., Illegal and therapeutic drug concentrations in hair segments: a timetable of drug exposure, Forensic Sci. Rev., 1998, 10: 81.

7. Baumgartner, W.A. and Hill, V.A., Hair analysis for drugs of abuse, J. Forensic Sci., 1989, 1433.

8. Cone, E.J., Hillgrove, M.J., Jenkins, A.J., Keenan, R.M., and Darwin, W.D., Sweat testing for heroin, cocaine, and metabolites, J. Anal. Toxicol., 1994, 18: 298.

9. Cairns, T., Hill, V., Schaffer, T., and Thistle, W., Removing and identifying drug contamination in the analysis of human hair, Forensic Sci. Int., 2004, 145: 97.

10. Schaffer, M., Hill, V., and Cairns, T., Hair analysis for cocaine: the requirement for effective wash procedures and effects of drug concentration and hair porosity in contamination and decontamination, J. Anal. Chem., 2005, 29: 1.

11. Hill, V., Schaffer, M., and Cairns, T., Absence of hair color effects in hair analysis results in large workplace populations, Annales de Toxicologie Analytique, 2005, 17: 285 – 297.

12. Schaffer, M., Hill, V., and Cairns, T., Morphine and 6 – monacetylmorphine in hair of heroin users: use of invalid extraction procedures generates erroneous conclusions, J. Anal. Toxicol., 2005, 29: 76.

13. Kintz, P., Bundeli, P., Brenneisen, R., and Ludes, B., Dose concentration relationships in hair from subjects in a controlled heroin-maintenance program, J. Anal. Toxicol., 1998, 22: 231.

14. Koren, G., Klein, J., Forman, R., and Graham, K., Hair analysis of cocaine: differentiation between systemic exposure and external contamination, J. Clin. Pharmacol., 1992, 31: 671.

15. Wand, W.L. and Cone, E.J., Testing human hair for drugs of abuse, IV: environmental cocaine contamination and washing effects, Forensic Sci. Int., 1995, 70: 39.

16. DeLauder, S. and Kidwell, D.A., The incorporation of dyes into hair as a model for drug binding, Forensic Sci. Int., 2000, 107: 93.

17. Skopp, G., Ptosch, L., and Moeller, M.R., On cosmetically treated hair: aspects and pitfalls of interpretation, Forensic Sci. Int., 1997, 84: 43.

18. Baumgartner, W.A. and Hill, V.A., Hair analysis for drugs of abuse: decontamination issues, in Recent Developments in Therapeutic Drug Monitoring and Clinical Toxicology, I. Sunshine, Ed., Marcel Dekker, New York, 1992, pp. 577 – 597.

19. Robbins, C.R., Chemical and Physical Behavior of Human Hair, 3rd ed., Springer Verlag, New York, 2004.

20. Baumgartner, W.A. and Hill, V.A., Hair Analysis for Organic Analytes: Drug Testing in Hair, Kintz, P., Ed., CRC Press, Boca Raton, FL, 1996, pp. 223 – 265.

21. Baumgartner, W.A. and Hill., V.A., Sample preparation techniques, Forensic Sci. Int., 1993, 63: 121.

22. Baumgartner, W.A., Hill, V.A., and Kippenberger, D., Workplace drug testing by hair analysis: advantages and issues, in Drug Testing Technology, Mieczkowski, T., Ed., CRC Press, Boca Raton, FL, 1999, pp. 283 – 311.

23. Cone, E.J., Yousenfnejad, D., Darwin, W.D., and Maguire T., Testing human hair for drugs of abuse, II: identification of unique cocaine metabolites in hair of drug abusers and evaluation of decontamination procedures, J. Anal. Toxicol., 1991, 15: 250.

24. Kintz, P., Cirimele, V., and Mangin, P., Testing human hair for cannabis, II: identification of THC – COOH by GC – MS – NCI as a unique proof, J. Forensic Sci., 1995, 40: 619.

25. Schaffer, M., Hill, V., and Cairns, T., Internet-advertised drug-removal products: effects on cocaine, opiates and carboxy-THC in hair, Abstract, presented at 57th Annual Meeting of the Am. Assoc. Forensic Toxicology, New Orleans, LA, Feb. 21 – 26, 2005.

26. Mieczkowski, T. and Newel, R., Evaluation of Patterns of Racial Bias in Hair Assays for Cocaine: Black and White Arrestees Compared, Forensic Sci. Int., 1993, 63: 85.

27. Mieczkowski, T. and Newel, R., An analysis of the racial bias controversy in the use of hair assays, in Drug Testing Technology, Mieczkowski, T., Ed., CRC Press, Boca Raton, FL, 1999.

28. Hoffman, B., Analysis of race effects on drug testing results, J. Occup. Environ. Med., 1999, 41: 612.

29. Mieczkowski, T. and Newel, R., Statistical examination of hair color as a potential biasing factor in hair analysis, Forensic Sci. Int., 2000, 107: 13.

30. Mieczkowski, T. and Kruger, M., Assessing the effect of hair color on cocaine-positive outcomes in a large sample: a logistic regression in 56,445 cases using hair analysis, Bull. Int. Assoc. Forensic Toxicol., 2001, 31: 9.

31. Mieczkowski, T. and Lersch, K., Drug testing police officers and police recruits: the outcome of urinalysis and hair analysis compared, Policing: Int. J. Police Strategies Manage., 2002, 25: 581.

32. Mieczkowski, T., Lersch, K., and Kruger, M., Police drug testing, hair analysis and the issue of race bias, Criminal Justice Rev., 2002, 27: 124.

33. Cairns, T., Hill, V., Schaffer, M., and Thistle, W., Levels of cocaine and its metabolites in washed hair of demonstrated cocaine users and workplace subjects, Forensic Sci. Int., 2004, 145: 175.

34. Cairns, T., Hill, V., Schaffer, M., and Thistle, W., Amphetamines in washed hair of demonstrated users and workplace subjects, Forensic Sci. Int., 2004, 145: 137.

35. Paus, R. and Cotsarelis, G., Mechanisms of disease: the biology of hair follicles, New England J. Med., 1999, 341: 491.

36. Saitoh, M., Uzuka, M., Sakamoto, M., and Kobori, T., Rate of hair growth, in Hair Growth, Montagna, M. and Dobson, Eds., Advances in Biology of Skin Series, Vol. 9, Pergamon Press, Oxford, 1969, pp. 183 − 201.

37. Saitoh, M., Uzuka, M., and Sakamoto, M., Human hair cycle, J. Invest. Dermatol., 54, 65, 1970.

38. Valkovic, V., Human Hair, Vol. I, Fundamentals and Methods for Measurement of Elemental Composition, CRC Press, Boca Raton, FL, 1988.

39. Chase, H.B., Growth of hair, Physiol. Rev., 1954, 34: 113.

第十六章

金 属

Jean-Pierre Goullé

16.1 引 言

我们使用 Medline 搜索,检索了 1980 年至 2005 年 8 月 14 日发表的 1 323 篇论文(1 300 篇英语,23 篇法语)。其中有 138 篇评论(130 篇英语,8 篇法语)。使用的关键词是"毛发"和"金属"。我们的研究仅限于人类和带有摘要的论文。考虑了摘要版后,我们仔细评估了 151 篇论文。文献提到最多的元素是铅、汞、镉和砷。近年来,人们对毛发中金属和类金属的检测兴趣不大,但电感耦合等离子体质谱(inductively coupled plasma spectrometry,ICP－MS)新技术的发展很有前景。此外,毛发的多元素分析和新的形态分析也具有广阔的应用前景,但同时也向人们提出了新的挑战。

已有大量文献关注了使用毛发样本评估环境和职业金属暴露[1~9]。这种方法通常基于与未暴露人群的正常或参考浓度进行比较分析[1]。除了一些元素外,毛发报告的正常范围经常会有较大的变化。这种多样性反映出影响基质中元素含量变化的因素,包括饮食习惯、生活方式和地球化学环境等。毛发中某些元素的浓度可能取决于年龄、性别、发色和吸烟习惯。这方面的信息很少,也存在不一致性。此外,已经证明,对于某些元素,所获得的数据不仅取决于洗发程序,而且还取决于所使用的分析方法,这使不同数据组的比较变得更加复杂。在最近的一篇论文中,Shamberger[10] 重新调查了 2001 年 Seidel[11] 的研究,他发现,提交给美国六个不同商业实验室进行分析的毛发矿物检测实际上是不可靠的。有一种毛发提取物是通过不含清洗步骤的方法获得的。在五个实验室中进行比较,虽然取得了准确的结果,但实验室使用的各种清洗步骤可能是结果存在显著差异的原因。因此,通过使用可靠的清洗步骤和分析方法,在亚群基础上建立一个群组参考范围非常重要。

16.2　金属进入毛发

在药品和滥用毒品检测方面,外部金属污染进入毛发是一个主要问题。大多数情况下,从外部空气中嵌入的污染金属无法通过洗涤程序有效去除。此外,毛发金属浓度是通过消化系统、肺、皮肤接触和外部污染进入生物体的总和(图16.1)。毛发为黏合可能含有大量金属的灰尘等材料提供了有效介质。在1988年的一项研究中对外部金属污染源进行了实验检测,方法是将毛发样本暴露在土壤中、家庭用热水器的热水中以及厨房中的家庭灰尘和烟雾中,结果造成了 Cu、Fe 和 Zn 的错误检测[12]。除了药物和滥用药物,还有许多污染源,包括灰尘、汗液、皮脂腺分泌物、肥皂、洗发水、护发素、烫发产品、漂白剂和发胶等。许多金属在毛发上的吸附与毛发的酸度或浸没毛发样本的介质有关,这说明毛发是一种离子交换剂,

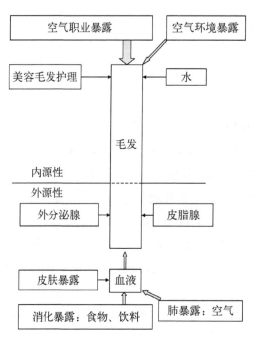

图 16.1　金属掺入毛发流程图。

其 pK_a 值估计在4.5~5.0之间。大多数重金属对巯基的亲和力都很高,因为毛发中巯基的含量很高,所以它们很容易进入到毛发中[14]。然而,也有人认为,毛发中金属的结合位点不仅仅是在巯基上,也位于羧基等官能团上[13]。

16.3　毛发去污程序和样本制备

目前使用的几种清洗程序包括使用去离子水、溶剂(丙酮和四氯化碳)、非离子洗涤剂、离子洗涤剂如十二烷基硫酸钠、螯合剂 EDTA－2Na、去离子水冲

洗、热溶液、稀酸和冷蒸馏水[15],以及超声波与溶剂联合使用[16]等。Harrison 和 Tyree[17]指出,洗涤剂比有机溶剂更能降低元素浓度。然而,对于重金属,因为它们与角蛋白中的二硫化物基团形成强烈的复合物,所以清洗程序基本上不会影响它们的浓度[18]。1978 年和 1985 年,国际原子能机构(International Atomic Energy Agency,IAEA)再次推荐了一种用丙酮-水-水-丙酮清洗毛发的程序[19~21]。Mikasa 等进一步评估了这种洗涤方法[13],他们的研究表明丙酮洗涤过程中重金属没有损失。清洗程序后,毛发通常在 70℃下用硝酸矿化,然后稀释[22]。有机物的分解是毛发中金属和类金属检测的重要组成部分。在密闭容器中混合硝酸与过氧化氢或单独使用硝酸进行基质分解[18,23,24]。由于空气中颗粒物的污染、挥发性元素的损失以及该方法存在危险性,所以不建议在 ICP-MS 中使用开口烧杯进行酸水解[25]。一般情况下,在封闭系统使用硝酸作为基质溶解介质对毛发样本进行微波辅助消解,然后用去离子水适当稀释[26]。第 16.9 节"元素"中报道了一些特定的清洗程序。

16.4 毛发元素分析方法

目前有许多分析程序:石墨炉原子吸收光谱法(graphite furnace atomic absorption spectrometry,GFAAS)、中子活化分析(neutronic activation analysis,NAA)和电感耦合等离子体光谱法(inductively coupled plasma spectrometry,ICP)——联用原子发射光谱法(atomic emission spectrometry,ICP-AES)或质谱法(mass spectrometry,ICP-MS)——是最流行的方法。尤其是 ICP-MS 是一种快速可靠的金属和准金属分析方法。其具有单次运行多元素分析能力、高灵敏度检测和测量大范围浓度的能力,因此 ICP-MS 是首选检测技术。与 ICP-AES 相比,ICP-MS 在检测痕量元素的下限时更灵敏,提供差异参考水平的可能性更小[27]。除铝外,ICP-MS 方法比 GFAAS 灵敏得多。这也是常规评估稀土元素和卤素的唯一方法。我们研究开发并验证了一种多元素程序,可同时量化 25 mg 毛发样本中的 32 种元素:Li、Be、B、Al、V、Cr、Mn、Co、Ni、Cu、Zn、Ga、Ge、As、Se、Rb、Sr、Mo、Pd、Ag、Cd、Sn、Sb、Te、Ba、W、Pt、Hg、Tl、Pb、Bi、U[22]。

我们使用带有 PlasmaLab®软件且无动态反应池(Thermo Optek,Courtaboeuf,法国)的台式 Thermo Elemental X7CCT 设备进行多元素检测。等离子火焰氩气纯度高于 99.999%（Linde Gas，Gargenville，法国）。使用 MilliQ$_{PLUS}$ 185 系统（Millipore，St Quentin-en-Yvelines，法国）净化水。Suprapur® 硝酸 65%、Triton X100 和多元素标准溶液（30 种元素）购自 Merck（德国达姆施塔特）。其他七种元素（W、Pd、Pt、Sn、Ge、Hg、Sb）和铑内标溶液购自 CPI International（阿姆斯特丹，荷兰）。使用质量控制程序评估全局检测。我们的实验室是魁北克国立公共学院（加拿大圣福伊）实验室间比较计划的注册参与者,该计划对非职业暴露个体的全血、尿液和胡须进行了加标选定元素检测。在温水和丙酮净化后,将 25 mg 毛发用 0.25 mL 硝酸在 70℃ 下水解 1 h。将 0.1 mL 的该溶液稀释成 3.9 mL（0.5%，v/v，丁醇；0.65%，w/v，硝酸；0.01%，v/v，氚,以 Rh[1 ppb]作为内标）。根据元素的不同,制备了从检测限到 25 ng/mL 或 250 ng/mL 的校准曲线。批次内不确定度在 0.4%～6.7% 之间。批次间不确定度也令人满意。毛发的定量限范围为 0.2 pg/mg（Tl）～0.5 ng/mg（B）（表 16.1）。

表 16.1 毛发多元素 ICP-MS 分析验证

物质	r	LOD	LOQ	CV %（1）	CV %（2）
锂	0.999 9	0.002	0.007	6.5	6.1
铍	0.999 8	0.002	0.007	3.9	8.8
硼	0.999 1	0.14	0.46	3.6	8.9
铝	0.999 3	0.02	0.08	2.3	7.7
钒	0.999 8	0.001	0.003	1.7	9.0
铬	0.999 9	0.06	0.20	3.5	9.3
锰	0.999 6	0.001	0.004	1.7	6.6
钴	0.999 8	0.000 3	0.001	2.3	7.9
镍	0.999 8	0.01	0.05	1.8	6.4
铜	0.999 9	0.01	0.03	1.3	10.4
锌	0.999 6	0.01	0.04	1.1	8.1
镓	0.999 8	0.000 3	0.000 9	2.2	8.9
锗	0.999 9	0.001	0.002	1.8	7.6
砷	0.999 7	0.01	0.02	3.5	6.4
硒	0.999 7	0.02	0.06	2.6	7.8
铷	0.999 5	0.000 3	0.001	2.0	5.8
锶	0.999 5	0.000 2	0.000 7	1.0	7.0
钼	0.999 8	0.000 4	0.001	3.9	8.2
钯	0.999 5	0.001	0.003	2.9	22.3

续　表

物质	r	LOD	LOQ	CV %（1）	CV %（2）
银	0.999 8	0.000 5	0.002	0.7	9.9
镉	0.999 8	0.000 3	0.000 9	0.7	5.9
锡	0.999 8	0.001	0.002	1.0	5.9
锑	0.999 8	0.000 3	0.001	1.0	5.2
碲	0.999 7	0.000 6	0.002	6.7	6.1
钡	0.999 8	0.001	0.003	0.8	5.5
钨	0.999 8	0.000 2	0.001	2.1	7.2
铂	0.999 9	0.000 1	0.000 2	1.5	6.2
汞	0.998 6	0.004	0.013	0.4	9.5
铊	0.999 5	0.000 05	0.000 2	3.7	4.7
铅	0.999 7	0.000 3	0.001	0.7	4.4
铋	0.999 7	0.000 8	0.003	1.4	5.3
铀	0.999 8	0.000 04	0.000 2	2.0	7.2

注：r=相关系数；LOD=检测限（ng/mg）；LOQ=定量限（ng/mg）；CV %（1）=批次内不确定度；CV %（2）=批次间不确定度。

资料来源：Goullé, J.P. et al., *Forensic Sci. Int.*, 153, 39, 2005. 经许可。

16.5　含金属毛发的参考值

使用毛发样本评估环境和职业金属暴露在文献中受到了极大关注。在公布的正常范围内[1,27,28]，变化也是很常见的。这种多样性反映了由诸多因素造成的变化：

分析方法的变化。以镉为例，它可以证明分析技术的发展对毛发中报道的平均浓度的影响[1]。1973 年，人类毛发中首次报道的平均值在 2~3 ng/mg 之间。在接下来的两个十年中，平均值约为 1 ng/mg。在 20 世纪 90 年代，报道的未接触人群的平均浓度降至 0.30 ng/mg 以下。十五年后，使用 ICP－MS 确立了 0.01 ng/mg 的中值[22]。

由于区域或当地饮食习惯、生活方式或地球化学环境而导致的元素含量变化。

由于年龄、性别、毛发颜色、吸烟习惯和美发处理的个体差异。

由于实验室间对正常值的协议是有限的，每个实验室必须建立自己的毛发参考范围。使用前面描述的分析方法[22]，以健康志愿者（n=45）为基础，检测毛发中位数参考值和参考值范围为 5% ~ 95%。结果见表 16.2。Rodushkin 和 Axelsson 比较了平均毛发浓度和平均全血浓度(表 16.3)。除某些元素外,毛发中的金属含量明显高于血液,这与我们的发现一致。

表 16.2　毛发多元 ICP‑MS 参考范围(n = 45)

物　质	中 位 数	参考区间(5%~95%)
锂	0.016	0.003 ~ 0.042
铍	0.007	0.003 ~ 0.012
硼	0.54	0.26 ~ 1.87
铝	1.63	0.26 ~ 5.30
钒	0.016	0.001 ~ 0.051
铬	0.20	0.11 ~ 0.52
锰	0.067	0.016 ~ 0.57
钴	0.023	0.004 ~ 0.14
镍	0.23	0.08 ~ 0.90
铜	20.3	9.0 ~ 61.3
锌	162	129 ~ 209
镓	0.011	0.002 ~ 0.068
锗	0.004	0.001 ~ 0.039
砷	0.05	0.03 ~ 0.08
硒	0.54	0.37 ~ 1.37
铷	0.006	0.003 ~ 0.03
锶	0.89	0.17 ~ 4.63
钼	0.021	0.01 ~ 0.028
钯	0.01	0.004 ~ 0.049
银	0.08	0.02 ~ 1.31
镉	0.011	0.004 ~ 0.17
锡	0.046	0.007 ~ 0.34
锑	0.008	0.003 ~ 0.13
碲	0.000 3	0.000 3 ~ 0.001
钡	0.28	0.05 ~ 1.58
钨	0.001 3	0.000 1 ~ 0.007
铂	0.000 35	0.000 4 ~ 0.000 8
汞	0.66	0.31 ~ 1.66

续　表

物　质	中位数	参考区间(5%~95%)
铊	0.000 2	0.000 1~0.000 4
铅	0.41	0.13~4.57
铋	0.009	0.000 4~0.14
铀	0.009	0.002~0.03

注：中位数和参考区间以 ng/mg 或 ppm 表示。
资料来源：Goullé, J.P. et al., *Forensic Sci. Int.*, 153, 39, 2005. 经许可。

表 16.3　毛发(μg/g)和全血(mg/L)中元素平均含量比较

毛发浓度/血液浓度	元　　素
<1	Fe, Rb, Na, Cl, Cs, P, K
1~10	Mg, Ba, Br, Se, Li, Ca, I, Hf
10~100	Si, Be, Th, Tl, Re, Zn, Cu, Pt, Ir, Mo, Zr, As, Mn, Sc, Nb, Pb, B, Sb, Sr, Ga
100~1 000	Ta, Hg, Co, W, Ni, Y, Al, Cr, Cd, Sn, V, REE, Ti
>1 000	Au, Bi, Ag, U

数据来源：Rodushkin, I. and Axelsson, M.D., *Sci. Total Environ.*, 262, 21, 2000. 经许可。

16.6　对含金属毛发分析的解释

毛发金属分析可以表明过去接触过金属，但这些金属并不总能造成身体负担[14,29]。毛发金属毒物分析在临床实践中存在许多缺陷[11,30,31]。尽管20年前（2006年之前的20年）的一项研究发现，许多矿物质的可靠性很低，但目前它们仍被保健从业人员用作唯一的生物材料，并被实验室作为临床评估工具和确定有毒暴露来推广。一名健康志愿者头皮附近采集的毛发样本提交给美国六个商业实验室进行分析[11]。同一样本中报告的最高和最低矿物浓度的差异超过10倍。它们的清洗程序也不同。此外，这些实验室还根据他们的结果提供了相互矛盾的饮食和营养补充建议。成人[31]和儿童[30]疑似重金属中毒病例也有报道。他们常出现非特异性多系统症状：关节痛、肌肉酸痛、疲劳、流感样症状、便秘、食欲不振、头痛等。毛发检测结果显示，包括重金属在内的多种元素水平异常,结果被诊断为重金属中毒,并提出了螯合治疗的建议。一些患者还取出和更换了汞合金填充物。因此,重金属中毒的最初诊断没有得到证实。患者既往无重金属暴露史,也无特定的重金属中毒临床特征。血尿检测正常或在正常范围内。螯合等其他检测也在正常范围内或难以解释。

　　然而,应该注意的是,毛发分析在某些情况下是有用的。使用毛发分析汞、砷和铊中毒已有大量记录。重要的是要区分在研究环境中使用毛发金属分析和使用毛发金属分析来对单个患者进行诊断。对于症状和接触史证明金属毒性较低的患者尤其如此。如 Seychelles 的研究[32],使用经过验证的方法可以有效地评估一个人群的甲基汞(MeHg)水平。对于甲基汞,世界卫生组织(World Health Organization,WHO)已确定毛发中的阈值。

16.7　含金属毛发的分析结果

16.7.1　性别、年龄和吸烟习惯的影响

　　Wolfsperger 等[33]的研究发现,吸烟者与不吸烟者的毛发在许多元素上有显著差异,例如 As、Cd、Co、Cr、Pb、Ni[33]。男性和女性之间也观察到了一些差异。金属毛发在性别、年龄或吸烟习惯之间存在差异[1,34~38]。Khalique 等[34]的研究中没有观察到金属毛发浓度随年龄有显著变化。

16.7.2　环境暴露的影响

　　2001 年 6 月 12 日至 13 日,美国毒物和疾病登记署(Agency for Toxic Substances and Disease Registry,ATSDR)在佐治亚州亚特兰大召集了一个由七人组成的小组,审查和讨论与毛发分析相关的科学现状,特别是其在环境暴露评估中的应用,以支持该署的公共评估活动。会议得到的主要结论是,对于大多数物质,毛发中物质的浓度数据不足以预测健康效应。毛发中某种物质的存在可以表明暴露源(内部和外部),但却不一定有指明暴露源的必要[39]。

　　Pereira 等[40]报道了居住在废弃的黄铜矿附近的人群的毛发金属含量。与居住在几公里外的个体相比,生活在矿区附近的个体中 Cd、Cu 和 As 的浓度较高,而生活在几公里以外的个体则相反。在另一项研究中,研究人员从阿拉伯联

合酋长国的农村和城市地区的 42 名儿童(6 至 18 岁)随机采集了毛发样本。农村和城市的金属毛发含量存在显著差异[41]。Rosborg 等[42]的研究证明了含有矿物质的水的重要性,因为在瑞典南部酸性地区的 47 名女性和碱性地区的 43 名女性中,毛发和水中许多元素的浓度之间发现了正相关性($p \leq 0.001$)。在另一个报告中,Nowak 和 Chmielnicka[43]评估了 1990 年至 1997 年波兰一个铅和镉高环境暴露地区的居民对铅和镉的环境暴露情况。暴露组受试者毛发中的铅浓度与对照组不同($p < 0.005$),但两组间毛发中的镉含量差异无统计学意义。还有一些作者根据环境中的金属浓度研究了毛发中金属的相关性[2,5,19,36,44~58]。第 16.9 节"元素"中将讨论孟加拉国和印度西孟加拉邦砷和巴西亚马孙地区汞环境暴露的主要影响。

16.7.3　职业暴露的影响

Franzblau 等[29]筛查了血液和毛发中的 10 种金属,以确定工业人群中的痕量金属暴露。他们发现血液和毛发中的水平没有很好的相关性。因此,无法根据自我报告的职业暴露史确定金属负荷高的人群。许多元素也在职业暴露期间进行了评估[3,5,7,20,29,59~74]。然而,他们的解释仍然存在争议。

16.7.4　稀土元素

Tong 等[75]对华南某稀土矿区儿童头皮毛发中 16 种稀土元素(rare earth elements,REEs)的分布特征进行了测量,并与游离稀土元素参考区的分布特征进行了比较。矿区的结果明显高于参考区的结果:La = 0.14~6.93 μg/g 对比 0.04~0.40 μg/g;Nd = 0.09~5.27 μg/g 对比 0.04~0.32 μg/g;Gd = 12.2~645.6 μg/g 对比 8.3~64.6 μg/g;Lu = 0.2~13.3 ng/g 对比 0.4~3.3 ng/g;Y = 0.03~1.27 μg/g 对比 0.03~0.29 μg/g 和 Se = 0.05~0.30 μg/g 对比 0.11~0.36 μg/g。矿区毛发中稀土元素的分布格局与矿区和该地区周围大气中稀土元素的分布格局非常相似。他们得出的结论是,毛发中 REE 的含量不仅可以定量地而且可以定性地(分布模式)表明环境暴露对人体吸收 REE 的影响。

16.7.5　金属植入物的影响

Kasai 等[76]研究了钛合金脊柱植入物患者血清和毛发中的金属浓度。这些作者得出的结论是,大约三分之一的钛合金脊柱植入物患者在术后平均 5.1 年的时间里表现出血清或毛发金属浓度异常。这是由于钛或铝在从脊柱植入物中溶解后移动到远端器官。

16.7.6　各种疾病的影响

各种研究试图将毛发金属含量与高血压、冠心病、阿尔茨海默病、神经系统疾病等各种疾病联系起来。然而,研究却发现,当应用于个体时,二者的结果并不一致[77~80]。

16.7.7　微量元素状态

Guillard 等[81]在一例先天性低镁症病例中发现,由于毛发中镁含量高于健康受试者,因此毛发中镁并不是衡量镁状况的恰当指标。其他微量元素已与各种疾病和营养状况相关。因此,人们对这些微量元素的研究兴趣有限。

16.8　毛发金属认证参考材料

在从事此类基质化学分析的实验室中,对元素组成中毛发认证标准物质(certified reference materials,CRM)的需求迅速增加。为了满足日益增长的需求,国际组织和政府支持的机构积极参与这些经认证的参考材料的发放。人类毛发粉末作为参考材料用于临床和环境实验室的分析方法验证已经有 20 多年的历史了。世界各地的实验室对人的毛发进行了微量元素分析,以评估个人的营养和毒理状况。然而,从事毛发分析的实验室所提供数据的可靠性在参考分析方法和 CRM 方面受到质疑。1982 年,IAEA 率先为微量元素和其他元素的实验室间研究准备了人类毛发参考物质[82]。后来,日本国立环境研究所(National Institute for Environmental Studies,NIES)基于各种分析技术获得的数据制备了许多 CRM:原子吸收光谱法、火焰发射光谱法、电感耦合等离子体原子发射光谱法、同位素稀释质谱法、中子活化分析法、分光光度法、原子荧光光谱法和微波诱导等离子体发射光谱法[83]。还有中国制备的 CRM(GBW 07601 或 GBW 09101,来自中国国家钢铁分析中心,北京,中国)[79,84]。因此,ICP - MS 是一种有效的分析技术,具有单次运行多元素分析能力和高灵敏度检测和宽浓度范围检测的性能。因此,ICP - MS 是测定 CRM 中金属和准金属的首选技术。放射化学中子活化分析(radiochemical neutron activation analysis,RNAA)是一种可靠的超痕量分析技术,特别是针对某些超痕量元素(如 REE)的认证[84]。

16.9 元 素

毛发分析是一种很有前途的工具,可用于对人体中有限元素暴露进行常规临床筛查和诊断。尽管当毛发中 As、Th、Hg、Cd、Co、Ge、Pb、Li、Mn 和 Ni 的浓度值异常高时,被认定为暴露或全身中毒,但只有其中的 As、Th 和 Hg 元素不存在争议。通过测量毛发中的铝或钒,无法发现毒性证据。对于必需的微量元素,毛发中钙、锌、硒、铜、铬等元素的缺乏或过量与疾病和营养状况相关,而其他元素的意义非常有限。

16.9.1 基本元素和其他元素

许多基本元素也在毛发中被检测到,例如,Li、Na、K、P、B、Ca、Mg、V、Cr、Fe、Mn、Cu、Zn、Mo、Sr、Se、Au、Ge 和 Co。

16.9.2 有毒元素

16.9.2.1 铝

许多有毒元素如 Pb、Hg、Cd、Ag、Ba、As、Sb、Sn、Al、Ni、Bi 和 Th 也得到了评估。没有进行尿液或血液采集的个体对其中大多数元素的关注度有限。在血液透析患者中,由于体内铝的蓄积而产生毒性的风险说明需要在各种人体介质中监测铝。但已有研究表明,毛发中的铝分析作为机体铝积累的指标并没有价值[85~87]。

16.9.2.2 锑

据报道,在治疗利什曼病期间,毛发中锑会积累起来(接受治疗的患者毛发锑平均值为 2.9 $\mu g/g$,对照组为 0.4 $\mu g/g$)。在利什曼病患者的毛发样本中,ICP-MS 显示锑浓度高达 24 $\mu g/g$[88]。在土壤中锑污染程度较高的情况下,锑从土壤向人体的迁移率似乎很低,因为尿液、血液和头皮中的锑浓度都在正常范围内[89]。

16.9.2.3 银

对接触银(冶炼和精炼)的工人的血液、尿液、粪便和毛发样本进行生物监测,与粪便、血液和尿液(分别高出 10 倍、2 倍,与对照组相同)相比,银匠毛发中的银浓度显著高于对照组(130±160 μg/g 对 0.57±0.56 μg/g)[90]。由于空气中的银粒子可以结合到毛发中,由此导致了非常高的毛发含银量。

16.9.2.4　镉

有许多研究评估了毛发中镉作为环境或职业接触金属指标的重要性[2,36,40,43,64]。镉在环境医学中最重要的健康影响是对肾脏的损害和职业吸入暴露导致的肺癌。所有这些发现表明,血液或肾皮质镉是环境暴露于金属后累积剂量的有效指标,但毛发中的镉与身体负担有微弱或中度相关性[52,91]。因为在人类中很难区分外源性镉和内源性镉,所以对于职业暴露,毛发中镉浓度的检测价值有限[92]。如果头皮毛发分析被认为是评估人类接触某些重金属(如镉)的工具(S. Domingo's mine,葡萄牙)[40],那么该检测仅适合作为大量人口的筛查方法[55]。毛发镉并不适合反映个体镉负荷。

16.9.2.5　铬

对于铬,血液、尿液或毛发水平都不能准确反映铬的身体储存量[93]。研究表明,制革工人的毛发铬浓度平均值(0.55 μg/g)显著高于对照组(0.12 μg/g)($p = 0.000\ 1$)[71]。与制革工人的肌酐相关的毛发铬和尿铬之间具有显著的正相关[71,72]。皮革鞣制行业前从业人员的毛发、血清和尿液中铬浓度明显低于其在职期间获得的相应值,表明该行业从业期间积累的三价铬不会导致体内铬浓度的长期升高[69]。

16.9.2.6　锗

一般情况下,锗不是人们的主要关注点,即使锗中毒很少见,但由于长期接触的人参等自然疗法中含有的大量无机锗,因此,锗也可能会造成严重后果,包括肾功能障碍、贫血、恶心、呕吐等症状和厌食症[94,95]。目前已经有 30 多个报告的病例,并且在毛发(从 1.6 μg/g 到 192.3 μg/g)和指甲中检测到了大量的锗[94~96]。人们还对锗的分析方法进行了评估:ICP - MS 的灵敏度大约是 GFAAS 的 100 倍[97]。

16.9.2.7　锰

从干电池制造过程中低剂量锰暴露后,血液、尿液和腋毛中锰的生物监测[65]中得出的结论是,毛发中锰分析用于生物监测目的适用性存在背景差异,并且与工业暴露个体存在争议,他们的血液和毛发中的锰水平显著高于对照组,分别高出 7.6 和 3.2 倍[98]。与 83 名健康个体(0.35±0.27 μg/g)相比,4 周内摄入高锰酸钾(10 g)导致毛发中锰含量升高(1.6 μg/g)[99]。来自饮用水的慢性锰暴露(1.21 ppm, ppm = 10⁻⁶, 而不是美国环境保护署[U.S. Environmental Protection Agency, EPA]规定的<0.05 ppm)是导致全血、尿液和毛发中锰浓度升高的原因[100]。因为与ICP-MS相比灵敏度不够,所以GFAAS检测生物材料中的锰存在问题[101]。

16.9.2.8　镍

Gammelgaard 和 Veien[102]测量了71名镍过敏女性和20名非过敏女性的指甲(指甲和脚指甲)、血浆和毛发中的镍浓度。与对照组相比,71名对镍过敏的女性在脚指甲、血浆和毛发中的镍含量明显更高。毛发镍的平均值分别为0.34 ng/mg (0.02~1.74 ng/mg)和0.15 ng/mg(0.02~0.95 ng/mg)。

16.9.2.9　铀

Karpas 等[103]评估了尿液、毛发和指甲作为饮用水中铀摄入量的指标。每天从饮用水中摄取的铀为0.03~2 775 μg/d。毛发中铀的浓度分布很广,范围从0.006到250 ng/mg。对于摄入10 μg/d或更多的受试者,毛发每日铀排泄量与饮用水中摄入量的对数图证明,每日摄入量与毛发中积累的铀量之间存在显著相关性。回归线的斜率表明铀的摄入量与通过毛发生长去除的比率为0.37%。这项研究清楚地表明,毛发中铀的含量反映了稳态暴露下铀的身体负担。毛发中铀的浓度平均是尿液中铀浓度的八倍。作者得出结论,分析毛发中的铀含量可能是一种可接受的替代方法,它可以替代长时间分析多个样本。

16.9.2.10　钴、钽和钨

对251名职业接触硬金属粉尘的受试者的尿液、血液、阴毛和脚指甲进行了钴、钽和钨的生物监测。钴、钽和钨的阴毛只能用作证明定性硬金属暴露的指标[68]。Marquet 等报道了一名军人意外严重急性钨中毒的案例[104]。生物体液检测钨显示出非常高的浓度,毛发中的含量为4.26 μg/g(N=0.1 μg/g)。

16.9.2.11　铅

铅是毛发中研究最广泛的物质之一。铅暴露对胎儿和婴儿神经系统发育的影响在环境医学中具有重要意义。Grandjean 提议将毛发分析作为铅中毒事件的记事录[105]。作者报道了长时间(>6个月)的硝酸铅中毒。尽管血铅含量极高且临床铅中毒严重,但与暴露于空气中高浓度铅中的工人毛发中发现的浓度相比,毛发中的铅浓度相对较低。尽管如此,在开始螯合治疗后不久,毛发铅浓度呈现快速变化并恢复正常。这一观察结果表明,呼吸道铅暴露者的毛发中大部分铅含量可能是外源性的。许多研究表明,毛发和血液中的铅浓度之间存在相关性,特别是在 Foo 等[106]报道的职业接触对象中($r = 0.85, p < 0.000 1, n = 209$)。这些受试者在影响血液和毛发中铅含量的变量方面也有很好的相似性[107]。同步加速器 X 射线荧光已被用于研究从铅冶炼工人采集的毛发样本中铅的分布[60]。这些结果表明,铅来源于摄入和环境暴露;然而,来自环境的直接沉积是毛发中铅的更重要的来源,这证实了 Grandjean 等的发现[105]。因此,对于该元素,所采用的洗涤方法的类型非常重要。

Sen 和 Das Chaudhuri[108]用三种洗发方法确定了人类头皮中的铅含量。使用非离子洗涤剂-丙酮(Pb = 5.7±1.8 ng/mg)与乙醇-丙酮(Pb = 6.9±2.0 ng/mg)和蒸馏水(Pb = 13.1±3.3 ng/mg)获得的结果最佳。然而,许多研究表明,铅毛发检测并不是衡量个人铅暴露的可靠检测。1994 年,Tracqui 等[109]报道了毛发铅水平与一些常见标志物(如血铅水平)之间缺乏相关性。最近,美国疾病控制与预防中心(U.S. Centers for Disease Control and Prevention, CDCP)比较了 189 名儿童的毛发和血液样本以评估毛发分析在筛查铅中毒方面的准确性。该方法具有 57% 的灵敏度和 18% 的假阴性率。研究人员得出的结论是,毛发中铅含量的测量不是筛查儿童铅中毒的恰当方法,必须评估全血铅水平,以获得可靠的个体铅暴露量[97]。因此,应谨慎解释基于毛发铅检测的个体诊断,并且必须通过血液分析进行验证。

16.9.2.11.1　铅同位素

铅同位素比值($^{206}Pb/^{207}Pb$ 和 $^{208}Pb/^{207}Pb$)可用于追踪铅暴露的来源。在最近的一项研究中,Rodushkin 和 Axelsson 发现,一名受试者的毛发和指甲中的铅浓度比平均浓度高两个数量级[1]。毛发和指甲样本中的铅同位素比例与 20 世纪 50 年代在旧家具修复过程中抛光去除的疑似红色油漆的比例非常相似。

16.9.2.12　砷和铊

多年来,这些元素一直被传统地用作刑事投毒。虽然两者都以周围神经病变为特征性表现,但铊主要与脱发有关,砷主要与胃肠道症状有关。Rusyniak 等[110]报道了美国中西部一个小镇上一组铊和砷中毒男子的症状、体征、诊断检测结果。

16.9.2.12.1　砷

人类接触各种无机和有机砷化合物,它们在化学和毒理学特性方面存在很大差异。口服接触无机砷(主要来自许多国家的饮用水)的长期影响与特征性皮肤变化(角化过度、皮肤癌)有关,而吸入则可能导致肺癌[55]。由于其与疏基的高亲和力,砷很容易被毛发吸收,因此与其他组织相比,毛发中的砷浓度更高。矿物砷暴露后生物体液中砷含量的下降非常缓慢。事实上,一旦一个人与暴露隔离,毛发值会在几周内恢复正常[10]。这也解释了为什么毛发中的大部分砷以三价无机形式存在[111]。相比之下,海产品中的有机砷化合物会迅速从体内清除,因此毛发不会反映海产品中有机砷化合物的摄入量[55]。

在人类砷中毒的情况下,这种元素沿毛发长度的分布可用于区分慢性和急性暴露[112,113]。对 1.0 cm 段的分析可以提供每月暴露的情况[114]。表 16.4 报道了两次致命的人类砷中毒后的典型结果。如果可以排除砷的外部污染,毛发中的砷可用作慢性中毒的确认特征[115]。关于高砷空气污染情况下的职业健康,只有在环境监测而不是生物监测时通过确定毛发中的砷来监测暴露才有价值[70]。

表 16.4 中毒夫妇毛发中的砷含量

	毛发(ng/mg)	
	妻子	丈夫
1 cm(根部)	108.7	293.6
1 cm		142.9
1 cm	6.5	43.3
1 cm		27.6
1 cm	1.0	21.4
2 cm		18.1
2 cm	1.3	13.0
2 cm(端部)		13.4

注: 正常范围为 0.1~1.0 ng/mg。
数据来源: Goullé, J.P., Mahieu, L., and Kintz, P., *Ann. Toxicol. Anal.*, 17, 243, 2005. 经许可。

Kurttio 等[116]通过研究饮水砷暴露后尿液中砷的排泄情况,确定毛发砷含量与过去和长期暴露有良好的相关性。饮用水的砷浓度增加 10 μg/L 或矿物砷暴露增加 10~20 μg/d 对应于毛发砷增加 0.1 ng/mg。在喷洒季节,施用除草剂甲烷砷酸钠的工人毛发中的砷含量增加,一旦停止施用除草剂,则恢复到季前水平[117]。相比之下,对半导体工厂员工的研究表明,与工作场所的污染相比,性别、自来水质量和饮食习惯等非职业因素对毛发砷含量的影响更大[118]。

自 1983 年以来,在印度,特别是在西孟加拉邦,大量人因饮用受砷污染的水而砷中毒。根据 Mazumder 等的说法[119],这是"世界上最严重的灾难"。这些作者发现通过水摄入的砷含量与毛发中的砷含量之间没有相关性。在孟加拉国和印度西孟加拉邦研究慢性砷毒性时,Rahman 等[120]报道称,孟加拉国 83%、93%、95% 和西孟加拉邦的 57%、83%、89% 的毛发、指甲和尿液样本被诊断为亚临床砷中毒。生活在受影响地区的 11 岁以下儿童中,约有 90% 的毛发和指甲中的砷含量高于正常水平。最近,Samanta 等[19]分析了西孟加拉邦受砷影响地区砷受害者的毛发、指甲和皮肤鳞片中的十种微量元素。这项研究揭示了组织样本中有毒元素砷、锰、铅和镍的含量较高;表 16.5 为报道的毛发结果。

表 16.5　在受砷影响地区采集的毛发中的砷浓度($\mu g/g$)

元　素	毛发($n=44$)		
	平均值(SEM)	中　值	区　间
As	3.43 (0.73)	2.29	0.17~14.39
Se	0.87 (0.05)	0.88	0.41~1.64
Hg	0.88 (0.08)	0.82	0.19~3.0
Zn	152.42 (7.21)	140.05	82.52~339.64
Pb	8.03 (1.56)	4.65	0.57~41.71
Ni	1.59 (0.18)	1.17	0.45~12.45
Cd	0.40 (0.17)	0.13	0.008~2.14
Mn	15.48 (2.25)	10.79	1.85~43.56
Cu	14.76 (1.11)	11.72	4.2~55.29
Fe	69.50 (7.44)	55.60	15.53~304.49

数据源自: Samanta, G. et al., *Sci. Total Environ.*, 326, 33, 2004. 经许可。

16.9.2.12.1.1　砷形态

Mandal 等使用 HPLC – ICP – MS 成功地实现了将人毛发中砷的形态作为砷暴露的生物标志物[121,122]。他们从孟加拉国的污染地区采集毛发样本。毛发主要含有亚砷酸盐 iAs(Ⅲ)和砷酸盐 iAs(Ⅴ),分别约为 60% 和 34%,以及甲基砷酸 MMA(Ⅴ)和二甲基亚胂酸 DMA(Ⅴ),各约为 3%。Ginet 和 Kintz 也用 HPLC – ICP – MS 对拿破仑的毛发进行了检测,他们发现拿破仑的五根毛发中总砷含量都很高[124],证明他接触过矿物砷[123]。

16.9.2.12.2　铊

据报道,曾发生过具有自杀意图[113,125]或杀人意图[113,126]的无机铊中毒事件。McCormack 和 McKinney[127]报道了有人企图使用铊暗杀一个政治组织的四名成员。作者发现受害者的血清、尿液、毛发（范围为 1.46～12.69 ng/mg）和指甲样本中的铊水平升高。受害者在吃了主人准备的零食后，两天内称腹痛，一周内出现疼痛性周围神经病变，三周内出现脱发。Hirata 等此前曾报道过一起玻璃厂慢性职业铊中毒的案例[66]。处理含铊玻璃原料的男工称他出现了脱发、腹痛、腹泻、四肢刺痛等症状。在停止玻璃制品生产后的 32 个月和 13 个月内，这些患者的毛发（ICP－MS）的铊含量为 0.02 ng/mg 和 0.58 ng/mg，铊暴露水平非常高[22]。Brockhaus 等对居住在排放含铊粉尘的水泥厂附近的 1 163 名受试者的毛发铊水平进行了评估[57]，发现毛发中铊含量显著增加（平均 0.009 5 ng/mg）。确定人们摄入铊的主要途径是食用了水泥厂附近种植的蔬菜和水果。肺部再摄取以及其他来源摄取似乎在人群接触铊中没有发挥重要作用。多发性神经炎症状、睡眠障碍、头痛、疲劳和其他精神衰弱的迹象与尿液和毛发中铊含量增加相关。然而，在毛发和尿液中的铊水平与皮肤改变、脱发和胃肠道功能障碍盛行之间没有发现正相关。

16.9.2.13　汞

该元素以多种形式存在：无机汞、元素汞和有机汞。液态金属元素形式在摄入时完全没有毒性。相比之下，无机盐相对有毒（1.5 g 氯化汞足以致命）。汞蒸气的毒性更大，有机形式毒性最大（0.1 g 甲基汞足以致命）。

16.9.2.13.1　元素汞

对于一般人群来说，由于汞元素的高挥发性，元素汞的主要来源是大气。元素汞通过自然火山活动和人类活动（通过燃烧或加热汞合金、废物焚化炉提取的金颗粒的最终回收）分散。过去几年一直存在有关牙科汞合金元素汞蒸气健康风险的争论[128]。法国卫生安全机构（French Agence Française de Sécurité Sanitaire des Produits de Santé, AFSSAPS）最近在其报道中指出，牙科汞合金中的汞蒸气是安全的[129]。在职业接触汞蒸气的情况下，毛发中的汞也是汞接触的指标[3,74]。在温度计工厂，暴露水平范围为 50～200 μg/m³ 时，平均毛发（距头皮 1 cm）汞含量范围为 0.8～2.5 ng/mg[74]。相比之下，一项针对暴露于低浓度汞蒸气的工人的纵向研究显示，即使在暴露 23 个月后，毛发中的汞浓度也没有变化[67]。在空气中汞含量没有增加的情况下，毛发中的汞适合指示进入的无机汞的量[3]。

16.9.2.13.2　无机汞

无机汞暴露通常源于意外或自杀性摄入氯化汞[113]。急性汞中毒后,毛发汞的化学形态呈现出无机汞值的峰值,毛发总汞含量为 6.1 ~ 13.1 ng/mg[130]。广泛使用含汞的亮肤制剂可能会导致汞中毒[131,132]。在一项流行病学研究中,对塞内加尔地区使用汞化妆品治疗皮肤脱色的 20 名妇女,研究人员测量了她们的毛发中汞的平均值为 156 ng/mg[132]。最近,Harada 等[131]报道了肯尼亚受试者使用含有碘化汞的美白皂的案例。所有毛发汞含量高(>36.1 ng/mg)的受试者每天都使用这种肥皂,随后产生了各种提示无机汞中毒的症状。然而,尿液(而不是毛发)仍然是监测低水平无机汞职业暴露的最实用和最敏感的方法[62]。虽然污染矿区的主要汞来源是无机汞,但据观察,无机汞在水、沉积物和土壤中转化为有机汞物质(MeHg)[133]。这些元素中汞(MeHg)的百分比从 5% 到 83% 不等[133]。此外,甲基汞很容易在体内积聚,并集中在毛发上。

16.9.2.13.3　有机汞

毛发微量元素分析可以获得最有效的甲基汞结论。有一项综合评估揭示了毛发汞含量与鱼类消费频率之间的基本相关性[44~46,48,50,56,134~136]。从甲基汞中毒的暴发(主要发生在水俣、伊拉克和日本)来看,根据毛发中的汞浓度可以得出主要的剂量对应关系[54,137,138]。水俣病(Minamata disease,M.d.)于 1956 年被发现。从化工厂排放的废水中排放出氯化汞,而人摄入了被甲基汞污染的鱼类和贝类,这就造成甲基汞中毒。水俣湾的海产品显示出高水平的汞污染(5.6~35.7 ppm)[58]。在患者、患者的家人和海湾居民的毛发中检测到汞含量很高或非常高(最高 705 ng/mg,即 705 ppm)[58]。超过 2 200 名患者被确诊为 M.d.,其中 1 043 人死亡[58]。水俣地区居民目前毛发的汞含量和临床症状表明毛发中的总汞含量正常(<10 ng/mg)[54]。塞舌尔是世界上鱼类消费量最高的国家之一,接近 200 g/d,其中大部分是甲基汞含量较高的掠食性物种。该人群的毛发汞浓度已高达 12 ng/mg[139]。Hansen 等[140]称格陵兰人吃了受汞污染的海豹后出现慢性全身性汞中毒。Sherlock[141]发现暴露人群毛发和血液中的汞浓度之间的相关性为 0.92。当发生有机汞暴露时,毛发中观察到的总汞浓度与血液中的总汞浓度的平均比率约为 250[142~144]。全血中 24 μg/L 的汞含量通常与毛发中 6 ng/mg 的总汞有关。Lindberg 等[47]则表示,毛发中的总汞与血液中的甲基汞显著相关($r^2 = 0.89$,$p < 0.001$),但与血液中的无机汞无关。因此,毛发中的总汞

似乎反映了甲基汞的暴露,而不是无机汞的暴露,即使在没有摄入鱼类的人中也是如此。

在食用大量鱼和鱼制品(100 g/d)的人群中,世界卫生组织建议监测育龄妇女毛发中的甲基汞水平[138]。此外,世界卫生组织接受人发作为评估人群暴露于甲基汞污染的最佳指标。根据世界卫生组织的一份报道[138],基于日本和伊拉克的神经毒性数据,毛发中未观察到的不良反应水平(nonobserved adverse effects level,NOAEL)大约为 50 ng/mg。Grandjean 等提出了与胎儿神经毒性相关的毛发中 10 ng/mg 的 NOAEL[145]。

16.9.2.13.4　汞形态

毛发无机汞通常占毛发总汞含量的 10%,甲基汞一般占总汞含量的 90%。在一次矿物暴露后,Suzuki 等[130] 在接触单一矿物后发现 40% 的汞为无机汞。在亚马孙地区,职业接触包括在采矿地点或精炼活动中用于金汞合金的无机汞,毛发中的大部分汞是无机的[146]。在某些地区,整个家庭都可能接触到汞-金汞合金的燃烧产生的元素汞蒸气,或通过食用来自受汞污染的当地水道的鱼而接触到甲基汞[147]。尿液样本被用来确定无机汞负荷,而毛发样本被用来作为因食用受汞污染的鱼而导致的甲基汞暴露的指标[147]。Barbosa 等[148] 评估了巴西亚马孙受污染地区居民的毛发汞形态。总汞含量介于 1.5 和 59.0 ng/mg 之间,只有 21% 的抽样人群的汞浓度低于 10 ng/mg。甲基汞的平均百分比为毛发中总汞的 71.3%(从 34% 到 100%)。作者[148] 还比较了毛发中总汞和甲基汞。来自阿拉斯加考古遗址的古代毛发(公元 400~800 年)中的痕量金属表明,这些毛发样本中的甲基汞含量不到总汞的 2%,证明了从工业化前到现代时期甲基汞暴露的变化程度[53]。1881 年至 1968 年期间日本女性毛发汞含量的检测证实了这些发现[149]。人们怀疑 20 世纪 20 年代末洗过的毛发样本中无机汞含量的增加是由美发用品中的汞污染所致,而 20 世纪 60 年代毛发中有机汞含量的增加源于食用受甲基汞污染的鱼的消费量增加。

16.10　结　论

尽管存在外部污染且缺乏标准化方法,世界卫生组织、美国环境保护署和国际原子能机构都建议使用毛发样本作为全球环境监测的重要生物材料[150,151]。

致谢

感谢鲁昂大学医院医学编辑 Richard Medeiros 在编辑手稿时给出的宝贵建议。

参考文献

1. Rodushkin, I. and Axelsson, M.D., Application of double focusing sector field ICPMS for multielemental characterization of human hair and nails, part II: a study of the inhabitants of northern Sweden, Sci. Total Environ., 2000, 262: 21.

2. Nowak, B. and Kozlowski, H., Heavy metals in human hair and teeth: the correlation with metal concentration in the environment, Biol. Trace Elem. Res., 1998, 62: 213.

3. Wilhelm, M., Muller, F., and Idel, H., Biological monitoring of mercury vapour exposure by scalp hair analysis in comparison to blood and urine, Toxicol. Lett., 1996, 88: 221.

4. Batzevich, V.A., Hair trace element analysis in human ecology studies, Sci. Total Environ., 1995, 164: 89.

5. Bencko, V., Use of human hair as a biomarker in the assessment of exposure to pollutants in occupational and environmental settings, Toxicology, 1995, 101: 29.

6. Ali, M. et al., Trace element concentration in hair of Bangladesh children under normal and malnutrition conditions, J. Radioanal. Nucl. Chem., 1997, 219: 81.

7. Teresa, M., Vasconcelos, S.D., and Tavares, H.M.F., Trace element concentrations in blood and hair of young apprentices of a technical-professional school, Sci. Total Environ., 1997, 205: 189.

8. Foo, S.C. and Tan, T.C., Elements in the hair of south-east Asian islanders, Sci. Total Environ., 1998, 209: 185.

9. Kuangfei, L. et al., Metallic elements in hair as a biomarker of human exposure to environmental pollution: a preliminary investigation in Hubei Province, Crit. Rev. Plant. Sci., 1999, 18: 417.

10. Shamberger, R.J., Validity of hair mineral testing, Biol. Trace Elem. Res., 2002, 87: 1.

11. Seidel, S. et al., Assessment of commercial laboratories performing hair mineral analysis, JAMA, 2001, 285: 67.

12. Doi, R. et al., A study of the sources of external metal contamination of hair, Sci. Total Environ., 1988, 77: 153.

13. Mikasa, H. et al., Adsorption and elution of metals on hair, Biol. Trace Elem. Res., 1988, 16: 59.

14. Bush, V.J. et al., Essential and toxic element concentrations in fresh and formalin-fixed human autopsy tissues, Clin. Chem., 1995, 41: 284.

15. Taylor, A., Usefulness of measurements of trace elements in hair, Ann. Clin. Biochem., 1986, 23: 364.

16. Raghupathy, L. et al., Methods of removing external metal contamination from hair samples for environmental monitoring, Sci. Total Environ., 1988, 77: 14.

17. Harrison, W.W. and Tyree, A.B., The determination of trace elements in human fingernails by atomic absorption spectroscopy, Clin. Chim. Acta, 1971, 31: 63.

18. Chen, K.L., Amarasiriwardena, C.J., and Christiani, D.C., Determination of total arsenic concentrations in nails by inductively coupled plasma mass spectrometry, Biol. Trace Elem. Res., 1999, 67: 109.

19. Samanta, G. et al., Arsenic and other elements in hair, nails, and skin-scales of arsenic victims in West Bengal, India, Sci. Total Environ., 2004, 326: 33.

20. Kucera, J. et al., Monitoring of occupational exposure in manufacturing of stainless steel constructions, part I: chromium, iron, manganese, molybdenum, nickel and vanadium in the workplace air of stainless steel welders, Cent. Eur. J. Public Health, 2001, 9: 171.

21. IAEA(International Atomic Energy Agency), Report on the Second Research Coordination Meeting of IAEA, Neuherberg, Germany, October 1985.

22. Goullé, J.P. et al., Metal and metalloid multi-elementary ICP – MS validation in whole blood, plasma, urine and hair, reference values, Forensic Sci. Int., 2005, 153: 39.

23. Samanta, G. et al., Flow injection hydride generation atomic absorption spectrometry for determination of arsenic in water and biological samples from arsenic-affected districts of West Bengal, India and Bangladesh, Microchem. J., 1999, 62: 174.

24. Puchyr, R.F. et al., Preparation of hair for measurement of elements by inductively coupled plasma-mass spectrometry (ICP – MS), Biol. Trace Elem. Res., 1999, 62: 174.

25. Monaster, A. and Golightly, D.W., Inductively coupled plasma, in Analytical Atomic Spectroscopy, NCA Publisher, New York, 1987, 338.

26. Razagui, I.B. and Haswell, S.J., The determination of mercury and selenium in maternal and neonatal scalp hair by inductively coupled plasma-mass spectrometry, J. Anal. Toxicol., 1997, 21: 149.

27. Miekeley, N. et al., How reliable are human hair reference intervals for trace elements? Sci. Total Environ., 1998, 218: 9.

28. Klevay, L.M., Christopherson, D.M., and Shuler, T.R., Hair as a biopsy material: trace element data on one man over two decades, Eur. J. Clin. Nutr., 2004, 58: 1359.

29. Franzblau, A., Rosenstock, L., and Eaton, D.L., Use of inductively coupled plasmaatomic emission spectroscopy (ICP – AES) in screening for trace metal exposures in an industrial population, Environ. Res., 1988, 46: 15.

30. Poon, W.T. et al., Use of hair analysis in the diagnosis of heavy metal poisoning: report of three cases, Hong Kong Med. J., 2004, 10: 197.

31. Frisch, M. and Schwartz, B.S., The pitfalls of hair analysis for toxicants in clinical practice: three case reports, Environ. Health Perspect., 2002, 110: 433.

32. Davidson, P.W. et al., Effects of prenatal and postnatal methylmercury exposure from fish consumption on neurodevelopment: outcomes at 66 months of age in the Seychelles Child Development Study, JAMA, 1998, 280: 701.

33. Wolfsperger, M. et al., Heavy metals in human hair samples from Austria and Italy: influence of sex and smoking habits, Sci. Total Environ., 1994, 156: 235.

34. Khalique, A. et al., A comparative study based on gender and age dependence of selected metals in scalp hair, Environ. Monit. Assess., 2005, 104: 45.

35. Benes, B. et al., Determination of normal concentration levels of Cd, Cr, Cu, Hg, Pb, Se and Zn in hair of the child population in the Czech Republic, Cent. Eur. J. Public Health, 2003, 11: 184.

36. Chlopicka, J. et al., Lead and cadmium in the hair and blood of children from a highly industrial area in Poland, Biol. Trace Elem. Res., 1998, 62: 229.

37. Meng, Z., Age- and sex-related differences in zinc and lead levels in human hair, Biol. Trace Elem. Res., 1998, 61: 79.

38. Ashraf, W., Jaffar, M., and Mohammad, D., Age and sex dependence of selected trace metals in scalp hair of urban population of Pakistan, Sci. Total Environ., 2003, 111: 576.

39. Harkins, D.K. and Susten, A.S., Hair analysis: exploring the state of the science, Environ. Health Perspect., 2003, 111: 576.

40. Pereira, R., Ribeiro, R., and Gonçalves, F., Scalp hair analysis as a tool in assessing human exposure to heavy metals (S. Domingos mine, Portugal), Sci. Total Environ., 2004, 327: 81.

41. Hasan, M.Y. et al., Trace metal profiles in hair samples from children in urban and rural regions of the United Arab Emirates, Vet. Hum. Toxicol., 2004, 46: 119.

42. Rosborg, I., Nihlgard, B., and Gerhardsson, L., Hair element concentrations in females in one acid and one alkaline area in southern Sweden, Ambio, 2003, 32: 440.

43. Nowak, B. and Chmielnicka, J., Relationship of lead and cadmium to essential elements in hair, teeth, and nails of environmentally exposed people, Ecotoxicol. Environ. Saf., 2000, 46: 265.

44. Ip, P. et al., Environmental mercury exposure in children: South China's experience, Pediatr. Int., 2004, 46: 715.

45. Agusa, T. et al., Mercury contamination in human hair and fish from Cambodia: levels, specific accumulation and risk assessment, Environ. Pollut., 2005, 134: 79.

46. Weihe, P., Grandjean, P., and Jorgensen, P.J., Application of hair-mercury analysis to determine the impact of a seafood advisory, Environ. Res., 2004, 96: 28.

47. Lindberg, A. et al., Exposure to methylmercury in non-fish-eating people in Sweden, Environ. Res., 2004, 96: 28.

48. Dorea, J. et al., Mercury in hair and in fish consumed by Riparian women of the Rio Negro, Amazon, Brazil, Int. J. Environ. Health Res., 2003, 13: 239.

49. Mortada, W.I. et al., Reference intervals of cadmium, lead, and mercury in blood, urine, hair, and nails among residents in Mansoura city, Nile delta, Egypt, Environ. Res., 2002, 90: 104.

50. Santos, E.C. et al., A contribution to the establishment of reference values for total mercury levels in hair and fish in Amazonia, Environ. Res., 2002, 90: 6.

51. Saad, A. and Hassanien, M.A., Assessment of arsenic level in the hair of the nonoccupational Egyptian population: pilot study, Environ. Int., 2001, 27: 471.

52. Liu, X.J. et al., Significance of cadmium concentrations in blood and hair as an indicator of dose 15 years after the reduction of environmental exposure to cadmium, Toxicol. Lett., 2001, 123: 135.

53. Egeland, G. M. et al., Trace metals in ancient hair from the Karluk archaeological site, Kodiak, Alaska, Int. J. Circumpolar. Health, 1999, 58: 52.

54. Harada, M. et al., The present mercury contents of scalp hair and clinical symptoms in inhabitants of the Minamata area, Environ. Res., 1998, 77: 160.

55. Wilhelm, M. and Idel, H., Hair analysis in environmental medicine, Zentralbl. Hyg. Umweltmed., 1996, 198: 485.

56. Airey D., Total mercury concentrations in human hair from 13 countries in relation to fish consumption and location, Sci. Total Environ., 1983, 31: 157.

57. Brockhaus, A. et al., Intake and health effects of thallium among a population living in the vicinity of cement plant emitting thallium containing dust, Int. Arch. Occup. Environ. Health, 1981, 48: 375.

58. Harada, M., Minamata disease: methylmercury poisoning in Japan caused by environmental pollution, Crit. Rev. Toxicol., 1995, 25: 1.

59. Violante, N. et al., Assessment of workers' exposure to palladium in a catalyst production plant, J. Environ. Monit., 2005, 7: 463.

60. Martin, R.R. et al., Preliminary synchrotron analysis of lead in hair from a lead smelter worker, Chemosphere, 2005, 58: 1385.

61. Petrucci, F. et al., Biomonitoring of a worker population exposed to platinum dust in a catalyst production plant, Occup. Environ. Med., 2005, 62: 27.

62. Morton, J. et al., Comparison of hair, nails and urine for biological monitoring of low level inorganic mercury exposure in dental workers, Biomarkers, 2004, 9: 47.

63. Gerhardsson, L. et al., Cadmium, copper and zinc in tissues of deceased copper smelter workers, J. Trace Elem. Med. Biol., 2002, 16: 261.

64. Vishwanathan, H. et al., Trace metal concentration in scalp hair of occupationally exposed autodrivers, Environ. Monit. Assess., 2002, 77: 149.

65. Bader, M. et al., Biomonitoring of manganese in blood, urine and axillary hair following low-dose exposure during the manufacture of dry cell batteries, Int. Arch. Occup. Environ. Health, 1999, 72: 521.

66. Hirata, M. et al., Probable case of chronic occupational thallium poisoning in a glass factory, Ind. Health, 1998, 36: 300.

67. Ishihara, N. and Urushiyama, K., Longitudinal study of workers exposed to mercury vapour at low concentrations: time course of inorganic and organic mercury concentrations in urine, blood, and hair, Occup. Environ. Med., 1994, 51: 660.

68. Sabbioni, E. et al., Metal determinations in biological specimens of diseased and non-diseased hard metal workers, Sci. Total Environ., 1994, 150: 41.

69. Simpson, J.R. and Gibson, R.S., Hair, serum, and urine chromium concentrations in former employees of the leather tanning industry, Biol. Trace Elem. Res., 1992, 32: 155.

70. Yamauchi, H. et al., Biological monitoring of arsenic exposure of gallium arsenide and inorganic arsenic-exposed workers by determination of inorganic arsenic and its metabolites in urine and hair, Am. Ind. Hyg. Assoc. J., 1989, 50: 606.

71. Randall, J.A. and Gibson, R.S., Hair chromium as an index of chromium exposure of tannery workers, Br. J. Ind. Med., 1989, 46: 171.

72. Saner, G., Yuzbasiyan, V., and Cigdem, S., Hair chromium concentration and chromium excretion in tannery workers, Br. J. Ind. Med., 1984, 41: 263.

73. Bencko, V., Nickel: a review of its occupational and environmental toxicology, J. Hyg. Epidemiol. Microbiol. Immunol., 1982, 8: 161.

74. Richter, E.D., Peled, N., and Luria, M., Mercury exposure and effects at a thermometer factory, Scand. J. Work. Environ. Health, 1982, 8: 161.

75. Tong, S.L. et al., Distribution characteristics of rare earth elements in children's scalp hair from a rare earths mining area in southern China, J. Environ. Sci. Health A. Tox. Hazard Subst. Environ. Eng., 2004, 39: 2517.

76. Kasai, Y., Iida, R., and Uchida, A., Metal concentrations in the serum and hair of patients with titanium alloy spinal implants, Spine, 2003, 28: 1320.

77. Yenigun, A. et al., Hair zinc level in Downs syndrome, Downs Syndr. Res. Pract., 9, 53, 2004.

78. Tang, Y.R. et al., Studies of five microelement contents in human serum, hair, and fingernails correlated with aged hypertension and coronary heart disease, Biol. Trace Elem. Res., 2003, 92: 97.

79. Lech, T. et al, Lead, copper, zinc, and magnesium content in hair of children and young people with some neurological diseases, Biol. Trace Elem. Res., 2002, 85: 111.

80. Kobayashi, S. et al., Hair aluminium in normal aged and senile dementia of Alzheimer type, Prog. Clin. Biol. Res., 1989, 317: 1095.

81. Guillard, O. et al., Congenital hypomagnesemia: alternatives to tissue biopsies for monitoring body magnesium status, Clin. Biochem., 1982, 69: 171.

82. M'Baku, S.B. and Parr, R.M., Interlaboratory study of trace and other elements in the IAEA powdered human hair reference material, HH-1, J. Radioanal. Chem., 1982, 69: 171.

83. Okamoto, K. et al., Preparation and certification of human hair powder reference material, Clin. Chem., 1985, 31: 1592.

84. Cao, L. et al., Radiochemical neutron-activation analysis of uncertified ultra-trace rare earth elements in two biological certified reference materials, Anal. Bioanal. Chem., 2002, 372: 397.

85. Pineau, A. et al., An evaluation of the biological significance of aluminium in plasma and hair of patients on long-term hemodialysis, Eur. J. Pharmacol., 1993, 228: 263.

86. Chappuis, P. et al., Relationship between hair, serum and bone aluminium in hemodialyzed patients, Clin. Chim. Acta, 1989, 179: 271.

87. Chappuis, P. et al., Analytical problems encountered in determining aluminium status from hair in controls and hemodialyzed patients, Clin. Chem., 1988, 34: 2253.

88. Miekeley, N., Mortari, S.R., and Schubach, A.O., Monitoring of total antimony and its species by ICP-MS and on-line ion chromatography in biological samples from patients treated for Leishmaniasis, Anal. Bioanal. Chem., 2002, 372: 495.

89. Gebel, T., Claussen, K., and Dunkelberg, H., Human biomonitoring of antimony, Int. Arch. Occup. Environ. Health, 1998, 71: 221.

90. DiVincenzo, G.D., Giordano, C.J., and Schriever, L.S., Biologic monitoring of workers exposed to silver, Int. Arch. Occup. Environ. Health, 1985, 56: 207.

91. Hac, E., Krzyzanowski, M., and Krechniak, J., Cadmium content in human kidney and hair in the Gdansk region, Sci. Total Environ., 1998, 224: 81.

92. Lauwerys, R.R. et al., Cadmium: exposure markers as predictors of nephrotoxic effects, Clin. Chem., 1994, 40: 1391.

93. Dubois, F. and Belleville, F., Chrome: rôle physiologique et intérêt en pathologie humaine, Pathologie Biologie, 1991, 39: 801.

94. Asaka, T. et al., Germanium intoxication with sensory ataxia, J. Neurol. Sci., 1995, 130: 220.

95. Obara, K. et al., Germanium poisoning: clinical symptoms and renal damage caused by long-term intake of germanium, Jpn. J. Med., 1994, 30: 67.

96. Morita, H. et al., Determination of germanium and some other elements in hair, nail, and toenail from persons exposed and unexposed to germanium, Sci. Total Environ., 1986, 58: 237.

97. Esteban, E. et al., Hair and blood as substrates for screening children for lead poisoning, Arch. Environ. Health, 1999, 54: 436.

98. Luse, I. et al., Risk assessment of manganese, Cent. Eur. J. Public Health, 2000, 8: 51.

99. Holzgraefe, M. et al., Chronic enteral poisoning caused by potassium permanganate: a case report, J. Toxicol. Clin. Toxicol., 1986, 24: 235.

100. Woolf, A. et al., A child with chronic manganese exposure from drinking water, Environ. Health Perspect., 2002, 110: 613.

101. Baruthio, F. et al., Determination of manganese in biological materials by electrothermal atomic absorption spectrometry: a review, Clin. Chem., 1988, 34: 227.

102. Gammelgaard, B. and Veien, N. K., Nickel in nails, hair and plasma from nickelhypersensitive women, Acta Derm. Venereol., 1990, 70: 417.

103. Karpas, Z. et al., Urine, hair, and nails as indicators for ingestion of uranium in drinking water, Health Phys., 2005, 88: 229.

104. Marquet, P. et al., Tungsten determination in biological fluids, hair and nails by plasma emission spectrometry in a case of severe acute intoxication in man, J. Forensic. Sci., 1997, 42: 527.

105. Grandjean, P., Lead poisoning: hair analysis shows the calendar of events, Hum. Toxicol., 1984, 3: 223.

106. Foo, S. C. et al., Metals in hair as biological indices for exposure, Int. Arch. Occup. Environ. Health, 1995, 65: 83.

107. Wilhelm, M. et al., Hair lead levels in young children from the F.R.G., J. Trace Elem. Electrolytes Health Dis., 1989, 3: 165.

108. Sen, J. and Das Chaudhuri, A.B., Brief communication: choice of washing method of hair samples for trace element analysis in environmental studies, Am. J. Phys. Anthropol., 2001, 115: 289.

109. Tracqui, A. et al., Lack of relationship between hair lead levels and some usual markers (blood lead levels, ZPP, urinary ALA－D) in occupationally exposed workers, Ann. Biol. Clin., 2001, 52: 769.

110. Rusyniak, D.E., Furbee, R.B., and Kirk, M.A., Thallium and arsenic poisoning in a small

Midwestern town, Ann. Emerg. Med., 2002, 39: 307.

111. Hopps, H.C., The biological bases for using hair and nail for analyses of trace elements, Sci. Total Environ., 1977, 7: 71.

112. Koons, R.D. and Peters, C.A., Axial distribution of arsenic in individual human hairs by solid sampling graphite furnace AAS, J. Anal. Toxicol., 1994, 18: 36.

113. Goullé, J.P., Métaux, in Toxicologie et Pharmacologie Médicolégales, Kintz, P., Ed., Elsevier, Amsterdam, 1998, p. 189.

114. Goullé, J.P., Mahieu, L., and Kintz, P., The murder weapon was found in the hair! Ann. Toxicol. Anal., 2005, 17: 243.

115. Hindmarsh, J.T., Caveats in hair analysis in chronic arsenic poisoning, Clin. Biochem., 2002, 35: 1.

116. Kurttio, P. et al., Urinary excretion of arsenic species after exposure to arsenic present in drinking water, Arch. Environ. Contam. Toxicol., 1998, 34: 297.

117. Abdelghani, A.A. et al., Arsenic levels in blood, urine, and hair of workers applying monosodium methanearsonate (MSMA), Arch. Environ. Health, 1995, 41: 163.

118. DePeyster, A. and Silvers, J.A., Arsenic levels in hair of workers in a semiconductor fabrication facility, Am. Ind. Hyg. Assoc. J., 1995, 56: 377.

119. Mazumder, D.N. et al., Chronic arsenic toxicity in west Bengal: the worst calamity in the world, J. Indian Med. Assoc., 1998, 96: 4.

120. Rahman, M.M. et al., Chronic arsenic toxicity in Bangladesh and West Bengal India: a review and commentary, J. Toxicol. Clin. Toxicol., 2001, 39: 683.

121. Mandal, B.K. et al., Speciation of arsenic in biological samples, Toxicol. Appl. Pharmacol., 2004, 198: 307.

122. Mandal, B.K., Ogra, Y., and Suzuki, K.T., Speciation of arsenic in human nail and hair from arsenic-affected area by HPLC-inductively coupled argon plasma mass spectrometry, Toxicol. Appl. Pharmacol., 2003, 189: 73.

123. Ginet, M. and Kintz, P., Multi-elementary screening by ICP – MS and speciation of arsenic by HPLC – ICP – MS in Napoleon's hair, Ann. Toxicol. Anal., 2005, 17: 123.

124. Kintz, P. et al., A new series of hair analysis from Napoleon confirms chronic exposure to arsenic, J. Anal. Toxicol., 2002, 26: 584.

125. Koshy, K.M. and Lovejoy, F.H., Thallium ingestion with survival: ineffectiveness of peritoneal dialysis and potassium chloride diuresis, Clin. Toxicol., 1981, 118: 521.

126. Rasmussen, O.V., Thallium poisoning: an aspect of human cruelty, Lancet, 1981, 1: 1164.

127. McCormack, J. and McKinney, W., Thallium poisoning in group assassination attempt, Postgrad. Med., 1983, 74: 239.

128. WHO (World Health Organization), Inorganic mercury, in Environmental Health Criteria, Geneva, 1991, p. 118.

129. Anon., Mercury amalgam report summary, Oct. 2005; available on-line at http://afssaps. sante.fr/htm/10/dentaire/sommaire.htm.

130. Suzuki, T. et al., An acute mercuric mercury poisoning: chemical speciation of hair mercury

shows a peak of inorganic mercury value, Hum. Exp. Toxicol., 1992, 11: 53.

131. Harada, M. et al., Wide use of skin-lightening soap may cause mercury poisoning in Kenya, Sci. Total Environ., 2001, 269: 183.

132. Gras, G. and Mondain, J., Problème posé par l'utilisation des cosmétiques mecuriels au Sénégal, Toxicol. European Res., 1981, 3: 175.

133. Horvat, M. et al., Total mercury, methylmercury and selenium in mercury polluted areas in the province Guizhou, China, Sci. Total Environ., 2003, 304: 231.

134. Dorea, J.G. et al., Hair mercury (signature of fish consumption) and cardiovascular risk in Munduruku and Kayabi Indians of Amazonia, Environ. Res., 2005, 97: 209.

135. McDowell, M.A. et al., Hair mercury levels in U.S. children and women of childbearing age: reference range data from NHANES 1999 – 2000, Environ. Health Perspect., 2004, 112: 1165.

136. Yasutake, A. et al., Current hair mercury levels in Japanese: survey in five districts, Tohoku J. Exp. Med., 2003, 199: 161.

137. Greenwood, M.R., Methylmercury poisoning in Iraq: an epidemiological study of the 1971 – 1972 outbreaks, J. Appl. Toxicol., 1985, 5: 148.

138. WHO (World Health Organization), Methylmercury, in Environmental Health Criteria, Geneva, 1990, p. 101.

139. Matthews, A.D., Mercury content of commercially important fish of the Seychelles and hair mercury levels of a selected part of the population, Environ. Res., 1983, 30: 305.

140. Hansen, J.C. et al., Human exposure to heavy metals in East Greenland, I: mercury, Sci. Total Environ., 1983, 26: 233.

141. Sherlock, J.C. et al., Duplication diet study on mercury intake by fish consumers in the United Kingdom, Arch. Environ. Health, 1982, 37: 271.

142. Johnsson, C., Schutz, A., and Sallsten, G., Impact of consumption of freshwater fish on mercury levels in hair, blood, urine, and alveolar air, J. Toxicol. Environ. Health, 2005, 68: 129.

143. Budtz-Jorgensen, E. et al., Association between mercury concentrations in blood and hair in methylmercury-exposed subjects at different ages, Environ. Res., 2004, 95: 385.

144. Grandjean, P., Weihe, P., and Nielsen, J.B., Methylmercury: significance of intrauterine and postnatal exposures, Clin. Chem., 1994, 40: 1395.

145. Grandjean, P. et al., Methylmercury neurotoxicity in Amazonian children: downstream from gold mining, Environ. Health Perspect., 1999, 107: 587.

146. Akagi, H. et al., Human exposure to mercury due to gold mining in the Tapajós River Basin, Amazon, Brazil-speciation of mercury human hair, blood and urine, Water Air Soil Poll., 1995, 80: 85.

147. Counter, S.A., Buchanan, L.H., and Ortega, F., Mercury levels in urine and hair of children in an Andean gold-mining settlement, Int. J. Occup. Environ. Health, 2005, 11: 132.

148. Barbosa, A.C. et al., Hair mercury speciation as a function of gender, age, and body mass index in inhabitants of the Negro River basin, Amazon, Brazil, Arch. Environ. Contam.

Toxicol., 2001, 40: 439.

149. Suzuki, T., Hongo, T., and Yamamoto, R., Hair mercury levels of Japanese women during the period 1881 to 1968, J. Appl. Toxicol., 1984, 4: 101.

150. Druyan, M.E. et al., Determination of reference ranges for elements in human scalp hair, Biol. Trace Elem. Res., 1998, 62: 183.

151. Morton, J., Carolan, V. A., and Gardiner, P. H. E., Removal of exogenously bound elements from human hair by various washing procedures and determination by inductively coupled plasma mass spectrometry, Anal. Chim. Acta, 2002, 455: 23.